全国高等院校旅游专业规划教材

国际旅游规划与开发

唐承财 主编

唐鸣镝 秦 静 刘霄泉 宋昌耀 陈 达 副主编

北京·旅游教育出版社

责任编辑：刘彦会

图书在版编目（CIP）数据

国际旅游规划与开发 / 唐承财主编. -- 北京：旅游教育出版社，2018.12
全国高等院校旅游专业规划教材
ISBN 978-7-5637-3868-7

Ⅰ.①国… Ⅱ.①唐 Ⅲ.①旅游资源－资源开发－世界－高等学校－教材 Ⅳ.①F591

中国版本图书馆CIP数据核字（2018）第280670号

全国高等院校旅游专业规划教材
国际旅游规划与开发
唐承财 主编
唐鸣镝 秦静 刘霄泉 宋昌耀 陈达 副主编

出版单位	旅游教育出版社
地　　址	北京市朝阳区定福庄南里1号
邮　　编	100024
发行电话	（010）65778403　65728372　65767462（传真）
本社网址	www.tepcb.com
E-mail	tepfx@163.com
排版单位	北京旅教文化传播有限公司
印刷单位	北京泰锐印刷有限责任公司
经销单位	新华书店
开　　本	710毫米×1000毫米　1/16
印　　张	23.75
字　　数	368千字
版　　次	2018年12月第1版
印　　次	2018年12月第1次印刷
定　　价	45.00元

（图书如有装订差错请与发行部联系）

《国际旅游规划与开发》编委会

主　编： 唐承财

副主编： 唐鸣镝　秦　静　刘霄泉　宋昌耀　陈　达

编　委：（按音序排列）

陈　达　陈　阳　范志佳　冯　凌　傅林峰

韩睿琪　黄震宇　李静娴　臧立杰　厉新建

刘霄泉　马明雪　马举越　秦　静　宋昌耀

宋昕芮　孙欣念　唐承财　唐鸣镝　万紫微

王　宁　王　欣　汪舒舒　吴雅君　吴奕凡

徐传福　杨春玉　周　乐　祝一飞

作者介绍

唐承财，男，湖南怀化人，北京第二外国语学院旅游科学学院副教授、硕士生导师，2013年9月至2016年9月任旅游管理学院旅游规划系创始主任，2016年9月至2018年12月任旅游管理学院院长助理，中国科学院地理科学与资源研究所地理学博士、生态学博士后，澳门城市大学国际旅游与管理学院博士生导师，衡阳师范学院客座教授，中国自然资源学会旅游资源研究专业委员会副秘书长，中国管理科学学会旅游管理专业委员会委员，中国生态学会旅游生态专业委员会委员，中国生态文明研究与促进会生态旅游分会专家委员。主要研究领域：生态旅游、低碳旅游、乡村旅游、绿色旅游等；主持了国家自然科学青年基金1项、教育部人文社科基金项目2项、中国博士后科学基金面上项目1项、北京市社会科学基金项目2项、以及10余项地厅级项目，主持参与旅游规划横向课题80余项，参与国家级课题8项；在《Energy Policy》（管理学一区）、《Journal of Cleaner Production》（环境科学与生态学一区）、《中国软科学》《旅游学刊》等国内外杂志刊物上发表旅游相关论文100余篇，其中SCI/SSCI收录的期刊论文7篇（5篇为第一作者），1篇文章入选领跑者5000-中国精品科技期刊顶尖学术论文平台（F5000），2篇文章被人大复印资料全文转载。担任国家自然科学基金通讯评审专家、北京市自然科学基金委通讯评审专家，担任《Annals of Tourism Research》《Journal of Cleaner Production》《Energy Policy》《Ecological Indicators》《南开管理评论》《地理科学》《旅游学刊》等20多本期刊的匿名审稿专家。荣获联合国教科文组织2016年度亚太地区文化遗产保护荣誉奖、2017年文化和旅游部优秀研究成果奖学术论文类二等奖（17TAL16，第一作者）、2014年国家旅游局优秀旅游学术成果论文优秀奖（13TAL13，第二作者）、青海省科技进步三等奖等诸多奖项。2012年至2013年在北京市旅游发展委员会挂职处长

助理；2014年6至7月于美国南卡罗来纳大学短期访学。2018年成功入选第三批青海省"高端创新人才千人计划"拔尖人才；2017年成功入选北京市高校青年拔尖人才；2017年做为成员入选教育部首批全国高校黄大年式教师团队－旅游管理教学团队（排序第八）。

唐鸣镝，女，北京第二外国语学院旅游规划系讲师。主要研究领域：城市遗产与旅游、旅游解说、乡村旅游、景区规划等。主持省部级课题1项，主持或参与横向规划类课题约30余项。主编或参编《中国古代建筑与园林》《旅游景区开发与管理（第四版）》等教材与专著8部。在《旅游学刊》《城市规划》《中国园林》等期刊发表论文十余篇，英文论文收录EI、CPCI-S。主讲专业课程有"景区经营与管理""城市旅游与规划""城市规划原理"等。

秦静，女，山东济南人，北京第二外国语学院旅游规划系讲师，中国科学院地理科学与资源研究所博士。主要研究领域：城市与区域规划、旅游规划、GIS与遥感在旅游中的应用等；在"Journal of Geographical Sciences""Chinese Geographical Science"《地理学报》《地理科学》《地理研究》《生态学报》《地理科学进展》等杂志刊物上发表相关论文10余篇，其中SCI/SSCI收录的期刊论文2篇。参与撰写专著2部，参与国家和省部级以上科研项目8项，主要参与城市总体规划、城市战略规划及旅游规划等横向课题20余项。

刘霄泉，女，陕西西安人，北京第二外国语学院旅游科学学院旅游规划系主任、副教授、硕士生导师，北京大学历史地理学博士，区域经济学博士后，北京区域旅游研究中心副主任，北京大学首都发展研究院兼职研究员。主要研究领域：产业升级与区域转型、区域旅游与发展战略、乡村旅游与遗产旅游等；主持国家社会科学青年基金1项、教育部人文社科基金项目1项，参与旅游规划、区域产业发展等横向课题30余项，参与国家级课题3项；在《地理科学》《地理研究》《经济地理》

《资源科学》《人文地理》《城市发展研究》等国内核心刊物上发表论文20余篇。2012—2013年在北京市旅游发展委员会挂职处长助理。

宋昌耀，男，河北邢台人，北京第二外国语学院旅游管理专业硕士，北京大学政府管理学院区域经济学专业博士研究生，北京大学首都发展研究院、北京大学中国城市管理研究中心、北京第二外国语学院中国旅游经济研究中心研究助理。主要研究领域：旅游业跨国投资与经营、京津冀协同发展、经济地理与公共政策等；在"Tourism Management"《旅游学刊》《人文地理》《区域经济评论》等国内外期刊发表学术论文10余篇。曾获得中国地理学会城市与区域管理专业委员会年会优秀论文奖、中国青年旅游论坛优秀研究生论文一等奖等；曾任全国地理学研究生联合会副秘书长等职。

陈达，女，河北张家口人，北京第二外国语学院旅游管理学院2014级旅游管理专业旅游规划方向学士，英国谢菲尔德大学城市设计与规划硕士研究生。

内容简介

国际旅游已经成为我国旅游产业中非常重要的部分。当前快速发展的国际旅游业对复合型旅游人才的需求越来越大，国际旅游规划与开发人才是社会需求的热点。

本书从概论、理论基础、方法技术、案例分析等方面进行论述，系统分析国际旅游规划理论基础和方法技术，深度剖析国际旅游规划与开发的典型案例。具体而言，从国际旅游业发展现状与历程、国际旅游规划与开发理论基础、国际旅游规划方法技术、国际旅游产品与项目规划、国际旅游服务设施规划、国际旅游市场营销策划、国际旅游线路设计、国际主题公园、跨境旅游合作区、国际旅游度假地等对国际旅游规划与开发进行系统研究。本书旨在推动建设我国旅游规划专业，满足旅游规划市场人才需求，推动旅游管理专业综合改革建设。通过学习，初步掌握国际旅游规划与开发的技能，开拓国际旅游规划与开发的视野。

本书具有全面系统、资料新颖、理论紧密结合实际、以案例带动教学、深入浅出的特点。本书不仅可作为高等院校旅游专业课程与文化素质教育课程的教科书，还可作为旅游规划、旅游管理决策人员的重要参考书，同时也是从事国际旅游开发与管理相关研究工作的广大师生难得的参考书籍。

前　言

改革开放以来，我国实现了从旅游短缺型国家到旅游大国的历史性跨越。"十三五"期间，旅游业全面融入国家战略体系，走向国民经济建设的前沿，成为国民经济战略性支柱产业；2015年，旅游业对国民经济的综合贡献度达到10.8%。我国国内旅游、入境旅游、出境旅游全面繁荣发展，已成为世界第一大出境旅游客源国和全球第四大入境旅游接待国。国际旅游已经成为我国旅游产业中非常重要的部分。当前快速发展的国际旅游业对复合型旅游人才的需求越来越大，国际旅游规划与开发人才是社会需求的热点。本书从国际旅游业发展现状与历程、国际旅游规划与开发理论基础、国际旅游规划方法技术、国际旅游产品与项目规划、国际旅游服务设施规划、国际旅游市场营销策划、国际旅游线路设计、国际主题公园、跨境旅游合作区、国际旅游度假地等章节对国际旅游规划与开发进行系统研究。本书旨在推动我国旅游规划专业建设，满足旅游规划市场人才需求，推动旅游管理专业综合改革建设。

本书由唐承财任主编，负责书稿的组织编写并拟订了编写大纲。具体分工为：第一章，唐承财、杨春玉、周乐；第二章，唐承财、范志佳、杨春玉；第三章，秦静、刘霄泉、陈达、祝一飞、陈阳、吴奕凡、马举越；第四章，唐鸣镝、臧立杰、吴雅君、宋昕芮；第五章，唐鸣镝、徐传福、马明雪、孙欣念；第六章，唐承财、韩睿琪、宋昕芮；第七章，唐鸣镝、李静娴、汪舒舒；第八章，宋昌耀、傅林峰、厉新建、万紫微；第九章，唐承财、陈达；第十章，唐承财、王宁、臧立杰；第十一章，唐承财、周乐、杨春玉。

2013年9月，北京第二外国语学院旅游管理学院创建旅游规划系，在学校学院各位领导、各职能部门的大力支持下，2014年在旅游管理专业高年级开设旅游规划方向班，至2016年已连续开设3届旅游规划方向班；与此同时，旅游规划专业的筹建工作稳步推进，于2015年5月获得教育部备案批准，9月迎来第一届人文地理与城乡规划（旅游规划与开发）专业同学，至2018年9月，已连续招生4届同学。随着旅游规划方向与专业建设力度逐步加大，旅游规划教材编制工作显得尤为重要。在北京市教育委员会、北京第二外国语学院的大力支持下，旅游管理学院院领导提议旅游规划系编制规划类教材，《国际旅游规划与开发》是其中的一本。

本书编写时间较长，得到了北京第二外国语学院教务处、财务处等部门的大力支持，旅游管理学院厉新建院长、殷敏书记、李宏教授对本书写作与出版给予了大力支持！在写作过程中，2014级旅游规划班杨春玉、臧立杰和陈达担任主编助理，分别在前、后期协调各位老师、同学的写作过程中发挥了重要作用；本书在编辑出版过程中得到旅游教育出版社刘彦会老师的帮助，在此，对她一并表示诚挚谢意！

本书获得2014北京市教委专业建设——专业综合改革——旅游管理学院课程建设项目，北京第二外国语学院教务处"2014年其他项目——促进人才培养综合改革项目——促进旅游规划人才培养综合改革（391002/015）"，北京第二外国语学院2016年校级教育教学研究项目专业扶持建设项目——人文地理与城乡规划专业、教学团队建设项目——旅游规划教学团队、校内实践教学基地建设项目——旅游规划双创教学实践基地的联合资助。

由于作者的水平与能力有限，加之时间较为仓促，本书可能仍存在疏漏甚至错误，诚恳地欢迎各位专家、学者、同学批评指正、不吝赐教，衷心感谢！

《国际旅游规划与开发》编委会
2018年11月

目 录

第一章 绪 论……………………………………………………………………1
 第一节 国际旅游业发展现状………………………………………………1
  一、全球国际旅游业发展……………………………………………1
  二、中国出入境旅游产业发展………………………………………3
  三、国际旅游目的地开发与管理概况………………………………9
 第二节 国际旅游规划的历程……………………………………………12
  一、国际旅游规划与开发的概念辨析………………………………12
  二、全球国际旅游规划与开发历程回顾……………………………13
  三、中国国际旅游规划与开发历程回顾……………………………15
 第三节 国际旅游规划与开发的发展趋势………………………………18
  一、全球化与区域化并存……………………………………………18
  二、政府引领与市场主导相结合……………………………………19
  三、旅游产业的多元化与融合化……………………………………20
  四、规划开发的系统性与创新性……………………………………20

第二章 国际旅游规划理论基础………………………………………………23
 第一节 旅游区位论………………………………………………………23
  一、区位论的产生与发展……………………………………………23
  二、区位论的内涵……………………………………………………24
  三、区位论在旅游规划与开发中的应用……………………………26
  四、旅游区位论………………………………………………………28
  五、旅游区位论在旅游规划与开发中的案例………………………29
 第二节 旅游系统理论……………………………………………………30
  一、系统论的产生与发展……………………………………………30
  二、系统论的原理……………………………………………………31

三、系统论在旅游规划与开发中的应用 …………………………… 33
　　四、系统论在旅游规划与开发中的案例 …………………………… 34
  第三节　增长极理论 ……………………………………………………… 36
　　一、增长极理论的产生与发展 ……………………………………… 36
　　二、增长极理论的内涵 ……………………………………………… 36
　　三、增长极理论在旅游规划与开发中的应用 ……………………… 37
　　四、增长极理论在旅游规划与开发中的案例 ……………………… 38
  第四节　可持续发展理论和可持续旅游 ………………………………… 39
　　一、可持续旅游的产生与发展 ……………………………………… 39
　　二、可持续旅游的思想体系 ………………………………………… 40
　　三、可持续发展理论在旅游规划与开发中的应用 ………………… 44
　　四、可持续发展理论在旅游规划与开发中的案例 ………………… 44

第三章　国际旅游规划方法技术 ……………………………………………… 46
  第一节　旅游吸引物的调查与评价方法 ………………………………… 46
　　一、旅游吸引物 ……………………………………………………… 46
　　二、旅游吸引物系统的构成 ………………………………………… 46
　　三、旅游吸引物系统构成要素指标筛选方法 ……………………… 47
　　四、指标体系权重确定与评价 ……………………………………… 47
　　五、RS 和 GIS 在旅游资源调查研究中的应用 …………………… 51
  第二节　旅游市场调查与预测方法 ……………………………………… 53
　　一、旅游市场调查方法 ……………………………………………… 53
　　二、旅游市场预测方法 ……………………………………………… 55
  第三节　旅游环境容量的计算方法 ……………………………………… 60
　　一、旅游环境容量 …………………………………………………… 60
　　二、旅游环境容量计算方法 ………………………………………… 61

第四章　国际旅游产品与项目规划 …………………………………………… 69
  第一节　国际旅游产品概述 ……………………………………………… 69
　　一、国际旅游产品的概念 …………………………………………… 69
　　二、国际旅游产品特征 ……………………………………………… 70
　　三、国际旅游产品构成 ……………………………………………… 72
  第二节　国际旅游产品设计 ……………………………………………… 74
　　一、旅游产品分类 …………………………………………………… 74

二、国际旅游产品树 ··· 75
三、观光益智类旅游产品 ··· 76
四、休闲度假类旅游产品 ··· 80
五、商务类旅游产品 ··· 84
六、专项旅游类旅游产品 ··· 87

第三节 国际旅游项目策划 ·· 91
一、国际旅游项目策划概述 ··· 91
二、项目库设计 ··· 93
三、项目适宜性选择 ·· 95
四、新兴国际旅游项目 ··· 96

第五章 国际旅游服务设施规划 ·· 98
第一节 国际旅游交通设施体系 ······································ 98
一、国际旅游交通设施体系概况 ······································ 98
二、国际旅游交通设施规划 ··· 103
三、箱根景区和海南国际旅游岛交通规划 ························· 105

第二节 国际游客信息服务体系 ······································ 108
一、游客信息服务体系概况 ··· 108
二、景区游客中心规划 ··· 110
三、城市游客中心 ··· 113
四、旅游解说系统规划 ··· 114
五、Rock Creek Park 解说 ·· 117

第三节 国际旅游接待设施体系 ······································ 119
一、旅游接待设施体系概况 ··· 119
二、国际旅游接待设施规划 ··· 120
三、接待设施的类型与特点 ··· 124

第四节 国际旅游餐饮与购物服务体系 ···························· 137
一、旅游餐饮体系 ··· 137
二、旅游购物体系 ··· 140

第六章 国际旅游市场营销策划 ·· 148
第一节 国际旅游者行为 ··· 148
一、国际旅游者的定义 ··· 148
二、国际旅游者旅游动机 ·· 148

三、我国入境旅游者的行为分析 …………………………………… 151
四、我国出境旅游者的行为分析 …………………………………… 153
第二节　市场营销理论 …………………………………………………… 155
一、市场营销的概念 ………………………………………………… 155
二、市场营销学的发展历程 ………………………………………… 157
三、4P 营销理论 …………………………………………………… 158
四、4C 营销理论 …………………………………………………… 159
五、4R 营销理论 …………………………………………………… 160
第三节　国际旅游市场营销策划 ………………………………………… 160
一、宏观市场环境分析 ……………………………………………… 160
二、微观环境分析 …………………………………………………… 161
三、国际旅游市场营销策略 ………………………………………… 162
第四节　国际旅游市场营销案例 ………………………………………… 167
一、澳大利亚对华跨文化营销案例 ………………………………… 167
二、日本熊本县品牌营销案例 ……………………………………… 169

第七章　国际旅游线路设计 …………………………………………………… 172
第一节　国际旅游线路概述 ……………………………………………… 172
一、国际旅游线路概念与分类 ……………………………………… 172
二、国际旅游线路发展概况与进展 ………………………………… 174
第二节　跨境国际旅游线路 ……………………………………………… 183
一、宗教文化：圣地亚哥朝圣之路文化线路 ……………………… 183
二、一带一路：丝绸之路文化线路 ………………………………… 184
三、文化线路：内盖夫沙漠的香料之路 …………………………… 187
四、生态线路：东非野生动物迁徙之路 …………………………… 188
第三节　境内国际旅游线路 ……………………………………………… 189
一、文化线路：京杭大运河 ………………………………………… 189
二、宗教线路：日本纪伊山圣地和朝圣线路 ……………………… 192
三、文化线路：德国浪漫之路遗产廊道 …………………………… 194
四、生态线路：美国蓝岭国家风景道 ……………………………… 196

第八章　国际旅游目的地建设与管理 ………………………………………… 199
第一节　国际旅游目的地的特征与分类 ………………………………… 199
一、国际旅游目的地的特征 ………………………………………… 199

二、国际旅游目的地的判定 ……………………………………… 201
　　三、国际旅游目的地的分类 ……………………………………… 210
　第二节　国际旅游目的地的全球布局 …………………………………… 213
　　一、旅游活动的全球化 …………………………………………… 213
　　二、国际旅游活动的发展进程 …………………………………… 213
　　三、国际旅游目的地的全球布局 ………………………………… 214
　第三节　国际旅游目的地的建设与管理 ………………………………… 218
　　一、国际旅游目的地服务体系建设 ……………………………… 218
　　二、国际旅游市场开发与品牌建设 ……………………………… 221
　　三、国际旅游目的地多元主体管理 ……………………………… 225
　　四、国际旅游目的地建设与本地发展 …………………………… 228

第九章　国际主题公园 …………………………………………………… 231
　第一节　迪士尼乐园 ……………………………………………………… 231
　　一、迪士尼乐园的诞生与发展 …………………………………… 231
　　二、迪士尼乐园核心发展理念 …………………………………… 233
　　三、美国迪士尼乐园 ……………………………………………… 233
　　四、欧洲迪士尼乐园 ……………………………………………… 235
　　五、日本迪士尼乐园 ……………………………………………… 241
　　六、香港迪士尼乐园 ……………………………………………… 242
　　七、上海迪士尼乐园 ……………………………………………… 246
　第二节　环球影城 ………………………………………………………… 250
　　一、环球影城的诞生与发展 ……………………………………… 250
　　二、环球影城的核心发展理念 …………………………………… 251
　　三、美国好莱坞环球影城 ………………………………………… 251
　　四、日本环球影城 ………………………………………………… 255
　　五、新加坡环球影城 ……………………………………………… 255
　　六、北京环球影城 ………………………………………………… 258
　第三节　六旗游乐园 ……………………………………………………… 260
　　一、六旗游乐园的诞生与发展 …………………………………… 260
　　二、六旗游乐园的核心发展理念 ………………………………… 260
　　三、美国六旗游乐园 ……………………………………………… 261
　　四、中国六旗游乐园 ……………………………………………… 261

第四节　东部华侨城 ··· 262
　一、东部华侨城的诞生与发展 ·· 262
　二、东部华侨城的核心发展理念 ··· 263
　三、东部华侨城的运营管理模式 ··· 265
　四、东部华侨城盈利模式的启示 ··· 266

第十章　跨境旅游合作区 ·· 268
第一节　跨境旅游合作区 ··· 268
　一、跨境旅游合作区的概念与分类 ·· 268
　二、与边境旅游的区别与联系 ·· 270
　三、建设跨境旅游合作区的作用 ··· 270
第二节　国外跨境旅游合作区 ·· 272
　一、国外跨境旅游合作区的发展历程 ··· 272
　二、国外跨境旅游合作区的案例分析 ··· 273
　三、国外跨境旅游合作区的成功经验 ··· 274
第三节　中国跨境旅游合作区 ·· 275
　一、中国跨境旅游合作区的发展历程 ··· 275
　二、中国跨境旅游合作区的案例分析 ··· 276

第十一章　国际旅游度假地 ·· 283
第一节　马尔代夫 ·· 283
　一、概况 ·· 283
　二、旅游发展现状 ·· 284
　三、旅游规划与开发特点 ·· 287
　四、经验借鉴与讨论 ·· 288
第二节　巴厘岛 ··· 289
　一、概况 ·· 289
　二、旅游发展现状 ·· 291
　三、旅游规划与开发特点 ·· 291
　四、经验借鉴与讨论 ·· 294
第三节　毛里求斯 ·· 295
　一、概况 ·· 295
　二、旅游发展现状 ·· 296
　三、旅游规划与开发特点 ·· 298

  四、经验借鉴与讨论 ·· 299
 第四节 塞舌尔 ·· 300
  一、概况 ·· 300
  二、旅游发展现状 ·· 302
  三、旅游规划与开发特点 ··· 303
  四、经验借鉴与讨论 ·· 304
 第五节 万达长白山 ·· 305
  一、概况 ·· 305
  二、旅游发展现状 ·· 306
  三、旅游规划与开发特点 ··· 307
  四、经验借鉴与讨论 ·· 307

附录 A 《中华人民共和国旅游法》中涉及旅游规划的部分内容 ············ 309
附录 B 《旅游资源分类、调查与评价》（GB/T 18972—2017） ············ 311
附录 C 中华人民共和国国家标准《旅游规划通则》（GB/T 18971—2003） ·· 332
附录 D 旅游发展规划管理办法 ·· 340

参考文献 ··· 343

第一章

绪 论

第一节 国际旅游业发展现状

一、全球国际旅游业发展

20世纪50年代以来，世界旅游业发展一直长盛不衰，期间虽然也有波动，但总体上呈现高速增长态势。旅游业在经历了持续扩张和多元变化以后，已经成为全球经济中最大和增长最快的行业。许多新兴目的地已经成为继欧洲、北美等传统热门目的地之外的新宠。尽管偶有振荡，旅游整体增长速度仍在增长。特别是六七十年代，许多国家认识到旅游业的巨大发展前景及其对国民经济的作用，都很重视发展旅游业。自20世纪70年代，三次石油危机、1992年英镑危机、墨西哥金融危机、1997年东南亚金融危机、美国次贷危机等多次经济危机使得世界经济发展曲折迟缓，波及大量行业，在不同程度上对不同行业发展造成阻碍，但旅游业受到伤害的程度最低，并且一直以持续稳定的趋势发展前行。

国际旅游业在20世纪90年代初就已发展成为超过石油工业、汽车工业的世界第一大产业，也是世界经济中持续高速稳定增长的重要战略性、支柱性、综合性产业。世界旅游业在发展历程中受国家经济增长和国民经济增加、发达的交通科技、人们旅游思想观念的转变等因素推进，虽遇到一些阻碍，但总体上呈高速、稳定、持续的增长态势（刘文海，2012）。《"十三五"旅游业发展规划》指出，中国战略性支柱产业基本形成。2015年，旅游业对国民经济的综合贡献度达到10.8%。国内旅游、入境旅游、出境旅游全面繁荣发展，已成为世界第一大出境旅游客源国和全球第四大入境旅游接待国。旅游业成为社会投资热点和综合性大产业，凭借其投资见效快、就业容量大、就业岗位层次多、进入门槛低、就业方式灵活以及对关联带动性强等特点，被人们普遍认为是就业前景广阔和解决发展中国家就业压力的主要行业。旅游业的发展也间接带动了其他行业的发展，带来一系列的经济效益。

据世界旅游组织统计，1950年，仅有25.3万名国际游客，旅游总收入仅为21亿美元；1960年，国际旅游人数增加到7210万人次，总收入增加到68亿美元，分别增长2.85倍和3.2倍；进入20世纪60年代后发展速度更快，1970年国际旅游人数增加到15 870万人次，旅游总收入为179亿美元；1980年国际旅游人数增加到28 500万人次，旅游总收入为925亿美元；1990年国际旅游人数增加到41 500万人次，旅游总收入为2650亿美元；2000年全世界出国旅游人数增至69 700万人次，国际旅游总收入为4740亿美元，分别是1950年的27.5倍和225.7倍，这个发展速度是世界上其他任何产业所望尘莫及的。

1950—2014年国际旅游总收入增长折线图如图1-1所示。

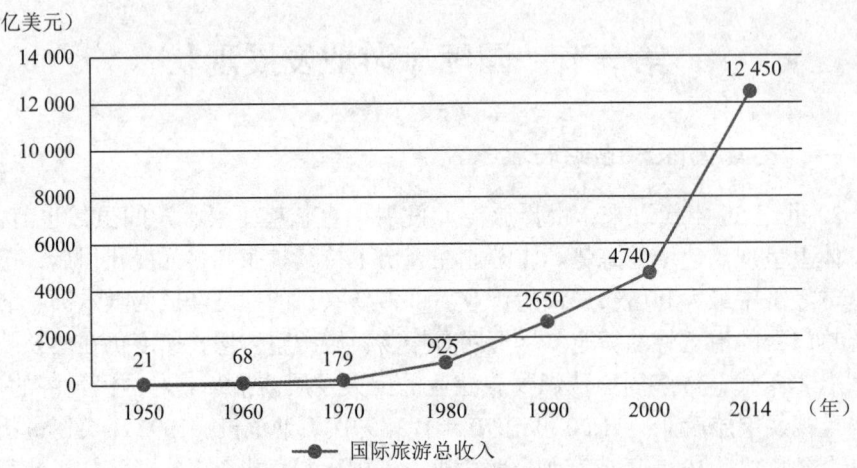

图1-1 1950—2014年国际旅游总收入增长折线图

2005年，全球接待国际旅游者人数达8.08亿人次，比2004年的7.66亿人次增加了4230万人次，增长率达5.5%。2005年，世界旅游在上年快速增长的基础上，继续保持了持续发展的良好态势。但不同区域和不同国家的国际旅游接待量、国际旅游收入、所占的市场份额、年增长速度呈现出不均衡的特点。在2009年应对全球经济危机的挑战后，2010年国际旅游人数增长7%，多达9.4亿人次，创历史新高；国际旅游收入增长5%，高达9190亿美金，在2010年全球约有10亿人出境旅游，带来了1万亿美元的出口收入（曲琳娜，2014）。

联合国世界旅游组织指出，2011年全球国际旅游人数达到9.8亿人次，同比增长4.4%。其中发达经济体增幅（5%）超过了新兴市场（3.8%）。旅游消费最多的是中国、俄罗斯、巴西和印度（曲琳娜，2014）。2012年全球旅游业以4%的增幅实现强劲增长，全球旅游人数首次突破10亿人次大关。全球旅游人数在2012年增长了3900万人次，达到创纪录的10.35亿人次，其中亚太地区的增长最为强劲,增幅达7%。尽管2012年全球经济总体情况持续低迷,但亚洲、南美洲等区域的经济增长依然活跃。可见国际旅游业以更稳定的趋势发展,在这股新一轮的增长浪潮中,亚太地区会成为新的增长热点。

1950—2014年国际游客总数增长折线图如图1-2所示。

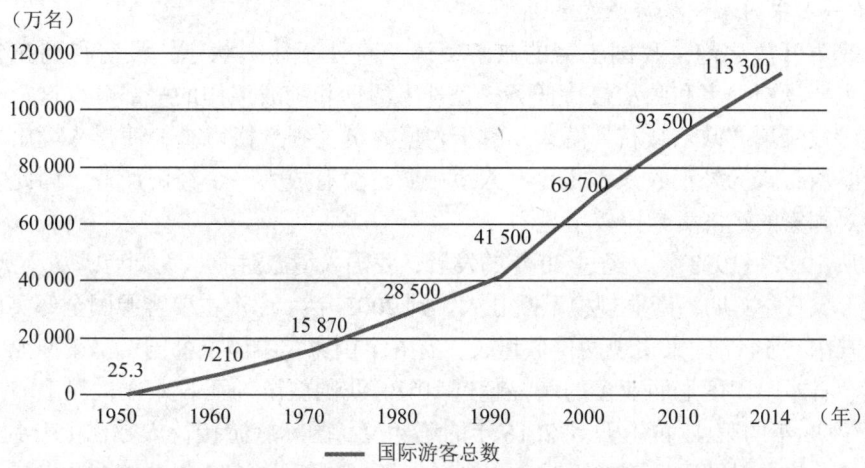

图1-2　1950—2014年国际游客总数增长折线图

目前,全球越来越多的旅游目的地开始重视旅游,并在旅游中投入资金用于发展,可以看出,旅游已经成为创造就业和创业、出口创收以及拉动基础设施建设的关键驱动力。展望长期,全球旅游呈现以下特征(刘燕,2016)。

(1)根据世界旅游组织长期预测报告《旅游走向2030年》("Tourism Towards 2030"),全球范围内国际游客到访量从2010—2030年,将以年均3.3%的速度持续增长,到2030年将达到18亿人次。

(2)在2010—2030年,新兴目的地的游客到访量预计将以年均4.4%的速度增长,是发达国家经济体年均2.2%增速的两倍。

(3)新兴经济体的市场份额开始从1980年的30%增加至2014年的45%,预计到2030年这些经济体的市场份额将超过全球一半,达到57%,相当于10亿国际游客到访量。

二、中国出入境旅游产业发展

我国旅游业起步较晚,起点较低,改革开放前以外事友好往来接待为主,只具备产业雏形,不完全属于产业范畴。1978年以后,中国实行改革开放政策,政府做出了发展旅游业的决定,相继开放了400多座城市和1000多个县(市)。国家每年拨出专款对旅游风景区进行开发建设、修整和保护,使重点旅游省市、重点旅游线路及游览点的配套建设得到显著加强。改革开放40年来，中国旅游业在接待人数、外汇收入、旅游基础设施建设、旅游资源开发和保护、旅游队伍建设等方面均取得了突出进展（张建华，1997）。一路走来，中国入境旅游完成了从"事业型"向"产业型"的转变，并一度成为我国外汇收入和国际收支平衡的重要来源。

（一）中国入境旅游业发展

改革开放之前，我国丰富的旅游资源一直处于休眠状态，没有得到充分利用，主要承担外事和政治接待任务，是外事活动和统战工作的一部分，这个时期的旅游发展属"政治接待"模式。由于入境人员受到严格审查，使得入境旅游人数及其所带来的外汇收入都很少，入境旅游也没有成为一个经济产业，因此入境旅游对国家的经济贡献比较不足。

从1978—1998年，经过20年的发展，我国入境旅游业从无到有、从小到大，产业形象日益鲜明，产业规模不断壮大。到2002年，15个主要客源国全部实现增长，其中有14个国家实现两位数增长，有6个国家（泰国、韩国、马来西亚、菲律宾、日本、印度尼西亚）的增幅超过20%。我国旅游外汇收入在世界上的排位已由1978年的第41位上升到2016年的第4位，国际旅游接待人数已上升到第4位，入境旅游对国民经济的贡献大大提高。经过改革开放40年的培育和发展，我国旅游业已经形成了多方位、多层面、多维度的产业体系格局，已发展成为较大规模的独立产业。在国际上，中国已经成为一个旅游大国。据世界旅游组织预测，到2020年我国将成为世界最大的旅游目的地国家（徐正林，2003）。这段时间内，我国入境旅游特点为：①客流和旅游外汇收入增长的快速性和持续性；②入境旅游持续增长的阶段性和波动性；③入境旅游发展的脆弱性，影响因素包括1989年的政治风波、东南亚金融危机、美国9·11恐怖事件；④入境旅游客源市场结构的集中性，包括：入境旅游总人数的洲际构成相对集中、入境旅游人数的地区构成相对集中；⑤旅游外汇收入的不平衡性（徐正林，2003；张华，2013）。

如表1-1所示，根据中国历年入境旅游人数统计数据（潘潘，2014）可知，入境旅游客流量呈现出先缓慢增长，再迅猛增长而后趋于稳定的态势，所以将入境旅游发展划分为三个阶段：第一阶段（1978—1992年），属于起步阶段；第二阶段（1993—2007年），属于快速增长阶段；第三阶段（2008年至今）属于成熟稳定阶段。

表1-1　中国历年入境旅游人数统计数据

单位：万人次

年份	总计	外国人	华侨	港澳台同胞
1978	180.92	22.96	1.81	156.15
1979	420.39	36.24	2.09	382.06

续表

年份	总计	外国人	华侨	港澳台同胞
1980	570.25	52.91	3.44	513.90
1981	776.71	67.52	3.89	705.31
1982	792.43	76.45	4.27	711.70
1983	947.70	87.25	4.04	856.41
1984	1285.22	113.43	4.75	1167.04
1985	1783.31	137.05	8.48	1637.78
1986	2281.95	148.23	6.81	2126.90
1987	2690.23	172.78	8.70	2508.74
1988	3169.48	184.22	7.93	2977.33
1989	2450.14	146.10	6.86	2297.19
1990	2746.18	174.73	9.11	2562.34
1991	3334.98	271.01	13.34	3050.62
1992	3811.49	400.64	16.51	3394.34
1993	4152.69	465.59	16.62	3670.49
1994	4368.45	518.21	11.52	3838.72
1995	4638.65	588.67	11.58	4038.40
1996	5112.75	674.43	15.46	4422.86
1997	5758.79	742.80	9.90	5006.09
1998	6347.84	710.77	12.07	5625.00
1999	7279.56	843.23	10.81	6425.52
2000	8344.39	1016.04	7.55	7320.80
2001	8901.29	1122.64	—	7778.65
2002	9790.83	1343.95	—	8446.88
2003	9166.21	1140.29	—	8025.92
2004	10 903.82	1693.25	—	9210.57
2005	12 029.23	2025.51	—	10 003.71
2006	12 494.21	2221.03	—	10 273.18
2007	13 187.33	2610.97	—	1056.36
2008	13 002.74	2432.53	—	10 560.21
2009	12 647.39	2193.75	—	10 005.44
2010	13 376.22	2612.69	—	10 249.48

续表

年份	总计	外国人	华侨	港澳台同胞
2011	13 542.35	2711.20	—	10 304.35
2012	13 240.53	2719.16	—	10 521.37
2013	12 907.78	2629.03	—	10 278.75
2014	12 849.83	2636.08	—	10 213.75
2015	13 382.00	2598.50	—	10 783.50
2016	13 800.00	2815.00	—	11 029.00

注：摘编自《中国旅游统计年鉴2017》。

第一阶段，1978年10月至1979年7月，邓小平同志连续五次谈话，提出"旅游事业大有文章可做，要突出地搞、加快地搞"，其关于中国发展旅游业的基本思路、奋斗目标和工作方针是中国旅游业的立业之本和发展之纲。在邓小平"利用外资搞建设"的鼓励下，中国开始兴建基础旅游设施，其中中外合资合作的饭店业进入快速发展阶段。1992年，国务院出台《关于加快发展第三产业的决定》，将旅游业列入第三产业之中。中国入境旅游客流量从1978年的180.92万人次增加到1992年的3811.49万人次，年平均增长率为24.3%；外汇收入从1978年的4亿元人民币，增加到1992年的218亿元人民币，年平均增长率为33.03%。从以上数据可以看出，中国入境旅游的规模突飞猛进的增长（潘潘，2014）。

第二阶段，经过1992年友好观光年的举办，使中国入境旅游业走出了1989年的低谷，自1993年始，中国出境旅游人数逐年增加，到2007年达到前所未有的规模。中国入境旅游客流量从1993年的4152.69万人次，增加到2007年的13 187.33万人次，年平均增长率为8.6%；入境旅游收入从1993年的46.83亿美元，增加到2007年的419.19亿美元，年平均增长率为16.9%。这一阶段虽然年平均增长率较前一时期有所减少，但这一时期属于入境旅游品质提升的阶段。1995年出台《旅行社质量保证金暂行规定》，要求各个旅行社缴纳质量保证金。1996年出台《旅行管理条例》，对旅行社重新划分类别，并提高了旅行社注册金额数，国家旅游局随之颁布《旅行社管理条例实施细则》，进行导游等级划分。2001年，中国成功加入WTO，中国入境旅游有了更为广阔的市场。但2003年SARS的暴发使得中国入境旅游一时间跌入谷底，直到2004年才迅速反弹，经济活力慢慢恢复（潘潘，2014）。

第三阶段，在第二阶段品质提升的基础之上，中国入境旅游发展模式日趋成熟，中国入境客流量从2008年的13 002.74万人次发展到2012年的13 240.53万人次，年平均增长率为0.5%；入境旅游收入从2008年的2837亿元人民币发展到 2012 年的 3143 亿元人民币，年平均增长率为 2.6%（潘潘，2014）。根据统计数据可以得出，中国入境旅游发展已经趋向成熟稳定，但仍然表现出一定的脆弱性，如 2008 年开始的国际金融危机对中国入境旅游造成了一定的影响。值得一提的是，"十一五"期间，我国旅游业先后迎来了北京奥运会、建国 60 周年、上海世博会和广州亚运会等盛事，同时也遭遇了汶川特大地震、国际金融危机、甲型 H1N1 流感等众多不利因素的冲击，但国内旅游在机遇和挑战中得到进一步发展，牢固树立了在旅游业中的主体地位，旅游消费在居民消费的比例持续上升，在扩大内需中发挥了重要作用。

2011 年之后，我国旅游业保持平稳较快发展，国内旅游市场保持较快增长，入境旅游市场实现平稳增长，出境旅游市场继续快速增长。2014 年我国接待入境游客 12 849.83 万人次，同比下降 0.45%；接待入境过夜游客 5562.20 万人次，同比下降 0.11%，市场规模总量位居世界第四，仅次于法国、美国和西班牙。2014 年全球入境旅游总人数首次超过了 11 亿人次，达到了 11.38 亿人次，同比增长 4.7%。其中，欧洲、亚太、美洲继续保持国际三大旅游热点地位。我国客源市场结构进入调整期，客源市场有升有降，整体降幅收窄。由表 1-1 所示统计数据可知，我国入境旅游市场客源中，港澳台同胞占据主体地位，我国台湾，以及外国人人次持续增长，我国澳门则呈下降趋势，因此加大对客源国与地区的营销宣传、培育潜力市场是一个发展重点。

2016 年，我国入境旅游业总体保持健康较快发展，入境旅游市场继续较快增长，入境旅游人数 1.38 亿人次，比上年同期增长 3.5%。其中：外国人 2815 万人次，增长 8.3%；我国香港同胞 8106 万人次，增长 2.0%；我国澳门同胞 2350 万人次，增长 2.7%；我国台湾同胞 573 万人次，增长 4.2%。2016 年，国际旅游收入 1200 亿美元，比上年同期增长 5.6%（徐正林，2003）。2016 年国际旅游（外汇）收入（按来源分）如图 1-3 所示。

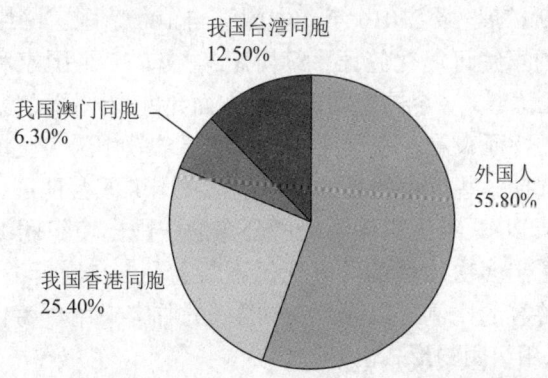

图 1-3　2016 年国际旅游（外汇）收入（按来源分）

分析我国入境旅游的形势，不难发现入境旅游将继续保持较高的增长势头。2016年我国入境旅游客源市场前三位分别是韩国、越南、日本，可见亚洲市场依旧是主要客源市场，非洲市场保持增长，其他各大洲的入境市场小幅下降。目前，电子商务正适应和加速了休闲度假型、商务型、休学型、探险型等多种旅游个性化方向发展，入境旅游产品内容也向多样化转变。

（二）中国出境旅游业发展

我国对出境旅游的发展政策是一个从严格控制到逐步放松的调整过程。改革开放初期，我国以发展入境旅游为主，对出境旅游采取"不宣传、不提倡、不鼓励"的政策。1988年，泰国成为我国第一个出境旅游目的地国家，开放东南亚市场是我国出境旅游市场形成的开始。1990年起，我国又陆续开放新加坡、马来西亚、菲律宾为中国公民探亲旅游目的地。20世纪90年代后期，旅游政策调整为"大力发展入境旅游，积极发展国内旅游，适度发展出境旅游"。再到2005年的"大力发展入境旅游，积极发展国内旅游，规范发展出境旅游"。随着我国经济的快速发展、国民收入的持续提高与对外界的经贸往来，我国出境旅游持续快速发展。出境旅游带动了一系列相关产业的发展，解决了相当一部分人员的就业，促进了社会经济的发展，中国旅游企业实现了跨国经营和规模扩张。

自2005年以来，我国出境旅游以年均近19%的增速快速发展，从2001年中国出境人次数为1200万人次，到2010年我国出境旅游人数为5738.65万人次，比2005年增加2636万人次。到2016年，我国出境人次数达1.22亿人次，中国已跃居世界第一大出境旅游市场。中国的出境旅游人数增长趋势基本上是和中国的人均GDP变化同步的，可以说，中国人均GDP的不断增长，带动了中国出境市场的快速增长。

随着签证门槛不断下降，促进了中国出境旅游市场的繁荣和发展，而这又更好地促进了中国签证门槛的进一步下降，这样一个双向的作用，使得中国出境的目的地和范围不断扩展。到2016年，中国已与100个国家缔结了各类互免签证协定，并与多个国家签订简化签证手续协定，并有37个国家和地区单方面给予中国公民落地签证待遇，8个国家和地区单方面允许中国国民免签入境。

从出境市场的特征来看，在预算的约束和追求效用最大化的过程当中，中国游客还是倾向于选择一些近程的目的地，包括我国港澳台地区，日本、韩国、东南亚一些地区。从2012年国家旅游局所公布的中国出境组团的游客和自由行的游客对比，可以看出多次出境的游客比例不断上升，自由行游客比例大幅提高，从自由行和团队游客的比例可以看到，约2/3的游客采用自由行的形式出游，只有约1/3的游客采用组团的形式出游。

（三）小结

改革开放以后，我国旅游业借助其巨大的资源优势和国际市场的需求持续快速发展，已成为我国国民经济中的重要产业和国际旅游的新生力量，1978年中国接待入境过夜旅游人数仅为72万人次，创汇2.6亿美元。到1987年，接待入境过夜旅游人数突破1000万人次大关，之后，入境旅游接待人数每增加1000万人次的时间逐渐缩短，其中从4000万人次到5000万人次以上只花了3年时间。旅游创汇每增加50亿美元所花时间更短，到2017年中国旅游创汇已达到8.77万亿美元（李金早，2018）。虽然旅游基础设施、服务设施建设发展很快，但仍不能适应国内旅游发展速度的要求。在旅游业发展中，当前社会经济的深层次矛盾和问题，引发普遍性、全局性的问题，出现体制机制固化、利益格局固化，全国各地旅游项目由于缺乏土地、资金、政策允许等而无法落实。

"十三五"期间，旅游业的重点目标放在深化改革，充分利用资源，获得突破现有体制机制和规章制度的相关授权，实现旅游业先行先试的目标。考虑到土地利用总体规划、城乡及海洋功能区规划，提出优化土地利用政策。同时加大对旅游企业的支持力度，发展旅游项目资产证券化产品，加大对小型微型旅游企业和乡村旅游的信贷支持。从全社会看，这些制约旅游企业的问题，也是下一轮深化改革的重点，通过解决这些问题为旅游业带动新一轮改革创造条件，因此，"十三五"时期，旅游业的核心定位应是社会经济全面深化改革的破冰行业。

目前，国内旅游业发展的特征呈现为：①旅游市场规模急速增长、带动社会经济加速发展；②中产阶级的兴起使其对旅游的热度居高不下，城市居民对乡村旅游的关注增加；③出境旅游规模、消费比例上升；④游客出游形式呈现多样化，在线旅游、移动旅游等的兴起占据传统旅游在旅游市场的部分市场率，旅游者的旅游需求要求增高，追求高质量、高品质的旅游服务。但同时也随之出现相关问题，如旅游业规模化产业化层次低、旅游产品供给不足与旅游需求的增长的矛盾、旅游市场秩序混乱、旅游业标准制定不足、政府政策与监管不完善等（张红升，胡顺利，2010；阿迎萍，2008）。

三、国际旅游目的地开发与管理概况

首先，国际旅游目的地的开发与管理离不开整体规划旅游资源，将其优势特色互补。民俗风情、名胜古迹、人文历史、温泉度假、特色观光、康体娱乐等，都是以国际旅游市场为需求导向的优势发展资源，应合理规划并加强宣传促销，在一定程度上提高旅游目的地的知名度。其次，具有国际影响力的会展赛事，例如世界小姐、世博会等使得海南、上海在国际旅游城市传播中提高了曝光度，借由赛事活动举办，促进目的地旅游资源的开发与创新。最后，国际旅游目的地的开发与管理宜根据高规格、高标准、高端化、品牌化进行打造，创新研发精致旅游产品，参照旅游业较成熟地区，改善旅游服务与管理水平，秩序化旅游市场，构建完善的旅游服务管理体系。注重境外游客的需要，为国内外游客提供真正

"一站式"的服务，同时保护生态旅游环境，走可持续发展之路，重视旅游业与生态环境的和谐发展。

(一) 国外旅游目的地开发与管理

旅游目的地是激发旅游者产生旅游动机，并完成旅游活动的空间载体，是与客源地相对应而存在的，是基于空间视角的旅游活动核心。旅游目的地的国际研究始于20世纪70年代，美国学者Clare A. Gunn (1972) 首先提出"旅游目的地地带"(Destination Zone)，其包含：吸引物综合体、服务社区、通道等。英国学者D. Buhalis认为旅游目的地是一个有统一管理和规划的、独立完整的特定地理区域（吕俊芳，翟孝娜，2016）。旅游目的地的开发与管理包括旅游目的地形象开发、旅游目的地定位开发、旅游目的地营销与品牌管理、旅游目的地游客管理等。

旅游目的地形象研究起源于20世纪70年代，以美国J. D. Hunt的博士论文"Image: a factor of tourism"为标志，旅游目的地形象（Destination Image）正式进入学者研究视野并被逐步深入。旅游目的地形象开发研究由简单到复杂、由定性到定量，研究层次由浅入深，研究内容逐步多元化，其开发包括游前、游中、游后旅游形象的多个相关环节，同时涵盖旅游目的地客观因素、旅游者主观因素和旅游形象传播渠道因素等多方面（吕俊芳，翟孝娜，2016）。

从20世纪70年代起，旅游目的地的定位研究开始出现，到90年代逐渐成为研究的热点。旅游目的地定位是针对目标市场，通过服务实物和宣传控制，在公众心目中树立独特形象。旅游目的地定位是旅游目的地形象战略的基础环节，其开发研究取决于游客的主观认知和旅游目的地本身特征及传达方式，主要是从旅游者视角进行开发研究的，涉及旅游主体的个体特征和感知程度等。

旅游目的地营销研究起源于20世纪70年代，到90年代才备受重视。市场营销决策支持系统既能有效地对信息进行收集、存储、处理及传播，还能进行市场的预测和决策。随着旅游业的深入发展，市场营销已成为旅游目的地发展的必然战略，它直接影响着目的地的竞争力（吕俊芳，翟孝娜，2016）。最早对旅游目的地品牌进行理论研究的是1998年Dosen Do对克罗地亚旅游品牌的分析。21世纪以来，旅游目的品牌管理研究逐步升温，旅游目的地品牌管理内容主要包括旅游目的地品牌化内涵、品牌构建、传播、管理、评估等方面。

国外文献中早期对旅游目的地游客管理的研究来自1994年，John Glasson指出牛津作为遗产城市承受着游客带来的巨大压力，需要重视对游客的管理。之后，游客体验评价和生态冲击管理成为热点领域，游客目的地选择的偏好、生态冲击对策、体验质量和影响因素等研究是较为成熟领域。目前，旅游目的地游客管理涵盖游客偏好需求、游客行为管理、容量管理、体验管理、冲击管理、安全管理等方面。

（二）国内旅游目的地开发与管理

我国旅游目的地的建设从无意识到自觉主动，从单纯的资源导向型的产品开发阶段发展到了区域导向型的系统规划阶段，将旅游业延伸到其他各类行业，与社会资源相整合，进行目的地的开发与系统提升。近年来，国内居民的旅游需求不断延伸。自中国加入WTO后，我国在旅游目的地的开发与管理上，从我国旅游业的结构、体制、管理与营销方式等方面进行了深入改革。

在国内旅游目的地形象建设的研究领域中，研究者主要对旅游地形象定位和旅游地形象口号设计、旅游地形象包装、旅游地形象建设的内容、旅游地形象促销等方面对旅游目的地建设进行了研究。旅游地形象定位的最终表达往往以一句主题口号加以概括，因为口号是旅游者易于接受的了解旅游地形象的最有效方式之一（郭亚琼，孙虎，2009）。国内旅游目的地的形象开发要满足以下特征：地方特征、行业特征、时代特征及广告效果。除此之外，国内旅游目的地的形象开发要以市场导向为原则，以旅游市场需求作为出发点，遵循效益观念原则，包括经济效益、社会效益和环境效益三个方面，向旅游者提供优质的服务，根据不同旅游者的层次与心理变化来进行特色形象包装，抓住旅游者的心理变化，进而明确对象，招徕客源地游客。

在我国旅游目的地品牌开发领域，有一批较早形成的旅游区，主要对目的地系统进行打造，运用旅游业对地方经济和社会发展的引擎带动作用，加大吸引力的聚合效益，进而增强国际知名度和竞争力。如以城市为核心的旅游目的地品牌开发，是以城市作为主要旅游吸引力，并在城市中实现旅游产业要素聚集，同时与其他产业形成联动、互补关系。在我国，城市核心型的旅游目的地品牌打造得比较好的是北京、上海、大连、杭州等（陈锋仪等，2010）。2000年以来，国内尝试建设目的地旅游品牌，大部分都是沿用经济领域的理论，而且许多旅游从业者对品牌及旅游品牌并没有一个统一而明确的认识（马平，2006）。随着旅游活动形式向多元化、特色化、专业化及参与化发展的趋势日益显著，一些具有实践性、冒险性、知识性的新兴旅游产品品牌发展较快，其中农业观光游、研学旅游、工业旅游及科技旅游等产品品牌发展尤为突出。

在国内旅游目的地的游客管理领域中，游客管理的模式研究以及游客管理的技术和措施等方面研究较多，多数探讨游客不正当行为对景区的景观和管理造成负担，也给遗产地带来资源的损失和管理的压力。如今游客管理模式在理论形成上越来越多样，且多应用于国家公园、自然保护区、遗产地等对资源环境保护要求比较高的旅游目的地。当前，我国学者的探究主题主要包括游客管理模式的演进、游客管理模式的比较研究、游客管理模式理论的引进，尤其偏向于持续化生态发展的管理模式，如城市游客管理模式，即利益-责任双向多边关系型游客管理模式，将游客与城市旅游利益相关者纳入游客管理系统中；城市旅游利益相关者对游客实行体验管理和责任管理，如生态区游客管理模式，即吸取国外游客管理理论的优点，构建生态旅游区游客管理框架（郭亚琼，孙虎，2009）。

第二节 国际旅游规划的历程

一、国际旅游规划与开发的概念辨析

在朗文词典中对规划的解释为：制订或实施计划的过程，尤其是作为一个社会或经济单元（企业、社区等）确立目标、政策与程序的过程。可见所谓规划是为达到某一目标而进行的"分析、思考、构想、提案、实践"这一全过程，具有连续性、增值性、可变性与战略性的特征。

《旅游规划通则》定义：旅游发展规划是根据旅游业的历史、现状和市场要素的变化所制定的目标体系，以及为实现目标体系在特定的发展条件下对旅游发展的要素所做的安排。《旅游区（点）质量等级的划分和评定》中规定，旅游区是以旅游及其相关活动为主要功能或主要功能之一的空间或地域，旅游区规划按规划层次分总体规划、控制性详细规划、修建性详细规划等。

（一）旅游规划与开发

19世纪60年代，随着可自由支配收入时间的增多，交通工具和休闲设备的改进，人们开始频繁旅行，规划者按追求利益的经营者所要求，考虑旅店餐馆和旅游设施的建设，最初的旅游规划开始出现。但是，这一时期的旅游规划并不是一个独立的领域，仅仅只是包含在城市规划中。20世纪60年代，旅游领域中出现专项规划，但开发商因注重短期经济效益而影响环境，所以政府开始参与到旅游规划中。70年代初期，一些学者提出了目的地可持续旅游的规划方法，例如把地区旅游资源融入园林设计原则、提倡强调物质性规划等。80年代，总体规划达到了鼎盛时期，但此时的旅游规划仅仅是满足旅游市场物品需求的过程，居民态度或是公众参与以及环境和当地社区在旅游发展中被忽视。21世纪，旅游规划向以人为本方向发展，WTO也提出了旅游业应坚持以人为本的发展理念。

旅游开发（Tourism Development）是指根据当地条件，运用适当的资金，通过科学的调查、评价、规划、建设、经营等，使未被利用的资源得以利用，已被利用的资源在深度上和广度上得以加强，并对资源、市场、产品、商品、人才等进行综合研究，确定发展方向，搞好相应设施配套的过程，以创造更佳的经济 – 社会 – 生态效益，使旅游业在区域内得以建立、完善和提高。旅游开发应根据所制订的相应旅游规划来进行，甚至应表现出更强的灵活性。在开发的过程中，它们需要经过不断地开发和再开发，以巩固、改善和提高旅游吸引力，延长其产品生命周期。旅游开发既是一个技术过程，又是一个实践过程，指导旅游地建设和

应用于实践是其根本目的。因此，它必须具备较强的可操作性。同时，未来旅游业的发展必然导致竞争的加剧和个性化需求的增加，旅游开发导向就成为旅游地的核心问题（甘志凯，2013）。旅游开发的主要内容包括旅游产品开发、旅游客源市场开发、旅游商品开发和旅游人力资源开发，遵循特色化原则、市场化原则、保护性原则、综合性原则和效益性原则。

（二）国际旅游规划与开发

国际旅游规划与旅游规划有所不同。国外学者墨菲（Murphy，1985）认为：旅游规划是预测与调整旅游系统内的变化，以促进有秩序的开发，从而扩大旅游开发所产生的社会、经济与环境效益。它是一个连续的操作过程，以达到某一目标或平衡几个目标。盖茨（Getz，1987）将旅游规划界定为："在调查研究与评价的基础上寻求旅游业对人类福利及环境质量的最优贡献的过程。"（刘蕊，2010）我国学者则认为，旅游规划是指在旅游系统发展现状调查评价的基础上，结合社会、经济和文化的发展趋势，以及旅游系统发展规律，以优化总体布局、完善功能结构，以及推进旅游系统与社会的和谐发展为目的的战略设计和实施的动态过程[21]。也是指对旅游业及相关行业未来发展的设想和策划，其目标是尽可能合理有效地分配与利用一切旅游资源，以及旅游接待能力、交通运输能力、社会向旅游业提供的人力、物力和财力，以使旅游者完美地实现其旅游目的，从而获得发展旅游业的经济效益、社会效益和环境效益（刘蕊，2010）。

国际旅游开发在不同时期所涵盖的内容不同，其概念也不同。旅游开发是指为发挥、提高和改善旅游资源对游客的吸引力，使得潜在的旅游资源优势转化为现实的经济优势，并使旅游活动得以实现的技术经济活动，其目标和内容包括重点旅游景点的建设、旅游地的交通安排、旅游地旅游辅助设施的建设及旅游市场的开拓。

二、全球国际旅游规划与开发历程回顾

国外旅游规划发展历程分为初始阶段、扩展阶段、观念转变阶段、快速发展阶段和深入发展阶段。原始的旅游规划设计起源于 20 世纪 30 年代的英国、法国、爱尔兰，最初为一些旅游项目或设施做些市场与场地设计，如饭店、旅馆等。在 20 世纪 60 年代中期—70 年代初，旅游规划在欧洲进一步发展，扩展到北美，再扩展到亚洲和非洲。20 世纪 70 年代后，旅游业发展推动旅游规划研究深入，出现了系统的旅游规划著作。1977 年，世界旅游组织（WTO）调查表明，43 个成员国中有 37 个国家有国家级旅游总体规划。随后 WTO 出版了两个旅游开发文件：《综合规划》《旅游开发规划明细录》，但是实施的规划存在很多问题，与成本收益、社会因素等方面存在矛盾（李宁，2015）。

1980 年后，旅游规划界深刻认识产生的问题，出版了大量旅游规划著作，包

括墨菲（Murphy）在1985年出版的《旅游：社区方法》；格滋（Gets）在1986年发表的《理论与实践相结合的旅游规划模型》；冈恩（Gunn）在1988年出版的《旅游规划（第二版）》；道格拉斯·皮尔斯（Pearce）在1989年出版的《旅游开发》等，也有门槛理论和旅游地生命周期理论等指导理论（李宁，2015）。

20世纪90年代至今是国际旅游的深入发展阶段，美国著名旅游规划学家爱德华·因斯吉普的代表作《旅游规划：一种集成的和可持续的方法》和《国家和地区旅游规划》，世界旅游组织出版的《可持续旅游开发：地方规划师指南》和《旅游度假区的综合模式》等，都为旅游规划师提供了操作的理论和技术指导，具有重大意义（李宁，2015）。旅游规划界也开始重视规划实施监控和管理。

国外旅游规划与开发的历程如表1-2所示。

表1-2　国外旅游规划与开发的历程

阶段	时间段	时间及地点	特点
起步探索阶段	20世纪30年代—50年代末	20世纪30年代中期，美国、法国、爱尔兰等国开始了最初的旅游规划。如1959年的夏威夷州规划。	局限于旅游项目、接待设施市场评估或设计场地，算不上是严格意义上的旅游规划。
快速发展阶段	20世纪60年代—70年代初	在20世纪60年代中期到70年代初的几年里，世界旅游业从欧洲逐渐发展到北美的加拿大，然后进一步向亚洲和非洲国家扩展。	着眼于旅游资源的开发、规划区的开发以及对旧旅游区的改造。
科学反思阶段	20世纪70年代—80年代	进入20世纪70年代，世界旅游组织、世界银行等国际组织开始重视旅游需要规划的观念，并参与了菲律宾、斯里兰卡、尼泊尔、肯尼亚等国家的旅游规划编制工作。	旅游规划的边缘学科性质日渐显现：从传统的、静态的、确定性的规划向动态的、概率性的、不确定性的规划转变；从物质环境规划向物质环境、社会、经济规划转化。
稳步发展阶段	20世纪80年代—90年代	进入20世纪80年代后，旅游规划普及到了许多欠发达国家和地区，加拿大的史密斯、美国的波利费斯和库泊尔在旅游规划的修编方面做了大量的工作。	旅游地理学、旅游政策学和旅游生态环境学等理论逐渐被引入旅游规划中并起到了重要的作用。
深入提升阶段	20世纪90年代至今	20世纪90年代初旅游规划标准程序框架建立。90年代旅游规划与开发研究的内容日益系统化，理论和方法也逐渐完善。	旅游资源开发与保护与可持续发展的思想，重视旅游市场的营销规划，亚太旅游协会（PATA）高级副总裁罗杰·格里芬（Roger Griffin）提出了"创造市场营销与旅游规划的统一"的观点。

三、中国国际旅游规划与开发历程回顾

20 世纪 70 年代，中国旅游规划与开发处于萌芽阶段，出现了旅游城市规划、风景名胜区规划、森林公园规划与开发等，但这些都只是按照城市规划与建筑设计规划进行编制的，缺少专业性知识辅助，这是旅游规划的早期编制特征。1979 年底，中国科学院地理研究所组建了以郭来喜为领导的旅游地理学科研究组，开始编辑出版《旅游地理文集》，成为新中国旅游科学研究最早的专业出版物。

1983 年是中国旅游规划与开发的交流发展阶段。郭来喜在全国保护长城工作会议上提出了"保护长城，研究长城"的口号，而中国科学院地理研究所组建的旅游地理学科研究组是将地理学科的区域性、综合性和实践性与旅游开发与规划结合起来的标志。1984 年，《经济地理》上刊登一篇张克东先生翻译的《旅游业规划》（译自 H. Robinson 的"A Geography of Tourism"），这是我国最早以旅游规划为题的论文。

1990—2000 年是旅游业的市场导向型旅游规划时期。深圳"锦绣中华"主题公园的火爆，迎来了中国主题公园开发的新时代，旅游业也受到规划师的重视。1986 年旅游业被政府确立为正式的产业部门，对旅游客源市场的分析、对旅游业进行规划变得重要起来，1993 年中国科学院地理研究所和国家旅游局合作，制定了《中国旅游资源普查规范（试行稿）》，为编制长期旅游规划提供了科学依据。

2001 年至今，是中国旅游规划与开发的提升发展阶段。最初的旅游规划编制发生了改变，从单一的旅游学专家扩充到经济学、社会学、生态学、人类学、心理学等学科，同时也有国外著名的规划公司参与规划（范业正，胡清平，2003）。

中国旅游规划研究的进程如表 1-3 所示。

表 1-3 中国旅游规划研究的进程

阶段	时间段	成果
起步探索阶段	1979—1986 年	1979 年，邓小平同志视察黄山时指示：发展黄山旅游业，这是国家领导人最先提出的旅游规划问题；中国科学院地理研究所组建旅游地理学科组。 1981 年的《旅游资源的开发与观赏》和 1982 年的《旅游地理文集》是我国最早的两部关于旅游地理学的文集。由郭来喜等编写的《中国旅游地理讲义》（1981）则是我国最早的一部旅游地理教材。 1985 年，郭来喜主持完成的"河北昌黎黄金海岸开发"课题是一个获得巨大成功的旅游地开发范例。 1986 年初，国务院通过了国家旅游局编制的《1986 年至 2000 年旅游事业的发展规划》（旅游事业"七五"计划）为旅游发展规划奠定了政策基础。

续表

阶段	时间段	成果
快速发展阶段	1988—1999年	1987—1990年，学者对旅游规划理论的贡献主要是旅游资源和旅游地的评价方法。包括风景评价的认知学模型（1987），应用层次分析法确定旅游资源评价的指标体系权重（1986），应用德尔菲法征询评分加权对旅游地作总体评价（1988），构建了我国观赏型旅游地评价的模型系统（1989）。 1988年，旅游业发展"八五"规划是改革开放后国家第一个比较系统的"旅游产业发展规划"。 1993—1994年，"旅游规划理论与实践研讨会"与"旅游发展规划研讨会"召开。
规范发展阶段	2000年至今	2000年11月发布的《旅游规划设计单位资质认定暂行办法》《旅游规划通则》于2003年正式出台。 《旅游规划设计单位资质等级认定管理办法》于2005年正式出台。 2016年12月国务院印发《"十三五"旅游业发展规划》，明确未来我国旅游行业发展的总目标。

陈传康是旅游规划学科的奠基者之一。首先，他在旅游地理学的理论基础、基本概念和基本原理方面做出了巨大贡献。其次，他通过大量的实践，对区域旅游开发进行了探索，提出了旅游活动行为层次和区域旅游结构要素的综合研究框架图。1990年提出了"区域旅游开发的六种模式"，开创了区域旅游开发理论模式研究的先河。再次，他将旅游地理学与区域发展战略和城市规划以及与地段设计研究相结合，他主持的"丹霞山风景名胜区的旅游开发研究"为以后旅游规划中市场研究的进一步深入和市场导向旅游规划奠定了学术基础。

郭来喜（1982）早期提出旅游规划的基本内容应包括客源组织规划、旅游资源开发规划、旅游点布局与建设规划、旅游线路设计规划、旅游人才培养规划等。其主要工作成果一是对大湄公河流域规划的最先关注；二是对我国中部崛起的国家战略提出建议。他在1984年主持了我国第一个由学术界完成的严格意义上的旅游规划研究课题"华北海滨风景区昌黎段开发研究"（即学术界所说的中国黄金海岸的旅游规划与开发研究）（邹统钎，万志勇，2009）。

王兴斌主持完成了国内第一部省级旅游产业发展规划（海南省），其成果对编制旅游产业规划特别是建设大旅游产业群具有现实的指导作用。王兴斌于2000年出版了《旅游产业规划指南》，该书中提出编制旅游发展规划的原则是：①与城市性质和发展方向相一致，与当地的国民经济和社会发展计划相协调，与全国和地区旅游发展规划相衔接；②经济效益、社会效益和生态环境效益相统一，实现旅游的可持续发展；③政府主导、社会参与、市场运作、企业经营；④以客源市场需求为导向，以旅游资源为基础，开发适销对路的旅游产品；⑤突出特色，抓准资源和产品开发的主导方向，塑造独特的旅游总体形象（邹统钎，万志勇，

2009)。

李蕾蕾于1999年出版的《旅游地形象策划：理论与实务》是国内第一本系统研究旅游形象的专著。她将营销学中的核心概念"定位"引入旅游地形象领域，提出了"形象定位"的概念；她融合了旅游地与企业识别系统理论，构筑了"旅游地形象系统设计模式（TDIS）"的理论框架，对我国旅游形象研究产生了重大的影响。她关于旅游形象的研究改变了过去的旅游研究模式，使得旅游规划研究进入了一个新的领域，属于市场导向旅游规划向目的地整合旅游规划过渡型的学者（邹统钎，万志勇，2009）。

公司派和学院派产生于2000年，国家旅游局颁布了《旅游规划设计单位资质认定暂行办法》，一批专业的旅游规划机构产生，其中既有专业院校，也有政府附属机构，更有规划公司。2003年以后，旅游规划的队伍明显出现分化，一部分依旧是专业院校的学者，例如，中科院地理所、北京第二外国语学院等；另一部分就是以专业化服务为宗旨的旅游规划公司，如达沃斯巅峰、北京大地风景、中科景元、绿维创景、中景园、同和时代、浙江远见、成都来也等旅游规划机构。这些公司承担了各种类型的大量旅游规划项目，具备丰富的规划实践经验。学院派在理论上提供了许多新学说，而公司派在规划实践中积累了许多新案例（邹统钎，万志勇，2009）。

中国旅游规划思想的演变如表1-4所示。

表1-4 中国旅游规划思想的演变

阶段	时间	过程	理论	特点	代表人物
资源基础旅游规划时期	1979—1991年	（1）政府开始重视旅游业的创汇作用； （2）地理学家与经济学家介入旅游规划领域； （3）政府开始规范旅游业与旅游开发规划。	定性和定量方法、区域旅游规划空间布局理论、旅游资源信息系统和遥感技术。	旅游资源评价是基础、区域旅游布局是核心。	陈传康 郭来喜
市场导向的旅游规划时期	1992—2002年	（1）中国社会主义市场经济体制的确立； （2）国家级旅游度假区的试验与主题公园的兴起； （3）1999年，国家改革国民休假制度，设立第一个"黄金周"； （4）国外学者和国外理论的进入； （5）政府进一步规范旅游规划。	市场细分、客源分析、形象营销理论、生命周期理论、可持续发展理论、社区理论、遥感技术等。	重视市场分析或客源分析、延伸到产品导向与形象导向。	王兴斌 李蕾蕾

续表

阶段	时间	过程	理论	特点	代表人物
目的地整合旅游规划时期	2003年至今	（1）政府深化对旅游规划的规制； （2）主题旅游的兴起及区域旅游合作的热潮； （3）"洋规划"的推动； （4）旅游目的地概念的普及。	产业经济学理论、区位理论、系统理论、旅游人类学与旅游行为科学理论、景观生态学原理、旅游目的地可持续竞争力理论等。	人本导向与社区参与、整合型、全过程、微观化、主题化和专项化。	徐春晓邹统钎

第三节 国际旅游规划与开发的发展趋势

国际旅游规划与开发的发展趋势主要表现为全球化与区域化并存、政府引领与市场主导相结合、旅游产业的多元化与融合化、规划开发的系统性与创新性。

一、全球化与区域化并存

（一）全球化趋势

1. 游客的全球化

随着世界经济的发展和各国旅游业的快速膨胀，全球范围内的旅游活动日渐频繁，旅游市场不断开拓，游客市场的发展空间迅速扩大，绝大多数国家的旅游市场相互交叉结合融为一个巨大的世界旅游市场。各国人民整体收入水平不断提升，低收入人群可望有更多的人逐步达到小康水平，中产阶层人群将逐步成为主体，富有阶层人群数量将明显增多，绝大多数的人都有足够的经济实力和闲暇时间外出旅游。旅游成为人们生活的必需品，游客及旅游市场趋向全球化（范保宁，2006）。

2. 竞争的全球化

由于不同收入人群的不同需求和个性化旅游消费意识的增强，世界旅游市场结构开始呈现多样化的趋势。传统观光游玩的旅游形式逐渐被多样化的旅游方式所取代，娱乐型、观光型、疗养型和商务型等旅游方式已不能满足人们"自我爱好""自由娱乐""情感展示"的要求，各种内容丰富、新颖独特的旅游方式和旅游项目应运而生，如探险旅游（徒步、登山、漂流）、健身、观鸟、摄影、探求文化和精神根基的知识性旅游等新兴旅游与传统旅游相竞争交叉，国际旅游市场个性化、多样化特点显著。由于游客不同的需求和选择，旅游企业从消费市场转向要素市场，跨国发展形势日趋多元，开始在全球旅游市场上开展竞争，促使区域旅游市场竞争日益全球化（范保宁，2006）。

（二）区域化趋势

旅游业实行区域化发展要先优化经济发展空间格局，培育区域经济新的增长点，全面提高资源配置效率。旅游区域化趋势将充分发挥旅游业综合带动效应、联动辐射效应以及先导先行作用，满足国家区域战略需求，特别对推进目前京津冀协同发展战略、长江经济带国家战略，以及中国主导"一带一路"建设有巨大影响力。区域旅游的发展是在一定条件下的，如城市群的崛起会产生旅游消费的空间集聚和全面释放，在环城游憩带基础上，城市群的重要生态功能单元以及地域文化单位，将成为城市群重要的休闲度假基地，并形成区域性产业集聚，推进区域性生态、生产和生活空间的空间重构（席建超，2015）。

随着城市化进程和城市群崛起，区域旅游取得迅速发展，从传统精品景区"点"的吸引，转变为区域性旅游目的地（大山、大水、大城市、大乡村）旅游经济"面"的集聚，而随着交通的便利和互联网技术发达，航空、高铁、自驾等串联起既有城市和旅游目的地，使得区域旅游由"点"到"线"，再到"点""线""面"交织的网络化格局转变，这种格局将进一步放大和提升旅游业的带动和辐射效应，并为中西部许多旅游自然和人文环境最有潜力的地区带来新的发展机会（席建超，2015）。目前，推动区域旅游业全面发展、对接发展、融合发展和一体化发展，进而使旅游业发展获得持久动力，已成为区域旅游业发展最重要的战略导向。

二、政府引领与市场主导相结合

在大数据时代，旅游产品要往多样化、层次化、网络化发展，结合目前商业智慧营销模式、商业数字化运营系统、OTO商业模式，创建多元化的销售平台。线上线下同时发展，为国际客源市场提供多条购买渠道。例如中国旅游景区与淘宝、支付宝、携程网等国内互联网企业合作，加强旅游产品市场的网络构建和宣传促销，为旅游目的地提供大量稳定的客源。旅游产品的市场化开发要适应市场需求，增加商品设计特色，提升创新工艺，采用先进国际理念指导产品开发，同时创新自身产品概念，做到引导市场需求，强化市场管理，创造良好的购物环境。

我国现在所延续使用的政府占主导型的发展旅游业的形式在我国开始发展旅游业的时候曾经有着很好的推动作用。但是，随着旅游业的繁荣发展和人们可支配收入的提高，游客对于旅游产品的多样性有所差别，这就要求旅游业要全面提升才能满足游客的各种需要。政府应当制定和补充旅游法律政策，使当地管理旅游的政府机构对旅游业的管理实现有法可依，进行旅游地软硬件的建设，努力以游客为中心，以旅游市场为主导，走出一条由政府引导、企业市场化运作、以市场为配置资源的决定性因素，开启旅游目的地智慧开发建设运营之路。

三、旅游产业的多元化与融合化

（一）旅游产业的多元化

多元化趋势表现在旅游规划编制组成员、旅游规划的技术方法和手段的多元化上。旅游消费规模的迅速扩大，必然要求旅游产品的加速开发。所以，在世界范围内，那些具有良好发展条件的国家和地区，必将成为旅游业新的增长极，旅游空间布局将呈现多极化的趋势。由于区域合作、资源整合和客源市场共享能给区域旅游发展带来极大的效益，所以国家之间开展旅游合作，推动产业一体化、市场一体化、交通一体化、形态一体化，这是一种新的经济，促使人流、物流、资金流、信息流等要素的有机融合。建立互利互惠的无障碍区域旅游协作区，将成为世界旅游业发展的必然趋势（范保宁，2006）。

（二）旅游产业的融合化

产业融合能够改变旅游业传统的增长机制与方式，实现旅游业跳跃式的发展和创新。在融合发展过程中，旅游业和相关产业相互渗透，融合发展，不断创造出新的旅游产品和旅游业态。这些旅游新产品、新业态及由其引致的新需求在内涵和外延两方面丰富了旅游产业集群的内容，培育和提升了旅游产业集群的核心竞争力。产业融合和产业集群意味着旅游经营企业上下游整合、兼并重组、做大做强，并引起新产品、新业态出现。产业集群是旅游产业融合发展的重要基础。在旅游产业集群当中，相关企业集中在特定的地域范围内，集群内强化了的竞争合作机制将进一步增强相关企业融合发展的压力和动力。基于产业集群的旅游业融合会放大或加速市场竞争中生产要素的创造力，提升要素配置效率。在自增强机制的作用下，旅游产业的集群化和融合发展是旅游业与相关产业在共生环境中竞争合作关系的结果体现，是旅游业转型升级、不断提升竞争优势的必然（范保宁，2006）。

四、规划开发的系统性与创新性

（一）规划开发的系统性

旅游规划不是一项独立的工作，它与旅游开发地的社会发展状况、经济发展条件等各方面有着千丝万缕的联系，如旅游区各利益相关者之间的关系等。任何一个方面的关系处理不当都将不利于旅游规划的制订。所以，旅游规划今后要以系统化的观点进行编制，规划编制每个过程和各个部分之间进行有机地协调和控制，共同完成一个特定的目标（田定湘，2006）。

（二）规划开发的创新性

1. 规划理论的创新突破

随着旅游活动规模的扩张与质量的提高，国际旅游规划更加注重增进与旅游相关的人的自由、权利、幸福，促进社会的开放、民主、繁荣，旅游规划要掌握人文关怀的原则和以人为本的创新思维理念。在全球化背景下，旅游政策目标应及时调整，应当将使本国公民在国际旅行与旅游活动中得到公正、优惠的待遇为目标。各国之间出境旅游活动实现便利和公正，在签证、活动形式或者组织形式等各方面尽力消除不平等造成的权利限制。

各国旅游负责部门应加强对外合作，通过谈判订立公平的协议，保障出境旅游者得到应有的尊重和公平的待遇。从人文关怀的角度来看，需要设施齐备、功能完善；布局上要规模适宜、位置合理、方便游客、易达性佳；服务上无微不至、可设身处地满足游客实际需求；形象上标志性强、与环境协调并具备美感。

2. 规划项目的创新

规划项目内容的创新为旅游地的永续发展和竞争力提升提供支撑。例如，旅游与城镇化融合导向规划创新模式、"反规划"导向规划创新模式、文化创意导向规划创新模式等的开发创造对旅游产业产品的创造有一定的借鉴意义。旅游与城镇化融和导向规划创新模式是以主要以城（市）镇化理论为基础，主要研究旅游与城镇化的关系，旅游与城镇化融合，社区、政府等相关利益群体同旅游产业的协调等。反规划导向模式是以景观生态学及可持续发展理论为基础，将可持续发展思想应用在规划之中，借由景观生态设计等现代规划技术，最终达到"天人合一"的理想境界。文化创意导向规划模式以文化创意和创新理论为理论基础，将文化创意作为旅游规划发展的核心思想。

3. 规划方法技术的创新

规划方法技术创新如 4G 技术，又称为 IMT-Advanced 技术，基于 IP 协议的高蜂窝移动网络能够为规划产品开发创新提供技术支持，推动设计创新的智能化、快速化、精确化。创新性是核心竞争力的一个核心指标，只有不断地在旅游规划的内容和所使用的技术上进行突破，所编制的规划成果才能具备较强的竞争力。

4G 技术，即第四代移动通信技术（4rd-generation），又称 IMT-Advanced 技术。准 4G 标准，是业内对 TD 技术向 4G 的最新进展的 TD-LTE-Advanced 称谓。世界很多组织给 4G 下了不同的定义，而 ITU 代表了传统移动蜂窝运营商对 4G 的看法，认为 4G 是基于 IP 协议的高速蜂窝移动网，现有的各种无线通信技术从现有 3G 演进，并在 3GLTE 阶段完成标准统一。4G 技术的发展推动了智慧旅游的发展，4G 技术整合了个人通信、数据采集、广播娱乐、远程控制等业务。第四代移动通信技术依托移动智能终端进行信息呈现和提供智能化的互动体验，丰富了游客的旅游活动以及旅游行程。景区管理部门利用 4G 进行数据采集、人流量监控、远程控制等，有助于景区进行智慧化的管理，提高旅游业的服务质量。（郑耀星，2014）。同时 4G 技术支持专属的用户定制服务，随着世界旅游电子商务的迅猛发展，网络旅游已成为全球电子商务旅游排名第一的行业，所以技术的创新刻不容缓。

地理信息系统（GIS）可为旅游地的开发和管理提供相关信息、构造求知型和互动型导游系统。借助其空间数据检索功能，为管理和决策人员掌握旅游资源空间分配、实时动态变化、最佳路线设计以及最佳景点组合方案提供科学的依据（李南，2015）。

全球定位系统（GPS）可以快速获取地面的高程，制作成 DEM（数字高程模型），将 DEM 和遥感影像数据叠加可制作三维景观数据，更直观生动地体现旅游资源的特征，同时可以利用 GPS 的定位导航功能开展自驾游、徒步游等活动（杨宏等，2014）。

遥感技术（Remote Sense）可用于探查旅游资源（植被、水体、土地、山地）、提供制图基础（作为规划图的底图）、动态规划管理（用于旅游规划与开发的动态反馈和修正）。

除此之外，虚拟现实技术、信息网络技术、系统动力学的研究技术以及世界四大定位系统（中国的北斗系统、欧盟的伽利略、俄国的格洛纳斯和美国的GPS）等在旅游业的运用也十分广泛。当今世界，旅游信息网络化已经成为趋势，网络旅游在世界范围内兴起，技术类新开发的信息通信技术在旅游旅行业的应用具有极大的潜力。旅游业作为当今最具发展潜力的产业，在经济和技术推动下高速发展，新技术的发展与使用是国际旅游业腾飞的关键。

第二章

国际旅游规划理论基础

国际旅游规划与开发涉及地理学、文化学、历史学、市场营销、经济学、景观生态学、管理学和生态学等学科，需要综合运用多种相关理论，才能科学编制国际旅游规划，推动国际旅游可持续发展。

第一节 旅游区位论

一、区位论的产生与发展

"区位"一词源于德文的 Standort，该词于 1886 年被译为英文 Location，日文译为"立地"。区位论产生于产业革命后的资本主义时期，并随着社会分工的发展而不断深化，它是经济发展和经济分工的产物。产业革命后，生产社会化程度提高，现代工业迅速发展，新的交通工具被广泛使用，社会分工普遍得到加强，企业间竞争趋于激烈，迫使工厂企业寻求最佳区位，以减少生产成本，获得最大利润，区位论就是在这种社会大背景下产生的。这就使得从区位论诞生开始，经济效益便成为它最关注的对象。

在西方，区位论的研究已经有一个半世纪以上的历史，前 100 年在经济学内，后 90 年逐渐向地理学扩张，直至它成为现代理论地理学、工业地理学的核心。目前，它已成为工业、农业、交通运输、商业等产业部门和城镇聚落规划及区域空间组织优化的共同理论。在中国，宋家泰和顾朝林（1987）认为区位研究、景观研究与生态研究是现代地理学研究的三大主要方向。特别是 20 世纪 60 年代以后，开始的现代区位研究对区域社会、经济发展的理论指导作用越来越突出。

区位论的发展如表 2-1 所示。

表 2-1 区位论的发展

类别	时间	奠基人	理论
古典区位论	19 世纪初	德国经济学家冯·杜能（J. H. Von Thunen, 1826）	农业区位论
	19 世纪末 20 世纪初	德国经济学家威廉·劳恩哈特（Wilhelm Launharat, 1552）	工业三角区位论（古诺模型）
	20 世纪初	韦伯（Alferd Weber, 1909）	劳恩哈特－韦伯模型
	20 世纪 20 年代以来	帕兰德（Tord Palander, 1935）	不完全竞争市场理论
	20 世纪 30 年代初	德国地理学家克里斯塔勒（W. Christaller, 1933）	中心地理论
	20 世纪 40 年代	德国经济学家廖什（August OLesch, 1940）	丰富韦伯理论，发展成为产业的市场区位论
新古典区位论	第二次世界大战以后	拉伯（Labber）和蒂斯（Thisse, Jaeques-Franeois）	新古典微观区位论
		美国的艾萨德（WalterIsard）和贝克曼（E. Bekman）	新古典宏观区位论
新发展	不详	日本学者助田武光、山村顺次	较深入研究区位论在旅游规划与开发中的应用，形成"观光立地论"
	不详	中国杨吾扬	较早地系统研究区位理论的中国学者

资料来源：涂妍与陈文福，2003。

二、区位论的内涵

（一）区位的含义

区位的主要含义是人类行为活动占有的场所，具有位置、布局、分布、位置关系等方面的意义，并有被设计的内涵，包括两层理解：①人类活动的空间选择；②空间内人类活动的有机组合。区位论（Location Theory），也称区位经济学、地理区位论，是说明和探讨地理空间对各种经济活动分布区位的影响，是研究生产力空间组织的一种学说，或者说是关于人类活动的空间分布和空间组织优化的理论，尤其突出表现在经济活动中。

区位可以分为绝对区位和相对区位。绝对区位指由经纬度构成的位置，即自然地理位置。相对区位是指相对于其他位置来说的限定位置，即交通地理位置和经济地理位置。相对区位比绝对区位重要，其作用和意义主要表现在四个方面：

①某种具有优势的区位可以促成良好的地域分工和发展；②一个地区的发展潜力很大程度上依赖于相对区位，而不仅仅是自然条件；③区位也会随时间而发生变化；④某一活动在某一区位的发展可以带动周围区位相关活动的发展，即乘数效应。

区位的研究涉及一系列影响区位的因子，可概括为以下 6 个因子：①自然因子——包括自然条件和自然资源；②运输因子——生产过程在流通中的延续；③劳力因子——劳力的数量和质量及其地理分布；④市场因子——市场的位置、规模及其结构；⑤集聚因子——产业空间布置的集中或分散；⑥社会因子——社会环境及政治、国防、文化等方面的要求。

（二）区位论的原则

1. 因地制宜原则

在选择区位时，不应死搬硬套区位理论，而应根据具体的经济活动和具体的地点，仔细考虑当地影响区位活动的各种因素，如气候、地形、土壤、水源等自然因素，市场、交通、劳动力的素质和数量、政策等社会经济因素，以使我们的区位活动能充分而合理地利用当地的各种资源，从而降低生产成本，获得经济效益。例如日本的合掌村，遵循因地制宜原则，坚持保护与开发并举。基于其具有世界领先水平的文化遗产，建造"合掌屋博物馆"、推动农业景观化、深挖传统文化资源，创造出一系列独特的乡土文化保护措施，打造一个自然风光秀美的田园综合体，吸引了众多游客。

2. 动态平衡原则

影响区位选择的因素有很多。从运动变化的角度，影响区位选择的因素可以划分为静态因素和动态因素。静态因素如土壤、地形、气候、矿产资源等，主要为自然因素；动态因素如市场、交通、政策、技术等，主要为社会经济因素。在各因素中，由于动态因素在不断发展变化，因而在选择区位时，应更多地考虑各因素对区位选择所产生的影响，辩证地以运动的观点来看待影响区位选择的各因素，以从纷繁复杂中准确地找到影响区位科学研究的最主要因素，从而抓住主要矛盾，进行合理的区位选择。

3. 统一性原则

环境作为一个整体、一个系统，它的良性发展来自内部各组成要素（各子系统）的相互协调与统一。区位作为一个开放的、复杂的、动态的环境子系统，它要求我们在区位选择（也就是建立区位系统）时，不仅要保持系统内各部门的协调统一，同时也要保持系统（区位系统与地理系统）之间的协调与统一；在区位活动中不仅要关注经济效益，同时要保持经济效益、社会效益和环境效益的统一。这一点在大部分的区位论中几乎没有提及，而这一点对我们社会的可持续发展却至关重要。①

（三）区位论的代表理论

区位论的代表理论如表 2-2 所示。

表 2-2 区位论的代表理论

研究尺度	代表理论	研究特点
区位研究	杜能农业区位论；韦伯工业区位论；克里斯塔勒中心地理论；廖什区位经济论。	侧重于区域内的单体企业的微观分析。
区域科学	艾萨德创立的区域科学。	侧重于区域内各企业之间的联系和协调发展。
其他区域研究	皮鲁的增长极理论，默戴尔的"循环积累论"，赫希曼的"极化－涓滴"理论，弗里德曼的"中心－外围"模式，弗兰克的依赖理论和布鲁克弗尔德的相互依赖理论等。	研究的地理尺度进一步拓宽，从区域内转向区域之间，从一个区域转向多个区域。

三、区位论在旅游规划与开发中的应用

旅游活动在地域结构上合理是一个重要的理论问题，也是旅游开发与规划中的一个重要实践问题。陶小平、王瑛、王铮、朱银娇等运用区位论解决旅游中的各种问题。

区位论在旅游规划与开发中的作用如表 2-3 所示。

表 2-3 区位论在旅游规划与开发中的应用

时间	运用者	运用具体情况
1992 年	陶小平	把传统区位论的区位因子直接应用于对绵阳的分析，通过对其旅游业三大区位因素的分析评价，论述了绵阳旅游业应实施资源与客源并举的布局类型。
2000 年	王瑛、王铮	结合云南省的旅游业研究提出了一个旅游业区位模型，以旅集散地为中心，由内向外，依次为"历史古迹带""奇异风景带""旅游业滞带""自然风光与民族风情带"4 条环带状分布。
2003 年	王铮、王莹等	对贵州省境内的旅游景区进行了区位分析，检验了理论，并进一步修改了该模型，用特色资源带代替原来模型中的滞区。
2005 年	朱银娇	认为旅游区位从资源区位、客源区位、交通区位等 3 方面对区域旅游市场产生重大的影响，这 3 种区位又是一具有互动关系的体系。
2005 年至今	梁雪松等	通过调查问卷、数理分析等手段，以孙根年划分的 4 个旅游区位即客源区位、资源区位、交通区位、认知区位为主，对桂林、西安旅游市场开发的空间布局和旅游线路优化组合的模式进行了研究，用以指导开发桂林和西安的日本入境市场。在研究西安时，又特别根据西安的实际情况加入了文化区位分析。

---

① 资料来源：区位论．360 百科 http：//baike.so.com/doc/6465302-6678994.html．

区位论是从空间或地域方面定量研究社会经济现象的理论。旅游区位论（Tourism Location Theory）是区位论引入旅游学的跨界衍生理论，自20世纪30年代被提出以来，一直是区域旅游开发与规划的重要理论依据，研究视角既包括对某一地区总体旅游发展情况的分析，也包括对发展专项旅游形式的区位条件分析。南宇（2013）认为旅游区位论是研究旅游客源地、目的地和旅游交通的空间格局、地域组织形式的相互关系及旅游场所位置与经济效益关系的理论。它赋予各种旅游要素以区位概念，套用区位论的理论框架和研究方法，对旅游现象的相互联系进行解构和分析。利用区位理论进行旅游开发，是许多地理学家和旅游规划师习惯使用的观察角度。黄羊山等（1999）讨论了区位论在旅游规划中的应用意义，包括以下方面。

（1）确定旅游空间组织层次与规划层次。空间组织有三个层次：广义角度的某一作用体系的空间格局；作用体系聚集单元的区位选择；组成集聚单元的基本要素的场所选择。相应的旅游活动中也有区域、旅游地、旅游要素的场所等三个层次，与区域旅游规划、旅游地规划、旅游位置规划相对应。

（2）制定旅游发展战略。区位条件影响旅游市场的大小和可进入度，决定了旅游开发建设的力度，从而影响旅游经济效益的大小。旅游发展规划模式如表2-4所示。

表2-4 旅游发展规划模式

模式	旅游资源	区位条件	区域经济背景	主要开发措施	案例
1	+++	+++	+++	全方位开发	北京
2	+++	++	+	国家扶持，适当超前发掘	张家界
3	+++	+	+	保护性开发	丽江、西双版纳
4	+	+++	+++	恢复古迹或人造高级别旅游资源	深圳、武汉

注：+++优，++中，+差。

资料来源：保继刚、楚义芳、彭华，1993。

（3）寻求区位优势。区位优势对于旅游开发和布局很重要，一般包括：有形区位优势和无形区位优势、绝对区位优势和相对区位优势、局部区位优势和全局区位优势、空间区位优势和时间空间区位优势等。寻求区位优势除考虑旅游资源外，还要考虑自然环境、交通、市场、人力、经济、社会等。不仅要分析各个区位优势，还要分析整体优势。

（4）增强区位集聚效应。由提供相同和不同服务的旅游企业共同组成一个地区的整体旅游形象，增加了地区的整体旅游吸引力，并且地区内各个旅游企业共同使用基础设施和共享同一市场，会带来旅游经济的集聚效应。在旅游规划时，要合理布局，充分发挥集聚效应，实现资源共享和经济效益最大化，减少目的地资源的压力和破坏，同时使旅游者以最少的交通时间和费用游览更多的景点。

（5）旅游线路设计。主要包括区域旅游线路设计和旅游地游览线路设计，区域旅游有环线模式的周游型线路和"快进慢游"的逗留型线路。根据区位论的原则，旅游地的线路规划包含的类型包括步行小径、缆车线路、自驾车线路、火车景观道，还需考虑安全、便捷、途径的景点。

（6）旅游设施选址。旅游设施的位置对其经济成功具有决定性意义，每一种设施的服务性质和区位优势不同，其场所选择的目标和方法不同，要考虑的因素也不同。例如，考虑到旅游者往往在游览过高等级的景区后，一般不会在附近低级别的景区游览，旅游宾馆不宜在旅游资源级别低的景区或不在旅游中心的城市中选址。

四、旅游区位论

"旅游"的本质属性是文化属性，文化属性是旅游者需求（偏好）多样性的内在原因。"旅游业"的本质属性是经济性，经济性来源于旅游资源价值的置换。旅游资源内涵丰富，从理论上具有遍在性特点，但旅游资源开发具有选择性，因此，"旅游区位"应有两个层次，即宏观层次与微观层次。宏观层次是要明确旅游业发展所凭借的物质基础——旅游资源开发的优先顺序或梯级。微观层次是为了有效利用、置换旅游资源价值、满足旅游者需求而在旅游交通、旅游饭店、旅行社、旅游商店等旅游设施、旅游服务方面的区位选择。

孙根年（2001）将旅游区位定义为：旅游景区（点）与其客源地相互作用中的相关位置、可达性及相对意义，可以划分为客源区位、资源区位、交通区位和认知区位4种。旅游区位研究虽已引起国内旅游学者的关注，但旅游区位研究的理论较为薄弱，因此目前应加强旅游区位理论研究。

第一，明确旅游区位的含义、类型、研究意义；第二，比较并研究旅游区位与其他产业区位；第三，理解传统的区位理论与旅游区位理论的关系；第四，构筑旅游区位研究理论体系与方法等；第五，重视区位研究的方法论，在旅游区位研究中要导入计量的数理统计方法、借助行为与知觉科学发展的成果，"扬弃"传统的区位理论的指导意义；第六，结合旅游区域空间竞争研究，突出旅游区位研究特色。

旅游产品生产与消费的同时性特点决定了旅游消费的"推—拉"效应，即旅游者消费行为（空间行为）与旅游地的市场域之间的竞争、适应关系以及不同旅游地的等级、规模与类型等的差异与相似性决定的旅游地"空间竞争"的关系，是旅游区位研究的基础与特色。

五、旅游区位论在旅游规划与开发中的案例

【案例1】广州历史文化旅游资源开发策略探论

广州是国务院1982年颁布的全国第一批历史文化名城之一，拥有丰富的历史文化旅游资源。根据旅游区位论，张艺（2016）将广州旅游区位因子划分为资源因子、客源因子、交通因子、政府因子4个主要因子，并以此为框架，对广州历史文化旅游资源进行分析。

从资源因子看，广州拥有丰富的历史文化旅游资源，其革命纪念资源丰富，具有强烈的岭南文化特色，有利于展示国际大都市形象。

从市场因子看，广州名列"北上广"之一，坐拥1300万常住人口，客源优势明显；加上岭南文化的代表"南风窗"效应、东西文明交融等独具特色的城市文化符号，在这里，国内、国际的各类游客都能找到各自的兴趣点。

从交通因子看，近年来，广东大力推进珠三角一体化建设，打造"珠三角一小时城市圈"，随着交通基础设施的不断加大投入，广州交通枢纽城市的地位日显突出，旅游业也从中受益颇丰。据统计，2014年，广州地区交通运输总体保持平稳增长。全社会完成客运量98 062万人次（不含公交、地铁），比上年增长9.9%；民航客运量6985万人次，增长9.3%。

从政府因子看，2003年11月，广州市启动编制《广州历史文化名城保护规划》；2014年，广州市获得国家旅游局批复，成为全国旅游综合改革试点城市，这为广州在旅游改革发展过程中先行先试创新机制模式提供了充分的政策依据和良好的外部条件。

综上所述，当前广州地区旅游业发展整体的基础和态势都很不错，但资源因子是相对的短板，根源在于历史文化旅游资源开发不够充分。因此，历史文化旅游资源开发工作的提升成为当前广州旅游业转型升级的方向和突破口。

（1）以"文化旅游"为核心，将"文化旅游"作为旅游业发展战略核心的关键词，充分凸显历史文化在产品设计、游客体验等方面的核心地位，打造具有特色的文化旅游品牌，全面提升广州旅游业的服务水平和行业竞争力。广州旅游业的发展方向应是逐步由单一的观光型旅游向观光度假型、娱乐参与型、休闲购物型、绿色环保型等多样型旅游过渡，其中，"文化旅游"理念的贯彻与实施是关键。

（2）以历史遗迹保护为抓手，打造千年古城品牌。广州曾是南越、南汉、南明三个政权的"三朝古都"，历史文化遗存丰富，要重视旅游产业对于历史文化古迹保护工作的"反哺效应"和"造血"功能，才能形成良性循环，充分考虑开

发旅游的实际需要，尽量为旅游业的发展提供硬件准备，并开发千年古都广州的主题旅游，使之成为广州旅游业可持续发展的一个历久弥新的项目增长点。

（3）以岭南民俗文化为招牌，着力打造地域特色品牌，利用当地的海洋文化、侨乡资源、广府文化和饮食文化，打造一种符号意向，吸引来自五湖四海的游客。

（4）以政策背景为依据，大力发展红色旅游产业。从孙中山先生到毛泽东主席，从辛亥革命到北伐战争，国共两党都在广州开展过大规模、影响深远的革命活动。广州要利用好《2004—2010年全国红色旅游发展规划纲要》和《国务院关于促进旅游业改革发展的若干意见》等政策保障，设计具有特色和吸引力的红色旅游专线，打造具有岭南文化特色的红色旅游名城，并为特定人群定制红色旅游服务。

第二节 旅游系统理论

一、系统论的产生与发展

系统思想源远流长，但作为一门科学的系统论，人们公认是美籍奥地利人、理论生物学家L. V. 贝塔朗菲（L. Von. Bertalanffy）创立的。他在1932年发表"抗体系统论"，提出了系统论的思想。1937年提出了一般系统论原理，奠定了这门科学的理论基础。但是他的论文《关于一般系统论》到1945年才公开发表；他的理论到1948年在美国再次讲授"一般系统论"时才得到学术界的重视。确立这门科学学术地位的是1968年贝塔朗菲发表的专著《一般系统理论基础、发展和应用》("General System Theory: Foundations, Development, Applications"），该书被公认为是这门学科的代表作。从此，系统论思潮开始发展。

国外一些学者还把系统科学分成3个部分，即狭义的系统科学、系统工程学和系统哲学。把这一领域里的理论和方法概括为几个主要方面：一般系统研究、一般系统理论、一般系统思维、一般生命系统、一般系统方法、一般系统工程、一般系统和控制论、一般信息系统、一般系统和网络。其中每一方面又包含许多理论和学科。这些都充分表明，一种包含无比广阔内容的新学科——系统学正在形成。我国科学家钱学森在1980年12月中国系统工程学会成立大会上，系统地阐述了系统理论的发展及各种学派的工作。钱学森认为不仅要从工程技术的各门系统工程及其技术科学的运筹学、控制论、信息论中去提炼，而且要吸收上述各派的系统理论，建立完整的系统科学体系（魏宏森，1982）。近年来，系统论得到了长足发展，成为法学、哲学、经济学、管理学与旅游规划方面实践参考的重要理论。

二、系统论的原理

（一）系统论的内涵

一般系统论把系统定义为具有特定功能的、相互联系相互制约的若干组成部分所构成的一个具有某种功能的有机整体。构成整体的各个局部称为子系统，子系统由更低一级的子系统构成，而构成子系统的最低级、最基础的称为要素。这个定义包含了系统、要素、结构、功能4个概念，表明了要素与要素、要素与系统、系统与环境三方面的关系。

（二）系统论的基本原理

2009年出版的《系统论》一书中概括出8条系统论原理和5条系统论规律，提出了一个完整的系统论体系。[①] 系统论具有8种基本特征，即整体性、层次性、开放性、目的性、突变性、稳定性、自组织性和相似性，它们形成了系统论的8条基本原理。

1. 系统的整体性原理

系统整体性原理是指系统是由若干要素组成的具有一定新功能的有机整体，各个作为系统子单元的要素组成系统整体，就具有独立要素所不具有的性质和功能，形成了新的系统的质的规定性，从而表现出整体的性质和功能不等于各个要素的性质和功能的简单相加。

2. 系统的层次性原理

系统的层次性原理是指，由于组成系统的诸要素的种种差异（包括结合方式上的差异），从而使系统组织在地位与作用、结构与功能上表现出等级次序性，形成了具有质的差异的系统等级。层次概念就反映这种有质的差异的不同的系统等级或系统中的等级差异性。

3. 系统的开放性原理

系统的开放性原理是指，系统具有不断地与外界环境进行物质、能量、信息交换的性质和功能。系统向环境开放是系统得以向上发展的前提，也是系统得以稳定存在的条件。

4. 系统的目的性原理

系统目的性原理是指，组织系统在与环境的相互作用中，在一定的范围内其发展变化不受或少受条件变化或途径经历的影响，坚持表现出某种趋向预先确定的状态的特性。

---

① 资料来源：系统论百度百科 https://baike.baidu.com/item/系统论/13017666?fr=aladdin。

5. 系统的突变性原理

系统的突变性原理指出，系统通过失稳，一种状态进入另一种状态是一种突变过程，它是系统质变的一种基本形式。突变方式是多种多样，同时系统发展还存在着分叉，从而有了质变的多样性，带来系统发展的丰富多彩。

6. 系统的稳定性原理

系统的稳定性原理指出，在外界作用下开放系统具有一定的自我稳定能力，能够在一定的范围内自我调节，从而保持和恢复原来的有序状态、结构和功能。

7. 系统的自组织性原理

系统的自组织性原理是指，开放系统在系统内外两方面因素的复杂非线性相互作用下，内部要素的某些偏离系统稳定状态的涨落可能得以放大，从而在系统中产生更大范围的、更强烈的长程相关，自发组织起来，使系统从无序到有序，从更低有序到高级有序。

8. 系统的相似性原理

系统的相似性原理是指，系统具有同构和同态的性质，体现在系统的结构和功能、存在方式和演化过程具有共同性，这是一种有差异的共性，是系统统一性的一种表现。

（三）系统论的基本规律

系统论的基本规律是关于系统存在基本状态和演化发展趋势的必然的、稳定的普遍联系和关系，是一种比系统论原理具有更大普遍性的对于系统的一般性把握。系统论的基本规律有 5 个，分别是结构功能相关律、信息反馈律、竞争协同律、涨落有序律、优化演化律。

1. 结构功能相关律

结构是系统内部组成要素之间的相对稳定的联系方式、组织秩序及其时空关系的内在表现形式的综合。功能是指系统与外部环境相互联系和相互作用中表现出来的性质、能力和功效。系统的功能和结构相互联系、相互制约，相互区别、相互分离，相互作用、相互转化。

2. 信息反馈律

信息反馈是系统的稳定因素，信息反馈推动系统发展演化，信息反馈保证系统稳定性和发展性的统一。总之，信息反馈对于系统有机体的稳定存在和积极活动具有重要意义，通过信息反馈机制的调控作用，使得系统的稳定性得以加强，或被推向远离稳定性、向新的稳定性发展。据此，我们把揭示信息反馈调控影响系统稳定性和发展的内在机制概括为信息反馈律。

3. 竞争协同律

系统内部要素之间，系统与整体环境之间既存在整体统一性又存在个体差异性，整体统一性表现为协同，个体差异性表现出竞争，竞争和协同的相互对立、相互转化推动系统的演化发展，这就是竞争协同律。

4. 涨落有序律

涨落也称起伏，有时也称噪声、干扰。涨落无处不在，其实质是揭示了同一性中总是存在着差异性。

5. 优化演化律

演化标志着事物和系统的运动、发展和变化。优化是系统演化的进步方面，是在一定条件下系统的组织、结构和功能的改进，从而实现消耗最小而效率最高、效益最大的过程。系统优化最重要的是整体优化，它是系统发展演化的目的。

三、系统论在旅游规划与开发中的应用

旅游规划很重要的规划方法是系统分析方法。系统论不仅为旅游规划提供了认识论的基础，即旅游是一个系统，当从整体上考虑，又为旅游规划设计提供了方法论的基础，即用系统论的观点看待旅游，用系统论的方法规划设计旅游。规划将整个旅游地域空间和旅游运行过程视为一个完整统一的体系。该体系又被分为旅游景观系统、旅游服务系统和旅游交通网络3个系统，三者相互配套、协调和统一。在确定和构架完整的体系和系统的基础上，又分别对各系统的内部进行规划，如旅游景区、旅游度假区、旅游区内部和对外交通网络的规划设计。

旅游的系统性表现为功能的系统性和结构的系统性。从功能上看，一般认为，旅游系统分为3个子系统：旅游主体子系统、旅游客体子系统、旅游媒介子系统。此外，还有从供给和需求角度看待旅游系统的。崔剑生与张余仁（2006）提出乡村旅游系统可分为：供需子系统、媒介子系统和支持子系统。因此，旅游系统在子系统的划分上有值得深入研究的地方。

（一）全盘考虑，综合规划

在系统理论的指导下，旅游规划全盘考虑主要表现在如下三方面。

第一，规划的要素。要素是旅游系统最基本的构成，规划时仅考虑一部分要素而忽略其他，也许某一方面效益最佳，但整体效益未必最佳。因此规划要整体考虑，综合规划，才能使旅游朝着预定的方向协调发展，达到经济、社会和环境的最佳效益。此外，旅游系统与系统外的联系也需要纳入规划的考虑范围，例如旅游对区域经济的影响有乘数效应，对社会影响有示范效应等。

第二，旅游资源的合理配置，包含市场的定位开拓和旅游项目的筛选布局。规划要对旅游资源的质量和数量、项目的优劣、地区的集散程度、开发的难易程度、投资规模、客源市场保证度以及开发后效益进行综合分析、综合评价，以优化旅游结构，实现资源配置的综合效益最大化。

第三，规划的程序与编制过程。系统理论贯穿于规划的全过程，不仅要求旅游规划全面、综合考虑旅游的系统要素，而且要求旅游规划的程序是系统的程序，将内容和要素合理组织。

（二）以旅游地域综合体为目标

毛润泽（2010）在第十五届全国区域旅游学术开发研讨会暨度假旅游论坛论文册中界定了旅游综合体的基本概念，其含义是指以复合型旅游资源为依托，将观光、休闲、度假、娱乐、运动、商务、会展、居住、购物等不同功能的产品项目进行组合，并将各产品项目之间建立一种相互依存、互为支撑和补充的关系，从而形成一个多功能、多业态、高效率、复杂而统一的旅游休闲度假空间（旅游集聚区）。因此，在旅游规划设计要把旅游资源、旅游业、客源市场以及相关部门纳入，形成以旅游地域综合体为目标，并以其作为基本单元进行合理规划、合理设计、合理建设。

（三）规划具有动态反馈作用

控制论认为，系统上一步控制作用产生的效果作为决定对系统下一步如何控制的依据，这种行为或策略即为反馈。而旅游规划是一个分析和决策的信息过程，上一步对下一步有控制行为，具有动态反馈作用。这要求我们在旅游规划过程中，根据实际反馈的信息不断修改完善，以达到最佳规划设计的目的。同时，在规划实施过程中，要针对实际问题进行修改；当旅游发展到一定阶段，相应的规划要进行修订或重新编制。

四、系统论在旅游规划与开发中的案例

【案例2】以系统论架构为指导的沈阳市乡村旅游发展对策

沈阳作为东北区域中心城市，其凝聚力、辐射力、带动力都对东北振兴起着至关重要的作用。2015年，沈阳市共有特色农家乐500多家、休闲采摘园30个，休闲农业示范园区45个。但是随着沈阳市乡村旅游市场的不断发展、消费者的品位日益提高，以及周边区域同类市场竞争的渐趋激烈，沈阳市乡村旅游发展瓶颈逐渐凸显，细究其原因，供需系统、媒介系统、支持系统三个子系统内部都存在短板，且子系统之间、子系统内部诸要素之间、子系统与其内部要素之间缺乏关联性、动态性和结构性特征。

乡村旅游系统如表2-5所示。

表 2-5 乡村旅游系统

总系统	一级子系统	二级子系统	要素
乡村旅游系统	供需系统	供给系统	乡村自然旅游资源、人文旅游资源、乡村非物质文化资源、乡村地理位置与周边环境、乡村居民参与度
		需求系统	人均收入、闲暇时间、出行欲望、需求偏好
	媒介系统	直接渠道	乡村旅游政府性组织、乡村旅游行业自助组织
		间接渠道	旅行社、会展公司、网络等
	支持系统	硬件支持系统	交通、公共基础设施、可持续的生态环境
		软件支持系统	政策环境（土地政策、投融资政策、人才政策、环境政策、扶贫政策、基础设施政策等）、经济环境、文化环境、社会环境、技术环境

因此，在系统论的指导下，沈阳市乡村旅游规划与开发主要包含以下三方面：

（1）从供需系统看，一要做到重点做好以苏家屯区马耳山村为代表的沈阳首批国家乡村旅游模范村（2015）建设和以马耳山乐农庄园（2011）为代表的全国休闲农业与乡村旅游示范点建设，点轴渐进，延伸乡村旅游产业链，实现各产业协调发展，推动乡村旅游由以观光为主向休闲度假为主转变。二要从时空体系、产业体系、区域体系等入手进行产业聚集，合力拉动，促使乡村旅游由分散发展转向全域发展。三要了解市场，重新定义未来的乡村旅游消费者，并因地制宜，创意融合，在原有农业基础上探求休闲农庄、庄园文化、度假社区、景区融合等方向的乡村旅游发展新路径。

（2）从媒介系统看，一要建设智慧乡村、智慧旅游，打造智慧乡村旅游平台。面向城镇居民和东北亚国际游客，要加强乡村旅游预订服务系统，引入一些智能化管理和服务设施，建立智慧旅游智能监控定位系统和有效的游客评价体系，以迎合时尚旅游趋势和丰富游客体验方式，同时，乡村智慧旅游还应当与智慧农业以及智慧旅游互联互通、减少系统切换成本。二要品牌至上，形象塑造，打造沈阳乡村旅游独特性和唯一性，通过宣传"福蕴山水·慧美家园"沈阳乡村旅游形象，提升沈阳乡村旅游在东北亚地区的品牌影响力，建设品牌连锁示范区，夯实品牌建设的产业基础，占领区域乡村度假品牌高地。三要利用创意文化进行包装，开发创意农业，注重创意营销，提高旅游品牌的附加值。

（3）从支持系统看，一要改变目前碎片化的产业模式，理顺产权，激发潜能，探索保障各方利益均衡的发展模式：①成立乡村旅游合作社，由其代表农户利益来与公司谈判；②政府＋公司＋农户，农户既是雇员，又是股东。二要做好招商引资，瞄准国家、省、市的招商平台，实现资本驱动项目牵动，搭建平台助力乡村旅游走上新台阶。三要建立沈阳市创意农业旅游人才的孵化机制，实现人才强旅，创意强旅。四要倡导乡村慢生活休闲新理念，创意交通方式，建设体现休闲与游憩理念的绿道。

第三节　增长极理论

一、增长极理论的产生与发展

增长极概念最初是由法国经济学家弗郎索瓦·佩鲁（Francois Perroux）提出的，他认为，如果把发生支配效应的经济空间看作力场，那么位于这个力场中推进性单元就可以描述为增长极。增长极是围绕推进性的主导工业部门而组织的有活力的高度联合的一组产业，它不仅能迅速增长，而且能通过乘数效应推动其他部门的增长。因此，增长并非出现在所有地方，而是以不同强度首先出现在一些增长点或增长极上，这些增长点或增长极通过不同的渠道向外扩散，对整个经济产生不同的最终影响。他借喻了磁场内部运动在磁极最强这一规律，称经济发展的这种区域极化为增长极。之后许多区域经济学者将这种理论引入地理空间，用它来解释和预测区域经济的结构和布局。法国经济学家布代维尔（J. B. Boudeville）将增长极理论引入区域经济理论中，后来美国经济学家弗里德曼（John Frishman）、瑞典经济学家缪尔达尔（Gunnar Myrdal）、美国经济学家赫希曼（A. O. Hischman）分别在不同程度上进一步丰富和发展了这一理论，使区域增长极理论的发展成了区域开发工作中的流行观点。

二、增长极理论的内涵

增长极理论分为狭义增长极理论和广义增长极理论。

1. 狭义增长极

狭义增长极包括三种类型，一是产业增长极，二是城市增长极，三是潜在的经济增长极。

2. 广义增长极

广义增长极是指凡能促进经济增长的积极因素和生长点，其中包括制度创新点、对外开放度、消费热点等。经济增长极具有相对性和变异性，中国区域经济发展战略经历了均衡（20世纪50—70年代）—非均衡（80年代）—非均衡协调（90年代至今）的动态发展过程，典型的发展中大国和区域经济发展的不平衡性这一国情和区情，决定了我们应该采用以增长极理论为基础的非均衡型区域经济发展战略。

增长极理论从物理学的增长极的内容"磁极"概念引申而来，认为受力场的经济空间中存在着若干中心或极，产生类似"磁极"作用的各种离心力和向心力，每一个中心的吸引力和排斥力都产生相互交汇的一定范围的"场"。这个增长极可以是部门的，也可以是区域的。该理论主要观点是，区域经济发展主要依靠条件较好的少数地区和少数产业带动，应把少数区位条件好的地区和少数条件好的产业培育成经济增长极。增长极理论的基本点包括：①其地理空间表现为一定规模的城市；②必须存在推进性的主导工业部门和不断扩大的工业综合体；③具有扩散和回流效应。

增长极体系有三个层面：先导产业增长；产业综合体与增长；增长极的增长与国民经济的增长。在此理论框架下，经济增长被认为是一个由点到面、由局部到整体依次递进、有机联系的系统。其物质载体或表现形式包括各类别城镇、产业、部门、新工业园区、经济协作区等。

三、增长极理论在旅游规划与开发中的应用

增长极是一个国家或地区经济增长最快，具有带动作用的地区或城市。旅游产业增长极是以旅游产业为主体，来带动整个地区的经济增长。

区域内旅游增长极的确立有多种方式，如通过行政手段，直接选定某些地区作为增长极；或通过市场方式（如利用资本市场）培育增长极；再就是依据发展特色，培育旅游经济发展的中心，实现产业集聚、人才集聚、资本集聚、信息集聚、技术集聚的城市化发展战略，通过生产力的合理布局和区域经济资源的合理配置，最终实现城市群落与区域旅游增长极的形成。

旅游产业作为一个国家和地区的增长极，不同于传统的以农业、工业为主导产业或支柱产业的增长极。旅游产业增长极具有以下几个特征。

（1）自身经济实力强大。旅游业是天然的外向型企业，国家总体对外的实力水平至关重要。旅游产业增长极地区的经济实力须完全能够支撑该地区的入境旅游的接待业务。

（2）交通通达度高，即旅游景点的可达性高，达到"进得来，出得去，玩得开"的要求，包括外部交通通达度和内部交通通达度。旅游交通的任务就是要解决旅游者在定居地与旅游目的地之间的往返，从一个目的地到另外一个目的地，以及在一个目的地内的各地区间便利往来的问题。它不仅要解决往来不同地点间的空间距离问题，更重要的是要解决其中的时间距离问题。旅游交通不但是旅游者完成旅游活动的先决条件，而且本身也是旅游收入和旅游创汇的重要来源。

（3）旅游设施完备度高。旅游设施是指在风景名胜区管辖的地域范围乃至其外围保护地带内，为游客的旅游活动提供饮食、住宿、交通、游览、购物及文娱、体育活动而建造的人工设施，包括安全、卫生、通信、舒适等各方面。

（4）城市规划科学，旅游发展方向明确。旅游发达城市应遵循"城市发展即

旅游"的城市发展战略，充分利用本地的优势，明确城市旅游发展方向。

（5）在周边地区之中的比较优势大，包括在同类资源中的相对重要程度高、在同类资源中的相对开发程度高等方面。

四、增长极理论在旅游规划与开发中的案例

【案例3】增长极理论与渭南旅游发展规划

渭南位居陕西关中东部，史称"三秦要道，八省通衢"，孕育着数千年的中华文明。拥有丰富、独特和绚丽多彩的自然景观和人文瑰宝，旅游资源赋存丰富，类型全、数量多、品位高，有深厚的文化沉淀和鲜明的区域特色。渭南市目前旅游发展主体上是依托四大风景区——华山旅游区、洽川旅游区、韩城旅游区和桥陵旅游区，其发展的目标是"依托西安建成陕西东部旅游热线"，发展的思路是以开发华山景区为龙头，积极开辟和连接地市间及跨省区旅游线路，形成陕西东部旅游环线，成为陕西省旅游大环线的重要热线。

但渭南旅游资源在空间分布上是比较分散的，尽管形成了四大景区，四个景区相互之间却联系松散。同时，渭南市又处于强势旅游地西安的影子区中，属于典型的弱势旅游地，不仅旅游业的发展受到了很大的影响，而且旅游发展对渭南经济发展的带动作用很小。渭南在旅游发展中也出现了一些问题，如缺乏统一协调、整体规划，华山龙头的带动效应不明显；基础设施不完善，尤其是旅游交通发展滞后；宣传营销力度不强；分散投资，重复建设，不利于形成规模效益；渭南旅游品牌不亮，整体形象不够鲜明；文化包装不到位等。

渭南旅游业的发展应建立在四大景区统一规划、协调的基础上，注重旅游资源的开发与宣传，挖掘华夏古文化内涵，将渭南打造成特色鲜明的旅游名市，敢做影子，分流游客，担当起陕西东部旅游环线的重任。参考增长极理论规划渭南旅游：

1. 从全省的角度规划

围绕西安市旅游增长极，开发渭南地方特色旅游产品，将渭南打造成特色鲜明的旅游名市，积极承担渭南在全省旅游规划中的分工作用，担当起陕西东部旅游环线的重任。

2. 从全市的角度规划

重点投资，积极培育和发展增长极，形成渭南旅游发展的特色和亮点。目前，华山景区不仅成为陕西省旅游的标志，也成了全国乃至全世界旅游的亮点；华山景区处在陇海铁路、西潼高速与连霍高速以及310国道等高等级交通沿线，与西安、郑州等主要客源市场联系便利，区位优势突出。因此，应在华山景区进行重点投资，打响打亮华山旅游文化牌，发挥华山旅游的龙头效应，分流西安、

郑州等特大城市旅游客源市场；同时，借助企业平台对外宣传拓展，适度发展其他景区。

创造条件发展旅游交通，形成旅游发展轴，适度开发轴线沿线景点。旅游是由客源地、目的地和旅游通道组成的一个复杂系统，发展旅游，应交通先行，在交通、通信日益发达的今天，在旅游规划中更应该注重旅游交通适度超前发展。尽管渭南旅游资源具有总量大、类型多、功能全、品位高的优势，但是旅游资源空间分布比较分散，景区相互之间联系松散，旅游资源主体分布远离客流分布主干线——陇海线，而且北线公路等级低、连接性差，造成彼此独立发展，旅游资源的集群状况差，不能形成整体优势。在旅游规划中，应加快旅游专线交通和经典旅游路线规划，围绕华山旅游增长极，在已形成的四大景区之间铺设快速旅游通道，使其成为渭南旅游发展的轴线，通过轴线开发，积极影响渭南旅游业的发展。

加快四大景区之间的交通联系，在景区与景区之间建设多路径的旅游通道，最终形成由景点、景区、旅游圈和旅游地域网络构成的旅游空间结构，强调对资源的深度开发，统一规划和协调，整合旅游资源，形成区域旅游资源的整体开发优势和规模效益，以达到区内资源的优势互补、联动发展，强化吸引力，赢取更多的客源市场。

第四节 可持续发展理论和可持续旅游

一、可持续旅游的产生与发展

1987年，世界环境和发展委员会在《我们共同的未来》报告中首次提出了可持续发展概念，其基本定义是："可持续发展是满足当代人需求，又不损害满足子孙后代需求能力的发展。"世界保护联盟（IUCN）进一步将可持续发展概念表述为："可持续发展是一种在不损耗或不破坏资源的情况下所允许的开发过程。"可持续发展观是人类对自身与生存环境关系认识的一个飞跃，是人类对自身的发展从非理性的"无限的增长"，到悲观的"增长的极限"，再到"理性的发展"的一个重大进步。[1]

21世纪是人类物质文明最发达的时代，但也是生态环境和自然资源遭到破坏最为严重的时期。不可持续的经济畸增的生产模式和消费模式使人类生存与发展面临严峻挑战，迫使积极寻求新的发展思路和模式，即在提高经济效益的同时，又能保护资源，改善环境。于是，可持续发展思想应运而生。

---

[1] 资料来源：可持续发展，360百科，http://baike.so.com/doc/1413580-1494367.html。

美国生物学家 Rachel Carson 在 1962 年发表的《寂静的春天》以及 10 年后美国学者 Barbara Ward 和 Rene Dubos 的著作《只有一个地球》，在世界范围内引发了人类关于发展观念的争论，使得人类对生存与环境的认识不断提高。罗马俱乐部（1972）推出的名为《增长的极限》的研究报告对人类深入思考环境与资源问题产生重要影响，"持续增长"和"合理的持久的均衡发展"是其提出的重要概念。观念的变革带来的是人们的实际行动，世界上掀起了一轮又一轮以"可持续发展"为目标的环境保护浪潮，各国政府、非政府组织和民间团体甚至居民都参与其间。1987 年，联合国世界与环境发展委员会在其报告《我们共同的未来》中正式提出可持续发展概念，并以可持续发展为主题对人类共同关心的环境与发展问题进行了全面论述，受到世界各国政府、组织和公众的极大重视，随后在 1992 年联合国环境与发展大会上可持续发展概念得到与会者普遍承认，即"既满足当代人的需要，又不对后代满足其需要的能力构成危害的发展"。1992 年，《关于环境与发展的里约热内卢宣言》将其进一步阐释为："人类应享有以与自然和谐的方式过健康而富有生产成果的生活权利，并公平地满足今世、后代在发展与环境方面的需要。"

可持续旅游概念是随着可持续发展这一新观念的出现而出现的，是可持续发展思想在旅游这一特定经济和文化领域的延伸。从可持续发展思想产生起，如何实现旅游的可持续发展就成为可持续发展的重要议题之一。在国际可持续发展战略的重要文件《21 世纪议程》中，很多条款涉及旅游业在实现可持续发展中的作用，如在森林资源保护方面，将旅游作为促进森林非破坏性利用和有效利用的途径之一；在山区和农村发展、海洋资源利用等方面，旅游业也在实现可持续发展目标中占据重要地位。随着可持续发展概念的形成，国际上开展了一系列关于可持续旅游的讨论，并形成了多个专门性文件。

二、可持续旅游的思想体系

（一）可持续发展和可持续旅游的定义

可持续发展是一个庞大的集合名词，它所涉及的内涵已不可能一言以概之。可持续发展概念发展完善过程如表 2-6 所示。

表 2-6　可持续发展概念发展完善过程

提出者	时间	内涵
世界环境与发展委员会	1987 年	可持续发展是既满足当代人的需求，又不损害满足子孙后代需求能力的发展
国际自然保护联盟	1991 年	在人类生存与发展不超出生态系统承载能力的条件下，提高人们的生活质量

续表

提出者	时间	内涵
世界环发大会宣言	1992年	既满足当代人的需要，又不对后代满足其需要的能力构成危害的发展
世界资源研究所	1992年	可持续发展就是建立极少产生废弃物和污染物的工艺流程和技术体系
世界银行副行长塞拉杰尔汀	1995年	可持续发展就是给予子孙后代和我们一样多的甚至更多的人均财富
联合国开发计划署高级顾问穆纳西荷	1996年	可持续发展是从产出最大化转向公平增长、消除贫困、提高效率三者协同的发展范式

尽管关于可持续发展的定义不尽相同，但其基本思想是一致的，这就是可持续发展思想的主题在于正确规范两大基本关系：一是"人与自然"之间的关系准则；二是"人与人"之间的关系准则。人与自然之间的相互适应和协调进化是人类文明得以发展的必要条件；而人与人之间的互信、互利、互助、互律等是人类文明得以延续的充分条件。只有将这种必要条件与充分条件完整地组合起来，才能使人们达成可持续发展的基本共识。从目前来看，最为大家认同的是1987年世界环境和发展委员会提出的概念："可持续发展是满足当代人需求，又不损害满足子孙后代需求能力的发展。"

可持续旅游是20世纪90年代初形成的全新的思想理念，不同组织机构和研究者以及各种相关国际会议都对可持续旅游给出过定义，这些定义虽然在字面上存在一定差异，但基本思想与可持续发展思想一致。与可持续发展目标相对应，可持续旅游包括三方面的含义：在为旅游者提供高质量旅游环境的同时，改善当地居民生活水平；在开发过程中维持旅游供给地区生态环境的协调性、文化的完整性和旅游业经济目标的可获得性；保持和增强环境、社会和经济未来的发展机会。实现可持续旅游的基本前提是实现对旅游资源的合理利用，以及旅游业发展方式、发展规模的合理规划和管理。

（二）可持续发展的原则

可持续发展的原则有7个，分别是：公平性原则、可持续性原则、共同性原则、和谐性原则、需求性原则、高效性原则和阶跃性原则。①

（1）公平性原则，指机会选择的平等性，具有三方面的含义。一是指代际公平性；二是指同代人之间的横向公平性，可持续发展不仅要实现当代人之间的公平，而且也要实现当代人与未来各代人之间的公平；三是指人与自然，与其他生

---

① 资料来源：可持续发展的三大原则 http：//www.chachaba.com/news/zhuanti/huanjing/wuran/20140514_183415.html。

物之间的公平性。这是与传统发展的根本区别之一。各代人之间的公平要求任何一代都不能处于支配地位，即各代人都有同样选择的机会空间。

（2）可持续性原则：指生态系统受某种干扰时能保持其生产率的能力。资源的持续利用和生态系统可持续性的保持是人类社会可持续发展的首要条件。可持续发展要求人们根据可持续性的条件调整自己的生活方式，在生态可能的范围内确定自己的消耗标准。因此，人类应做到合理开发和利用自然资源，保持适度的人口规模，处理好发展经济和保护环境的关系。

（3）共同性原则：可持续发展是超越文化与历史的障碍来看待全球问题的。它所讨论的问题是关系到全人类的问题，所要达到的目标是全人类的共同目标。各国虽然国情不同、可持续发展的模式不同，但公平性和可持续性原则是共同的，各个国家要实现可持续发展都需要适当调整其国内和国际政策。地球的整体性和相互依存性决定全球必须联合起来，才能实现可持续发展的总目标，从而将人类的局部利益与整体利益结合起来。

（4）和谐性原则：可持续发展的战略就是要促进人类之间及人类与自然之间的和谐，使人类与自然之间能保持一种互惠共生的关系，实现可持续发展。

（5）需求性原则：人类需求是由社会和文化条件所确定的，是主观因素和客观因素相互作用、共同决定的结果，与人的价值观和动机有关。可持续发展立足于人的需求而发展人，强调人的需求而不是市场商品，是要满足所有人的基本需求，向所有人提供实现美好生活愿望的机会。

（6）高效性原则：高效性原则不仅是根据其经济生产率来衡量，更重要的是根据人们的基本需求得到满足的程度来衡量，是人类整体发展的综合和总体的高效。

（7）阶跃性原则：随着时间的推移和社会的不断发展，人类的需求内容和层次将不断增加和提高，所以可持续发展本身隐含着不断地从较低层次向较高层次的阶跃性过程。

（三）可持续旅游的目标

可持续旅游发展目标包括社会目标、经济目标和环境目标。

（1）社会目标：保护地方文化遗产，增强当地人的文化自豪感，为不同地区和文化的人提供理解和交流机会；向旅游者提供高质量的旅游产品。

（2）经济目标：增加就业、扩大产品市场、增加经济收入，改善地方基础设施条件，提高地区的生活质量。

（3）环境目标：改进土地利用方式，从消耗性利用转为建设性利用；改善生态环境；加强公众的环境和文化意识，促进对环境和文化的保护；保护未来旅游产品开发赖以生存的生态和文化环境质量。

（四）可持续旅游的衡量标准

可持续发展是人类经过20世纪70年代到80年代的超常规飞速发展后，面对随之产生的一系列环境与发展之间难以调和的矛盾，对自身的发展历程进行反思后，提出的新的发展观。这一全新的发展观迅速得到国际社会的认同和响应，成为当代人类社会发展的新模式。

可持续发展的基础理论如表2-7所示。

表2-7 可持续发展的基础理论

基础理论	主要内容
资源可持续利用理论	资源可持续利用理论流派的认识论基础在于：认为人类社会能否可持续发展取决于人类社会赖以生存发展的自然资源是否可以被永远地使用下去。基于这一认识，该流派致力于探讨使自然资源得到永续利用的理论和方法。
外部性理论	外部性理论流派的认识论基础在于：认为环境日益恶化和人类社会出现不可持续发展现象和趋势的根源，是人类迄今为止一直把自然(资源和环境)视为可以免费享用的"公共物品"，不承认自然资源具有经济学意义上的价值，并在经济生活中把自然的投入排除在经济核算体系之外。基于这一认识，该流派致力于从经济学的角度探讨把自然资源纳入经济核算体系的理论与方法。
财富代际公平分配理论	财富代际公平分配理论流派的认识论基础在于：认为人类社会出现不可持续发展现象和趋势的根源是当代人过多地占有和使用了本应属于后代人的财富，特别是自然财富。基于这一认识，该流派致力于探讨财富（包括自然财富）在代际之间能够得到公平分配的理论和方法。
三种生产理论	三种生产理论流派的认识论基础在于：人类社会可持续发展的物质基础在于人类社会和自然环境组成的世界系统中物质的流动是否通畅并构成良性循环。他们把人与自然组成的世界系统的物质运动分为三大"生产"活动，即人的生产、物资生产和环境生产，致力于探讨三大生产活动之间和谐运行的理论与方法。

可持续旅游是随着全球可持续发展这一新观念的出现而出现的，并成为旅游研究的热点。在传统旅游业中，旅游业是单一目标的经济行业，缺乏明确的生态环境目标和社会发展目标；旅游业、生态环境保护和社会发展相互分离。可持续旅游将三者结合，将社区发展作为发展旅游业的主要目标，将旅游环境保护作为旅游业发展的基本条件，达到社会、经济和环境的共同发展。所以，评价旅游业可持续性的基本标准如下所示。

（1）社会发展标准：旅游业能否保证开发成本和收益的公平分配，当地居民能否从旅游业中获得经济利益和就业机会；社区能否参与旅游决策；旅游业是否可以增进对优良文化传统的保护。

（2）旅游经济标准：旅游业经济能否实现持续增长，不断为地方经济注入新的发展资金。

（3）环境保护标准：旅游业能否对自然环境的保护和管理给予资金支持，促进对自然和文化资源的保护,旅游业的发展能否促使旅游者和当地居民对自然环境保护持支持态度。

可持续旅游虽然作为一种思想理念得到广泛的认同,但是距离形成完整的理论体系,进入可操作阶段仍有较大距离。可持续旅游仍处于理念的形成阶段,尚未形成一个完整的研究体系。

三、可持续发展理论在旅游规划与开发中的应用

1995年4月,联合国教科文组织、环境规划署和世界旅游组织等联合在西班牙加那利群岛召开"可持续旅游发展世界会议",通过了《可持续旅游发展宪章》和《可持续旅游发展行动计划》两个纲领性文件,明确了可持续旅游发展的含义:在保持和增强未来发展机会的同时,满足旅游者和旅游地居民当前的需要,在保持文化完整性、基本的生态过程、生物多样性和生命维持系统的同时,满足社会经济发展和美学的需要。同时,世界野生动物基金会(WWF)在其发表的《绿色地平线之外》中提出"可持续旅游十大准则":①可持续利用资源;②减少过度消费和废物;③保持生物多样性;④将旅游纳入综合规划;⑤支持当地经济;⑥鼓励当地社区参与;⑦征求利益主体和公众意见;⑧人员培训;⑨负责地进行旅游营销;⑩加强研究。

根据可持续发展理论,旅游规划要遵循三个基本原则:生态可持续性,旅游发展要与基本生态过程、生物多样性、生物资源的维护协调一致;社会和文化的可持续性,维护和增强社区个性,使旅游发展与社区文化、价值观相协调;经济的可持续性,在为后代留足发展空间的前提下,实现资源的有效利用和经济的持续性增长。

四、可持续发展理论在旅游规划与开发中的案例

【案例4】世界文化遗产地明十三陵的可持续发展

明十三陵位于北京西北郊天寿山南麓,距离北京市区约50 km,保护区核心面积823 hm²、缓冲区面积8110 hm²,共埋葬着明成祖朱棣及其之后除景泰帝之外的共计13位明朝皇帝。明十三陵是我国明清皇家陵寝的重要组成部分,它完美地将中国古代皇家陵寝建筑与风水理念结合起来,具有独特的文化价值,是中国乃至世界皇家陵寝的杰出代表。随着遗产地旅游的持续升温,文化遗产地面临着旅游承载力危机、遗产保护与社区居民的矛盾、遗产完整性遭到破坏等诸多问题的困扰,不利于可持续发展。

明十三陵文化遗产地开发面临的问题如表2-8所示。

表 2-8 明十三陵文化遗产地开发面临的问题

问题	具体表现
面临来自游客和居民的双重压力	十三陵景区每年接待国内外游客达500万人次，遗产地内游客人数过多、环境嘈杂，破坏了皇家陵寝庄严肃穆的感受，影响了游客的游览质量，给遗产地保护带来很大的难度；处于遗产保护区内的各村庄都面临着居民生产和生活需求与遗产地保护相矛盾的问题。
环境保护面临自然和人为双重威胁	十三陵所在地区属于多灾害地带，地震、火灾、森林病虫害、洪涝、雷击等自然灾害频发；开矿采石、挖沙取土、修建公墓等各种人为破坏对十三陵的保护也构成了威胁。
遗产地完整性遭到破坏	目前陵区内有大量居民居住生活，陵寝周边遍布民宅和各种民俗旅游设施，极大地破坏了遗产地的完整性。
"陵邑"村落旅游开发混乱	由于农户的知识水平较低，旅游开发没有统一的规划和监管，"陵邑"村落民俗旅游呈现原始粗犷的整体态势，其旅游开发具有极大的功利性色彩，在很大程度上破坏了村落原有的传统建筑格局和人文内涵，民俗文化无从体现。

可持续发展理论促进旅游景区的经济效益，促进旅游目的地的发展。虽然可持续发展理论中资源和环境保护是重要方面，但不能因为资源和环境保护就停止景区开发，而是要找到景区开发和资源、环境保护的平衡点，既要保护资源和环境，又能有序开发旅游者游览体验活动，实现经济效益，是在保护环境、资源永续利用的前提下促进旅游目的地经济和社会发展。

当前有些地方由于经济发展需要，在开发旅游资源时，本着"靠山吃山、靠水吃水，充分利用本地区的丰富资源，力争在近期取得阶段性成果"等错误思想，不考虑资源、环境保护和未来子孙后代的利用，例如在自然保护区的核心区域建设酒店等设施，直接造成景区资源受到严重破坏。因此，必须要用可持续发展理论指导旅游景区规划，保证旅游开发的正确思路。

第三章

国际旅游规划方法技术

第一节 旅游吸引物的调查与评价方法

一、旅游吸引物

"旅游吸引物"(Tourist Attraction)是一个在西方旅游学术界经常出现的词语，它是旅游产品中需要包含的核心要素。这一词语在中国的旅游学教材中经常以"旅游资源"的形式体现。因为旅游资源的根本属性是它对旅游者的吸引力，所以西方旅游学研究普遍将旅游吸引物作为旅游资源的替代词语。但事实上，旅游吸引物、旅游资源、旅游产品的概念往往被混淆，而它们的概念本不相同。在旅游资源开发过程中出现的"泛资源论"（所有旅游吸引物都视作旅游资源）和"唯资源论"（旅游资源与旅游产品混淆）都是不正确的（谢彦君，2015）。旅游资源只能由人的意识决定，即可以判定一种资源能否成为旅游资源，但资源却不会由人的意志而转移。它永远具有潜在的经济价值。因为旅游产品是旅游经济学中的概念，其存在的前提就是用于交换。相比之下，旅游吸引物则是一个更加宽泛的概念。它是吸引旅游者离开惯常居住地进行旅游活动的任何实物、现象、劳务。它可以是具有真实形态的物质，也可以是自然性的、文化性的现象，还可以是社会事件，或者其他抽象的内容。旅游吸引物既是一个地区能否开发成为旅游目的地的条件，也是旅游者进行目的地选择的决定因素，还是构成旅游产品的核心要素。

二、旅游吸引物系统的构成

由于旅游吸引物概念宽泛，旅游吸引物的分类方法、标准繁多，对旅游吸引物的管理就至关重要。因此需要对旅游吸引物系统进行优化，明确旅游吸引物系统的构成。旅游吸引物系统的概念是旅游系统与旅游吸引物的广义结合。在旅游吸引物系统中可以把总系统分为基础吸引物系统、配套吸引物系统、形象吸引物系统。这个分法类似于对于旅游设施系统进行划分。三个子系统相互依托后形成并构建了完整的旅游吸引物系统，子系统之间协调有助于对旅游吸引物系统的优化（王艳辉，2010）。

同时，旅游吸引物也是旅游吸引物系统中的中心组成部分。构成旅游吸引物要素的变化，势必会引起旅游吸引物系统的改变。例如风景、民俗、目的地的衣食住行等，都可以归入三个子系统中。鉴于此，旅游吸引物系统会与旅游基本的六要素有所联系，但切记：不是所有方面的"食住行游购娱"都可以成为旅游吸引物系统中的要素。同样的由于旅游发展而产生的新旅游六要素："商、养、学、闲、情、奇"也不是都完全纳入旅游吸引物系统中。而是依照不同情况，经过综合考虑，才可以纳入其中。由于旅游资源的根本属性，就是它具有对旅游者的吸引力。同时，旅游资源具有广泛性、不可移动性、地域性、创新性、文化性、永续性6个特点（邓爱民，张大鹏，2016）。不同类型的旅游资源可以规划到子系统中，它们也是构成系统的组成部分。可以说，任何发生改变会对旅游目的地吸引力造成影响的事物，不论是物质还是非物质的，都是旅游吸引物系统的构成部分，对它们进行优化，也可以起到对旅游吸引物系统优化的作用。

三、旅游吸引物系统构成要素指标筛选方法

从社会学的角度对旅游吸引物进行研究，可知旅游吸引物具有客观性、社会性、符号性、系统性四个属性。这四个属性结合其本身具有的生态价值、文化价值、经济价值，可以对旅游吸引物系统的构成要素设立指标并进行筛选。调查方法可以用到文献分析法，该方法可有效地整合参考文献的信息，结合这些参考资料，将知识与实际应用进行结合，归纳出要素指标的筛选方法。这种方法在旅游界中被广泛使用。

此外，还有两种相似的方法：专家讨论法和德尔菲法。相比之下，德尔菲法更加客观真实，这是因为其舍弃了专家之间的讨论，使得专家各自的看法不以他人的意识行为而改变，从而更加客观地反映了各自的想法、意向。德尔菲法适用范围广，但是时间较长，往往在最后才能得出结论，过程过于缓慢，其评判的准确度是很高的。①

四、指标体系权重确定与评价

权重的高低直接反映每项评估项目在评价体系中的重要程度，因此对每个因子赋值的精准度相当重要，它是评价指标体系中的数理关系，也是该评价体系是

---

① https://wenku.baidu.com/view/c53346ea7cd184254a35350d.html。

否合理实用的重要因素之一。一般情况下,权重通过对专家咨询、问卷调查统计所得。专家咨询法又分为两种,一种是开放性征询,让专家直接给出权重;另一种是按重要性排序,或是两两之间比较重要程度,最后通过数理统计模型(如运筹学和层次分析法)和相关软件计算出各因子量化后的权重。专家咨询法一般以有效问答 20~50 人次为宜。指标权重的确定主要采用德尔菲法和层次分析法相结合。德尔菲法能客观地综合多数专家经验和主观判断的技巧,能对大量非技术性的无法定量分析的因素做出概率估算,并将概率估算结果告诉专家,充分发挥信息反馈和信息控制的作用,使分散的评估意见逐渐收敛,最后集中在协调一致的评估结果上。影响旅游资源价值的有自然、人文、社会、经济、环境等方面的因素,它们有定性的也有定量的,必须把定性和定量因素统一量化,纳入同一评价体系。德尔菲法满足这种要求。

层次分析法的原理是把所要研究的复杂问题看作一个大系统,通过对系统的多个因素分析,划出各因素间相互联系的有序层次,上一层次的元素对相邻的下一层次全部或部分元素起支配作用,从而形成一个由整体到局部、由上而下逐层细分的树状关系系统(谢雅秋,2016)。

【案例1】代表性研究

王艳辉(2010)在城市旅游吸引物优化研究中经过专家访谈后结合旅游吸引物系统的三个子系统,提出城市旅游吸引物系统要素指标体系(见表3-1)。其可以类比运用在旅游吸引物系统体系中。

表3-1 城市旅游吸引物系统要素指标体系

目标层A	子系统层B	要素层C	要素说明
城市旅游吸引物系统A	基础吸引物系统B1	城市标志性建筑 C1	历史标志性建筑和现代标志性建筑
		历史文化街区 C2	文物古迹地段或街区、历史建筑群等
		现代主题街区 C3	CBD、RBD、旅游地产区、特色商业街区、主题公园等
		城郊游憩带 C4	分布于城郊的游憩要素
		会展节事活动 C5	会议、博(展)览会、赛事、节日、庆典、文艺活动等
		文化遗产 C6	除历史文化街区以外的历史文化遗产,包括物质和非物质的
		城市个性文化 C7	具有地域特色的生活方式、民族风情、传统文化等

续表

目标层A	子系统层B	要素层C	要素说明
城市旅游吸引物系统A	配套吸引物系统B2	大型会展设施和运动场馆 C8	大会堂、会展中心、体育馆、高尔夫球场以及其他运动场馆等
		休闲娱乐场所 C9	休闲中心、社交中心、DIY 吧等
		教育科研设施 C10	高新技术创业园、大学（城）、爱国主义教育基地等
		购物中心 C11	大型购物中心（Shopping Mall）、特色超市、手工艺品市场等
		交通工具 C12	对游客具有一定吸引力的交通工具
		住宿设施 C13	主题饭店、主题客房等
		佳肴美食 C14	地方小吃、美食等
	形象吸引物系统B3	景观形象 C15	游客对城市景观的总体印象
		服务形象 C16	游客对城市旅游服务的评价
		环境形象 C17	游客对城市旅游环境的认知
		功能形象 C18	游客对城市功能和定位的认知

在对吸引物体系要素权重的测定中，专家分析法、多元分析法、层次分析法都可以用来对吸引物要素权重进行测评。

王艳辉（2010）运用层次分析法分析测评各因子在吸引物系统中的权重。其基本步骤如下：依照层次分析法的标定系列对B层指标与C层指标的权重通过专家打分法进行确定，"本研究设计的专家问卷分为三部分，即重要性标度说明、对指标重要性进行评分以及开放式的修改意见填写。本次评价共征询了七位专家的意见，为了尽量提高评价结果的一致性，表中加入了对一些要素内涵的说明，减少各专家对各因子理解不一致而降低评价的有效性"，被调查的专家采用填表方式进行重要性评价，按照重要性标度表（见表3-2）对各指标进行打分，然后请他们独立地给出各指标的权数和相关修改意见，并反复沟通调整，将原始矩阵归一化处理。

表3-2 重要性标度表

重要性标度值	标度含义
1/9	两元素相比，前者比后者极端不重要
1/7	两元素相比，前者比后者强烈不重要
1/5	两元素相比，前者比后者明显不重要
1/3	两元素相比，前者比后者稍不重要
1	两元素相比，具有同等重要性

续表

重要性标度值	标度含义
3	两元素相比，前者比后者稍重要
5	两元素相比，前者比后者明显重要
7	两元素相比，前者比后者强烈重要
9	两元素相比，前者比后者极端重要

用各指标所得分值的算术平均值来表示专家的意见集中度，算术平均值越高，说明该指标的相对重要性越大；用各指标所得分值的变异系数来表示专家的意见协调度，变异系数越小，说明专家意见的离散程度越小，协调程度越高，一致性越好（王艳辉，2010）。计算的方法是先将每一列元素加和，再用各列元素除以列总和，然后求出标准矩阵各行平均值，即可求得各层次权重，最终得到城市旅游吸引物系统要素的权重构成体系（见表3-3和表3-4）。

表3-3 准则层权重

指标	B1	B2	B3
权重	0.35	0.26	0.39

表3-4 指标层权重一览

指标	权重
C1	0.05
C2	0.04
C3	0.06
C4	0.07
C5	0.06
C6	0.04
C7	0.03
C8	0.02
C9	0.04
C10	0.01
C11	0.08
C12	0.04
C13	0.03
C14	0.04

续表

指标	权重
C15	0.11
C16	0.13
C17	0.09
C18	0.06

指标体系权重评价方法：旅游吸引物的评价方法采用定量评价法，将旅游吸引物系统要素进行评分，从而测定其吸引力。运用综合多因子评价可以将每个要素分析得更加透彻。因为经过调查发现打分误差最小的分数是 10 分，如采取 100 分制，则最后的结果乘以 10 就是所需的分数。首先将要素定为 9~10、6~8、3~5、0~2 四个不同的由强到弱的吸引力大小。之后根据各项指标的权重计算实际的得分。其中 F 为所评价的旅游吸引物系统的最终得分，n 为评价总数，p 为各项的平均分值，w 为每项在总体中对应的权重值。

$$F = \sum_n 10\, p_i w_i$$

五、RS 和 GIS 在旅游资源调查研究中的应用

一般认为，1959 年的美国夏威夷州规划，可作为现代旅游规划的先驱，其中，旅游规划第一次成为区域规划的一个重要组成部分。在短短的近 60 年历程中，旅游规划从无到有，发展至今，已得到国际国内的普遍认同和重视，再加上有关先进技术的介入，如地理信息系统（GIS）、全球定位系统（GPS）、遥感技术（RS）、虚拟现实（VR）技术的运用，将使旅游规划的分析及其表达手段得到极大的提高。这些先进技术的核心代表是 GIS，它在国外应用于旅游规划的领域是相当广泛的，包括旅游资源调查、娱乐设施管理（Recreational Facility Inventory）、旅游土地管理、游客流量预测、旅游环境影响评估、旅游规划制图、旅游信息管理系统以及辅助决策支持系统。但在国内，由于普遍缺乏长期而系统观测的旅游基础数据和已有数据获取的种种限制，GIS 及其相关技术应用到旅游规划当中并不深入（邓运员，刘沛林，2004）。

旅游资源的调查研究是一项系统、复杂、工作量巨大而意义重大的工程。传统人工调查和手工操作的方法存在许多缺点和不足。如调查研究的覆盖面窄、精度低；获取的调查研究数据缺乏综合性；调查研究数据的现势性差，不能进行动态比较研究等。随着遥感 RS 技术和地理信息系统 GIS 技术应用领域的不断扩展，其在旅游资源调查研究中的应用也越来越广泛。

遥感作为重要的空间数据采集手段，它所获得的图像数据具有信息量丰富、清晰度高、形象直观、现实性强等特点，而且在资源调查中具有快速、综合、动态、全面的优点。实践证明，与传统人工调查方法相比，遥感技术在旅游资源信息获取上具有十分明显的优势。在旅游资源信息获取方面，该技术可以利用不同分辨率的遥感影像，获取不同尺度的旅游资源信息；利用不同波段的遥感影像，获取隐藏的旅游资源信息；利用不同时相的遥感影像，获取动态旅游资源信息。在旅游资源分析方面，遥感图像包含巨大的信息，可以从不同的研究角度在不同层次上提取各种信息，而这些信息因子之间本身相互关联、互相影响。在建立起对研究区的典型影像特征感性认识的基础上，利用遥感图像的波谱特性，根据地物影像之间的色调、形状、尺寸、阴影、纹理、组合图形等解译标志，采用目视解译为主计算机解译为辅的方法，可以从遥感图像上识别旅游资源，查清旅游资源的数量、质量、分布范围，判读推断出旅游资源所在区域的地质、地貌、土壤等自然特征，并可在大区域内进行旅游资源的地域组合结构及相互相关的分析（张洁，张晶，2006）。例如杨传明（2002）在对广西旅游资源进行遥感调查时，通过解译分析不同比例尺、不同类型的遥感影像，提取了研究区 5 类 12 种基本旅游资源的特征。

旅游资源的调查研究是一项周期长、工作量大、成果科学性要求高的基础性工作。调查研究内容涉及研究区地质、地貌、气象、水文、植被、人文景观、经济社会因素等多方面，调查得到的基础资料包括文本、图形、图像、统计报表等多种形式。因此，对旅游资源进行全面调查不可避免地要面临庞大的空间和属性数据。如依托 GIS 强大的数据存储、处理和管理功能，建立调查区旅游资源数据库，不但有利于数据的科学管理提高调查研究的科学性，而且可以为旅游资源进一步开发利用和社会共享奠定基础（张洁，张晶，2006）。例如，姚长宏（2002）在贵州六盘水市白鹤风景区旅游资源调查评价工作中，建立了包括地质地貌、水系水文、气象气候、植被土壤、土地利用以及人口、经济等方面资料的数据库。Williams 等（1996）在对加拿大大不列颠哥伦比亚地区进行旅游资源调查研究时也利用 GIS 建立旅游资源调查数据库。在数据方面，将调查数据进行汇总，建立旅游资源调查数据库；各种数据及时更新，动态查询显示。在旅游资源的空间分析方面，地理信息系统集成了多学科的最新技术，为空间分析提供了强大的工具，使得过去复杂困难的高级空间分析变得简单易行。目前绝大多数地理信息系统软件都具有空间分析功能。空间分析已成为地理信息系统的核心功能之一。在旅游资源制图方面，结合遥感影像，能够生成各种生动形象的旅游资源调查研究图；结合遥感影像和 DEM 数据，能够生成旅游资源三维效果图（张洁，张晶，2006）。

在旅游资源调查研究中应用遥感与地理信息系统技术是旅游信息化发展的迫

切需要。虽然目前的应用仍属于初期,但随着相关技术的进一步发展,遥感和地理信息系统在旅游资源调查研究中的应用将会逐渐走向成熟,对整个旅游业的发展也会起到巨大的促进作用。

第二节 旅游市场调查与预测方法

一、旅游市场调查方法

(一)定性旅游市场调查方法

定性旅游市场调查方法是指从定性的角度,以少量的样本作为调查对象,来直接地观察感受调查对象的反应。定性调研法的数据收集、分析、说明,都是通过对人们言谈举止的观察和陈述进行的,它是定性的与非标准化的形式。正由于此,定性分析的数据只有在进行一定的编译程序后才能确定。这种特质符合旅游市场调查中对旅游者或潜在旅游者调查的需要。但是,定性调查需要与定量调查协同配合验证,来反映旅游市场调查的总体情况。定性旅游市场调查方法主要包括深度访谈法、案例研究法、定性观察法。

1. 深度访谈法

深度访谈法要求研究者事先备好大致的访谈提纲,对访谈结构有一定的控制。深度访谈过程中,研究者要始终集中在访谈目标的核心主题上,具有一定的导向,根据事先制定的访谈提纲向受访者进行提问,并根据实际情况灵活地调整访问的程序和内容,根据受访者不同的反映提出相应的问题。访问者与受访者根据访谈提纲进行一对一的、深入的细致交流,一般持续时间为30分钟到1小时。

2. 案例研究法

案例研究法就是运用历史数据、档案材料、访谈、观察等方法,对某案例进行详细调查。其目的是通过分析具体的实施事例,调查成功或失败的原因,并得出可以借鉴推广的结论。

3. 定性观察法

定性观察法通过参与或者实地考察等方法,了解当地的资源类型、布局、特色等情况,以得出观察结论。定性调研中,有一部分是观察法——即调研者凭借自己的观察能力而非与被访问者直接交流获取信息。由于人们的记忆往往要发生偏差,故在观察的同时需借助一些记录方式,如录像机、录音机、手工记录或其他有形的记录方式。为使各次观察保持一致性,避免由于观察的不同而造成的差异,有四种有组织的观察方法:直接观察与间接观察,隐蔽观察与非隐蔽观察,有结构观察与无结构观察,人工观察与机械观察。

（二）非引导型调查方法

有别于有重点的引导调查内容，非引导型调查通常不带有任何提示，让受访者畅所欲言地说出自己的观点，如焦点小组法、游客投诉调查法等。

1. 焦点小组法

焦点小组法又称小组座谈法，是由一个经过训练的主持人以一种无结构、自然的形式与一个小组进行交流，从而获得对有关问题的深入了解。采取小组的形式可以使被访者处于宽松、舒适的氛围中。在讨论过程中，组织者需保持对某一特定话题的讨论，防止跑题，故称焦点小组。

焦点小组法是目前最为常用的一种定性研究方法。焦点小组一般由 8~12 人组成，花费 1~3 小时，在主持人的引导下对某一主题进行深入讨论，使组织者了解人们心中的想法以及产生这种想法的原因。步骤如下：第一，选择小组访谈设施；第二，征选参与者；第三，选择主持人；第四，准备讨论提纲；第五，实施小组访谈；第六，准备小组访谈报告。

2. 游客投诉调查法

游客投诉调查法是根据搜集各类游客投诉渠道中所能获得的信息，来进行关键词提取、归纳和总结，从而对某类旅游业的相关情况得到一些定性的认识。例如调查公开的旅游投诉平台、315 网站、各级电台及电视台等的投诉情况。

此外，还有一些与互联网信息相关的旅游市场调查方法如网络评论调查法等。网络评论调查法是基于用户创建信息的旅游者调查，是基于旅游者主动意愿表达的非引导型调查。例如，Facebook、微博、论坛、QQ、优酷、Wikipedia、大众点评、Google Earth 等。

（三）定量旅游市场调查方法

在市场研究中的定量分析方法，主要是采用调查问卷的方法。问卷调查法是调查者运用统一设计的模式化问卷向被选取的大量受访者了解情况或征询意见，收集问题答案，并进行统计处理的调查方法，也是一种典型的引导型的结构式调查方法。问卷调查法是旅游研究的重要研究方法之一。相较于问卷调查法在社会学、心理学等领域的规范化应用，在旅游研究领域，研究者多是将其视为方法之源，并未足够重视其在旅游研究中应用的规范性问题。一般而言，高质量的研究往往来源于高质量的数据，而科学严谨的研究过程是获得高质量数据的保证，也是研究者基本素养的反映。同时，问卷调查法作为一种高度标准化、规范化的研究方法，问卷的设计、问卷的施测以及问卷数据的处理和分析等都要规范化操作，才能保证问卷调查法的科学性、准确性和有效性。因此，在旅游研究中，研究者在应用问卷调查法时应更加注意研究过程的科学严谨以及研究结果的规范性，以便能更加准确地描述、说明和解释旅游研究相关问题（张志华，2016）。

规范的问卷调查研究应如实涵盖如下信息。①文献综述。针对调查主题进行文献综述，梳理及分析相关研究，确定研究目的。②问卷设计。根据文献综述进行问卷设计，明晰问卷设计的理论基础，并进行问卷的试测和修正，确定最终问卷。③问卷调查。选择抽样方法及调查样本，确定样本规模，并说明样本的分布情况。④结果分析。对回收的问卷进行信度及效度分析，并选择合适的统计分析方法进行数据处理。⑤结论与讨论。对研究结果进行归纳总结及解释探讨（张志华，2016）。问卷调查法具有三个特点：标准化、书面化、间接化。然而其也具有如下局限性：在与调查对象接触时会存在一定程度的困难；调查过程中需付出一定的时间和成本；由于受访者的构成不同，可能会导致调查结果不同；由于调查问卷设计是统一的，会导致问卷缺乏弹性。

二、旅游市场预测方法

（一）旅游市场定性预测方法

定性预测方法是指预测者依靠熟悉业务知识、具有丰富经验和综合分析能力的人员与专家，根据已掌握的历史资料和直观材料，运用个人的经验和分析判断能力，对事物的未来发展做出性质和程度上的判断，然后，通过一定形式综合各方面的意见，作为预测未来的主要依据。定性预测的特点：①着重对事物发展的性质进行预测，主要凭借人的经验以及分析能力；②着重对事物发展的趋势、方向和重大转折点进行预测。

1. 德尔菲法（专家意见法）

德尔菲法是一种匿名的、轮番征询专家意见的，最终使专家小组的预测意见趋于集中来预测结果的一种依靠集体经验的判断方法。德尔菲法依据系统的程序，采用匿名发表意见的方式，即专家之间不得互相讨论，不发生横向联系，只能与调查人员发生关系，通过多轮次调查专家对问卷所提问题的看法，经过反复征询、归纳、修改，最后汇总成专家基本一致的看法，作为预测的结果。这种方法具有广泛的代表性，较为可靠。该方法的优点在于：避免地位较高威望较大的人影响群体意志，使各位专家独立、充分地表达个人意见，从而获得不同的观点；预测费用比较节省。其缺点在于，仅依靠专家主观判断，缺乏客观标准，影响准确性；专家意见不一致，可能会强求统一。

德尔菲法的具体实施步骤如下所述。

（1）组成专家小组。按照课题所需要的知识范围，确定专家。专家人数可根据预测课题的大小和涉及面的宽窄而定，一般不超过20人。

（2）向所有专家提出所要预测的问题及有关要求，并附上有关这个问题的所有背景材料，同时请专家提出还需要什么材料。然后，由专家做书面答复。

（3）各个专家根据他们所收到的材料，提出自己的预测意见，并说明自己是怎样利用这些材料并提出预测值的。

（4）将各位专家第一次判断意见汇总，列成图表，进行对比，再分发给各位专家，让专家比较自己同他人的不同意见，修改自己的意见和判断。也可以把各位专家的意见加以整理，或请身份更高的其他专家加以评论，然后把这些意见再分送给各位专家，以便他们参考后修改自己的意见。

（5）将所有专家的修改意见收集起来，汇总，再次分发给各位专家，以便做第二次修改。逐轮收集意见并为专家反馈信息是德尔菲法的主要环节。收集意见和信息反馈一般要经过三四轮。在向专家进行反馈的时候，只给出各种意见，但并不说明发表各种意见的专家的具体姓名。这一过程重复进行，直到每一个专家不再改变自己的意见为止。

（6）对专家的意见进行综合处理。德尔菲法同常见的召集专家开会、通过集体讨论、得出一致预测意见的专家会议法既有联系又有区别，德尔菲法能够充分发挥专家会议法的优点：取长补短、集思广益，准确性高。

德尔菲法作为一种主观、定性的方法，不仅可以用于预测领域，而且可以广泛应用于各种评价指标体系的建立和具体指标的确定过程。例如，在考虑一项投资项目时，需要对该项目的市场吸引力做出评价。可以列出同市场吸引力有关的若干因素，包括整体市场规模、年市场增长率、历史毛利率、竞争强度、对技术的要求、对能源的要求、对环境的影响等。市场吸引力这一综合指标就等于上述因素加权求和。每一个因素在构成市场吸引力时的重要性即权重和该因素的得分，需要由管理人员的主观判断来确定。这时就可以采用德尔菲法。

2. 经验判断预测法

经验判断预测法是指预测者凭借个人或者群体的直觉、主观经验和综合判断能力，对预测对象的未来发展前景进行预测的一种方法。该方法是一种定性与定量相结合、以定性分析为主的预测方法。

（1）个人经验判断预测法。个人经验判断预测法是指由个人的单独经验进行判断预测的方法，主要方法如下所述。

①相关推断法。相关推断法是根据因果性原理，从已知的相关经济现象和经济指标，去推断预测目标的未来发展趋向。例如，农村用电的普及和收入的提高与农村电视机的销量相关。在调查到农村通电的户数和收入的增加率时，就可以推断出农村电视机的销售量增加额。儿童玩具的需要量增加，可从儿童人数和购买力的提高去推断。运用相关推断法，应先根据理论分析和实践经验，找出影响预测目标的主要因素；再根据因果性原理，进行具体推断。

②对比类推法。对比类推法是依据类比性原理，从已知的相类似经济事件去推断预测目标的将来发展趋向。例如，需要预测今后一段时间全国照相机市场需求状况，只需选取若干大、中、小城市及一些有代表性的农村地区进行调查分析，以类推全国总需求的情况。这是一种应用较广泛的局部总体类推法。除此之

外，对比类推法还有产品类推法（根据产品的相似性类推）、地区类推法（根据地区的相似性类推）、行业类推法（根据行业的相似性类推）等。

在应用对比类推法时，应注意相似事物之间的差异。因相似不等于相等，在进行类推时，根据相似事物的差异往往要做一定的修正，才能提高类推预测法的精度。

（2）群体经验判断方法。群体经验判断方法是指由甄选过的多名个体组成的群体，通过不断交流讨论，最后对预测对象进行评价预测的一种方法，主要方法有意见交换方法、销售人员意见汇总预测法、消费者意向调查预测法等。其主要步骤如下所述。

第一步：由若干熟悉预测对象的人员组成一个预测小组，并向小组人员提出预测目标和预测的期限要求，并尽可能地向他们提供有关资料。

第二步：小组人员根据预测要求，凭其个人经验和分析判断能力提出各自的预测方案。同时每个人说明其分析理由，并允许大家在经过充分讨论后，重新调整其预测方案，力求在方案中既有质的分析又有量的分析，既有充分的定性分析又有较准确的定量描述。在方案中要确定三个重点：①确定未来市场的可能状况；②确定各种可能状态出现的概率（主观概率）；③确定每种状态下市场销售可能达到的水平（状态值）。

第三步：预测组织者计算有关人员的预测方案的方案期望值，即各项主观概率与状态值乘积之和。

第四步：将参与预测的有关人员分类，并赋予不同的权数。由于预测参加者对市场了解的程度以及经验等因素不同，因而他们每个人的预测结果对最终预测结果的影响作用也不同。所以，要对每个人员分别给予不同的权数表示这种差异，最后采用加权平均法获得最终结果。若给每个预测者以相同的权数，表示各预测者的预测结果的重要性相同，则最后结果可直接采用算术平均法获得。

第五步：确定最终预测值。

3. 产品生命周期预测法

每一个产品都有一个经济寿命周期，通过了解产品生命周期中不同阶段的特征，可以使企业有针对性地制定策略、减少决策失误。利用生命周期分析和预测产品的发展趋势的方法，称为产品生命周期预测法。其预测应从供求两个方面综合分析影响产品生命周期的因素；并在此基础上，对某产品所处生命周期的不同阶段可能延缓的时间，以及各阶段之间的转折点，特别是需求和销售的饱和点做出定性、定量的推断和估计。产品寿命周期预测，要对商品从试销到衰退的全过程进行分析推断，难度较大，一般较常采用如下几种方法。

（1）销售增长率分析法。销售增长率分析法是通过产品的销售量增减快慢的速度，来判定、预测该产品处于寿命周期的哪个阶段。

（2）家庭普及率推断法。家庭普及率推断法是主要用于高档耐用消费品寿命周期的预测。

（3）成长曲线分析法。根据某种产品的销售历史时间数列资料，根据时间序列变化趋势建立数学模型，对产品的寿命周期的变化趋势和转折点，做出定量预测。

（4）同类产品类比法。参考同类产品、相近产品或相关产品在国外或国内其他地区寿命周期的发展变化趋势，来推断本地区某种产品寿命周期的变化趋势。

（四）旅游市场定量分析预测方法

定量预测注重于事物发展在数量方面的分析，重视对事物发展变化的程度在数量上的描述，更多地依据历史统计资料，较少受主观因素的影响。但其比较机械，不易处理有较大波动的资料，更难以预测事物质的变化。

1. 回归分析预测法

回归分析预测，就是在自变量和因变量相关关系的基础上，建立变量之间的回归方程，将变化规律用回归方程的数学模型来表示，并以此作为预测模型进行预测。回归分析是一种重要的市场预测方法，常用于中短期预测。

回归分析预测法类型众多。依据自变量的个数多少进行分类，可分为一元回归分析预测法和多元回归分析预测法。在多元回归分析预测法中，自变量有两个以上，依据自变量和因变量的相关关系不同，可分为线性回归预测和非线性回归预测。

步骤：第一，确定预测目标和影响因素，确定自变量和因变量；第二，进行相关分析；第三，建立回归预测模型；第四，进行相关分析；第五，回归预测模型检验；第六，进行旅游市场预测。

【案例2】预测赴台旅游人数

《大陆赴台旅游影响因素分析及人数预测》（姚紫薇，2012）一文中，通过对赴台旅游人数回归分析，探讨赴台旅游影响因素，预测赴台旅游人数。

第一，变量定义及资料来源。

文章选取了7个变量，以我国大陆货币供应量－流通中现金（M0）（模型中为M）以及CPI（CPI）、外汇底存（W）来反映我国大陆的总体经济情况，以我国大陆社会消费品零售总额（T）来反映我国大陆人民的消费力，以及新台币兑人民币的汇率（EX），虚拟变量D1代表2007年开始的金融危机，D2代表我国台湾地区领导人选举。以赴台人数的对数（LNQ）作为因变量，采用滞后一期的自变量进行回归分析。数据均来源于我国台湾AREMOS数据库和中国经济数据库。

第二，建立模型。

由于赴台旅游人数具有明显的月度趋势，故先对其进行平滑，得到每个月的指数如表 3-5 所示。

表 3-5　每月赴台旅游人数平滑指数

月份	1月	2月	3月	4月	5月	6月
指数	0.980 686	0.982 456	0.977 291	1.029 979	1.020 057	0.985 043
月份	7月	8月	9月	10月	11月	12月
指数	0.998 249	0.994 043	0.987 537	1.005 843	1.025 533	1.015 192

指数平滑后的数据为 LNQ_SA，针对平滑后的数据进行回归，剔除不显著的变量 T、M、D1、EX，剩下 W、D2、CPI，但此时模型存在明显的自相关，DW=0.472，通过对残差项的分布滞后分析，发现其为一阶自相关，故采用科克伦－奥科特迭代法，在模型中加入 AR（1）最终建立如下模型，模型的 R^2=0.973 424。

LNQ_SA=−0.177 399 416 918×CPI（−1）−0.541 758 796 984×D1+
　　　　0.000 164 925 594 732×W（−1）
（−4.423 498）　　　（−1.890 585）　　　（9.770 723）
+25.150 277 444 5
（6.591 408）
　　　　AR（1）=0.806 491 677 021，t=12.044 42

通过滞后阶数为 1 阶的 LM 检验，得到 Obs×R-squared=0.51，Prob chi-square（1）=0.48，所以经过迭代之后，模型不存在自相关。通过检验，变量之间也不存在明显的多重共线性。

结合每个月的指数，得到最终模型为

LNQ=［−0.177 399 416 918×CPI（−1）−0.541 758 796 984×D1+0.000 164 925 594 732×W（−1）+25.150 277 444 5］×S_j；S_j 为每个月的月度指数 j=1，2，3，…12。

从模型可以看出，滞后一期的我国大陆 CPI 和外汇底存对赴台旅游人数存在显著的影响，前者为负向，后者为正向，同时我国台湾地区领导人选举会明显减少赴台旅游人数，金融危机、我国大陆社会消费品零售总额、汇率几乎没有影响，从中可以推测两岸的政治及其物价对人们的决策有很大的直接作用。通过模型进行外推一期的预测，可以得到 2011 年 6 月的 LNQ 为 11.4010，而实际值为 11.3462，可见预测能力非常强。为了可以进行多期预测，需要对 CPI 和 W 进行预测。CPI 的时效性较强，受当期经济环境的影响非常大，故可采用德尔菲法等定性预测的方法进行预测。而 W 的发展较为稳健，通过对 W 作图即可发现，其存在明显的线性递增趋势，故构建 W 关于时间 t（t=1，2，…，90，…，n）的回归，得到如下模型：

W=331.251 934 552×T
　　（122.1948）

模型的 $R^2=0.972\,724$，拟合度非常好。故可以通过此模型对外汇底存进行非常准确的预测，同时结合对我国大陆 CPI 的定性预测值，可以对赴台旅游人数进行多期预测。

第三，小结。

该研究以滞后一期的我国大陆货币供应量、CPI、外汇底存、社会消费品零售总额、两岸货币的汇率、虚拟变量 D1（是否存在金融危机）、虚拟变量 D2（是否我国台湾地区领导人选举）作为自变量，以赴台人数的对数作为因变量，进行回归分析，通过迭代法消除自相关，得到最终模型，发现我国大陆 CPI 和外汇底存对赴台人数存在显著影响，前者为负向，后者为正向，同时我国台湾地区领导人选举会明显减少赴台旅游人数，而其他变量影响均不显著，可见政治因素及物价对人们的决策有直接作用。通过模型可以利用当期数据进行外推一期预测，通过对外汇底存的时序分析，建立线性模型，可准确预测外汇底存，结合对 CPI 进行定性预测，可得到赴台人数的外推多期预测。

2. 分类变量预测法

分类变量预测法是指通过对现有数据学习建立起拟合数据模型，利用模型对未来数据分类，具备预测能力。例如，Logistic 回归分析预测法、决策树分类预测方法、判断分析分类预测方法等，均是分类变量预测的方法。

Logistic 回归分析是一种广义的线性回归分析模型，常用于数据挖掘、疾病自动诊断、经济预测等领域。

决策树是一种常用的数据挖掘方法，用于多变量分析时建立分类系统或制定预测结果变量的算法。此方法将一个数据群分割成分枝状节段，构造出包括根节点、内部节点和叶节点的倒置形树状模型。该算法运用非参数方法，不需要套用任何复杂的参数模型就能有效地处理大型复杂的数据库。当样本足够大时，可将研究数据分为训练数据集和验证数据集。使用训练数据集构建决策树模型，使用验证数据集来决定树的适合大小，以获得最优模型。

判断分析分类预测方法是一种主要依靠与预测对象相关的各类人员的知识和经验，对预测对象的未来发展变化趋势进行判断，得出有关结论的预测方法。

第三节 旅游环境容量的计算方法

一、旅游环境容量

旅游环境容量（Tourism Environmental Carrying Capacity，TECC），在国内研究中又称旅游承载力或旅游容量，是综合自然社会因素衡量某地旅游者承载量的概念。20世纪30年代，"环境容量"的概念最先出现在美国的牧场管理研究中。然而，当时对于环境容量的概念还局限在自然生态环境的承载力上。Wagar 提出，容量研究中，游憩区域的容量问题主要指区域生态条件的恶化问题，并将 TECC 定义为一个游憩地区能长期保持旅游品质的游憩使用量。1982年，Mathieson 和 Wall 最先结合环境和游客体验两个角度给出了 TECC 的概括性定义：在自然环境没有出现不可容忍的变化和游客体验质量没有出现不可容忍的降低的情况下，使用一个景点的游客人数最大值。此后的国内外研究中，越来越多人文、社会的影响因素被纳入 TECC 的概念体系中。虽然目前世界上还没有统一权威的关于旅游环境容量的定义，但现有受认同的定义中，生态要素和体验要素都毫无疑问地被概括进来。

旅游规划发展中，若大量旅游者无序涌入旅游地，往往会让旅游资源遭到破坏，继而影响旅游需求。因此旅游环境容量研究在对旅游资源进行开发的过程中至关重要，一个良好的旅游环境容量量化系统可以同时应用到度假区、自然保护区、海滨、城市等多类型旅游地中。如何规划容量指标，操作所计算的结果也成了旅游环境容量研究的重点问题。

二、旅游环境容量计算方法

（一）传统测量算法

20世纪80年代，美国林业局的科学家提出了"可接受的改变极限"理论（Limits of Acceptable Change，LAC 理论），并于1985年构造了基本理论框架。以一套9个步骤的计算方法为可容忍的环境改变设定一个极限。在 LAC 的基础上，美国国家公园管理局的研究人员系统地提出了 VERP（Visitor Experience & Resource Protection，游客体验与资源保护）理论作为容量管理工具。它比 LAC 理论考虑到更多的资源种类和环境因素。除此之外，西方国家还有一系列诸如游客影响管理（Visitor Impact Management，VIM）、游客活动管理程序（Visitor Activity Management Process，VAMP）、游憩机会谱系（Recreation Opportunity Spectrum，ROS）、最优化旅游管理模型（Tourism Optimization Management Model，TOMM）等管理工具。

国内的环境容量研究虽然起步较晚，但是也做出了不可磨灭的贡献。楚义芳（1989）最早在国内对 TECC 进行系统性研究，并将旅游心理容量、旅游资源容量、旅游生态容量、旅游经济发展容量、旅游地地域社会容量作为旅游环境容量的五个基本容量指标。在国家旅游局（2003）制定的《旅游规划通则》的附录 A 中，旅游容量被分为空间容量、设施容量、生态容量和社会心理容量四种。一般而言，分别测算出这四种容量并取其中的最小值是最传统的测算模型。在国家旅游局（2014）制定的《景区最大承载量核定导则》中，规定了景区最大承载量的核定原则、方法和步骤。

1. 空间容量的传统算法

景区日空间容量公式在传统景区的环境容量计算中被应用最多,也被命名为旅游环境容量的传统测量公式,2003 版《旅游规划通则》的附录中收录了该公式

$$C=\sum C_i=\sum X_i \times Z_i Y_i$$

式中,C 为旅游区日空间总容量,数值上等于各分区(景点)日空间容量之和;C_i 为第 i 景点的日空间容量;X_i 为第 i 景点的可游览面积;Y_i 为第 i 景点的基本空间标准,即平均每位游客占用的合理游览空间;Z_i 为第 i 景点的日周转率。

按照空间测量主体定义为景区面积和游览线路面积的不同,日空间容量公式具有面状模型和线状模型两种表达方式,面状模型公式为:

$$C=\frac{A}{A_0} \cdot \frac{T}{T_0} = D_i \cdot P$$

式中,C 为日客流容量;A 为游览区可游面积(m^2);A_0 为人均占有面积($m^2 \cdot 人^{-1}$);T 为每天有效游览时间(小时或分钟);T_0 为游人在景区内每游览一次平均所需时间(小时或分钟)。

日空间容量线状模型公式为

$$R=\frac{L}{L_0} \cdot \frac{T}{T_0} = D_i \cdot P$$

式中,R 为日客流容量;L 为游览区内线路总长度(m);L_0 为游览线路上的游客合理间距($m \cdot 人^{-1}$);D_i 为第 i 景点的瞬时旅游容量;P 为整个景区的日周转率。

实际应用操作中,传统测量公式简单、直接,充分考虑了景区内部各功能分区和各景点的基本空间标准的非一致性,具有科学合理的一面,但是单独测算各景点的日周转率会将各景点之间完全独立出来,隔断了游客流在各景点之间的相互联系,造成游客的重复计算,客观上会夸大整个景区的旅游容量,具有很大的局限性。

传统空间容量公式只适应于满足如下条件的风景区。

(1)封闭性。风景旅游区应属于一个对外相对封闭的系统。系统内整体拥有观光、休闲、度假等功能。

(2)差异性。风景旅游区内部各功能区或各景点间基本空间标准与功能特点不一致。

(3)自由流动性。景点间相互开放、可达性强,游客在景区内部可以自由流动。

2. 设施容量的传统算法

日设施容量公式算法和日空间容量算法基本相同,公式是

$$C = \sum C_i = \sum X_i \times Y$$

3. 生态容量及算法

旅游生态容量（TEEBC）主要是指景区在生态资源不受破坏和污染的前提下，所能接纳的最大游人量。旅游生态容量的大小取决于旅游地自然生态环境净化与吸收污染物的能力，以及一定时间内每个游客所产生的污染物量。在旅游景区，生态容量一般包括水环境容量、固体废弃物处理能力、大气环境容量和生物资源容量等。根据旅游地性质不同，主要测算的指标也不同。公式如下：

$$TEEBC = \min\{TEEBC_1, TEEBC_2, \cdots, TEEBC_i\}$$

式中，$TEEBC_1$ 为水体环境容量；$TEEBC_2$ 为大气环境容量；$TEEBC_3$ 为固体垃圾环境容量；$TEEBC_4$ 为生物环境容量（各项指标内容可以因旅游地性质不同而有所差别）。

4. 景区最大承载量核定

（1）核定原则。

景区应结合国家、地方和行业已颁布的相关法规、政策、标准，采用定量与定性、理论与经验相结合的方法核定最大承载量。景区应测算出空间承载量和设施承载量，并根据实际情况确定景区最大承载量的基本值；在此基础上，以生态承载量、心理承载量、社会承载量等方面的指标或经验值作为参考。

（2）核定方法。

①瞬时承载量。景区瞬时承载量一般是指瞬时空间承载量，瞬时空间承载量 C_1 由以下公式确定：

$$C_1 = \sum X_i / Y_i$$

式中，X_i 为第 i 景点的有效可游览面积；Y_i 为第 i 景点的旅游者单位游览面积，即基本空间承载标准。

当景区设施承载量是景区承载量瓶颈时，或景区以设施服务为主要功能时，其瞬时承载量取决于瞬时设施承载量，瞬时设施承载量 D_1 由以下公式确定：

$$D_1 = \sum D_j$$

式中，D_j 为第 j 个设施单次运行最大载客量，可以用座位数来衡量。

②日承载量。景区日承载量一般是指日空间承载量，日空间承载量 C_2 由以下公式确定：

$$C_2 = \sum X_i / Y_i \times \mathrm{Int}(T/t) = C_1 \times Z$$

式中，T 为景区每天的有效开放时间；t 为每位旅游者在景区的平均游览时间；Z 为整个景区的日平均周转率，即 $\mathrm{Int}(T/t)$ 为 T/t 的整数部分值。

当景区设施承载量是景区承载量瓶颈，或景区以设施服务为主要功能时，其日承

载量取决于日设施承载量,日设施承载量 D_2 由以下公式确定:

$$D_2 = \frac{1}{a} \sum D_j \times M_j$$

式中,D_j 为第 j 个设施单次运行最大载客量;M_j 为第 j 个设施日最大运行次数;a 为根据景区调研和实际运营情况得出的人均使用设施的个数,通过系数 a 去掉单一旅游者使用多个设施而被重复计算的次数。

当旅游者在景区有效开放时间内相对匀速进出,且旅游者平均游览时间是一个相对稳定的值时,日最大承载量由以下公式确定

$$C = \frac{r}{t}(t_2 - t_0) = \frac{r}{t_1 - t_0} \times (t_2 - t_0)$$

式中,r 为景区高峰时刻旅游者人数;t 为每位旅游者在景区的平均游览时间;t_0 为景区开门时刻(即景区开始售票时刻);t_1 为景区高峰时刻;t_2 为景区停止售票时刻。

(3)核定步骤。

①资料采集。应收集整理景区空间承载量、设施承载量、生态承载量、心理承载量、社会承载量等方面的相关资料,包括但不限于:景区面积;有效游览面积;年均客流量;停车场停车位数;景区周围缓冲区承载量;绿化面积标准;噪声管理标准;垃圾最大处理量。

②指标选取。应根据景区所属类型与特殊性,结合景区敏感目标,按照空间、设施、生态、心理、社会五方面指标将数据进行归类,得出景区的基本空间承载标准。不同类型景区的基本空间承载标准参见国家旅游局(2014)制定的《景区最大承载量核定导则》中的附录 A。

③测算核定。应将空间承载指标和设施承载指标代入适合的公式进行测算,确定基本值;再根据生态承载、心理承载、社会承载指标进行校核。

(二)特殊类型旅游地的适用算法

不同类型的游客和不同性质的旅游风景区应该应用不同的量化指标和计算公式。海滩、山区和荒漠地带等地客源结构与游客行为模式和普通封闭风景区大不相同,应采取自己的算法。

1. 沙漠旅游地的环境容量算法

空间容量方面,沙漠景区常规的旅游景点零散点状分布在沙漠中,多以各个湖泊景点为结点,以既定的游览线路为通道连接成网络系统,游客基本按既定线路游览;到达景点以后,游客在景点的部分区域可以做面状的旅游。因此,应同时计算面空间容量和线空间容量。

面状空间容量,主要是指面状的沙漠景区滨水景点(包括河流、湖泊)的环

境容量。由于它们几乎是每个游客的必游之处，因此这里的旅游环境容量就构成了整个景区的木桶"短板"。其瞬时能承受的最大容量可以作为景区空间容量的参考标准。

线状空间容量主要是指游客进行沿线游览或攀登沙山等活动时，这些热门线路所能承载的最大游客量。

整个沙漠旅游地区的游客量为面状的游客量和线状的游客量之和。

2. 滨海旅游地的环境容量算法

空间上，滨海旅游地区域空间较为开放，没有较为固定的界线和游客运动轨迹。同时，包括生态环境情况在内的多种因子都对滨海旅游地的生态承载情况和存续起着决定性的影响。因而，滨海旅游地的环境容量算法相当复杂。

首先要从资源、经济、生态和社会心理等多个层面确定并测量旅游地承载量的多个分量指标，再依据数值最小的因子确定容量值。或者依据当地现实情况，以指标自主建立一个完整的量化评价体系。然而以物元法为代表的一些体系算法计算都较为复杂。

各景区、城市群和自然景观带都有自己的环境构成特点。在针对某一特定地点的承载力测量中，应尤其注重因地制宜并结合当地实际情况建立测量体系。

【案例3】南麂列岛环境容量分析

旅游环境容量（Tourism Carrying Capacity，TCC），是指在可接受的环境质量和游客体验下降的情况下，一个旅游地所能容纳的最大游人数。尽管在理论上还存在很大的学术争论，也缺少系统的实证研究，旅游容量这一概念还是广泛地应用于世界绝大多数国家的旅游规划和管理中。南麂列岛位于浙江省平阳县东南海域，由52个面积大于$500\ m^2$的岛屿，数十个明、暗礁及周围海域所组成，总面积为$201.06\ km^2$，其中岛屿陆域面积$11.13\ km^2$，海域面积$189.93\ km^2$；向西距离大陆最近点约55 km，向北距离温州市93 km，向南至我国台湾基隆港270 km，东面为宽阔的东海大陆架海区。鉴于南麂列岛贝藻类生态系统在科学和自然保护上的意义，1990年被列入国家级海洋类型自然保护区；1998年12月成为我国最早加入联合国教科文组织世界生物圈保护区网络的海洋类型自然保护区；2002年经专家多次考察论证后，南麂保护区又被联合国开发计划署（UNDP）列为全球环境基金"中国南部海域生物多样性保护示范区"。南麂列岛作为一个特殊的海岛型旅游目的地，对其进行环境容量的计算具有方法论和实践上的意义。

1. 南麂列岛旅游生态容量的计算

南麂列岛远离大陆，可利用淡水资源量是确定南麂镇人口容量特别是游人容量的主要限制性因子。笔者计算所使用的降水、温度、湿度等数据来自平阳县海洋局 1993 年组织进行的海岛资源调查报告。计算步骤如下所示。

（1）降水量（p）。1-12 月的月均降水量如表 3-2 所示。根据数据，求得不同保证率下的年降水量。当保证率为 50%、75%、90%、95% 时，年降水量分别为 1148.56、961.04、808.68、726.64 mm。南麂累计年平均降水量为 1172 mm，最大值为 1838 mm，最小值为 641 mm。

表 3-6　南麂列岛的月均降水量

月份	1月	2月	3月	4月	5月	6月
月均降水量（mm）	50	72	114	128	161	168
月份	7月	8月	9月	10月	11月	12月
月均降水量（mm）	60	115	137	62	61	44

（2）有效流域面积（a）。有效流域是指降水可能被利用的流域。由于海岛面积小于 16 000 m^2 的流域大多数难以形成可收集利用的地表径流，在重力作用下地表径流和地下水都迅速入海。根据海岛的实际地形、地貌，确定降水可能被利用的条件是流域面积在 16 000 m^2 以上。通过运用 GIS 进行三维地形模拟和地表径流分析，获得了地表流域分析结果并进行计算，统计得到有效流域面积为 3.07 km^2。

（3）陆面蒸发量（el）。收集到的资料显示水文站没有陆面蒸发的监测和记录，所以根据温度、湿度、日照等数据，利用经验公式来计算陆面可能最大蒸发量（Ep）。采用的是伊凡诺夫（Ivanov）法：

$$E_{mp}=0.0018 \times (T+25)^2 \times (100-F)$$

式中，E_{mp} 为陆面月可能最大蒸发量；T 为月平均温度；F 为月平均相对湿度。

陆面最大可能蒸发量不等于陆面实际蒸发量。当降水量和地表径流深的差值大于陆面最大可能蒸发量时，可以把最大可能蒸发量近似看作陆面实际蒸发量；而当降水量和地表径流深的差值小于陆面最大可能蒸发量时，陆面实际蒸发量和最大可能蒸发量的差距较大。

（4）淡水资源利用率。地表径流资源和地下水资源的利用率是决定南麂淡水供应量的关键因子。由于南麂列岛坡度大、纵深小、土壤薄、植被低矮，因此降水迅速以地表和地下径流的形式流入海中。目前，无法获得岛上的实际用水量和供水能力准确数据，利用率的确定难度较大。南麂列岛地表径流资源目前利用率很低，通过 GIS 水文分析，并结合航片解译和实地考察，认为南麂岛上柳城山庄、双龙湖、火焜岙、三盘尾、下百亩坪、马祖岙村六处比较适合建设水库，其中除下百亩坪外，都已经建设了水库或简易蓄水池。通过其水库蓄水能力的分析，水库汇水量占地表径流水资源的 29.33%。现有的统计数据显示，山区的地下水资源利用率水平一般不高于30%，因此，南麂淡水资源的最大利用率为30%。

（5）可利用淡水资源量。水资源总量的计算公式：$E=(P-E_1)\times A$（P 为年降雨量；E_1 为陆面蒸发量；A 为有效流域面积）。根据以上确定的30%的淡水资源利用率，结合计算所得的有效流域淡水资源量，可估算出在不同保证率下的可利用淡水资源量。

（6）游人容量。岛上常住人口2264人，按照每人每天 0.20 m³ 的用水标准，则其年用水量为 16.53 万 m³；暂住人口 900 人，为季节性渔民（平均在岛上居住 180 d），按照每人每天 0.20 m³ 的用水标准，其年用水量为 3.24 万 m³；码头、航运、基建和医疗等公共服务部门的用水按照常住和暂住人口用水的 20% 来计算，每年用水量为 3.95 万 m³；南麂主岛试验区范围内有耕地 32.814 hm²，大多为旱地，不需灌溉用水。在 75% 的保证率下，可供游人使用的淡水资源为 13.21 万 m³。南麂列岛上接待设施以中档为主，取每天 0.30 m³ 的游人用水量标准，每个游人在岛上平均停留 2d，则年游人容量为 22 万人次。游船运行时间从 4 月 30 日至 10 月 10 日，扣除台风期间停航外，一般为 150 d，日容量为 1467 人。

2. 南麂列岛主要景点环境容量计算

（1）大沙岙旅游环境容量计算。

目前国际上对沙滩类旅游地的环境容量进行了大量的研究，得出了大量的基本空间标准经验数值。综合国际上的一般经验，沙滩的基本空间标准在 5~25 m²/人。海岛类沙滩旅游地，由于远离大陆，旅游者要求在所提供的空间内，追求一种安静的气氛，不至于使个人感到压抑、拥挤。考虑到南麂列岛是国家级海洋自然保护区、联合国教科文组织人与生物圈保护计划、生物多样性保护圈，以及国内一些海岛的实际做法，南麂列岛的基本空间标准为 20 m²/人。大沙岙浴场沙滩去除核心保护区以外游览面积（含水域与沙滩）以平潮时计算为参考值。

研究表明，大多数旅游者不愿意离开海面 50 m 以上的距离。计算沙滩面积时应以离水面 50 m 为标准，其沙滩总面积为 440×50=22 000 m²。考虑到海浪影响，旅游者游泳安全水深为 1.2 m，大沙岙水下平均坡度为 3%，海水最大宽度为 1.2/0.003=40 m，其浴场面积为 440×40=17 600 m²。大沙岙基本空间标准若以 20m²/人计算，则整个沙滩瞬时能够容纳的游客量为 1980 人。经过实地调查，访问了 32 位游客的游览时间，其平均停留时间为 2.5 h。游客具有很明显的峰值，以出口游客计算，在 16：30 至 19：00 这 2.5 h 内出口游客占总数的 89.3%，12：00 以前仅占 1.4%。整个沙滩的合理容量计算为 1980÷89.3%=2217 人。通过对大沙岙的实地调查，当游客量为 1480 人时，游客的平均满意度达到了 86%，并且有 22.1% 的被调查者觉得游客数量还可以适当增加些。综合国际上的一些经验，结合规划调查的实际情况，大沙岙的合理旅游容量应控制在 2200 人/d 左右。

（2）三盘尾游客容量计算。

①线路法。三盘尾游客计算按照以下公式进行计算：
$$C=(T/t)\cdot(A/\sigma)$$

式中，C 为旅游目的地日环境容量（人/日）；t 为旅游目的地每日开放时间（h）；t 为人均每次利用时间（h）；σ 为基本空间标准（m²/人）；A 为旅游目的地的空间或设施规模（m²）。

三盘尾从门票站入口环游游道长 2730 m（经地形图计算机中测量），以平均游人占用游道 5~10 m 计算。根据长年的观测经验，游客主要在三盘尾观看日出，一般从 4:00~9:00 有游客进入景区，可供游览时间大约为 5 h，游人平均游览时间为 2 h。经计算，三盘尾游客容量为 682~1365 人。

②面积法。三盘尾景区面积 20.37 hm²（地形图经计算机量测），按照 400 m²/人标准计算（计算方法同线路法），游客容量为 1275 人。

3. 南麂列岛经济发展容量（设施容量）

计算决定经济发展容量主要有两个方面：旅游内部经济因素，即旅游设施；旅游外部经济因素，即基础设施、支柱性产业。就满足旅游者的基本需求而论，考虑到南麂列岛的实际情况，当地经济发展容量的大小主要以住宿和交通两个方面为决定性因素。南麂列岛现有客轮 6 艘，舱位 1000，每艘船每天最多往返两趟，其载客容量为 2000 人。2005 年南麂全岛有床 1160 张，旅游住宿设施的日容量为 1160 人。经济发展容量随着旅游开发和当地经济社会发展，在未来应该有所增长，其经济发展容量将不构成南麂列岛旅游容量的制约因素。

4. 结论

综合以上容量分析，南麂列岛旅游容量的制约因素是景区生态容量和物理容量。其中，景区生态容量尤其是淡水资源容量是基本限制容量。物理容量中按照大沙岙 95% 的游客到访率，整个景区容量大约为 2300 人。综合分析，南麂列岛的游客容量应控制在 1500 人/d。

第四章

国际旅游产品与项目规划

第一节 国际旅游产品概述

一、国际旅游产品的概念

旅游产品是旅游规划与开发的核心，是一切旅游经营活动的主体。从旅游的经济效益、社会效益、生态效益所组成的效益体系而言，对于旅游产品的研究必然成为旅游研究体系中最重要的部分。由于旅游业是一个复杂的概念，不同学科或学者对旅游产品的考察角度不同，因此对它存在着不同的理解和认识。

国际旅游是基于旅游客源地标准而划分的旅游类型之一，是指跨越国境的旅游行为及其现象。一般说来，国际旅游包括入境旅游和出境旅游两大类。但是，对其具体的界定又因各国国情的不同而有所差异。为吸引国际游客所提供的旅游产品，统一称之为国际旅游产品。因此，国际旅游产品的定义是：由旅游经营者提供以满足国际旅游者在旅游活动中所消费的全部物质产品和服务的总和（罗明义，2002）。

下面从目前最具代表性的两种视角来进一步解释国际旅游产品的定义。

第一种视角是旅游产品经历观。旅游产品经历观从旅游者角度出发，认为旅游产品是指旅游者花费一定时间、费用和精力所换取的一次旅游经历或体验。在这种视角下，国际旅游产品包括旅游者离开自己的国家或区域，经过长距离的空间移动、时间停留，到旅游结束回到自己的国家或区域的整个过程中，对所接触的事物、所经历的事件和所享受的服务的综合感受。对于旅游企业和从事国际旅游与游憩事业的机构来说，旅游者就是市场，旅游经历就是可以营销的产品（Medlik S，1991）。

另一种视角是整体—要素观。旅游产品整体—要素观从目的地角度出发，认为旅游产品是指旅游经营者凭借旅游吸引物、交通和旅游设施，向旅游者提供的用于满足其旅游活动需求的全部服务（林南枝，陶汉军，2000）。由于国际旅游者较强依赖于信息、交通以及住宿、餐饮等配套服务设施,所以在这种观点下,国际旅游产品被视为一个整体,是为了满足旅游者某种需求而精选组合起来的一组要素。这些要素包括交通、住宿、景点和其他设施(如餐饮和娱乐设施等)以及相应的服务(Pearce D,1983)。

旅游产品定义的两种视角并不冲突,实际上,许多学者正致力于将旅游产品的两种定义融合。有学者认为旅游产品实际上分为两种情况:第一种是综合概念,包括旅游者出门旅游至回家期间所有涉及的设施与服务所共同构成的综合体;第二种是指某一特定的具有商业性的物品,如吸引物、接待设施、交通、服务等。

二、国际旅游产品特征

国际旅游产品作为一种兼有物质产品和服务产品消费,并具有国际性的特殊产品,既不同于一般工农业生产的纯物质产品,也不同于一般服务行业所提供的服务性产品,其特殊性在于它具有实物和象征两种形态(Seaton A V,1996),即"旅游产品是一个与外观形象相联系的实物和服务的集合体,它能够满足购买者的需要和愿望"(Jefferson A,1991)。

旅游产品的特性也适用于国际旅游产品。在当前已经出版的旅游书籍中,旅游产品的无形性、生产与消费的同时性、不可转移性、不可贮存性、易波动性等几个特点出现的频率最高,在学者中的认可度较高。此外,有学者认为,由于旅游消费决策往往包括多种旅游产品的组合,因此旅游目的地的旅游产品之间形成一种联系,各种旅游产品产生较强的依赖性,所以依赖性也是旅游产品的特点之一(罗明义,2002)。此外,国际旅游产品也具有其区别于笼统的旅游产品特征的特殊特征。

(一)外向性

国际旅游产品是一种特殊的"外贸产品",就地出口的外向性是国际旅游产品与生俱来的特点。国际旅游产品这种就地出口的外向性具有两大优势:一是出口换汇成本低,二是一般不存在贸易壁垒。但国际旅游产品的外向性同时也决定了任何国家的旅游产品都只是国际旅游市场中的一部分,都必须参与国际旅游市场的竞争,才能真正在国际市场中实现旅游产品的价值。

(二)经济性

从生产、销售和贸易的角度来看,旅游产品与其他类型的产品有较大不同。对于入境旅游者来说,旅游产品相当于一种出口贸易,具有将旅游产品就地外销的性质,包括就地出口风景、出口劳务、出口商品,具有换汇成本低的优势,总体测算,旅游换汇1美元的成本为外贸换汇成本的70%;观光旅游等产品具有一定程度的垄断性,使其在国际市场上具有竞争力;旅游产品的贸易是海外旅游者自行直接前往目的地地区，关税壁垒和反倾销的副作用很少（魏小安，1999）。

（三）综合性

现代旅游活动是一种综合性的社会文化与经济活动，既要满足旅游者基本生理方面的物质需要，也要满足旅游者精神方面（如求知、审美和享受等多方面）的需要，这就要求旅游产品具有综合性。因此，国际旅游产品包含了食、住、行、游、购、娱等多种要素，既有满足旅游者物质消费的内容，如餐饮、购物及某些娱乐性的物质消费；也有满足旅游者精神享受方面的各种服务性消费，如交通服务、住宿服务、导游服务、娱乐服务及商务服务等。

（四）季节性

大多数国际旅游产品都会受到季节性的影响（吴必虎，俞曦，2010）。国际旅游产品的季节性表现为不同的形式，一般可以归纳为三种：单峰季节型、双峰季节型、无峰季节型。其中单峰型是指一年中只有一个游客高峰，一般长度在3~4个月，通常发生在夏季，如地中海沿岸的西班牙、葡萄牙、希腊、塞浦路斯，但也有只发生在其他季节（如冬季）的。双峰型是指一年出现两个旅游高峰，通常一个主高峰在夏季，另一个次高峰（短高峰）在冬季，如欧洲的阿尔卑斯山地、美国的洛杉矶山地。在中国，主、次高峰常出现在春、秋两季。最后一种无峰型是指城市旅游区，因为大多数吸引物分布在室内或城市街道，如遗产、建筑、购物、服务等，因此季节性不明显，尤其是在那些门户城市和交通枢纽城市，客流量四季不断，季节性较小。

（五）脆弱性

国际旅游产品具有脆弱性。首先，国际旅游产品作为一种包括食、住、行、游、购、娱等多种要素的综合性产品，一旦各要素间比例关系失调，就会直接影响国际旅游产品价值的实现；其次，国际旅游产品作为一种外向型产品，其消费特点是吸引国际旅游者到旅游接待国进行消费，因此各种汇率变动、市场竞争及客源国或目的地国政治、经济形势的变化，都会直接和间接影响国际旅游者的流向、流量的变化；再次，各种自然灾害，如地震、洪水、气候变化、疾病流行、环境污染、生态恶化等因素，也会直接或间接地影响国际旅游产品的销售和价值的实现（罗明义，2002）。

（六）动态性

从旅游需求角度看，国际旅游产品是指旅游者花费一定的时间、精力和费用所获得的出境旅游经历。这个经历包括旅游者从离开居住地开始到旅游目的地旅游后，又回到居住地的全过程中的综合感受。由于旅游者的文化素质、出游目的及旅游需求的差异性，使其在旅游过程中对所接触的各种事物的感受也是不同的。因此，国际旅游产品不同于一般物质产品所具有的稳定形态，而是随着旅游者的旅游需求变化而相应变化，使国际旅游产品的内容、组合结构、服务质量客观上存在着动态变化性（罗明义，2002）。

三、国际旅游产品构成

为了旅游规划的需要，学者们对旅游产品的结构和构成要素进行了深入的分析。冈恩等用旅游供给来概括旅游产品的核心内容，并认为供给者可以归纳为五个主要组成部分，即吸引物、服务、交通、信息、促销（冈恩·瓦尔原著，吴必虎译，2005）。

（一）国际旅游产品的一般构成

习惯上，通常按国际旅游产品的内涵将其划分为旅游资源、旅游设施、旅游服务、旅游便捷性和附加利益等几个方面（罗明义，2002）。

旅游资源作为旅游产品的重要组成部分，其本质在于具有吸引旅游者的功能。由于国际旅游产品的消费对象主要是国际旅游者，因此并非有了旅游资源就能形成国际旅游产品，关键在于旅游资源的品位、特色和价值是否具有国际吸引力，是否能通过开发而吸引一定的国际旅游者。因此，目的地国家或地区必须根据不同旅游资源的品位和特点，开发组合成各种具有特色的观光游览、休闲度假、科学考察、探险寻秘、文化交流、商务会议等旅游产品，以满足国际旅游者多方面的旅游需求，吸引更多的国际旅游者。

旅游设施是实现旅游活动而必须具备的各种设施、设备和相关的物质条件，也是构成旅游产品的必备要素。旅游设施一般分为专门设施和基础设施两大类。旅游设施在国际旅游中是十分重要的，其不仅直接为国际旅游者提供各种物质产品和服务，而且是吸引国际旅游者的重要因素；尤其是基础设施的状况和水平，直接影响到国际旅游的通达性和便捷性，是发展国际旅游业必不可少的基础条件，也是各种旅游专门设施功能有效发挥的前提。

旅游服务是旅游产品的核心，旅游经营者除了向旅游者提供餐饮和旅游商品等少量有形物质产品外，大量提供的是各种各样的住宿接待、游览导游等服务。在国际旅游中，由于大多数国际旅游者来自经济发达国家，其经济收入、生活质量较高，对于旅游服务的水平和质量要求也较高。因此，作为国际旅游产品核心内容的旅游服务，必须是高水平、高质量并与国际需求相适应的。这就要求旅游地国家或地区必须根据国际旅游者的需求，在旅游服务内容、服务观念、服务态度、服务项目、服务价格、服务技术等方面严格遵循国际旅游的通行原则要求，并不断提高各种服务质量和水平，真正为国际旅游者提供方便快捷、优质高效的旅游服务。

旅游便捷性是旅游产品构成中的基本因素之一，它不仅是连接旅游产品各组成部分的纽带，而且是旅游产品能够组合起来的前提性条件，具体表现为进入旅游目的地的难易程度和时效标准，尤其在国际旅游产品中，旅游便捷性的程度和水平对国际旅游产品的吸引力和竞争力具有重要影响。旅游便捷性的具体内容主要包括：良好的交通通达条件，如现代化的交通工具和方式、国内外交通运输网络连接的方便程度等；畅通的通信条件，包括通信设施的配套状况、规模、能力以及线路布置等是否方便快捷；方便的出入境签证手续、出入境验关程序和较高的服务效率和咨询信息，以及良好的社会治安状况及合理的人口密度、交通运输管理等。这些因素对旅游目的地的客流量大小、旅游产品的吸引力等都具有十分重要的作用和影响。

附加利益即旅游产品的延伸部分，通常是指旅游者在购买和消费旅游产品过程中所获得的各种优惠条件、付款条件及礼品馈赠等各种额外利益的总和。附加利益虽然不是旅游产品的主要内容，但由于旅游者在旅游过程中购买的是整体旅游产品，因而在旅游产品的基本功能满足旅游者消费需求之后，附加利益往往成为旅游者对旅游产品进行购买决策和消费评价的重要因素。因此，随着国际旅游市场竞争的加剧，许多旅游经营者在进行国际旅游产品营销时，除了注意突出旅游产品核心部分和形式部分的特色外，都非常重视向国际旅游者提供一些附加利益，以赢得市场竞争的优势，吸引和招徕更多的国际旅游者。

（二）国际旅游产品的层次构成

有学者认为，以上这种划分旅游产品的构成并没有揭示出旅游产品的核心要素，对旅游产品的开发指导意义有限。

1994年，Smith提出了旅游产品的构成模型（见图4-1），其核心部分为物质工场，由场地、自然资源或类似瀑布、野生动物、度假区等设施，以及陆地、水体、建筑物和基础设施等构成。为了满足前来旅游的客人的需要，在物质工场的外围，出现了各种为旅游者提供方便的服务。但在服务之外，还需要向旅游者提供某种额外的东西，那就是接待业。此外，作为旅游产品，提供给旅游者的选择是多样化的，游客具有充分的选择自由，选择自由是旅游产品的重要组成部分之一。最后，旅游产品还需要一项内容，那就是在接受服务的过程中，游客具有直接参与的机会。

李经龙等将旅游产品分为三个层面：核心因素、组合因素和质量因素（见图4-2）。其中旅游地的旅游资源是构成旅游产品的核心因素；组合因素是旅游产品的主要内容，包括饮食组合、住宿组合、交通组合、游览组合、购物组合、娱乐组合以及其他组合；旅游服务、旅游地形象和旅游地居民的态度一起贯穿旅游产品的始终，是旅游产品的质量因素，具有决定作用。

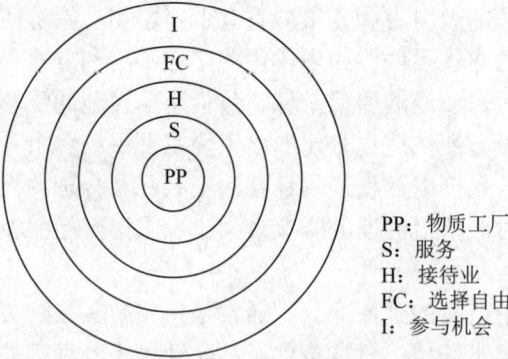

图4-1 旅游产品的普通模型（Smith，1994）

图4-2 旅游产品构成（李经龙等，2005）

第二节　国际旅游产品设计

一、旅游产品分类

按照旅游产品在国际旅游市场上的交换情况，国际旅游产品通常可以分为单项旅游产品、组合旅游产品和综合旅游产品三个类别（罗明义，2002）。

（1）单项旅游产品，主要指国际旅游者在跨国旅游活动中，所购买的有关住宿、餐饮、交通、游览、娱乐等某一方面或某几方面的物质产品和服务。例如，国际旅游者乘坐一次航班、订购一间客房、享用一顿美餐、游览一次景点等都属于单项旅游产品，其一般只能满足旅游者某一方面或者部分旅游需求。在国际旅游活动中，单项旅游产品是构成组合旅游产品和综合旅游产品的基本单位。通常，购买单项旅游产品的大多数是散客或自助旅游者。

（2）组合旅游产品，是指由旅游经营者根据国际旅游者需求，把食、住、行、游、购、娱等多种旅游要素组合而形成的旅游产品，又称旅游线路产品。组合旅游产品一般是由旅行商根据国际旅游需求和活动规律特点，结合不同旅游目的地旅游资源和接待设施条件进行设计和开发，并且把各种单项旅游产品有机组合而形成的旅游线路产品。在国际旅游活动中，团队旅游者基本上是购买组合旅游产品的，少数的散客旅游者也向旅行商购买组合旅游产品。

（3）综合旅游产品，主要指在国际旅游中，满足国际旅游者一次旅游活动所消费的全部物质产品和服务，如一条或多条国际旅游线路、某一旅游目的地的全部旅游活动等，因此又称旅游目的地产品或旅游地产品。在国际旅游中，综合旅游产品通常包括若干个单项旅游产品和若干条旅游线路产品，能够充分地满足国际旅游者的多样性旅游需求，也是目的地国家和地区旅游产品开发的重点。

二、国际旅游产品树

所谓旅游产品树，是指将所有旅游产品按照某种可变特征分类别并系统进行编排而得出的一种系列（吴必虎，2010）。近年来，随着传统旅游产品的发展和新兴旅游产品的涌现，旅游产品的种类不断增多，甚至出现了交叉型和过渡型的旅游产品，因此对旅游产品的清晰分类越来越困难。基于此，我们参考"旅游产品树"的概念以替换"旅游产品谱"的概念，用以表示旅游产品的动态分类。国际旅游产品树如图4-3所示。

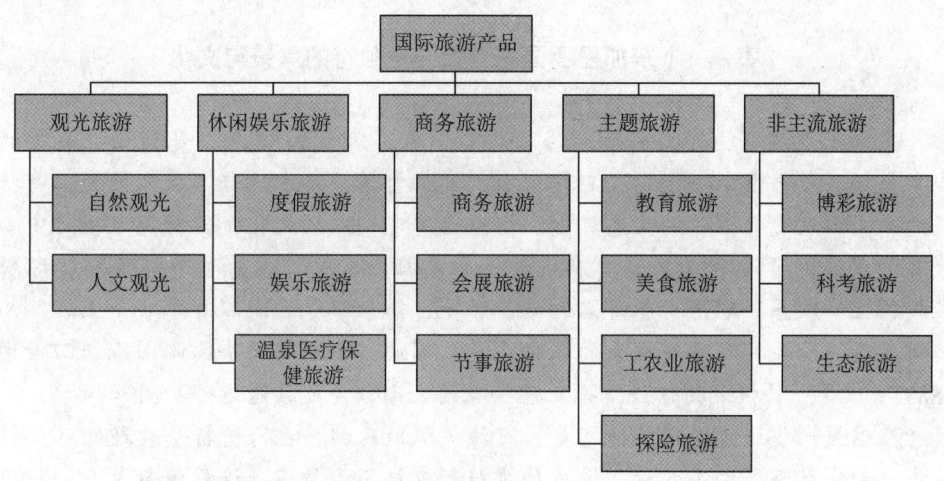

图4-3 国际旅游产品树

（改自吴必虎旅游产品树）（吴必虎，2010）

旅游产品树同时考虑旅游产品的基本要素，即吸引物、设施、服务，它们按照不同的人类旅游活动功能需求表现出不同程度的搭配，以及各地具备的资源条件、区位条件和社会经济背景，将错综复杂、层出不穷的旅游产品以树状图的形式加以表现（吴必虎，2010）。

三、观光益智类旅游产品

观光旅游是一种最为常见的旅游产品，是人类为了满足好奇心并增益知识而产生的初级旅游产品。根据旅游资源类型的不同，可将旅游观光类旅游产品分为自然观光益智旅游产品和人文观光益智旅游产品两大类。

（一）自然观光益智旅游产品

自然旅游是一种以体验动物、植物和生态环境为目的的旅游。自然观光旅游是观光益智旅游产品中开发最早、最主要的形式之一。它包括名山大川、峡谷湖泊、喷泉瀑布、森林草原等（迟景才，1998）。自然景观不仅限于风景，还包括气候、植被和野生动植物（Cooper 等，1998）。自然观光旅游具有良好的环境教育功能，同时可以为旅游者提供欣赏大自然之美、陶冶个人情操、锻炼人生意志的益处。自然观光旅游产品的一个特点就是与多种旅游产品具有良好的兼容性（吴必虎，2016）。

国家公园旅游：国家公园可以同时提供自然观光和文化观光甚至更多种类的旅游产品，但一般将其置于自然观光益智旅游产品之中。美国1872年建立的黄石公园是世界上最早的国家公园。

【案例1】东加里罗国家公园——独特的美景与文化

东加里罗国家公园，位于新西兰北岛中央，建于1887年，是新西兰最早的国家公园。整个国家公园内，森林密布，高山雪景，溪水流淌，风光俊秀，有壮观的火山群及变化万端的生态环境。当地土著毛利人的文化是其特色之一。中心地带的山脉对于毛利人来说具有宗教上的象征意义，标志着整个部落及其环境在精神上的联系。它是世界著名的旅游胜地，前来参观的游客每年成千上万。高山对新西兰的毛利人具有极大的精神力量。因此，毛利首长蒂休休图基诺四世于1887年出于一种极大的信任，将三座壮观的火山作为礼品赠送给了国家。

在这里，步道可进行短途游览，可涉足低地森林，也可进行受欢迎的八小时徒步翻越东加里罗火山之旅。过夜徒步旅行包括环山步道，这种旅行是在鲁阿佩胡火山的半山腰地带进行四至六天的游览。冬季，这座高山上有两处大型滑雪场对外营业。

东加里罗步道是东加里罗国家公园最受欢迎的徒道之一。需要一整天的时间去游览整个步道，但是令人惊奇的风光是值得的。此外贫瘠的火山景观留下了生动的彩色湖泊，冒气的喷气孔钻孔和地层熔岩。《魔戒》电影中燃烧着熊熊烈火，可以摧毁魔戒的末日山脉"魔多山"，就是以瑙鲁霍伊火山做场景，而鲁阿佩胡火山山坡上的怀卡帕帕（Whakapapa）滑雪区也出现多次。城堡饭店附近有旅游服务中心和厕所，从此徒步走到瀑布约40分钟，是一般人最常见的健行路线。

东加里罗国家公园位于美丽的新西兰，得益于电影《魔戒》，很多外国游客都对新西兰的美景充满渴望，而东加里罗国家公园更是将新西兰的美散发到极致。森林、火山、白雪等自然景观对各地游客充满吸引力，其独特的毛利文化也是重要的旅游吸引物之一，特别是针对国际游客。其旅游设施也很完善，有适合游客欣赏风景的步道，也有基于当地环境建造的滑雪场，城堡饭店附近有旅游服务中心和厕所，可以让游客安心完成整个行程。

（二）人文观光益智旅游产品

实际上，自罗马时代以来，人们就出于文化旅游的原因而外出修行，他们或访问历史遗迹和标志性的文化建筑，或者参加特殊的节事活动，或者参观博物馆。从旅游的本质来看，旅行使得旅游者离开其故乡文化，而暂时置身于一种不同的文化环境中。在一定意义上说，所有的旅行都包含某种文化因素（Mckercher，du Cros，2002）。旅游活动的运行过程就是一个文化的商品化过程（申葆嘉，1996）。

直到20世纪70年代后期，文化旅游才开始被看作一个特殊的产品种类（Tighe，1986）。世界旅游组织认为文化旅游是"本质上出于文化的动机而产生的人的活动，如游学，艺术表演和巡演，参加节事活动，访问历史遗迹，研究自然、民俗或艺术，遗迹宗教朝圣"（WTO，1985）。由此可见，文化旅游的边界是模糊不清的，它的覆盖范围极广，不仅包括对历史文化遗迹的参观，如考古遗址、博物馆、城堡、宫殿、历史建筑、废墟、艺术品、节事、画廊、音乐舞蹈、民间艺术、剧院、民族社区、教堂，以及当地民族及其文化的其他东西（Richard，1996），还包括建筑、修整的设施和特别建造的吸引物（Mckercher，du Cros，2002）。

文化旅游资源是宫殿庙宇、禅林寺院、亭台楼阁、建筑群落、塔影桥虹、壁画石刻、艺术珍品、革命圣地、风土民俗、城乡风光、美味佳肴、平原驰马、水乡泛舟、海滨戏水、龙舟竞渡、柳荫垂钓等人文旅游资源。人们在自己的国家生活的时间长，而各个国家的人文环境往往各富特色，因此，人文旅游是吸引国际游客的重要因素。

1. 遗产旅游

遗产是人类需要保存的事物，遗产旅游被视为文化旅游的核心内容（Nuryanti，1996）。在遗产旅游的开发中，游客体验是遗产管理过程的核心，而传统的管理仅注重遗产的资源保护，忽略了人的重要性。不可否认的是，对一个遗产地的旅游开发与遗产保护既相互联系又相互矛盾，这就需要相关人员制定好相关规定并加强管理，在保护与开发中寻找一个平衡点。

【案例2】长城——感受历史的厚重

八达岭长城位于军都山关沟古道北口，号称天下九塞之一，是居庸关长城的前哨，更是都城北京的重要屏障，历来是兵家必争之地。八达岭长城是明长城中最精华的部分，集巍峨险峻、秀丽苍翠于一体，以苍茫的风光和"不到长城非好汉"的口号而冠绝天下。

八达岭长城关城为东窄西宽的梯形，有东西二门。东门额题"居庸外镇"，西门额题"北门锁钥"。关城向北延伸的长城有敌楼12处，关城以南有敌楼7处。除了在关城可以登长城外，在南4楼、北4楼、北8楼和北11楼也有登城口，都能登上长城。其中南4楼为观赏八达岭长城的绝佳位置；北8楼是八达岭长城的最高敌楼，又名"观日台"。北8楼距离关城有1500多米，大家常说的"不到长城非好汉"，即是指一定要步行抵达此处，方可称为好汉。

北京八达岭位于华北平原的北部边缘，为典型的暖温带半湿润大陆性季风气候，四季分明。春花、秋月、夏雨、冬雪各具特点。年平均温度为11.8℃，最冷为1月，月平均气温为-4.6℃，最热为7月，月平均气温为26.1℃。八达岭的年平均气温比北京市区低3℃以上，成为"夏都"延庆的旅游龙头。北京春秋季较短、冬季稍长，年均降水量644mm，无霜期为180天。

八达岭长城是古今中外各界人士到北京游览的必到之所。迄今为止，已有包括尼克松、撒切尔夫人等在内的三百多位世界知名人士登上八达岭长城，一览这里的山河秀色。

分析：八达岭长城作为中华民族的象征之一，是世界文化遗产，每年都吸引着不计其数的国际游客。其宏伟的外观是重要吸引力之一，还有就是其拥有深厚的文化历史底蕴。八达岭长城作为一个成熟的国际景区，基础设施很完善，讲解清晰。从北京市区去往八达岭十分方便，不仅有专门的公交线路，还有一条火车线路，是京张线的一段，不仅便捷，而且能体验一次历史。无障碍设施与服务：坡道、盲道、无障碍车位、低位售票口、无障碍厕位、低位电话、轮椅服务等一应俱全，停车场容量很大，长城脚下就是各种商铺，餐饮、纪念品等琳琅满目。景区工作人员也很多，景区内外都有工作人员维持秩序以及提供各种帮助。

2.城市观光益智旅游

城市是人类生活及物质、精神创造活动，以及这些活动得以密集展示的场所，是人类旅行活动十分集中的地区。作为一定领域内的政治经济中心、交通枢纽、经济金融中心、商业和消费中心、科技教育中心、文化艺术中心，城市集中了开展旅游活动几乎一切必备的条件，使其成为常见的旅游密集地带（吴必虎，2016）。

都市旅游作为一种旅游产品，Jansen-Verbeke（1996）认为它由三个部分组成，主要因素为活动空间和休闲设施，包括历史性建筑、都市风光、博物馆、画廊、戏院、体育和其他各项服务。城市旅游是指以现代化的城市设施为依托，以该城市丰富的自然和人文景观以及周到的服务为吸引要素而发展起来的一种独特的旅游方式。国内外旅游城市为了发展旅游，提高城市竞争力，纷纷凸显特色。

【案例3】上海，精彩每一天

上海是中国国家中心城市，中国的经济、金融、贸易、航运中心，首批沿海开放城市。地处长江入海口，隔东中国海与日本九州岛相望，南濒杭州湾，西与江苏、浙江两省相接。

上海是一座国家历史文化名城，拥有深厚的近代城市文化底蕴和众多历史古迹。江南传统吴越文化与西方传入的工业文化相融合形成上海特有的海派文化，上海人多属江浙民系，他们使用吴语。早在宋代就有了"上海"之名，1843年后上海成为对外开放的商埠并迅速发展成为远东第一大城市，今日的上海已经成功举办了2010年世界博览会、中国上海国际艺术节、上海国际电影节等大型国际活动。上海是中国重要的经济、交通、科技、工业、金融、会展和航运中心，是世界上规模和面积最大的都会区之一。2014年上海GDP总量居中国城市第一，亚洲第二。上海港货物吞吐量和集装箱吞吐量均居世界第一，是一个良好的滨江滨海国际性港口。上海也是中国内地首个自贸区"中国（上海）自由贸易试验区"所在地。上海与江苏、浙江、安徽共同构成的长江三角洲城市群已成为国际六大世界级城市群之一。2016年，上海迪士尼主题公园的开放更是增加了上海作为国际大都市对于国际游客的吸引力。

分析： 上海作为国际大都市之一，拥有经济、人文等各方面的优势，是各国游客选择来到中国的首要旅游地之一。繁华的大都市，带有独特的东方文化底蕴，再加上西方文化的交融，上海的国际吸引力越发强烈。作为旅游目的地，上海的基础设施完善，已形成由铁路、水路、公路、航空、轨道等5种运输方式组成的、具有超大规模的综合交通运输网络，上海虹桥综合交通枢纽全球范围首开高铁与机场融合之先河，是目前全球最大的综合交通枢纽。此外，餐饮、住宿等都十分方便，更是购物爱好者的天堂，旅游服务也很到位，博物馆、旅游景点的打造能迎合不同旅游爱好者，充分展现了一个国际大都市的风采。

3. 文学和影视旅游

在文化旅游和遗产旅游类型的产品开发中，文学旅游受到旅游者的广泛偏好。文学旅游往往与作家和他们创作的辉煌巨著有关（Squire，1994）。在英国，世界各地的旅游者常以曾经拜访过莎士比亚的故乡而感到自豪。在中国，鲁迅以及孔子的故乡都是热门的旅游景点，每年都有大量外国游客到访。享誉世界的文学家给人类留下了宝贵的财富，世界各地的人们都有去其故乡近距离感受他们生活、成长的环境和氛围的旅游欲望。作家莫言获得2012年诺贝尔文学奖之后，他的家乡山东高密也成为众多国际游客的打卡地点。

与文学旅游密切相关的一种新型旅游产品，就是所谓的影视旅游（film induced tourism）。

【案例4】好莱坞——梦工厂之旅

好莱坞位于美国西海岸加利福尼亚州洛杉矶郊外，是一个依山傍水、景色宜人的地方。其最早是摄影师寻找外景地时发现的，大约在20世纪初，这里便吸引了许多拍摄者，而后一些小公司和独立制片商纷纷涌来，逐渐形成了一个电影中心。在第一次世界大战之前以及之后的一段时间内，格里菲斯和卓别林等一些电影大师们为美国电影赢得了世界名誉，华尔街的大财团插手电影业。好莱坞电影城由此迅速形成并兴起，电影产业恰恰适应了美国在这一时期的经济飞速发展的需要，电影也进一步纳入经济机制，成为谋取利润的一部分，资本的雄厚，影片产量的增多，保证了美国电影市场在世界上的倾销。洛杉矶郊外的小村庄最终成为一个庞大的电影城，好莱坞也在无形中成为美国电影的代名词。

如今，好莱坞已经成为洛杉矶的必去景点之一。得益于好莱坞影视的迅猛发展，世界各地的游客都向往能够去往好莱坞，亲身感受一下电影里的场景。

分析： 好莱坞作为全球最大的影视基地之一，通过其电影的高质量，吸引世界各地游客前往游览。发达的经济、便利的交通还有娱乐业的发达都是好莱坞作为一个旅游产品的重要吸引力。此外，在洛杉矶还有机会遇见各个电影巨星，这也是影视旅游的独特吸引力之一。并且影视旅游在一定程度上规避了自然观光型旅游存在的淡旺季问题，一年四季都有大量游客前往。

四、休闲度假类旅游产品

度假旅游是指利用假期在一地相对较少流动性进行修养和娱乐的旅游方式（吴必虎，2001）。有学者提出，度假旅游是指人们利用假日在常住地以外的地方所进行的较少流动性，达到令精神和身体放松目的的休闲性旅游方式（徐菊凤，

2008)。现代度假旅游产品一般有海滨旅游、乡村旅游、森林旅游、野营旅游等产品类型。度假旅游产品的特点是强调休闲和消遣，其要求自然景色优美、气候良好适宜、住宿设施令人满意，并且有较为完善的文体娱乐设施及便捷的交通和通信条件等。随着现代社会经济的发展、公休假日的增加及奖励旅游的发展，度假旅游产品已成为国内外旅游者所喜爱的旅游产品，具有较好的发展态势和潜力。

（一）休闲旅游产品

休闲产业是以旅游业、娱乐业、服务业、体育产业和文化产业为龙头的经济形态和产业系统，休闲产业对于满足人的享受和发展的需要、实现生产力的再创造、提升国民生存质量、促进社会经济进步以及文化传承，都有不可替代的作用（陶萍等，2006）。旅游被视为休闲产业构成要素之一，二者之间存在密切联系。休闲旅游是以休闲为目的的旅游，是人们利用闲暇时间到常住地以外进行放松、体验、娱乐、健康和自我完善目的的行为过程（黄燕玲等，2007）。

1. 主题公园旅游

以迪士尼为代表的主题公园是"成人童话世界"的典型代表，是一种独具特色的娱乐产品。主题公园是工业社会和后工业社会为适应人们心理需求、弥补自然资源或历史遗产在区位上与客源市场不一致人工建设而成的（吴必虎，2016）。保继刚（2005）认为主题公园是具有特定主题、由人创造而成的舞台化的休闲娱乐活动空间；董观志（2010）认为主题公园是为了满足旅游者多样化休闲娱乐需求的选择而建造的一种具有创意性游园线索和策划性活动方式的现代旅游目的地形态。

【案例5】迪士尼乐园——童话世界之旅

迪士尼乐园由华特·迪士尼一手创办，除了乐园外，通常情况下，迪士尼度假区还包括主题酒店、迪士尼小镇和一系列休闲娱乐设施。至2016年底共在全世界开设6个度假区。内有许多迪士尼人物（如米奇）及迪士尼电影场景。资格最老的是加州的洛杉矶迪士尼乐园，建成于1955年。迪士尼乐园是迪士尼度假区中的一个部分。

位于美国加州洛杉矶县（Los Angeles County）的Anaheim市迪士尼乐园，是由世界建筑大师格罗培斯花三年时间精心施工完成的。是全球首个迪士尼乐园，于1955年7月17日开业。其距离洛杉矶的市中心有43.5公里，占地64.7公顷。完工时，这座超级乐园耗资1700万美元，每天需要2500名工人维护，预计每年可吸引500万名游客，是当时世界上构思最精巧的游乐公园。园内共有五个区域：冒险世界、西部边疆、童话世界、玩具王国和未来世界，并且不断更新。大人和孩子同样喜爱这个乐园，它每年吸引几百万游客来到这里。1967年，开始动工兴建迪士尼乐园在东海岸的姊妹乐园：佛罗里达州奥兰多的华尔·迪斯尼世界。

沃尔特·迪士尼以瑞士的名山为蓝图设计了"乐园"的山峰，将其作为第一座迪士尼乐园"迪士尼乐园"夜景，使游客与童话中的爱丽丝一起进入梦幻世界以及迪士尼·唐老鸭和世界儿童的圣殿。每年，都有不计其数的国际旅游者前往游览参观，甚至对于很多游客来说，能够去迪士尼乐园一次是一定要完成的事件之一。主题公园不仅对小孩有着巨大的吸引力，对成年游客也有同样巨大甚至更多的吸引力。

分析：迪士尼主题公园通过其院内各种经典场景和人物以及各种表演活动对游客产生巨大吸引力，并且不断更新设施以维持对游客的吸引力。此外，迪士尼主题公园内基础设施十分完善，餐饮、住宿等十分便捷且有特色。迪士尼的选址都是在本来就对国际游客有强大吸引力的国际大都市。至于服务方面，迪士尼有大量素质高的工作人员，在很大程度上保证了游客在旅游过程中的体验。

2. 海滨度假旅游产品

世界范围内的海滨度假区发展大致可分为三个时期：以欧洲大陆海滨城镇为代表的传统海滨度假区发展时期、海滨度假区快速城市化时期和近半个世纪以来兴起的综合度假区发展时期（刘俊，2007）。

依托于各类港口，游轮旅游应运而生。游轮旅游可以算是近几年国际旅游市场发展最迅猛的旅游产品之一。现代的游轮不仅作为承载游客沿途观赏各个港口城市景色和风情的交通工具，游轮本身也成为游客的度假旅游目的地。游轮通过提供全天候的、一应俱全的休闲娱乐设施和服务消费项目，并举办相应的主题舞会和甲板宴会，为游客营造出浪漫和激动人心的氛围以及娱乐享受的特殊体验（Weaver，2005）。游轮的独特吸引力在于其提供的各种精致、奢华的设施和服务（程爵浩，2006）。

1998年全球游轮旅游活动的主要区域为加勒比海区域、地中海区域、南太平洋、阿拉斯加、墨西哥西海岸、巴拿马运河和北欧地区等，其中加勒比海地区和地中海区域是最为密集的游轮活动区域（Dwyer和Forsyth，1998）。

【案例6】游轮旅游在中国的兴起

与世界发达国家相比，中国的游轮旅游刚刚起步。2004年5月上海首条国际游轮航线开通；7月丽星邮轮公司在上海设立独资旅行社，随着人们消费观念的转变和可支配收入的增加，游轮旅游的市场前景十分光明。中国目前在上海、天津等港口均有游轮线路，主要是去往日韩国家，除了能够在游轮上感受到大海的壮观，还能够上岸去这些国家的港口城市进行观光游览。

分析： 随着人们消费观念的转变，中国游客出境游的需求越来越大，越来越多的人愿意选择游轮作为旅游的方式。一是因为对于大多数游客来说，游轮旅游目前还是一种新兴的旅游方式。水陆结合，在游轮上能够体会到高质量的服务，旅游的六要素都集中在一艘游轮上，便捷性大大提高，并且这些基础设施都是高质量的。二是因为大部分的游轮旅游都有上岸活动的安排，能够让游客在其他国家的港口城市进行游览，改变了传统交通过程中的乏味枯燥，游轮旅游将整个旅游行程都变为有超高体验的旅游过程。

3. 温泉和医疗保健旅游

保健旅游是传统的旅游方式之一，它通常与度假区结合成旅游产品。近年来人们追求健康的一个新趋势是从疗养保健向专业医疗方向转变。在此背景下，医疗旅游成为新的旅游健康形式，越来越多的人在到国外度假旅游的同时接受身体检查、牙科治疗和外科手术等医疗服务。医疗旅游的客源市场主要是发达国家的人群，而目的地大多数是发展中国家。古巴大力发展特种疾病医疗旅游，如进行特殊体检、早期癌症检测、心脏手术、神经移植、微型眼外科技术、减肥、整容等，均取得显著成效（迟景才，1998）。

温泉旅游是世界上最古老的休闲度假旅游方式之一，将温泉资源开发为度假区曾经是世界常见的旅游度假区模式。温泉旅游在世界范围内得以发展，其中尤以美国和日本的温泉度假区最为闻名。

【案例7】日本——温泉王国

在日本，旅游地的形成与温泉资源的存在密切相关，温泉观光成为最富有日本风格的旅游区之一。日本的温泉可分为疗养型、中间型和观光型三种类型。日本从北到南约有2600多座温泉，有7.5万家温泉旅馆。据悉，每年日本约有1.1亿人次使用温泉，相当于日本的总人口数。因而，日本有"温泉王国"的美称。日本的温泉不仅数量多、种类多，而且质量很高。各地几乎都有有名的温泉。对日本人来说泡温泉是一种享受，更是生活中必不可少的一部分。别府温泉位于日本西南部的九州岛，隶属于大分县。东临广阔的别府海湾，西接建有阿苏国立公园的鹤见山脉，是一个山海环绕的温泉圣地。别府最大的特点是，拥有世界上罕见的丰富温泉资源。其泉水涌出量仅次于美国黄石国家公园，居世界第2位。根据温泉水质分类，世界上温泉共有11种，而别府就有10种之多，是世界上温泉种类最集中的地区。因此，别府成为国际游客首选的温泉旅游观光城市。

分析： 日本的温泉旅游发展成熟，依托于度假区，基础设施完善，游客的食、住、行、游、购、娱都能在一定范围内得到解决，十分方便。此外，得益于日本的传统文化，温泉在日本的服务也是饱受好评。大量国际游客因为日本温泉的知名度而前往体验，更是为了体验日本传统文化，感受日本温泉特有的氛围和服务。

五、商务类旅游产品

世界旅游组织将商务旅游定义为：出于商业目的，人们到达并在非居住地滞留的活动。Davison（1994）认为商务旅游是人们因与工作相关的目的而进行的旅游活动。随着全球经济一体化的进程不断推进，国际间的联系越来越密切，越来越多的商务人士出于工作的需要前往其他国家进行国际商务旅游。

作为一种新兴的旅游产品，商务旅游以商务活动为主要目的，以旅行为基本手段，以游览观光、休闲度假为辅助活动的旅游产品，通常具有狭义和广义之分。狭义的商务旅游产品，主要指为了商务洽谈、业务交易等商业性活动而进行的旅游活动。广义的商务旅游产品，还包括各种国际大会、学术会议、专业会议、商业交易会、商品博览会，以及依托各种大型体育活动、节庆活动等而开展的旅游活动。商务旅游产品具体还可以划分为会议旅游、商务旅游、会展旅游、奖励旅游等各种类型。

商务旅游产品有其独特的优势。商务旅游者平均旅游花费更高而且一般在旅游淡季出行；商务旅游者一般行为得体因而对目的地社区的影响较小；商务旅游能够改善基础设施建设，促进社区休闲设施如商店和电影院等的发展；商务旅游会带来更多投资，并给当地经济带来更多商机，如摄影、印刷和花卉业的发展（吴必虎，2010）。国际商务旅游还能够在很大程度上提高目的地的知名度和影响力。

一个旅游目的地要想开发国际商务旅游产品，必须发展适应商务旅游者需求的有形和无形要素集合。其中有形要素包括地理特征，城市内外交通网络，接待设施，人造景点，可开展商务的场地、能够提供会议、交易会和奖励旅游全套服务的专业会展公司，配套服务，能够为潜在旅游者提供信息的目的地营销机构。无形要素取决于旅游者对目的地的感知，包括目的地安全性的稳定性、友好程度、氛围以及服务的效率和诚信等内容（Swarbrooke，Horner，2001）。

（一）商务旅游

1. 政务旅游

北京作为中国首都，每年吸引数以千计的国际旅游者，其中相当数量的游客是出于政务原因。一个地方要能成为政务旅游的目的地，其政治地位必须能够凸显出来，并且相应的服务和基础设施必要与城市的地位相匹配，能够让国际游客进行商务旅游的时候感受到舒适及方便。举办一些大型国际会议也是吸引国际游客的重要手段之一。

2. 会展旅游

会展旅游者一般具有团队规模较大、滞留时间较长、消费较高的特点，同时在旅游淡季同样可以举行，能够弥补淡旺季之间的不平衡，对提高举办地知名度也有深远影响（Swarbrooke, Horner, 2001）。在选择具体的会议场馆时，还需要考虑到场地的通达性、场所的功能和质量、餐饮和宴会设施、服务种类和质量、地理位置和配套设施、节事举办经验等。

【案例8】会展旅游的举办和影响

会展旅游是借助举办国际会议、研讨会、论坛等会务活动以及各种展览会而开展的旅游形式，是北京市旅游产品开发的一个重点。目前，国际会议旅游具有组团规模大、客人档次和消费额高、停留时间长、涉及相关服务行业多、成本低、利润丰等特点，在欧洲、北美和新加坡，会议已经成为一门产业。具有展览性质的会议也在迅速增加，会展旅游者在北京市游客中的数量和消费比例逐年上升，发展会展旅游大有可为。

这种积聚性将推动举办地旅游业的快速发展，对展会举办地的知名度和美誉度会有一个大的提升，尤其发展成为名优品牌的展会，其辐射带动作用更是强大。如海南的博鳌，虽为名不见经传的小镇，但因"博鳌亚洲论坛"的举办而举世皆知，成为对外宣传的金字招牌。正是这一招牌，使当地的旅游业在短期内获得了快速发展，慕名参观游览的客人络绎不绝。

分析：会展旅游最重要的是会议的规模和种类，相关的配套设施和服务必须能达到一定水准，会展的质量和服务的重要性占据主导地位。这样来自世界各地的游客才能在体验到高端会议的同时感受到同样高水准的服务。会展旅游的发展能大大提高一个国家或城市的国际知名度与美誉度。会展或者大型活动的举办对举办地来说就像是举办地的外交活动，会展在短时间内将人流、物流、资金流、信息流聚集到举办地，成为当地、全国乃至世界关注的亮点。所以很多城市大力发展会展旅游。需要注意的是，不可盲目举办大型会议活动，城市首先必须提高自己的整合质量，确保能有举办大型国际会议的能力和资金，才能够吸引到大量的国际游客，提升城市的知名度。

3. 奖励旅游

国际奖励旅游协会将奖励旅游定义为"一种现代化的管理工具，目的在于协助企业达到特定的企业目标，并对达到该目标的参与人员给予一个非比寻常的旅游假期作为奖励；同时也是各大公司安排以旅游为诱因，以开发市场为最终目的的客户邀请团"。美国是奖励旅游的发源地。需要指出的是，奖励旅游并非一般的员工旅游，而是企业主提供一定的经费，委托专业旅游业者精心设计的"非比寻常"的旅游活动。用旅游这一形式作为对员工的奖励，会进一步调动员工的积极性，增强企业的凝聚力。奖励旅游的历史可以追溯到20世纪20—30年代的美国，如今已有50%的美国公司采用该方法来奖励员工。在英国商业组织给员工的资金中，有2/5是以奖励旅游的方式支付给员工的。在法国和德国，一半以上资金是通过奖励旅游支付给员工的。一般奖励旅游包含了会议、旅游、颁奖典礼、主题晚宴或晚会等部分，企业的首脑人物会面作陪，和受奖者共商公司发展大计，这对于参加者来说无疑是一种殊荣。其活动安排也由有关旅游企业特别安排，融入企业文化的主题晚会具有增强员工荣誉感，加强企业团队建设的作用。更重要的是，常年连续进行的奖励旅游会使员工产生强烈的期待感，对于刺激业绩成长能够形成良性的循环（吴必虎，2010）。

随着经济的发展，奖励旅游越发倾向于出国旅游，逐渐成为一种国际旅游产品，并且大多是综合性的大城市。最近几年，偏远生态的区域也开始逐步成为非常规的奖励旅游目的地，如东南亚国家逐渐成为中国奖励旅游的主要目的地之一。

（二）节事旅游

节事旅游通常指以各种节日、盛事（事件）的庆祝和举办为核心吸引力的一种特殊旅游形式，也有学者称其为"事件旅游"，西方学界常常把节日（Festival）和特殊事件（Special Event）合在一起作为整体进行研究，即"节事旅游"（Festival & Special Event）（Getz，1991）。

大型旅游节事对承办地的旅游业有显著影响。以美国新奥尔良举办的1984年世界博览会为例，通过承办活动，新奥尔良改善了当地的基础设施和旅游形象，增加了旅游的到访人次，大大促进了城市的经济发展（Dimanche，1997）。

【案例9】上海世博会——城市，让生活更美好

中国2010年上海世界博览会（EXPO 2010），是第41届世界博览会，于2010年5月1日至10月31日期间，在中国上海市举行。此次世博会也是由中国举办的首届世界博览会。上海世博会以"城市，让生活更美好"（Better City, Better Life）为主题，总投资达450亿元人民币，创造了世界博览会史上最大规模纪录。同时超越7000万的参观人数也创下了历届世博之最。上海世博会的参展规模，共有190个国家、56个国际组织参展。上海世博会的成功举办，更进一步提升了上海的知名度以及作为国际化大都市的整合素质。

分析：世博会前夕，上海已经开通了12条轨道交通线，从1号线一直到13

号线，其中12号线尚未开通，这12条轨道交通"上天入地"，互相之间都可以方便换乘，构成了覆盖上海整个市区和部分郊区的快捷公共交通网络。其中世博通往世博园区浦东浦西9个出入口共有5条轨道交通可以到达，分别是4号线、6号线、7号线、8号线、13号世博专线。因此，在世博会期间，交通十分方便。大量的志愿者在园区内提供各种帮助，为来自不同国家的游客解决旅游活动中的各种问题。上海作为一个国际化大都市，各方面的基础设施完善，服务水平高，能够满足来自世界各地的旅游者的各种需求。作为节事旅游，节事活动的规模和水准是吸引游客的最重要要素。上海世博会参会国家之多，场地设计之精美，服务之周到都是最重要的吸引物。

六、专项旅游类旅游产品

专项旅游，也称"专题旅游"或"特色旅游"。这种专门层次旅游是具有专题、专项性质的具体旅游活动形式，其特点是旅游者以特定的目的、到特定的旅游地所进行的特定活动。观光、休闲度假和商务会展这三类旅游产品，都属于目前较主流的旅游方式，这三类旅游的参与人数较多，是旅行社及其他旅游企业的主打产品，这些产品往往是标准化和程序化的，因此可以称为常规旅游产品。与常规旅游产品相对应的其他旅游形式统称专项旅游（主题旅游产品）和特殊兴趣旅游产品，这些旅游产品具有明显的个性化和非程序化特征，参与人数较少，主要针对具有特殊兴趣的中众和小众市场（吴必虎，2006）。

（一）教育旅游

在中国历史上，古代修学旅游是东方文化的奇观之一。现代意义的教育旅游始于日本，至今已有100多年的历史（迟景才，1998）。教育旅游是指以教育和学习为主要或者是第二目的的旅游活动，可以分为一般教育旅游、成人学艺旅行、中小学教育旅游和大学生旅游四类（Ritchie等，2003）。随着经济社会的不断发展，全球一体化的进程不断发展，越来越多的人倾向于去其他国家进行教育旅游，在旅行的过程中体验不同的文化，并且在这过程中接受教育。教育旅游产品的国际市场在将来会不断扩大。它是在观光旅游和度假旅游等常规旅游基础上的提高，是对传统常规旅游形式的一种发展和深化，因此是一种更高形式的特色旅游活动产品。教育旅游是指本土教育与异地教育之间通过学校与学校交流互访、校际结盟、论坛峰会等方式，以推广教育成果、学校办学，展示学生多元学习，拓宽视野为基本目的的一种学习途径及方法，包括文化、管理、教学等各个方面。主要吸引物就是学习的知名度以及特色教育。

例如语言学校旅游在英国、美国、加拿大和澳大利亚等国家非常盛行，这些学校吸引了大量的国际学生在来学习英语的同时进行旅游活动。目前，教育旅的主体为大学生，国外交流经历能够为大学生提供新的学习体验和更高质量的教育，使他们受益匪浅。大学生作为成年人，在进行活动时有较大的自主权，这也为教育旅游活动的进行提供了很大的便利。

教育旅游最重要的吸引物莫过于教育资源，如美国的常春藤学校每年都会吸引大量的来自世界各地的学生进行参观游览并体验一些课程，此外，学校的选址、食宿设施、休闲活动、安全性等也都是国际游客在选择教育旅游目的地时的重要考虑因素。相对于其他旅游活动来说，教育旅游的重点突出，对于其他辅助设施的要求并不是特别突出。

需要说明的是，科考旅游作为一种特殊的教育旅游产品，一般发生在受人类活动影响较小的自然地区，比如森林公园和南北极。科考旅游的主要吸引物是目的地的环境、自然条件以及科考的价值，对于基础设施或是服务一般旅游者没有过高的要求。

（二）美食旅游

以品尝美食为主要动机的旅游活动称为美食旅游。美食旅游是一种较为新颖的旅游形式。美食旅游是到异地寻求审美和愉悦经历，以享受和体验美食为主体的具有社会和休闲等属性的旅游活动。一直以来，食物都是游客完整旅游体验中的一个支持要素，但是在美食旅游的过程中，食物成为游客的主要旅游体验。在美食旅游中，旅游者更希望品尝更加多样、更多选择并与日常饮食不同的地方特色饮食。Cohen 和 Avieli（2004）根据游客对待食物的态度将游客分为三种：一是娱乐型游客；二是体验型游客；三是存在型（实验型）游客。

美食旅游在日本和西欧比较流行。特别是日本，十分注重饮食文化。日本的餐饮都很精致，用餐礼仪也十分周到，再加上餐桌上的日本传统服务，能够让国际游客有一个很好的体验，感受到真实的日本文化。美食旅游目的地的食品和菜肴一定要有鲜明的地方特色，还需要有精湛的烹饪技巧、良好的饮食环境和卫生条件，这几项都是缺一不可的。美食旅游与文化密不可分，美食也是文化的一部分，游客进行美食旅游也是体验文化的过程，因此美食旅游目的地的文化特色也必须要鲜明有特色，才能够吸引国际游客前来。

（三）探险旅游

探险旅游（Adventure Travel）是旅游者到人迹罕至或险状环生的特殊环境进行的充满神秘性、危险性和刺激性的旅行考察活动。一些人长期居住于繁华都市，厌倦了车马喧嚣的生活，很想找一个幽静而富有神奇刺激的场所体验探险乐趣。据此，很多国家开辟了探险旅游。如泰国的骑象探险旅游，丹麦的狗拉雪橇探险旅游等。另一些人以追求世界纪录为目的的冒险旅行。如乘气球环球旅行，驾脚踏飞机或滑行器飞渡海峡，驾游艇或小船周游世界，乘独木舟横渡大西洋等。其他还有以科学考察为主要目的的探险旅游，种类繁多，如高山探险旅游、沙漠探险旅游、海洋探险旅游、森林探险旅游、洞穴探险旅游、极地探险旅游、追踪野生动物探险旅游、寻找人类原始部落探险旅游等。探险旅游可大致分为如下两类。

（1）硬探险。"硬探险"指旅游者愿意到偏僻的环境，挑战内在的危险。这种危险是自然真实的，而不是人造的，对于参与者来说具有高危险性、高参与性，富有挑战性，并且对于参与者的身体条件有极高的要求，包括登山、高空速降、洞穴探秘、跳伞运动以及潜水等。

（2）软探险。"软探险"旅游者相对而言是初学者，他们寻求一种被设计好的新奇活动。而这种活动也能给他们带来兴奋感以及感情的抒发。"软探险"旅游在游客参与性程度上较被动，此类旅游包括丛林步行、徒步旅行、骑马、皮艇漂流等。

【案例10】登珠峰——挑战极限

珠穆朗玛峰是喜马拉雅山脉的主峰，其山体呈巨型金字塔状，威武雄壮昂首天外，地形极端险峻，环境非常复杂。雪线高度：北坡为5800~6200 m，南坡为5500~6100 m。东北山脊、东南山脊和西山山脊中间夹着三大陡壁（北壁、东壁和西南壁），在这些山脊和峭壁之间又分布着548条大陆型冰川，总面积达1457.07 km^2，平均厚度达7260 m。冰川的补给主要靠印度洋季风带两大降水带积雪变质形成。冰川上有千姿百态、瑰丽罕见的冰塔林，又有高达数十米的冰陡崖和步步陷阱的明暗冰裂隙，还有险象环生的冰崩雪崩区。珠峰地区及其附近高峰的气候复杂多变，即使在一天之内，也往往变幻莫测，更不用说在一年四季之内的翻云覆雨。大体来说，每年6月初至9月中旬为雨季，强烈的东南季风造成暴雨频繁，云雾弥漫，冰雪肆虐无常的恶劣气候。珠峰高度上的年平均气温约为 −29.0℃，1月平均气温 −37℃，七月平均气温 −20℃。高耸入云的珠穆朗玛峰一直是人类想要证明攀登能力的圣地。自1953年5月29日人类首登珠峰成功之后，包括中国在内的世界各地许多登山者在珠峰顶上留下了脚印。

分析：在探险活动中，环境往往并不是旅游者考虑的首要因素，真正吸引旅游者的是探险活动本身。珠峰作为世界第一高峰，吸引着世界各地无数的登山爱好者、探险爱好者前往，旅游者对于在珠峰脚下能够体验到的高质量服务或是完善的基础设施没有过高的要求，这类专业的探险旅游者会自己做足充分的准备，只有活动本身，才是他们前往目的地的原因。但是，对于那些并非专业化的探险活动，游客在进行软探险时，就需要有相应的服务和基础设施作为支撑，特别是安全性方面是这类游客最重视的部分之一。

（四）非主流娱乐旅游产品

博彩旅游：博彩业在一些国家和地区成为娱乐旅游吸引物和主要旅游产品的案例屡见不鲜。赌博心理折射了一种冒险精神，这是人类的天性之一。在世界上一些国家或地区，赌博作为一种娱乐活动是合法的，这些地方包括美国内华达的拉斯维加斯、大西洋城、波多黎各、艾奥瓦；中国的澳门也是一个博彩旅游业十分兴旺的目的地。

博彩业被视为旅游业的催化剂，它为旅游带来更多的游客，新的收入和更多的就业机会。但是也会带来各种负面的社会问题。赌场的选址通常需要综合考虑地理、经济、人口和空间等多方面的因素。Smith and Hinch（1996）认为一个赌场区域应由三部分组成：核心区（赌博区域）、接近区（周围商业区和利润中心）和缓冲区（必要的环境区域）。

【案例 11】拉斯维加斯——博彩业的天堂

拉斯维加斯（Las Vegas）是美国内华达州的最大城市，以赌博业为中心的庞大的旅游、购物、度假产业而著名，世界上十家最大的度假旅馆就有九家是在这里，是世界知名的度假胜地之一，拥有"世界娱乐之都"和"结婚之都"的美称。从一个巨型游乐场到一个真正有血有肉、活色生香的城市，拉斯维加斯在10年间脱胎换骨，从一百年前的小村庄变成一个巨型旅游城市。每年来拉斯维加斯旅游的3890万旅客中，来购物和享受美食的占了大多数，专程来赌博的只占少数。内华达州这个曾经被人讽刺为"罪恶之城"的赌城，已经逐步成熟，成为一个真正的城市了。每年，都有不计其数的游客从世界各地来到拉斯维加斯，体验博彩的刺激，感受这座不夜城。

分析：来拉斯维加斯，大家都需要吃。除了拉斯维加斯中国城的几家中餐馆外，在拉斯维加斯的餐馆多如牛毛。从最早期的低廉自助餐，到最近这几年发展出来的超高档餐馆及明星厨房料理，不论你是找寻低廉的用餐经验或是终身不忘的用餐经验，你都可以在拉斯维加斯发现。拉斯维加斯是全世界拥有酒店客房最多的城市。拉斯维加斯的酒店从建筑设计到配套设施再到室内装修都毫不吝啬，绝对会给你提供一流的硬件享受。当然，拉斯维加斯的酒店的软件服务也是全世界首屈一指的，不管你要求多严苛或是你有多奇特的想法，他们总是会尽力满足。此外，拉斯维加斯的公车、混合巴士、便捷轻轨、出租等服务让交通在这很是方便，并且几乎所有的赌场都能够很容易到达。更为重要的是，拉斯维加斯的安全十分有保障，警察和巡逻人员包括赌场自己的安全人员让游客在这座城市能够安心游览。

第三节　国际旅游项目策划

一、国际旅游项目策划概述

（一）国际项目策划一般原则

国际旅游项目策划是指以吸引国际游客为目的开展的旅游项目包装与策划。由此，国际旅游项目策划应遵循以下原则。

第一，突出特色原则。特色是旅游开发的灵魂，是旅游产品生命力的体现，没有特色就没有效益，因此旅游项目策划要突出自己的特色。没有特色难以形成强大的旅游吸引力，没有特色就不能激发人们的旅游动机。多一份特色就多一份竞争力，从一定程度来讲，有特色的国际旅游产品才能有长久的生命力和活力。

第二，以国际旅游市场为导向原则。旅游业是一个经济产业，在市场经济的大环境下，要以国际旅游市场为导向，必须考虑国际旅游市场的需求和竞争力，要把国际旅游市场的需求和供给情况作为旅游项目策划与决策的基础。一切要按照国际旅游市场来进行项目设置，同时还要根据旅游资源的冷热原则，预测未来国际旅游市场的发展趋势，以对旅游项目做出合理的实施开发序列。

第三，丰富文化与内涵原则。21世纪是知识的时代，对于国际旅游而言，随着游客知识层次的提高，对旅游项目的文化内涵也提出了新的要求，这就要求旅游景点要有一定的知识性、科学性，旅游区力求做到科学性、知识性与可观赏性的统一，使游人在游览观光的同时，能够得到知识的陶冶和精神的享受。

第四，系统协调原则。旅游服务是一个系统工程，要把整个旅游服务看作一个大的系统。在开发建设中，大小系统应综合平衡，相互协调。要想达到吸引力与接待力的统一，就要求旅游资源的开发建设与旅游服务设施、交通设施及基础结构（水、电等）等方面的综合平衡。在行、游、住、食、购、娱六个方面的服务上，要全面考虑各种设施系统配套，形成综合接待能力，使旅游者以最少的时间、最少的费用，看最多的景点，力求使其舒适、方便、安全。

第五，可持续发展原则。国际旅游产品同一般的旅游产品一样，在开发时应贯彻可持续发展的思想，应把保护旅游资源及生态环境视为战略问题加以对待，它不仅关系到旅游区的命运，而且直接关系到人类未来的生存环境。因此要求在开发过程中把保护自然资源放在首位，永续利用旅游资源。

值得强调的是，国际旅游项目策划的协调性原则，主要表现在宏观上的协调和微观上的协调。宏观上的协调主要指与周围大环境的协调；微观上的协调包括景区之间的协调，植被绿化与景点内容的协调，建筑物相互之间的协调，建筑设施与整体自然景观的协调，服务设施与旅游区主题的协调等。

（二）项目策划方法

根据以上原则，国际旅游项目策划的方法有如下几种。

（1）头脑风暴法。又称集体思考法或智力激励法，1939年由奥斯本首先提出，并在1953年将此方法丰富和理论化。所谓的头脑风暴法，是指采用会议的形式，向专家集中征询他们对某问题的看法。策划者将与会专家对该问题的分析和意见有条理地组织起来，得到统一的结论，并在此基础上进行项目策划。使用这种策划的方法时，策划人要充分地说明策划的主题，提供充足的相关信息，创造一个自由的空间，让各位专家充分表达自己的想法。头脑风暴法的优点在于能够获取广泛的信息、创意，互相启发，集思广益，在大脑中掀起思考的风暴，从而启发策划人的思维，获得优秀的策划方案。其不足之处就是邀请的专家人数受到一定的限制，如果挑选不恰当，容易导致策划的失败。另外，由于受到某些专家的地位及名誉的影响，导致专家不敢或不愿当众说出与其他人相异的观点。

（2）德尔菲法。这种方法是在20世纪60年代由美国兰德公司首创和使用的。德尔菲法采用函询或电话、网络的方式，反复地咨询专家，然后由策划人做出统计。当所获得的结果具有较大差异性时，由组织者将所获专家意见进行整理总结，再将总结后的观点针对上述专家进行第二轮征询，直至得出比较统一的结论。这种策划方法的优点是：专家们互不见面，不会产生权威压力。因此，该方法可以让专家自由充分地发表自己的意见，从而得出比较客观的策划方案。由于这种方法缺乏客观标准，全凭专家的主观判断，且征询的次数往往较多，反馈时间长，因此会影响项目策划的准确性。

（3）灰色系统法。系统是指相互依赖的两个或两个以上要素所构成的具有特定功能的有机整体。系统可以根据其信息的清晰程度，分为白色、黑色和灰色系统。白色系统是指信息完全清晰可见的系统；黑色系统是指信息全部未知的系统；灰色系统是介于白色和灰色系统之间的系统，即有一部分信息已知而另一部分信息未知的系统。灰色系统法是指利用一些已知的行为结果，来推断产生该行为的原因或未来模糊的不确定性行为的方法。使用该方法进行旅游项目策划主要是通过现有旅游者的行为模式，推导出未来可能拥有客源市场并获得成功的旅游项目形式。

（4）经验分析法。该项方法主要依据对旅游资源的认识和对市场的认识。首先，策划组根据当地旅游资源状况，提出每种旅游资源能够开发成何种功能的旅游项目，把所有这些项目都列举出来，并对其进行功能定义和整理；然后，策划组根据对市场的认识，分析出旅游市场状况可能会在某个项目出现制约因素，或者在一定的时期内会有的制约以及市场价值存在的问题；最后，根据市场价值和实施的可能排列出各个项目的重要程度。

（三）国际旅游项目策划特殊性

随着国际旅游业的发展，文化与内涵丰富的旅游项目始终具有广泛的旅游市场，其内容、范围及形式始终在不断地发展变化。如南美洲的"玛雅文化旅游区"、美国夏威夷的"波利尼亚文化中心"、中国昆明的"云南民族村"等（罗明义，2002），已成为国际旅游者了解和认识不同国家或地区民族文化的重要"窗口"，充分证明"核心竞争力"就是特殊的文化内涵。在体验经济方兴未艾的背景下，文化与内涵是提升国际旅游项目品位、使旅游项目具有持久生命力的关键。

国际旅游项目策划，针对特定的、具有共同的地域、共同的经济生活、共同的语言和共同的文化心理素质的消费群体，以特定的方式和内容进行，具有鲜明的民族个性和文化土壤。国际旅游项目策划所面对的旅游者都是在其他特定文化环境中成长和生活的，这种背景文化将在语言形式、思维习惯和价值观念三个层面上构造旅游者文化性格的不同，进而影响旅游者的旅游需求、旅游习惯、旅游审美感受和价值判断。这一庞大的无所不在的观念系统和价值系统所锻造出来的每一个旅游者，都将打上自己深深的烙印，以至于每一种欲望形式和每一项消费冲动的背后，都可以寻找出深藏着的文化基因。欲望本身可以是物质的，但欲望的实现形式永远是文化的，国际旅游项目策划必须善于发掘和引导欲望背后的文化动机。要策划对国际旅游者有吸引力的，具有个性特色、生命力持久的旅游项目，取决于对资源特色的文化挖掘（唐德鹏，1993）。策划过程必须依附某种文化，并且用某种文化为"红线"串联起来使之具有明确的文化主题，浓厚的文化色彩，使旅游者情不自禁地陶冶在文化氛围之中，接受一种文化教育（沈祖祥，2000）。

适应国际旅游项目发展趋势，现代旅游项目策划应注重突出项目的知识性与趣味性，强调科普教育和亲身体验，提高旅游项目的参与性成分，满足游人求知、求乐、求奇、求异的旅游需求。国际旅游项目策划要强调地方、民族、时代特征，切忌雷同，要别出心裁、勇于创新，充分发挥自己的优势，标民族之新，立地方之异，与时代并进。

二、项目库设计

策划者的经验与发展中的旅游项目相比总是有限的。项目分类是策划创意的思维单元。旅游项目分类的任务，不仅要罗列旅游项目单元，而且要厘清主体与客体之间的各种内在联系，正确建构分类框架，使不断变化发展的旅游形式，在相对稳定的框架中不断地扩充成为可能，从而为旅游策划持续地提供基础信息。

按研究目的和观察方法的不同，旅游项目可做多种分类，其中较常见的分类主要有主体分类法（见表4-1）、环境分类法（见表4-2）两大类。

表 4-1 主体分类法

分类方法	旅游类型
主导性质	观光旅游、度假旅游、生态旅游、专项旅游
主体职业	学生、无职业、体力劳动者、脑力劳动者、退休人员
主体年龄	儿童、青少年、成人、老人
主体组织	单身旅游、情侣旅游、居家旅游、群体旅游、自主旅游、组团旅游
消费方式	高消费、低消费、包价旅游、奖励旅游
时间	一日游、周末旅游、短期度假、工作旅游
旅行距离	近郊旅游、远郊旅游、中程旅游、远程旅游、国际旅游

表 4-2 环境分类法

分类方法	旅游类型	细分
地球圈层	大气圈	宇宙、天象
	水圈	海水、淡水
	岩石圈	山岳、平原、岩洞
	生物圈	植物、动物
	智力圈	文化、科技、历史、生活
自然环境	自然地区	自然保护区、海岸旅游区、荒漠旅游区、山岳旅游区、湖川旅游区、溶洞泉瀑旅游区
	过渡地区	平原水乡旅游区、风情民俗旅游区、旅游度假区
人聚环境	人类聚居地	历史遗迹区、旅游城镇旅游区、现代城镇旅游区

除此以外，还有各种分类方法，如按旅游空间可分为室内旅游、城区旅游、乡郊旅游、区域旅游、国内旅游、国际旅游、洲际旅游、星际旅游；按旅游活动状态，可分为被动（消极）旅游、主动（积极）旅游；按信息获取的方式，可分为动游、静游或"行游""座游""卧游""神游"；按社会内容，可分为自然（生态）旅游、历史旅游、文化旅游、科技旅游、写作旅游等；按组织目的，可分为科学（教育）旅游、商务旅游（或会议旅游）、考察旅游、修养旅游、体育旅游（健身旅游）、宗教旅游、集会旅游、纪念旅游等。

以上种种分类方法的共同点是：抽象程度较高，常适用于各种目的的旅游环境研究或市场调查分析。从项目策划的要求看，它们可从各个角度帮助市场分析、资源分析和项目开发的定位定向研究。但是，从另一方面看，旅游不仅是一种值得研究的宏观现象，更是一种真实积极的生活经历，并且有赖于生动的社会交流方式和联结人与自然的旅游设施。旅游策划创意，要将抽象的规划目标具体化为生动的交流和满意的经历。为旅游项目策划所建立的分类系统，必须有利于这种生动性的体现。按旅游者的真实经历来划分类型，将有利于实现这一目的。

我国常把行、食、住、游、娱、购称为"旅游六要素"。从分类方法看，这是一种以旅游者为中心的时间活动分类法。若以此为分类起点，将有助于体现旅游经历的生动性，且有利于国内学术界与管理者的认同，符合建立项目库的要求。以此为基础，按旅游经历的客观性质和认知方式，可进行第二级的细分以后可再按活动—设施—环境融合形态的主导内容，命名第三级类型。由此，可形成符合实用要求的"旅游项目库"。

三、项目适宜性选择

随着现代旅游市场竞争的加剧，为减少国际旅游项目开发的风险，在做项目选择的时候要进行一个评判。完整的项目规划通常需要经历以下技术过程，涉及诸多内容（王庆生，2013）。

（1）研究总体规划要求，进行预可行性研究（场地、内容、投资、市场等）。

（2）可行性（Feasibility）研究（市场契机、开发规模、投资时机、吸引力、促销途径、竞争风险、经济效益、技术可行性、资金与人力等）。

（3）概念性规划（包括基地分析、吸引物与项目策划、结构布局、投入产出分析、环境与社会影响评价 EIA.SIA 等）。

（4）大型项目的控制性详细规划（包括制定规划的依据和原则；市场分析主题立意与总体构思；项目策划与设置用地布局重点保护与发展区；游览组织和景观特色要求土地使用和建筑规划管理通则；地块划分以及各地块的使用性质、规划控制原则、规划设计要点；各地块控制指标）。

（5）实施项目的修建性详细规划（包括现状条件分析；市场分析；规划原则、主题立意与总体构思娱乐设施、食宿接待设施、购物等服务设施规划景观、建筑或构筑物、娱乐设施及各类相关设施的选址和布局；道路系统与停车场规划；绿地系统规划；各项专业工程规划及管网综合；竖向规划与水系规划；主要技术经济指标；工程量及投资估算）。

（6）主要景点和游憩项目的规划设计（功能分析、视线分析与景观组织、活动编排、平面设计、环境设计、娱乐设施的平立剖面设计等）。

（7）投入产出分析与规划调整（地价、税收、经营成本、不可预见费、保险等支出，各项收入预测，风险分析，造价平衡与规划调整）。

（8）项目筹资、材料或展品来源、设备、施工、经营管理的特别措施。

实际上，具体旅游项目之间依旧存在很大差异（如"主题园"规划与"生态旅游"线路规划之差异）。某些旅游项目的内容专一、投资极少、风险不大，其项目规划的内容只需要选择上述内容中的几个单项。某些项目涉及面十分广泛，而客观上所能调动的技术力量有限，这时规划可以按实际需要分为几个阶段，但内容必须符合当地的有关部门（银行、规划局、旅游局）的管理规定。简言之，旅游项目规划的具体内容要根据项目的具体情况来确定。

四、新兴国际旅游项目

以体育旅游、科考旅游、社会旅游、志愿者旅游、创意旅游等为代表的新兴旅游方式的兴起，表明旅游者的旅行素养与追求层次不断提升。从最初的观赏、大众旅游逐渐转向体验旅游，从"走马观花"被动的旅游方式逐渐转向到参与性、创造性的旅游活动。体验、参与和创造逐渐成为普遍意义的旅游趋势（张胜男，钱子晗，2015）。

以体育资源为基础开展的旅游活动，包括高尔夫、滑雪、赛事、漂流、攀岩、探险等，使旅游者在参与体育旅游过程中既获得健康体验也收获了积极向上的健康心态，促进了身心的全面发展。

随着社会经济的不断发展，旅游的需求也越来越高，单纯的自然观光旅游已经很难满足部分游客的需求，他们希望更多地探索自然的奥秘，科考旅游开始走入大众视野。科考旅游的地点一般都是自然条件优越或是普通人难以到达的地方，如南北极和喜马拉雅山脉。

志愿者旅游起源于英国，后来扩展到欧美等发达地区，也扩展到了国内。志愿者旅游是一种集可持续旅游、生态旅游、利他性旅游于一体的旅游形式，旅游者自愿以一种有组织的方式参与度假，并在此过程中援助或者减轻社会中一部分群体的物质贫困，保护社会环境。其动因主要分为两种：以期待挑战、了解当地居民及体验原住地文化生活为特征的拉动因素；以逃离日常生活、寻找新的生活方式以及自我发现、寻求自信为特征的推动因素。

创意旅游是旅游者在游览过程中通过积极参与目的地文化传统的学习，激发自身创意潜能，进一步体验旅游目的地文化氛围的旅游形式。现代旅游者对旅游服务供应商的依赖程度降低，开始寻找一种"新的""独特的""有意义的""学习的"旅行体验。创意旅游更加注重游客的参与性、开发游客自身潜能、激发创意思维。发展创意旅游要解决文化连续复制和开发新的旅游产品二者之间的矛盾，鼓励和培养"创意"，超越"传统的旅游空间"，构建"特别的旅游空间"。

在中国，海南国际旅游岛的设立是在国际旅游方面的重大举措。2010年，海南国际旅游岛建设上升为国家战略。海南国际旅游岛初步定位为我国旅游业改革创新的试验区、世界一流的海岛休闲度假旅游目的地、全国生态文明建设示范区、国际经济合作和文化交流的重要平台、南海资源开发和服务基地、国家热带现代农业基地。2020年初步建成国际旅游岛。时隔8年，海南一系列重大配套及活动顺利落地，并渐成规模，包括环岛高铁、文昌航天发射中心、博鳌机场、三亚免税店、美兰机场免税店、博鳌国际论坛、环海南岛公路自行车赛、海南岛欢乐节、海南三月三等。海南国际旅游岛目前已经是一个初具规模的旅游综合体，在未来势必会吸引越来越多的国际游客。

第五章

国际旅游服务设施规划

旅游服务是旅游发展的重要环节，它将伴随游客从客源地到目的地，以及到达目的地以后，在西方一般称为接待服务业（Hospitality Industry），它包括了交通、餐饮、住宿、观光、商务、休闲以及购物等多种消费者需求。旅游服务设施是有形的实体和无形的服务活动所构成的集合体，它能够向旅游者提供某种价值或满足旅游者的某种要求，可以解决旅游者解决不了或者不愿解决的问题（吴必虎，俞曦，2010）。本章节将对旅游服务的依托，即硬件设施体系的规划，包括旅游交通、景区游客中心、解说系统、酒店住宿设施、餐厅饮食设施、购物以及文化体验设施等的规划，进行分类阐述，在总结国内外学术界对旅游服务设施的研究的同时，将规划实践引入理论体系，结合典型案例对理论进行详细解析，让规划原理更易于理解。

第一节 国际旅游交通设施体系

一、国际旅游交通设施体系概况

出行的交通方式选择是旅游者旅行中的重要决策，旅游者会根据自身需求和条件进行选择。交通是旅游时占比最大的时间消耗、费用消耗，对旅行体验的影响程度很大。在国际旅游服务中，旅游交通服务是联系旅游客源地和旅游目的地的纽带，是旅游业发展的先决条件和基础，旅游交通设施的规划在国际旅游发展规划中凸显了独特而重要的地位。

19世纪蒸汽式火车的出现标志着近代旅游开端，20世纪现代喷气式飞机的出现标志着现代旅游时代到来，大型喷气式客机的运营，使得国际旅行变得方便、快捷、舒适，大大促进了国际旅游的发展。21世纪以来，随着大众旅游和散客化时代的到来，旅游者的出游方式众多，在国际出游中，以青年旅游者多，他们更倾向于选择更为方便自由的自驾车出游。在旅游业快速发展的同时，旅游者对出游的质量和高体验的追求愈加重要，国际邮轮既满足了旅游者休闲的旅游需求，又能够给予旅游者高质量的旅游体验。交通技术的每一次突破，都使得旅游者能够走向更远的旅游目的地，促进旅游的国际化广泛化发展，并使得出行更加舒适和安全。学界现在已经对交通在旅游中的地位和作用做出了肯定，认为国际旅游的发展必须依靠高效的国家交通网络，不难看出，交通基础设施是一个国家或地区发展旅游业的先决条件之一。

国际交通对旅游业发展的影响主要体现在国际交通对旅游需求的影响和交通对目的地发展的影响两个方面。国际交通体系的完善推动着现有旅游需求的满足，进一步促使旅游者产生新的旅游需求，同时，旅游者需求愈加多样化和个性化也推动着国际旅游体系的完善。随着国际旅游自驾车的兴起，国际旅游自驾游体系的建设完善备受重视，亟须依托旅游目的地的区位优势，通过设置自驾车旅游服务区、自驾车营地以及车辆租赁、信息引导、快速救援等服务体系，建立一个区域性、一体化运作的自驾车服务体系。国际旅游邮轮更是凭借其自身优势成为"慢游者"的喜爱，尤其是夫妻游客。现代邮轮旅游最早出现在20世纪30年代，大规模发展始于20世纪六七十年代，近年来，邮轮旅游市场保持在8%左右的增长幅度。交通在旅游目的地发展的重要作用表现在：旅游目的地的发展很大程度上受其交通方式的发展影响，也是其交通发展的必然结果，某一国家或地区的交通方式愈加完善、交通体系愈加规整，其旅游需求愈加强烈，而该国家或地区的旅游业发展也愈加快速稳步。旅游是一种大众现象，也是一种个体活动，不同的旅游时代要求交通及其他设施能满足契合于旅游市场的每一种类别旅游者的需要。

交通是最基本的一种旅游需求，它既是旅游流的扩展性因素，也是旅游流的限制性因素，在国际旅游活动中，交通对旅游流的扩展和限制性作用尤为明显。为满足当前与未来的技术发展与需求，在精心策划的总体交通政策指导下的交通基础设施的规划发展、维护与运营，是交通系统促进目的地旅游健康成长的关键。交通价格影响交通需求弹性，不同交通方式之间的价格结构与竞争的多样化有利于交通价格的降低与质量的改进。国内与国际交通系统的一体化以及其他国家的交通系统的合作将提升国际旅游连接性和便利化程度，促进国内与国际旅游业的发展。不论是在发达国家还是发达国家，交通技术发展都将对交通方式产生深刻影响。形成更有效、快捷且安全的交通系统，有助于旅游目的地的出现、演进、发展和扩张。交通节点及中途交通设施的良好配备、交通系统的改进与发展、新技术与适当的大众市场技术的应用，都将对未来全球旅游的可持续增长产生广泛而深远的影响（Kual，1985）。

（一）航空交通

航空交通和旅游业的相互促进作用是十分明显的，不仅航空交通是旅游业的驱动因素之一，旅游业的发展也会在相当程度上影响航空交通的需求。根据世界旅游组织的统计资料，航空交通对旅游业的影响主要体现在以下方面：航空交通是许多旅游目的地的主要交通方式，在某些情况下它还是国际旅游市场唯一的交通方式；低价航空及交通的供给是国际游客市场增长的主要驱动之一，国际游客数量和国际航线数量之间存在明显相关性；在旅游业发达地区，航空交通是长时间滞留的过夜游客的主要交通方式，而包机旅游的游客数量在减少；旅游业的结构，如目的地类型和游客类型都受到航空交通发展的影响（Bieger, Wittmer, 2006）。

航空交通的商业模式主要包括四种：航空枢纽、区域航空中心、包机航空和廉价航空。不同的航空交通商业模式影响游客的类型和数量，从而对旅游业的发展产生影响。航空服务不仅要满足跨区域航线的旅客要求，还要重视区域内乘客；航空服务不仅在于航线、班级型号的选择，还在于航空交通枢纽的服务（Hanlon, 1992）。游客对航空服务质量的要求首先就是航空交通的安全性。

随着改革开放不断的发展，我国的出境和入境旅游人数都在上升，国际航线也一直在增添，航班班期和时刻也在增添，国际出游更加方便、自由化。目前出境旅游的国际航班主要飞往美国、英国、新加坡、韩国、日本等国家，国际航线的多元化满足了游客更广泛的出游需求，推动了出入境旅游的发展。中国现在主要的国际航空港口（不包括港澳台）是北京、上海和广州。经营国际航线的航空公司有中国国际航空、中国东方航空、中国南方航空，此外，海南航空、四川航空和西部航空也有经营国际航班。国内的携程、去哪儿等电子商务也提供国际航班信息以及国际机票的购买，这些都在推动着出入境旅游的发展。

近两年，我国廉价航空的发展极大地改变了旅游的出行选择方式。所谓廉价航空，从字面上看可以认为其提供价格低廉的机票，航空公司通过提高飞行频率和航班密度、利用低价的二线机场运营、实行点对点航线、单一机型、单一客舱布局、运营短途航线、简化服务线等一系列手段提高运行效率和降低运行成本。全球最早的廉价航空公司是美国西南航空公司，北美市场也是最早的廉价航空市场。随着美国廉价航空公司这些年的发展，美国的廉价航空市场已经相当成熟了，同时欧洲的瑞安航空也在20世纪90年代开始了廉价航空的运营，带动欧洲市场的发展。亚太地区的廉价航空起步虽然较晚，但是由于经济的迅速繁荣发展，近两年的市场也是飞速发展之中，最为出名的便是亚洲航空。而中国相比于其他亚洲国家，才处于"起步阶段"，自2013年以来，民航局放松了廉价航空货运航线和相关政策的管控，民间资本注入廉价航空市场，目前国内只有春秋航空算是真正意义上的廉价航空公司，占据了中国廉价航空市场的主要份额。正如前文所言，廉价航空正以价格低廉、短途和网上购票等特点吸引着相当部分的游客选择乘坐。

（二）铁路交通

在国民收入水平较低的时期，铁路对于发展国内旅游的中长途旅行具有不可替代的作用，这点在中国旅游业的发展历程上是很明显的。中国铁路交通在综合运输体系中一直占有重要的地位，铁路对旅游业的发展起到了很大促进作用，是近代旅游业的基石，高铁的发展为游客出行提供了更加便捷、良好的条件，承担了我国大部分的客流运输任务。在发达国家，虽然随着私家车拥有量的增加和航空交通的普及，铁路交通在旅游业中的作用逐渐减弱，但仍然有许多国家和地区在区域内旅游的游客倾向于选择铁路交通方式，它不仅是一种更加可持续的交通方式，避免了公路的交通堵塞，同时铁路交通本身发展成一种旅游吸引物，例如北京北站开往延庆的 S2 线路和青藏铁路、苏格兰的高地火车之旅、匈牙利怀旧铁路旅游、"非洲之傲"豪华列车旅游。中国目前有三种国际列车：专运列车、加挂列车、单方接管。专运列车仅加挂少量宿营、餐车等回转车；加挂列车为联运车厢加挂在国内客运正常车次上，普通旅客可购买该车国内任意车站车票；单方接管，即由一国的铁路部门管理，在两国之间往返开行的列车，目前单方接管列车没有由中国铁道管理部门管理的列车，截止到 2018 年中国出境的国际列车火车票只能通过中国国际旅行社购买。

随着客源地和旅游目的地之间旅游交通量的需求逐步得到满足，旅游者对交通的质量要求也提高了。每年暑假的旅游专列、"黄金周"的旅游专列措施既推动了目的地的旅游发展，也提高了铁路运输部门的经济效益。随着人们生活方式和观念的改变，利用"2.5 天"周末、节假日"拼假"外出观光旅游的人越来越多，为铁路部门开设旅游专列创造了有利条件。为了与铁路旅游的市场需求相适应，豪华、舒适和便于沿途观光的新型专用旅游列车不断推出。在日本出现了全景瞭望旅游旅客快车；俄罗斯设计生产了旅游生活列车；美国出现了滨海铁路的高级旅游卧车。

在近年来的发展中，铁路新秀——高铁为旅游的发展增加了强劲的动力。高铁在中长途运输中拥有很大的空间和潜力。国内学者的研究指出高铁促使旅游流呈现"马太效应"（汪德根，2014）。北京和上海成为京沪高铁线路最重要的旅游客源地，且京沪高铁的开通促进了客流外放，呈现出旅游流"马太效应"。高铁提升了缺乏区域优势旅游地的可进入性，进而增强吸引力。比如泰山和曲阜旅游资源价值极高，但在高铁开通之前，交通不便，可进入性低，对远程客源地的吸引力十分有限，需要借助发达的济南作为客流的集散地，高铁开通打破了泰山和曲阜依赖济南交通格局，提高了对远程客源地的吸引力。近年越来越多的城市为了争取高铁过路站点而展开激烈的竞争，甚至人大代表提交提案申请高铁站点，因为人们都看到了京沪高铁、武广高铁开通对沿线城市带来的巨大经济效益。

（三）公路交通

公路交通的发展使得旅游需求得以迅速扩大。得益于第二次世界大战后的汽车工业和交通运输业发展，迄今为止，美国是世界上公路最多、路网最发达、设备最完善的国家，更是有专门为旅游而设的公路，称为旅游公路。日本是世界上公路密度最大、拥有最先进综合交通系统的国家。在中国，利用高速公路进行中、长途公共汽车旅游已经成为与铁路具有竞争力的交通工具，截至2015年底，中国公路总里程达到了457万公里。

目前较为知名国际旅游公路线路有：被美国人亲切称为"母亲之路"的美国66号公路；著名的"全美最孤独公路"50号公路；道顿公路，穿过阿拉斯加北部的山地森林，终点是北冰洋，这里可以看到最美的极光；哈纳之路，位于美国夏威夷茂宜岛东部，拥有曼妙的海岛风光，美景遍布；跨海高速公路，是美国1号公路的最南端；太平洋海岸高速公路，拥有令人惊叹的海岸景色，绵延1000英里；"时光之旅风景道"12号风景道；苏厄德高速公路；骷髅海岸，荒凉又美丽；大西洋公路，不少人称其为真正的通天之路，2011年被英国《卫报》评选为世界最佳公路厄德旅行目的地之一；阿尔卑斯大道，法国阿尔卑斯大道横穿阿尔卑斯山脉，北起自风景如画的日内瓦湖畔，南可一直延伸至风景旖旎的地中海边；中国的"G7京新高速"从北京一路向西到新疆，穿越繁华穿过荒芜，一开通就惊艳了世界。除了国际上知名的旅游公路线路，中国首条跨国公路"昆曼国际公路"在2013年全线贯通，跨越中国、老挝、泰国三个国家，一经建成就受到了世界的关注。

随着20世纪初汽车成为重要的跨国交通工具，1923年、1943年、1949年和1968年，联合国为了方便国际间的运输交流，制定了联合国道路交通公约，公约对交通规则、交通信号、交通标志、机动车、驾驶员管理等制定了一系列统一要求，以方便驾驶员和车辆在各国间用统一的规则通行。为了解决语言障碍，还制定了一个办法，即由各缔约方政府授权其交通管理部门按照公约中规定的式样向出国旅行的本国驾照持有人签发一种证明文件，来向其他国家的交通管理机构证明该驾车人拥有该国颁发的合法驾驶执照。这个证明文件在公约中被称作International Driving Document，简称IDD，中文里翻译成"国际驾驶执照"，或"国际驾照"。国际驾照为国际交流提供了便捷，为国际旅游的出游提供了更为自由的选择，同时为国际旅游者的出游提供了规则保障，增强了国际旅游者的安全感。

（四）水上交通

为了迎合交通运输方式和客运的转变，水上交通从最初以数量占据优势的货运和客运转向了多元化的发展，产生了水上旅游，凭借游艇、邮轮、滨海、水上巴士等吸引游客，其中最为成功的便是邮轮旅游。尽管中国的水上活动发展相比于西方国家较晚，但中国开展水上旅游活动的条件很优越，既有横贯东西的长江水系、纵通南北的沿海海域、海湾以及遍布大江南北的庞大水系，且水系的传统功能已经转换，不再只是货运，配合分布在内河流域两岸的丰富旅游资源，在此基础上可以开发出多种多样的水路旅游线路产品。

中国水上旅游的出名品牌有沿海海上游览船、长江三峡游船和江南水乡游船等产品及服务。名气最大、最受欢迎的是长江三峡旅游。国外比较成功的有法国巴黎塞纳河水上旅游、英国伦敦泰晤士河水上旅游、荷兰阿姆斯特丹和鹿特丹水上旅游，他们看准了时机及时转变了河道功能和两岸产业布局，并且开发出不同类型和档次的游船，满足了不同需求的游客，推出丰富的船上活动内容，增加游客参与性、体验性，政府和民间资本协同合作，为我们国内的发展提供了很好的经验。

同属水上旅游的邮轮旅游，是在远洋客运的基础上发展起来的，最成熟的市场是北美，目的地一般为加勒比海、地中海等地，中国公民有规模的从母港出发的邮轮旅游活动始于2006年，自2006年7月歌诗达邮轮和皇家加勒比邮轮相继开辟以上海、天津为母港的游轮航线后，中国内地游客可在中国境内搭乘邮轮出海，航线主要分布在日韩地区。发展到现在，热门线路仍然是日韩地区，上海港口已经向国家化邮轮港口发展，充分利用通达的立体交通体系、较为完善的港口配套设施等条件，天津、大连、深圳港口的发展已经初具规模。目前，由上海和天津出发的邮轮航线主要是日本的福冈、长崎、熊本、宫崎、北九州，韩国的济州、首尔、釜山。从广州出发的航线有越南的岘港、下龙湾，日本的冲绳。从深圳出发的航线有东南亚的新加坡、芽庄、下龙湾、苏梅岛、马尼拉，日本的主要港口宫吉岛、广岛、东京，韩国的主要港口济州岛，以及我国台湾的主要港口澎湖、高雄、台北。中国香港出发的航线有越南的真美、芽庄、岘港、下龙湾，日本的冲绳，以及我国台湾的高雄、台北、花莲、台中。

在国际邮轮市场上，世界邮轮产业仍然处于寡头竞争阶段，最著名的三大邮轮公司为嘉年华（Carnival）邮轮公司、皇家加勒比（Royal Caribbean）邮轮公司以及丽星/挪威（Star/NCL）邮轮集团，其中，总部位于美国佛罗里达州迈阿密的嘉年华是世界上最大的邮轮公司，拥有28 000名船员、5000名员工、25艘豪华游轮。

二、国际旅游交通设施规划

（一）交通规划的内容

游客的交通是旅游系统中非常重要的一个组成部分，交通为客源地市场和目的地市场之间提供了关键的链接。客源地与目的地之间、景区外部和内部之间和景区内交通尤其需要进行专业的规划。除非交通路途也作为一种旅游吸引物，否则交通就不是一种目标，而是旅游不可避免的一种麻烦。因此在进行旅游发展规划时，必须考虑到贯穿整个旅行的所有交通模式，以期尽最大可能减少旅游阻力。路线、价格、行程、各种交通模式链接方式的变动都可能造成或者化解旅游危机，由于各地的需求和现状都存在着一定的差异，导致这些问题更为复杂。

Prideaux（2000）认为在旅游交通规划中需要重点考虑以下几方面内容。

（1）从客源地到目的地的距离将影响到目的地旅行所使用的交通方式。中短途旅游者多选择陆路旅行，而长途游客及海外游客多选择乘飞机旅行。

（2）交通抵达花费在影响旅游者目的地选择过程中，涉及的关键因素包括价格、旅行时间与旅行距离。

（3）随着旅行距离的增加，各种交通方式抵达花费的变化程度不同。一般来说，国内中长途旅游者选择铁路旅行的边际效用比短途旅游者的边际效用大；而短途旅游者旅行选择公路旅行的边际效用要比中长途旅行者大。

（4）交通过程包含了许多隐性费用，对这些费用的识别有助于旅游者选择合适的旅游交通方式。

（5）希望扩展国际市场的旅游目的地必须具备国际机场，尤其是那些陆上和海上交通不方便的目的地。缺乏国际机场不仅影响了目的地国际游客市场的发展，而且影响了目的地基础设施和服务的宣传促销。

（6）旅游目的地的发展很大程度上依赖于正确的规划和发展交通设施。如希望扩大国内市场的目的地仅需要升级自身的机场，但追求国际市场的目的地需要靠近一个国际机场。

（二）交通规划的基本要求

旅游交通规划是一项系统的精细工程，在对交通相关的内容进行规划设计时，必须遵循一定的原则，使规划过程系统条理清晰，以保障交通规划取得预期的效果。万剑敏等（2012）提出规划设计了以下基本要求。

（1）安全至上，安全性是旅游者最主要关注的因素。旅游者期待的是一场没有任何意外的出行，因此在选择目的地时，会充分考虑目的地的安全因素，其中交通安全是一个重要决定因素。

（2）高效快捷，是指交通项目规划建设好以后使用频率高、效果好。交通项目在旅游规划中属于基础设施建设，投入的资金大，对后续项目的开发建设影响大，因此交通设施的使用效率直接关乎后续投资回报问题。

（3）舒适有趣，交通本身是具有体验性的，游客能够直观感受，且不同于一般的旅行者，游客更注重舒适度、趣味性，因此，在设计时要考虑好交通工具的具体形式、交通配套设施的建设以及直接服务人员的服务质量，使其更加符合游客的预期，满足旅游者的需求。

（4）兼顾游憩。在规划的时候，不仅需要考虑交通的传统运输功能，而且要考虑到游客的游憩需求,这就要保证等候场所、交通标志、交通工具等的设计能够体现惬意、轻松的氛围。

(5)突出特色。交通规划不能千篇一律,要突出自身特色,要考虑到自身所承载的人文底蕴和地理特征,要根据环境选择适合的材料,选择具有本土特色的交通工具,凸显自身的人文魅力。

(6)国际专家如冈恩等人认为交通部门应该将旅游主动纳入自己规划之中,在提出规划的时候考虑能否推动旅游发展;联合运输需要多部门的配合衔接沟通;交通不只是工程学的问题,还要从人的角度、游客的角度出发考虑,同时要考虑对周围环境的影响程度,尤其是生物保护问题。

三、箱根景区和海南国际旅游岛交通规划

(一)日本箱根景区公共交通系统规划

(1)景区概况。日本箱根景区隶属于"富士箱根伊豆国立公园",是"富士箱根伊豆国立公园"的一个组成部分。富士箱根伊豆国立公园是由一个富士山景区、箱根景区以及伊豆景区三大景区组成的跨地域性大型国立公园。它横跨了日本的1都3县(东京都、神奈川县、静冈县、山梨县),总面积达到了121 695 km^2。箱根是日本著名的旅游休闲温泉景区,距离东京约90 km,景区海拔低处大约112 m,而海拔较高处大约900~1000 m。景区融合了山岳、湖泊、湿地等多种自然生态景观,景区内还拥有艺术博物馆、日本传统庭院等人文景观,同时设有温泉旅馆、大型购物中心等休闲设施,是一个大型的综合性景区。其中,主要景点包括箱根汤本街区、雕刻森林美术馆、仙石湿地公园等。

(2)复杂的地形与分散的景点——复杂系统的难题。箱根景区位于富士山周边的山地区域,所以景区内不同景点之间的高差比较大,地形变化多样。比如:箱根汤本街区海拔112 m,而较高处的大涌谷景点海拔约1100 m,两景点相差大约988 m。景点之间较大的地形高差和景区内变化多样的地形使得景区内景点的分布呈现出组团分布的特征,因此,一个能够方便连接各个景点的交通系统对于箱根景区来说是非常重要的。

(3)箱根景区的交通规划。箱根景区的交通规划分为两部分,首先是对景区可达性,即从其他地点如何到达景区的交通规划;其次是对景区内景点分布、交通节点分布以及其交通规划。

(4)景区的可达性。从东京新宿出发,到达箱根景区的公共交通方式主要有两种,一种是使用轨道交通(电车);另一种是旅游巴士。第一种方式电车又分为特急和普通两种,特急电车相对耗时较少,但是票价较贵;还有一种交通方式是使用小田急公司提供的旅游巴士服务。小田急巴士舒适、整洁,并且配有小型厕所,行驶的是高速公路,与电车的行驶路线完全不同。

（5）景区内的景点分区及主要景点。箱根景区内，按照景点的集中区域来划分，可大致分为五个区域：箱根汤本区域、强罗区域、仙石/桃源台区域、箱根町区域、御殿场区域，如图5-1所示。其中，箱根汤本区域内的主要景点为箱根汤本街道；强罗区域内主要景点为雕刻森林美术馆、小涌谷；仙石/桃源台区域内的主要景点为仙石原湿地公园，大涌谷；箱根町区域内的主要景点为芦之湖；御殿场区域内的主要景点为御殿场购物中心。

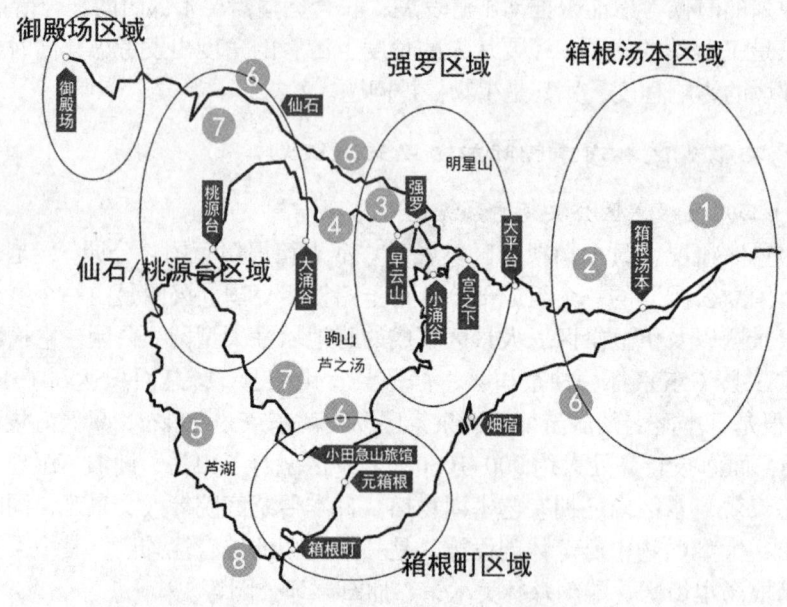

图5-1　箱根景区分布示意图

（6）景区内交通节点。对于一个交通规划来说，如何合理地设置交通换乘节点是十分关键和重要的，因为合理的交通节点设置，不仅可以提高整个交通系统的运行以及换乘效率，而且可以对节点所在区域内的各项社会服务和基础设施建设起到显著的带动和推动作用。箱根景区内的交通节点设置结合了景点组团分布这一特征，并且按照相应的景点分布区进行了交通节点的规划和设置，箱根景观区内主要交通节点共有8个，分别为箱根汤本车站、强罗车站、早云山索道站、仙石车站、桃源台港、元箱根港、箱根町港以及御殿场车站。

（7）景区内交通规划。景区内交通节点及其之间的连接，构成了箱根景区内公共交通系统的骨架。各个交通节点之间提供了多种交通方式，有登山电车、登山巴士、登山电缆车、观景缆车、观光海盗船等。游客可以根据自己的需要和喜好选择最适合自己的交通方式，其中连接箱根景区内景点的登山巴士起到至关重要的作用，不仅巴士种类各不相同，而且每种巴士的线路、经由站也不同。

（8）经济便利的箱根景区套票（Free pass）。多样的交通方式加上不同旅行路线的选择，如何让游客轻松地在景区内的各种交通工具之间换乘，并且又从游客的角度，考虑交通费用的经济性是影响景区受欢迎程度的一项关键因素。箱根景区套票包含了以下三种功能：①乘坐小田急线（普通）往返新宿和箱根汤本的电车票；②箱根景区内所有交通工具无限次乘坐和换乘的通券；③箱根景区内美术馆、公园等打折优惠凭证。在价格优惠上，以东京新宿出发为例，行程线路为：新宿—箱根汤本—强罗—早云山—桃源台—箱根町—箱根汤本新宿，使用套票花费5000日元。不使用套票将花费6330日元，相比较套票可以节省1330日元，且享有景区内门票打折优惠，所以套票是个人或者结伴方式出游的经济、便利选择。

（9）启示与结论。箱根景区交通规划的优点可以总结为便利性、经济性、高效性三个方面。从便利性看，合理的交通节点设计以及节点之间多样交通工具的连接方式保证了游客换乘的方便与快捷；再者，使用套票的设计，也保证了游客在不同的交通线路之间的转换，方便地到达目的地；从经济性看，套票的推出，不仅可以让游客可以便捷地到达目的地，并且在景区内无限次乘坐和换乘这一特性，也保证了相对于单一多程购票方式在价格上的优势，再者，套票能够在景区内享受一定的优惠折扣；从高效性看，景区内各个交通方式短时间的密集运行，以及日本常见的交通规划前缜密的模拟游客等待时间等的计算，保证了各个景点以及交通节点间游客疏导工作的顺利进行，也同时保证了整个景区内交通系统运行的流畅和高效。

综上可以看出，一个高效并且人性化的交通规划，是由许多成功因素的相互密切配合而支撑起来的，便利和高效又是其中的关键。而如何从游客的角度出发，同时配合游览的经济性这一因素，为游客进行合理的规划亦是亟须在实践中不断摸索的重要课题。

（二）海南国际旅游岛交通规划（2010—2020）

（1）海上交通体系。海南岛拥有1528km长的海岸线，68个天然港湾，海南独特的地理位置决定了水上交通的重要作用，海南客运港口主要有海口港和三亚港。在水上交通规划过程中，海南充分利于自身的海港优势，加强港口基础设施和集疏运体系建设，重点建设洋浦、海口（马村）、八所、三亚、清澜五个港口，尽快形成功能完善、配套齐全的港口格局。加快推进马村海洋石油专用码头和服务基地建设。加快建设邮轮码头，完善配套设施和服务，推进国际邮轮母港发展，为港澳同胞和海外旅游者到海南来观光旅游提供方便。

（2）海岛航空交通。依托独特的地理位置优势，伴随着旅游业的不断发展壮大，海南省航空运输业在短时间内取得了骄人的业绩，海南的旅游业与航空业相互促进发展。海南在对海上交通规划过程中，推进琼州海峡跨海通道工程的前期工作，加快海口至广州、海口至南宁高速公路建设，对海口美兰机场、三亚凤凰机场进行扩能改造；适时建成开通运营博鳌机场；开展西部机场前期工作。海南在航空交通体系建设过程中，兼顾国际航空和国内航空，有力推动海南国际化旅游区域的发展。

（3）岛内陆地交通网络。公路交通是海南岛内旅游交通的主要方式，一直以来，海南都非常重视公路旅游交通的发展，不断加强公路运输设施的规划、建设、稳步推进岛内的公路旅游交通事业。海南在2010年底前建成开通东环铁路，2015年底前建成西环铁路，适时建设西线铁路扩能改造和洋浦支线铁路项目。推进中线地方高速公路和万宁至洋浦地方高速公路建设，形成"田"字形高速公路网络。提升现有国道、省道技术等级，改善农村道路交通条件。到2015年，基本建成以环岛高速铁路、"田"字形高速公路网为主骨架，国道、省道为辅线，升级达标的农村公路为延伸的交通网络，形成岛内"2小时旅游交通圈"。

（4）旅游交通设施。延伸沿海公路主干线，分期、分段建设沿海观光公路，配套完善观景点设施。打通主干道通往旅游景区的连接通道以及景区和景区之间的连接通道，提高景区的可进入性。逐步建设完善登山道、自驾车服务基础设施、露营地设施，规范引导自发性旅游活动。重点滨海旅游城市要逐步建设完善游艇基础设施，在主要内河预留旅游航运通道和游艇码头发展空间。在主要旅游城市和大型旅游度假区，规划建设慢行交通系统及配套设施，满足自行车、轮滑、步行等休闲交通需求。

第二节　国际游客信息服务体系

一、游客信息服务体系概况

旅游业作为信息密集型产业，它的发展必须依赖有效的信息交流。旅游者在旅行前、旅行中了解的旅游目的地信息在很大程度上影响着旅游者的决策行为。旅游信息是对旅游活动状况的最新描述，是对旅游活动运动、变化、发展的客观描述，是对旅游活动的本质与规律的真实反映，也是旅游者、旅游经营者和旅游目的地之间沟通的桥梁。

自从日本学者最早提出信息化概念以后，我国很多学者就开始了对旅游信息化的内涵进行广泛研究和探讨（Tadao Umesao，1963）。旅游信息化是指充分利用电子技术、信息技术、数据库技术和网络技术及现代化传播媒介，对旅游有关的实体资源、信息资源、生产要素资源进行深层次的分配、组合、加工、收集、传播、销售，使之成为旅游业发展的生产力，以便促进传统旅游业向现代旅游业的转变，加快旅游业的发展步伐，提高旅游业的生产效率（陈小春，2003）。

（一）传统阶段的游客信息服务

在过去信息通信技术有限的传统时代，一个国家或地区的旅游部门主要采取三种途径向旅游者提供旅游目的地信息：一是邮寄方式，在旅游部门收到旅游者的主动询问短信或电话时，旅游部门会针对旅游者的询问需求邮寄旅游手册和旅游指南的纸质信息；二是网络提供手段，旅游部门利用覆盖整个国家或地区的旅游询问网络线上向旅游者提供旅游目的地的详细旅游信息；三是办事处官方传播渠道，旅游目的地国家会在主要的客源国市场设置办事处直接开展旅游目的地信息传播工作。一个国家或地区的旅游目的地需要向旅游者提供以下信息：住宿、交通、旅游吸引物、体育赛事、娱乐、餐馆、公共交通、环境及法律等（Sheldom，1993）。

（二）信息化阶段的游客信息服务

随着经济的迅速发展，信息技术发展时代到来，信息服务体系愈加完善。为满足旅游者获取高信度的便捷化、迅速化，信息系统在旅游目的地得到广泛应用，游客信息服务更加便利化、智能化。2011年国家旅游局发布《中国旅游公共服务"十二五"专项规划》，明确提出旅游公共服务建设的重要性，把旅游公共信息服务作为提升旅游公共服务的接入点。在政府政策主导下，旅游目的地信息系统逐渐完善，旅游信息服务系统也愈加完善。信息化时代，旅游信息服务系统概念的理解可以是由政府部门、事业单位、社会团体等机构，向旅游者、旅游目的地的公众提供的诸如信息咨询、旅游资料发放等旅游信息服务的总称（吴露岚等，2011）。

由于国外信息化发展较早，因此旅游业信息化应用程度较高，目前国外的旅游信息服务更加注重细节。新加坡为了推动旅游信息服务系统构建发展，在1964年特别成立新加坡旅游促进局，领导和推动旅游业信息化发展，2006年确立"智慧立业"发展理念，全面实施旅游业从传统模式向智慧化转型的发展战略。而我国是在2011年提出争取用10年时间使旅游企业经营活动全面信息化，基本把旅游业发展成为高信息含量、知识密集的现代服务业，初步实现基于信息技术的"智慧旅游"，之后将2014年确定为"智慧旅游年"，截至目前，我国已有62个省、市提出了智慧旅游发展计划，16个省市出台了相关规划。

虽然信息的发布大多属于物质规划范围之外，但是游客中心作为旅游信息的桥梁在规划中日益受到重视。旅游目的地的游客中心作为向旅游者提供传统信息服务的物质实体，是游客获取目的地第一手资料的最重要场所，游客中心与旅游交通、旅游公厕一起被视作每个旅游城市的三大必备旅游服务设施。

（三）游客信息服务的构成

旅游信息作为旅游系统的一个组成部分，其对于整个系统的作用日益重要起来。信息是指对目的地吸引物等加以描述，其途径包括地图、导游手册、录像、杂志文章、宣传手册、互联网和旅行指南等。旅游信息服务主要包括以下方面。

（1）旅游宾馆及饭店信息。旅游宾馆及饭店信息主要包括旅游地宾馆与饭店的名称、级别、地址、联络方式、房价、特色产品与服务、乘车指南等。它的编写既考虑到管理信息系统的理论知识，又考虑到旅游管理专业的特点和旅游信息的特点。

（2）旅游交通信息。在 GIS 技术支撑下的景点查询系统中起着举足轻重的作用。因为，交通网络是进行空间分析的重要依据。此类信息由景区外不同旅游交通信息和景区内旅游交通信息组成。前者包括区域性水、陆、空的旅游交通图以及可供游客查询的交通时刻表、客源地与目的地之间可以自由选择的交通线路和不同交通方式的信息；后者主要包括旅游区的交通主干道、景区内出租车公司、汽车租赁以及特种交通信息等。这些信息能及时准确反映旅游地的交通状况，实现智能导游决策化。

（3）旅游服务信息。旅游服务信息主要指旅行社和旅行服务公司的业务范围、服务特色及价格情况，包括相关旅行社的名称、地址、业务范围、线路组织情况、服务价格等。服务信息的准确性决定了信息在旅游者决策时的可参考程度。

（4）餐饮美食信息。饮食文化一直受游客青睐。在系统中，美食信息主要包括旅游定点餐厅、特色餐饮的名称、地址、简介、特色菜肴、参考价格、乘车指南等信息和图片，以及风味小吃的介绍与图片。

（5）旅游娱乐信息。随着消费水平的不断提高，游客在娱乐方面的要求也越来越高。因此，在娱乐信息的组织方面，要及时准确地向旅游者发布最新、最全的娱乐信息，包括旅游场所的名称、地址、价格、联系方式、乘车指南以及娱乐游览活动线路信息等。

（6）旅游购物信息。购买地方特色产品，体验异地消费情趣，是旅游者的普遍心理。一般说来，具有地方特色的手工艺品和纪念品比较受游客的喜好，所以在信息的组织上应该包括旅游购物商场的名称、地址、特色商品、参考价格、联系方式等信息，以保证游客购物满意度。

（7）社会服务信息。社会基本服务信息，包括景区的主要医疗机构、银行、邮局、交通点、加油站点、旅游咨询点、学校、气象信息等多方面服务的内容和联系方式，这是为旅游者出行提供便利的基础保障。

二、景区游客中心规划

游客中心又称"游客接待中心"，《旅游区（点）质量等级的划分与评定》（GB/T 17775—2003）中将游客中心定义为旅游区（点）设立的为游客提供信息、咨询、游程安排、讲解、教育、休息等旅游设施和服务功能的专门场所。我国旅游业发展时间较短,相关国家规范还不尽完善,对游客中心建筑设计方面的规定较少,仅从概念上对游客中心的内涵给予定义,未涉及具体功能组成与配置等层面,缺乏对游客中心整体空间形态的关注和对游客中心设计中具体问题的分析。

(一) 游客中心的功能

中国学者认为游客中心的功能主要如下(张咏,2003)。

(1) 引导功能。游客中心一般位于旅游中心或入口处,起着"窗口"的作用,例如北京密云首云国家矿山公园的游客中心旁边矗立着的废弃大烟囱,作为景观标识起到了很好的引导作用。游客通过游客中心了解整个区域内环境、景物和旅游各组成要素的分布、组合状况及存在的问题。

(2) 服务功能。游客中心可为旅游者提供住宿、休息、餐饮、交通、娱乐、购物等服务,以便使旅游者满意,顺利完成旅游计划。

(3) 游憩功能。游客中心距离风景区较近,本身也有部分特殊的自然风光,或景观建筑,或民俗风情,或直接是景区的一部分,使旅游者在逗留时间内可以安排部分时间进行游览起到游憩功能。

(4) 集散功能。游客中心是游览区与大城市间的交通连接点,对未来旅游者具有集散作用。也就是说对于游客中心的规划建设,无论是改建还是新建,都必须考虑到游客出行、交通便利等因素。

游客中心在世界上起源于美国国家公园的设置,在美国,旅游咨询服务主要分为两大类:一类为游客咨询中心(Information Center),是景区自己建立的游客服务机构,一般设在景区入口处,提供与景区相关的信息服务与游客帮助;二类是游客中心(Visitor Center),指由政府设立的,为旅游者,提供信息服务的非营利性公共服务机构。自那以后世界上许多国家和地区的旅游经营者纷纷向美国国家公园学习,建立、完善游客中心,我国峨眉山、泰山、三峡等旅游景区率先建立起了能够与国际水平接轨的游客中心。

国外学者主要从游客接待中心的功能入手,对其布局、选址、建筑面积、设施、造型、平面空间划分、交通流线、展示内容、方式和效果进行研究。如美国《国家公园游憩设计》,对国家公园、风景区规划及区内建筑设计相关问题进行了总结,Carne tang.RonLam 对韩国的舜天湿地公园游客中心设计以提供更多的机会接触自然,如何发挥湿地公园的功能为进行了剖析,提出了旅客中心设计要注重生态性于景区和谐性的主张。

(二) 游客中心的选址和布局

1. 选址

(1) 受景区游客容量布局的影响,一般游客容量相对集中的地点主要是景区的入口处、景区内部交通换乘处和重要的节点处,游客接待中心多坐落在此。

(2) 应注意到水源、电能、环境保护、地理条件等基础条件是否具备,因游客接待中心是人口聚集区，能源和安全保障尤为重要，同时应靠近交通便利的地段，便于人流疏散，依托现有服务设施及城镇设施，既节约费用，也可以使原有服务设施连为一体。

（3）应避开易发生自然灾害和不利健康的地段，同时还要检测周围的生态环境，因地制宜，与周围自然环境相协调，最大限度地降低对自然环境的破坏和改造。

（4）应具备一定面积的空旷广场，不仅利于出入和疏散，而且便于车辆停靠。

2. 布局

（1）布局是对事物的全面规划和安排，游客中心是整个景区的信息集散地，应尽可能地考虑景区规划要求、景区规模、有人可达性、解说效果等。

（2）游客中心布局应与其作用、设计风格相结合，布局适时调整，使之有利于景区良好发展。

（3）根据游客中心规模、地势、用地情况，布局模式有集中型、散点型两种。黄石公园、北喀斯特国家公园都设有多个游客中心，峨眉山风景区因山势挺拔，山上用地稀少，故游客中心布局集中型，就在地势平缓的报国寺景区，而九寨沟有五个景区，采用了散点型布局。

（三）游客中心建筑面积、设施组成

1. 建筑面积

游客中心建筑面积应与游客接待量成正比，但不一定是成立的，因此根据年接待游客量及相关指标，分别测算展示、游客集散、综合服务、管理办公功能区的面积，然后汇总得出游客中心总建筑面积显得更为合理，还要考虑景区生态保护、环境承载量、投资金额等因素。

2. 设施组成

游客中心的设施应与旅游景区的主题相适应，对应于游客中心的展示功能，主要设施有全景沙盘、大型导游图、各种解说标识。

对应于游客中心的服务功能，主要设施有咨询接待、邮电通信、银行、医疗救助、休息、娱乐、购物、住宿、票务等。

对应于游客中心的管理功能，主要设施有办公室、会议室、库房、机房等。

为了适应不同的规模和级别，设施配备要求也不同，美国一些公司的游客信息中心还包括声光技术或者现场演示，宣传公司形象、产品特征，如黑人巧克力世界（Hershey Chocolate World）是美国最大、最时尚的游客中心，面积 145 000 平方英尺，每年接待 1800 万游客，其突出特色是仿真工厂之旅，旅游者通过 12 分钟的自动化生产线模拟，了解巧克力的制作过程。

（四）游客中心与民俗文化

民俗，即民间风俗，是一个国家或民族中由人民创造、享用和传承的生活文化。它起源于人类社会群体生活的需要，在特定的民族、时代和地域中不断形成、扩大和演变，为民众的日常生活服务。游客中心的建筑作为一种综合的哲学，与艺术的融合不仅仅是高雅、辉煌的粉饰，更多的是源于自身的需要，因此，建筑需要以人文环境为源泉，进行模仿、提炼和重组，顺应文化脉络。

（五）游客中心与经济条件

由于各地区的经济发展水平的差异，在进行游客中心的设计时需要根据实际经济承受能力来考虑，不应盲目追求"高大上"。

（六）游客中心的规模与容量

1. 总体规模

风景区旅游规模的预测是确定风景区游客中心总体规模的前提。由于受到环境容量和地区社会经济基础以及经营管理水平等因素的影响，且因素弹性较大，游客中心规模的确定常常与游客需求不平衡，主要表现在游客数量与景区接受能力不适应，以及淡旺季游客数量的变化。

2. 不同级别类型规模

不同级别的游客中心的规模和功能不同。景区级游客中心的功能主要包括展示（展厅、多媒体展示、全景沙盘）、服务（问询接待、导游服务、邮政、银行和购物等）、管理办公（办公室、机房、库房等）。

3. 游客中心的容量

游客中心的规模容量需要根据旅游环境容量进行规划。目前较公认的旅游环境容量定义是：为一旅游区在一天的时间范围内所能容纳合理的游憩者数量，是旅游区在经济上、自然生态上、旅游者心理上承受能力的综合指标。

三、城市游客中心

（一）德国瓦伦市 Muritzeum 旅游中心

德国瓦伦市（Waren）位于米里兹（Müritz）的北部，是一座旅游城市，距离柏林或汉堡仅有一个多小时的车程。Muritzeum 游客中心的概念是用一个愉快的和互动的科学方法去了解、接触自然和地区历史的占地 2000 平方米的游客中心。作为一个游客中心，Muritzeum 提供有关 Mecklenburg 湖区和 Müritz 国家公园的文化和旅游景点的游客和游客信息。

考虑到生态环境，建筑外墙采用木炭色的木材，基本上不用维护，略略向下弯曲的圆锥体就像太空中的一个黑洞，也是捕捉太阳光的板块。中间高耸的房屋以一系列展览主题围绕：冰河时代、花卉和人类等，并设置了通向周边花园的直接路径，也通向一座年代更久的展览楼以及一条围绕着小湖 Herrensee 的天然步道和观赏米里兹湖的屋顶平台等。这里有德国最大的淡水水族馆,入口处的玻璃窗台向外伸展,设置了很多望远镜。下面的楼层是展览空间,可观看到 Herrensee 湖中的鲤鱼。事实上这是一座清洁池,与黑暗的湖水分割开来。窗台、水中的玻璃罩和公园酒吧构成了入口,平行的狭缝切割开了圆锥体。屋顶朝南伸出,设置了双层高度的立面。所有的表层都采用了蜜黄色,与周围茂密的落叶松形成对比。这些落叶松可以制作当地人喜欢的木船。Muritzeum 旅游中心的设计充分体现了对环境、生态和游客的考虑。

(二)英国巨石阵 Stonehenge 游客中心

距离伦敦以南 120 多公里的巨石阵坐落在英格兰威尔特郡的索利兹伯里平原,是英国最为著名的旅游景点之一。但是一直以来因为游客服务的设施较少而被诟病,新建的游客中心距离巨石阵遗址大约 2.4km。

巨石阵周边的破旧认为设施会被拆除,前往巨石阵的公路 A344 也会关闭,用植被覆盖,游客在到达游客中心以后,有专业的团队接待点和专用停车场,然后可以选择步行或者乘坐特殊摆渡大巴前往巨石阵,以往的停车场将会尽可能地恢复修建前的状态,然后分离出一块空间给摆渡大巴停泊,这样的改造最大限度地减少了游客留下的痕迹,恢复了其自然风貌,遗址周围环境更加宁静、自然。

游客中心外部的功能布局根据服务对象主要分为两个部分。一是团队旅游接待区,此区域包括接待团队游客的辅助建筑以及旅游大巴停车场;二是为自驾游设置的停车场,包括残疾人停车位、私家车停车位以及预留停车位,两个部分通过步行道与游客中心相连。在步行道的两旁,分散展示着遗址的历史与微缩景观,游客可以在前往游客中心的途中停驻欣赏,享受户外解说服务。

游客中心建筑主要是由两个近似方形的盒子构成的。分别采用玻璃和木材建造,游客中心各功能空间没有明确的空间排序,所以游人在游客中心没有固定的作业流程,可以完全自主安排活动。游客中心内部主要包括售票、教育中心、咖啡厅、购物中心、卫生间、室内展示与室外展示等功能。室内展示可以分为三个部分:第一部分是常设的展览,两百多件实物向游客讲述了人类对巨石阵遗址的认识过程;第二部分是虚拟展示,游客模拟站在巨石阵的中央,360 度环绕屏幕能够让游客体验前所未有的视觉感受;第三部分是影片放映,一段三分钟左右的影片,讲述着巨石阵是如何建造的以及再现了几千年前青铜时代人们的生活方式。室外展示则是五百年前墓穴主人的复原模型。

四、旅游解说系统规划

(一)解说与旅游解说

解说起源于 20 世纪早期,在 50 年代得到了广泛的应用。西方在 20 世纪末对旅游解说的研究已经深入至微观领域(Munoz,1995),如对牌示的设计、材料、颜色，解说牌大小、设置高度，甚至文字的字体、大小、字间距等的深入研究。从广度上看，研究案例涉及历史遗产地、国家森林公园、地质公园、自然保护区、博物馆和遗产中心等不同尺度（张明珠等，2008）。

关于解说概念的定义有很多。一说认为解说是用古时的形式讲述纯概念化的事实，通过激发游客的智慧达到理解和娱乐的目的（Knudson 等，1999）。还有学者赋予解说以教育的含义，认为解说是一种以娱乐性为主的教育事业（Makruski，1978），是从信息交流到游客获得愉悦感的整个过程（Pierssené，1999）。但是最广为人们接受的概念则认为，解说不是事物的简单描述，而是一种揭示自然资源意义、信息以及人类关系的交流过程，并为了最终改变旅游者行为（Tilden，1957）。

从以上的介绍中可以看出，解说是一种信息的传递，是一种沟通人与环境之间相互关联的过程或活动，是将某种特定区域内自然环境与人文环境的特性，经由各种媒介传达给特定的对象的工作。大众旅游的普及极大地推动了解说的发展，旅游解说作为解说的一种，被广泛地应用于旅游活动中，以帮助游客在旅游中获得旅游信息，理解旅游景观。因此可以说，旅游解说是为了实现旅游者、旅游目的地以及旅游经营者、旅游管理者等和各种媒介之间的有效沟通而进行的信息传播行为。

从信息服务的方式来看，旅游解说可以分为向导式解说和自导式解说。向导式解说即人员解说，或者导游解说，随行的具有能动性的专门导游人员向旅游者进行主动的、动态的信息传导为主要方式。它的最大特点就是双向沟通，能够立刻回答游客的提问，可以针对个人进行个性化服务。自导式解说即非人员解说，由各种印刷物、音像制品标识牌等向游客提供信息服务，这种方式信息量是有限的，且无法做到双向沟通，服务是静止的、被动的。游客没有时间限制，可以自主决定进入深度，根据自己的兴趣和体力获取信息。

解说的意义体现在以下几个方面。

（1）促进信息咨询，引导旅游活动。为游客提供导游和信息服务，可以为具有不同人文特征的游客或游客群体提供最大限度的游览机会；通过解说，引导游客按照旅游地的行为指南开展各项旅游活动，以减少各类破坏性行为出现的概率。同时，通过科学的解说，此时游客在充分占有旅游信息的基础上完成愉快的旅行。

（2）凸显旅游价值，提高景观资源的利用率。旅游解说可以充分展示旅游景观资源的类型、特色、美学特征和游憩开发价值，突出景区的资源魅力，提高景区文化品位和旅游吸引力，满足旅游者的精神需求，丰富游客关于自然、环境、社会和历史文化方面的知识，提高游客鉴赏、理解及享受休闲生活的能力；通过媒体的宣传，增加人们对自然的了解，有助于培养人们保护自然和文化遗产的意识。

（3）强化环境教育，提升旅游地形象。以旅游景区（点）为窗口加深人们对旅游地的认识。通过解说的教育作用，促进国家、旅游地管理机构和广大民众在加强自然生态保护、野生动物保护、各种文化遗产保护等方面取得共识，为旅游资源管理部门的员工、旅游经营者、社区居民、旅行商以及潜在的旅游工作者提供解说技能培训，提高全社会对自然生态环境的认识。

（4）规范景区管理，改善游览环境。通过设立解说标识牌等提高旅游环境中各类景观要素的可识别性，强化景区内的联系与促成景点、游乐设施、公共设施、观光设施等的网络化，形成合理有序的客流模式。增进游客与目的地社区的相互理解与沟通，为游客创造一个宽松、休闲、愉快的游憩环境，保障游客、旅游经营者及社区居民的安全，减少游憩过程中因沟通不畅引起的不必要的冲突，从而达到改善游览环境的目的。

（二）解说系统规划

在旅游规划中，解说系统是旅游目的地诸要素中十分重要的组成部分，是旅游目的地教育功能、服务功能、使用功能得以发挥的必要基础，是管理者用来管理游客的关键工具（世界旅游组织，1997）。旅游解说系统就是运用某种媒体和表达方式，使旅游相关信息传播并到达信息接收者中间，帮助信息接收者了解相关旅游目的地性质和特点，并到达服务、教育、使用的基本功能（吴必虎，1999）。

我们能够看得出旅游解说系统是一个完整的系统，是借助不同的传播媒体将旅游地的人文历史资源、自然地理资源、风土人情、服务设施及道路交通等旅游相关信息传播给游客，帮助游客了解相关旅游目的地的性质和特点的同时，有意识引导旅游者的行为，达到服务、教育和使用的基本功能。

解说规划是进行旅游解说的基础工作。从应用的空间范围来看，现在旅游解说规划已经不仅仅被局限在小小的单一目的地内，而且具有更广泛的地理尺度意义（Goodey，1979）。就一个具体区域而言，旅游解说系统规划可以在空间范围划分为以下几方面内容。

（1）交通导引解说系统。现代城市是旅游目的地系统中极为重要的一环，随着立体交通的发展，城市道路交通变得错综复杂且繁忙，如果没有良好的交通导引系统，要实现交通的畅通是不可能的。而在人口密度较小的自然风景区，旅游者对当地交通环境十分陌生，需要交通导引系统进行引导，由此看出无论是在城市还是风景区都有设置交通导引系统的必要。

（2）接待设施和物业管理中的解说系统。在旅游者入住和到访的各类宾馆、旅店、餐饮设施、旅游购物等场所，对附设设施的使用方法、位置、预订等配置进行清晰的说明，最好提供多语言解说系统。

（3）游客中心的讲解服务和印刷物解说。游客中心应向旅游者提供免费印刷物，这些课随身携带的印刷物是旅游者重要的自助旅游信息支持方式。在游客中心的讲解服务和信息咨询材料中，一般都会包括以下内容（Bruce Prideaux，1997）：那里有什么可看的、可做的；怎么找到游客想看的东西；游客正在看的是什么；在旅游区内应该怎么做；究竟为什么要设立某种类型的旅游区；是什么使游客再次光临；为不同时间的旅游提出建议，围绕不同的位置和旅行主题展开互动；游客想为旅游区的环保做贡献该怎样做：告诉游客如何成立或参加环境保护组织、参加旅游区建设和管理的志愿者。

（4）景区解说系统。景区解说规划是旅游解说规划的重点，景区解说规划的目的是通过第一手的实物、人工模型、景观以及现场资料向公众介绍关于文化和自然遗产的意义及相互关系，并与游客亲身经历相结合以指导他们的户外活动（唐鸣镝，2006）。

美国国家公园是世界上最早提出并且实践解说规划的机构（Cooper，1991）。解说系统规划编制的依据包括关于国家公园的法律、管理条例、公园管理规划、资源管理规划、解说条例等。解说规划的编制必须建立在科学研究的基础上，必须对当地的历史、资源条件、生态环境有深入的研究，同时需要对旅游者对公园的需求、期望和行为进行科学的研究。编制时需要参照一定的标准，如游客的使用程度、景区资源的特征等。为了保证解说系统的质量，国家公园管理部门负有指导、监督、评价所有解说服务的责任。

（5）展览规划。展览规划是旅游区与游客进行信息交流的有效手段。制订展览规划的方针包括（世界旅游组织，1997）：选择一个主题；了解观众，并且根据他们的需要提供展品；制定展览的目的，如教育、娱乐、激发游行或公共关系；决定展览形式，如画板（文章、图表、照片）、实物和标本、西洋镜、按比例制作的模型、活物展示。

（6）面向特殊人群的解说。旅游解说系统的规划应该考虑特殊人群的需要。这些特殊人群包括残障人士、儿童、老人、国际游客等。这些人群与一般公众对旅游区的解说要求是各不相同的。残障人士需要更加方便的设计、专门化的媒体形式；而国际游客需要公园向他们提供翻译成他们能够阅读的文字的解说服务。

五、Rock Creek Park 解说

（一）策划者就美国石溪公园的解说规划

美国石溪公园（Rock Creek Park）在制订解说规划的时候，对解说主题进行了详细的规定。解说主题是那些能够帮助游客了解公园主旨和意义的关键概念或者想法，这些主题基于公园的目的和意义，提供根本的解说项目和解说媒介，或许这些主题不能包含到方方面面，但是却能够有针对性地让游客理解到公园的用

意，高效的解说能够让游客通过旅游资源联想到体验的价值所在。他们制定的主要主题如下：

（1）逐步发展成美国特色公园，石溪公园要在自然和文化景观上做到美国特色凸显。

（2）成为了解自然世界的窗口，石溪公园是了解我们生存的世界的窗口，能够在公园了解到从天文到生态系统的一切。

（3）展示5000年的动态文化史，5000多年来在石溪公园发生的各种生物种群变化的痕迹都可以触摸到。

（4）培养健康的身体、精神和灵魂。

规划列出了石溪公园的主要目标群体，他们是大学生、小孩子、精通技术的参观者、自行车骑行者、远距离往返上下班的人、社区园丁、作坊爱好者、每年都来的游客、看鲱鱼的游客，尽管石溪公园面对所有人开放，但是他们会针对这些主要人群进行有针对性的设计解说内容和体验。

（二）Rock Creek Park 规划挑战的解说

尽管石溪公园拥有着许多优势去建立解说系统，这些优势包括能够唤起记忆和引人入胜的故事、优秀的自然和人文资源、长期进行的调查研究、孜孜奉献的员工和支持者，但是它仍然面临一系列的挑战，这些挑战将会让本已经超负荷的体系更加困难。第一个挑战就是石溪公园不被国家公园管理局承认，尽管它已经在国家公园的范围内了，很多人对这个公园的意义认识还不够，有的人只是把它当成上下班的途经地，加强现有的联系和发展新的联系是首要任务，综合关系有助于其发展壮大。和附近的选取合作是规划成功与否的关键，这个规划充分认识到了社区参与的重要性。然后就是举办老石屋（the Old Stone House）等一系列革命前建筑的250周年纪念活动，这个活动将会在短时间内聚集大量的人流，对于服务是个挑战。还需要推出更多的免费活动项目，还要考虑因为位于美国首都华盛顿所需求的安保措施提升问题。

规划对石溪公园的现有设施进行了梳理，提出了各个景点改进的不足和需求。同时列出了现有的解说媒介以及改进措施，分别如下。

（1）视听解说。一部老旧的、20分钟的DVD录制电影，介绍了公园的风景资源，一部可以360度环绕观看的电影——Oasis in Space，两个半自助式的讲解机，这些视听设备虽然能用但是使用频率很低；计划更新播放设备、对现有的设备进行评估，提高播放设备可接近性，增加便携式解说器投放数量。

（2）出版宣传册解说。有官方公园地图和游览手册，"Civil War Defenses of Washington"，"Old Stone House and Peirce Mill" 册子，每年出版两期的公园报纸 "The Respite"，还有已经出版的 "Battle of Fort Stevens"，2009年出版的 "Ancient Native Americans in Rock Creek Park" 和 "The Sarah Whitby Site and

African American History",以及一系列其他印刷品;保证出版物顺利、准时出版发行,确保游客能够轻易得到公园地图,完善、丰富出版刊物内容,制作徒步线路手册。

(3)高级童子军。这是一款宣传册子专给参加项目的10~15岁孩子使用,这个项目在夏季招收成员。

(4)路边展览。在2009年建立起了一个综合的展示道体系,含有47条道路;在皮尔斯屋、乔治敦滨水公园等景点安装和更新道路展览设施。

(5)展览馆。名为"石溪的自然历史"的展览位于自然中心里面,介绍了石溪公园的自然风光景色;计划、设计、生产新的主题展览,例如考古学主题展。

(6)历史装饰物解说。这是建立在旧石屋(the Old House)里的解说系统,通过一系列体现历史痕迹的装饰品介绍旧石屋;重新考虑装饰物的布置是否合理、游客能否接近等问题。

(7)人员解说。人员解说服务大多数都可以在自然中心、老石屋、皮尔斯屋进行,在2008年接待了超过80 000人次的游客;开发新的解说项目,让更多的游客参与进来。

第三节 国际旅游接待设施体系

一、旅游接待设施体系概况

旅游接待设施的主要形式是接待旅游者的住宿设施,入住前的预订信息服务,入住后的餐饮、娱乐、会议、金融服务,对外联系等则构成其关联产品。

住宿业的发展从古至今经历了漫长而又丰富的演变过程,从最初仅是供出行的人们以休憩之所的简易住处,即"古代客栈时期",到18世纪后期就成为皇室贵族身份地位象征,专为贵族提供奢侈享受的"权贵酒店时期"。旅游住宿设施从雏形演变成贵族象征,虽然与现代酒店业的宗旨相差甚远,但是住宿业在这两个时期间的演变正说明住宿业随着人们对其功能认知的改变而不断发展着。直到19世纪末,旅游接待设施走到了第三个阶段,迎来了"商业酒店时期"。在此阶段,酒店业成了为一般平民所服务的产业。与此同时,欧美酒店业的经营理念与中国酒店业的实际环境相结合,为中国酒店业进入"现代酒店时期"奠定了良好的基础。20世纪50年代以后,随着国际旅游业的迅速发展,住宿业也逐渐产生了主要面向来自各国旅游者的饭店联号。这些饭店联号横跨多个国家,注重管理模式,其功能也日趋多样化,逐渐形成了"现代酒店时期"。自此,国际旅游的大众化需求促使着酒店业在规模,等级以及服务标准等方面的严格要求以及飞速发展,全球各地遍布着酒店业发达的土地。

国外学者 Holloway（2002）（吴必虎，2010）从较为宏观的角度把旅游接待设施主要分为商业类和准商业类（非商业类）两种类型，这两种类型的下级又同样分为提供服务和自备餐饮两种类型，之后各有更为细致的分类，如图 5-2 所示。我们从这种旅游接待设施的分类当中较为直观地对旅游接待设施的内容有一个更深层的认识。

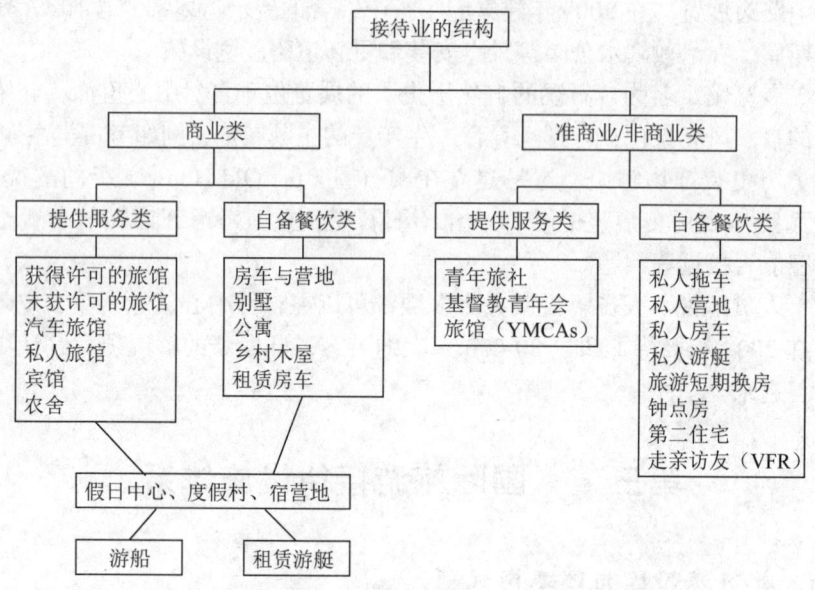

图 5-2　接待业的结构（根据 Holloway，2002）

二、国际旅游接待设施规划

接待业的发展与旅游业息息相关，两者相辅相成，相互影响。一方面，旅游目的地的游客数量会影响当地住宿设施的入住率、利润率、投资、就业和长期价格水平。另一方面，住宿设施的空间布局、密度和服务质量以及住宿设施与旅游业其他设施的供给平衡，也相应影响了目的地旅游业的发展和国际旅游竞争力（Sharpley，2000）。因此，在对接待业进行规划的同时，要考虑并结合目的地的地理以及文化等因素。

关于饭店布局的研究最早出现在西方的 20 世纪 80 年代。1981 年，Burtenshaw 等人针对一些城市展开了酒店空间布局的初步研究。值得注意的是，Ashworth 和 Tunbridge 在 1990 年把饭店住宿业一般集中的场所归纳为传统城门区域、火车站引导区域、主要道路带、风景带、过渡带、高速公路和机场运输转换的城市外围区域等六种场所后，得出了结论：城市老城区中的大型饭店由于受到昂贵地价、建造限制和交通不便的影响，数量较少，并且逐渐向与新城区邻接地带转移，但是小型的家庭旅馆数量众多；城市与乡村的接壤地带和一些CBD正成为新兴饭店住宿业的首选之地。该结论是关于酒店空间分布的第一个模型并且将住宿业空间布局领域的研究推向深化（黄薇，2013）。闫丽英（2014）通过研究北京市住宿业空间结构特征并利用地理信息系统构建模型，认为可达性是影响酒店空间布局的基本因素，集聚是酒店空间布局的基本特征，承租能力是影响新增酒店区位的主要因素。唐玉恩、张皆正（1993）指出，城市旅馆的选址一般可以从大、中、小范围进行三个阶段的评价。大范围指从城市角度评价。中范围指的是地段、区域的评价。小范围指的是基地评价。基地评价的内容一般来说包括：基地面积、土地价格、街面长度、深度、地形、地貌、市政设施条件与进出方向；与道路、公路的连接、限制于规定；有关规划、法规、规定对基地的限制；基地的日照、通风、阴影面积、周围建筑与环境、背景噪声等；研究宾馆建成后，形象是否突出；汽车出入是否方便；研究旅馆景观上的优点。此外，酒店的选址与其所处地理位置的各方面因素都有着紧密联系。Douglas Foster通过研究发现酒店的选址由目标市场的位置以及旅游者的旅游动机两大因素决定，因此酒店的布局应针对不同游客类型而选择不同的区位（黄薇，2013）。裘亦书利用GIS技术归纳了影响住宿设施选址的因子，即国家地方政策和区域规划、气候、安全、环境、坡度、坡向、视觉景观、交通条件以及土壤和植被（裘亦书，2009）。

旅游住宿设施在其建筑设计上应当顺应并突出其地区特色。吴良镛先生在《广义建筑学》中阐述过："地区性主要是地理、经济发展和社会文化上的概念，所有这些条件将综合地起作用。"王华余（2000）基于吴先生的理论，认为自然环境，人文环境以及经济条件是建筑体现地区特色的必要影响因素。宋明芹（2009）认为旅游旅馆的地域性设计应当遵循以下几点原则：首先应尊重传统，创新传统；其次是体现以人为本的设计思想；最后是设计应遵守可持续发展的原则，提倡人与自然协调发展。王华余（2000）根据客房部分、公用部分、后勤行政部分的不同组合，将旅馆建筑布局概括为三种布局类型：水平布局类型（包括自由分散式、均衡组团式、单元组合式和水平集中式）、竖向布局类型（包括单一竖向集中式和带裙房的竖向集中式）以及混合布局类型。孙王虎（2006）将旅馆的总体空间设计按照以下几部分逐步展开论述：不同类型旅馆的空间、旅馆空间的立体布局、旅馆的客房部分设计、旅馆的公共部分设计以及旅馆的辅助部分设计。与此同时，他还把旅馆的技术措施层面分成了构造技术措施、机构技术措施、给排水技术措施、电气技术措施以及空调通风技术措施并对其分别展开了更为详细的分析。在住宿设施的内部设计中，客房数量为游客提供良好住宿体验的基础。住宿设施中一般所需床位数的计算公式为：床位需求量＝（全年游人总数 × 留宿率 × 游人平均住宿天数）/（全年可游天数 × 床位平均利用率）（陈晓燕，2010）。邓杰（2003）认为旅馆的规模一般是以旅馆拥有的客房总数（折合标准间总数）为主要指标，并且把旅馆的规模按照其客房数进行了分类：拥有客房数1000间以上的可视为超大型旅馆；拥有客房数500~1000间的可视为大型旅馆；拥有客房数200~500间的可视为中型旅馆；拥有客房数200间以下的可视为小型旅馆。

对于旅游者来说，住宿设施的方便和舒适性也十分重要。接待设施的布局应该遵循以下原则：区位布局应方便旅游者进入；客房及辅助设施兼顾国内外游客需要，做到高、中、低不同层次结构合理；尽可能利用当地已有的资源、基础设施以及社会服务设施；与旅游区或城市的总体规划相协调，并与环境及景观特征协调，防止建筑污染（吴必虎，丁季华等，1997）。龚欣（2003）从游客的行为规律和心理需求的角度来研究旅馆功能空间关系，通过分析旅客的特点以及不同客人对旅馆的要求来确定旅馆的档次、客房种类配比以及房价等。龚欣认为在考虑旅馆的设计时，应该首先深入地调查该旅馆客源出行的主要动机，是以旅游为主，还是以商务活动为主；是以散客为主，还是以团体为主；是以国内旅客为主，还是以境外旅客为主。通过分析进行设计，这样一方面可以有效地控制资金投入，另一方面也是在经营中吸引客源，让旅客觉得这家旅馆的客房符合自己出行的需要。

几个主要客人层次的特点以及对旅馆设计的要求如表5-1所示。

表5-1　几个主要客人层次的特点以及对旅馆设计的要求

离家时间	客人类型	基本要求
1~24小时	男女商人、显贵旅客	会见室、接待室、更衣室、卧室、商务设施、餐饮
1~2周	会议代表、度假旅客、老年人、病人	卧室、会议室、修养区、起居室、茶座、酒吧、餐饮、康乐设施
长期	商务代表、学生、季节职工、男女商人	卧室、套房、公用房、休闲区、餐饮、康乐设施
永久性	驻地职工及家属	卧室、厨房、套房、休闲区、露台、商业设施

随着住宿业的不断发展，其空间布局以及功能设计等方面都已经趋近于完善，有了近乎稳定的发展模式，极具条理性。然而在信息社会高速发展的同时，人们的生活方式发生了巨大的改变，加之国内外的交流逐渐频繁，住宿业的功能也更加复杂化。徐鑫（2006）认为现代旅馆受信息化的影响，其功能的复杂性主要体现在智能性、虚拟性、超时空性、综合性、渗透性以及非群体性。如今，在移动互联网、第三方支付、大数据、云计算等技术，以及资源闲置过剩等新时代社会特点的作用下，经济进入新常态导致了共享经济产生与发展。共享经济通过借助网络等第三方平台，将供给方闲置资源使用权暂时性转移，通过提高存量资

产的使用效率为需求方创造价值，促进社会经济的可持续发展。目前共享经济已经在租车、P2P 网络借贷、众筹、住宿等行业进行了广泛应用。郑志（2016）通过对 Uber 和 Airbnb 两家公司盈利模式分析，总结了共享经济的三大盈利点和一般商业模式，并与传统经济商业模式比较分析出共享经济商业模式在提高资源利用率、价格、运营成本、个性化与定制化服务、长尾客户、可持续发展等多方面具有优势。

　　Airbnb 属于旅行房屋租赁社区。提供房源的房主可通过互联网在线发布房源信息，而租客可以在平台上搜索房屋租赁信息并完成在线预订程序。Airbnb 如今在全球拥有超过 150 万处租赁房源，覆盖 192 个国家，市场估值已突破 200 亿美元。相比较于传统酒店固定的房间数量，无论有顾客与否，每天都有固定的房租和员工支出。Airbnb 的一个主要优势就是市场更有弹性，房源数量受市场调节。另外，Airbnb 利用房间提供方的轻资产化，减少接触到房间需求方的中间环节，大大减少了传统酒店模式中的冗余成本，在降低平均房价的同时还能够赚取中介费，进而通过规模效益将中介费累积成大量利润（王杰夫，2016）。实际上，类似于 Airbnb 的共享经济商业模式最大的阻碍是客户的信任问题。为了解决这一类问题，Airbnb 设立了一系标准和期望，具体细分为安全、保障、公平、真实、可靠五个原则，旨在维护社区安全，让所有用户能够更放心地通过 Airbnb 平台出租和预订房源（赵春芳，2016）。中国市场上类似于 Airbnb 模式的短租住宿还有很多，例如小猪、蚂蚁短租以及途家等。以上虽然都是短租平台，但是在目标市场以及经营理念等细节之处又各有不同，相比较 Airbnb 而言，是更加适合中国市场的短租住宿品牌。

　　短租房的出现给很多旅游爱好者提供了一种更多样化的选择和更深度的住宿体验，从而改变了消费者对住宿形态的认识。消费者开始把对星级酒店和品牌酒店的关注逐渐转移到非标准住宿短期住宿。短租品牌的迅速发展，在满足消费者多样且个性化的需求的同时，也正在抢夺传统酒店的市场占有率（杨宏浩，2015）。张莉春（2016）从正反两方面总结了在线短租平台给传统酒店带来的影响。从积极的角度来看，在线短租平台一方面为酒店提供新的销售平台并且改变了酒店方的销售模式，另一方面提高了酒店的销售量、知名度。此外，在线短租平台还能够帮助酒店降低一定的销售成本。从消极的角度看，一方面，在线短租平台破坏了价格规则并降低了酒店利润；另一方面，在线短租影响了酒店的品牌效应，尤其是针对高档酒店。此外，在线短租平台也会使酒店销售带有不确定性和隐藏弊端。邓芳（2016）认为传统酒店在面对酒店间激烈竞争以及在线住宿平台的压迫时，应当从以下几方面进行调整，突破重围。传统酒店应打破常规的个性化服务，注意加强酒店的文化韵味和个性特征，更加注重细节服务，注重品牌的力量以及协调线上线下同时发展。

三、接待设施的类型与特点

随着"体验式旅游"的兴起,旅游者开始追求更加多样化、个性化的旅游住宿设施。根据旅游接待设施的某类特性制定出一定的分类标准,进而将接待设施划分为不同的类型,可以从不同的角度对旅游接待设施进行更具深度的研究与探讨。国内外不少专家学者对于旅游接待设施的分类都有了较深入的研究并提出了自己的观点。首先根据布局地点的不同,可以将其划分为目的地饭店和中途饭店。两者相对比而言,分别在住宿环境和旅游者特征等方面有着显著的区别。其中,中途饭店位于一段旅行的中间部分,更强调便捷的交通,以此来支撑旅游者行程的其他部分。目的地饭店可以说是旅游者选择的最终下榻的地方,更加重视宜人的居住环境,因此旅游者对目的地饭店的体验要求更高一些(刘德谦,1995)。另外,唐玉恩与张皆正(1993)从旅馆的建造地点、使用目的、经营方式以及建筑类型等方面出发,对旅游接待设施进行了更加详细的分类,其具体内容如下所述。根据建造地点可分为:城市旅馆、郊区旅馆、胜地旅馆、路边旅馆、交通枢纽旅馆等。根据使用目的可分为:旅游旅馆、商务旅馆、会议旅馆、综合中心旅馆(旅馆综合体)、国宾馆(迎宾馆)、中转旅馆、娱乐型旅馆、休疗养旅馆、体育旅馆、朝圣观光旅馆等。根据经营类型可分为:普通旅馆、汽车旅馆、公寓旅馆、青年旅社、膳宿公寓以及流动旅馆等。以上是一些国内学者对旅游接待设施类型分类的一些见解,但是仍有国外学者以其不同于国内学者的视角对度假地区的旅游接待设施以不同的分类方法划分成了不同类型。以下是英国学者曼纽尔-鲍德在《旅游与休憩规划手册》一书中对度假区的旅游接待设施进行的详细分类(Manuel Baud-Bovy,2004),如表5-2所示。

表5-2 度假区中旅游接待设施的分类

类型	内容概述
宾馆	不定时且无须预约地为旅行者提供接待、餐饮和小吃服务。
小型私营旅馆与小型公寓旅馆	通常是一些小型的私人单元,为滞留时间较长,事件较为稳定的客户提供居住设施,不提供接待与餐饮服务。
汽车旅馆和圣地旅社	专门选址并规划为汽车驾车者提供渐变接待设施的旅馆。汽车旅馆一般用来为过境游客服务,而许多位于度假区内的圣地旅社和汽车宾馆则会提供更广泛的服务设施,包括为度假者提供自助厨房。
自助宾馆	自助宾馆以及与其相类似的接待设施只为旅游者提供床位和早餐,或者只有住宿而不包括餐饮服务。
青年旅馆类接待设施	此类设施一般为特殊人群提供服务,例如青年、协会以及朝圣者等。此类接待设施的服务共享方式多种多样,接待服务可以是基本服务,也可以是正规类餐饮服务、社交以及娱乐服务等。

续表

类型	内容概述
托管公寓	此类接待设施通常由一组物业组成，其居住单元由不同业主所拥有，但所有业主共同拥有电梯、建筑物以及工程服务等公共设施和运动场等公共区域。关于物业维护和安保问题，其责任由大家共同承担。具体服务以及其他一些业务则委托给管理公司或代理商执行。
度假村	由多组各自成团组布局的接待设施单元组成的区域，围绕一个集餐饮和娱乐为一体的核心展开。度假村是一个自给自足的实体，在统一管理下，为客人提供一个成熟度假区应有的所有服务。
单幢度假单元	指度假区内的公寓、乡间别墅、木屋山庄、梅式山庄和平常房舍。房主可将该单元作为主要居住或第二住宅使用，也可长期或者短期租赁给旅游公司，或者作为一种托管公寓交给别人管理。
帐篷营地和拖车营地	此类营地里，一般配有卫生设施、排污系统和扎营设施，还可能包括餐厅和自助餐厅、汽车维修站、商店、室内和户外游憩设施等其他服务。虽然在更严格的许可条件下也允许永久性拖车扎营，但大多数营地只在旅游旺季对外开放。

在众多类型的旅游接待设施当中，其演化过程、建筑特色以及经营理念等方面都互不相同，各有其特色。吴必虎在《旅游规划原理》一书中着重论述了度假村、第二住宅、城市星级酒店、小型旅馆（社会旅馆和家庭旅馆）、汽车旅馆以及青年旅舍这六类住宿设施（吴必虎，2010）。本书将以这六类住宿设施为基础，再增加生态性旅游住宿设施，以吴必虎和其他国内外学者的研究成果为基础，综合论述此七类设施。

（一）度假村

旅游度假村的早期形式是少数统治阶级和贵族们用于消磨闲暇时光和享受生活的一种形态。薛兵旺（2005）结合我国度假村的发展历史，将度假村大致分为三种类型。其一是帝王别墅型"度假村"。其具体内容是指中国古代各朝代封建帝王的各类避暑山庄和乡间别墅。如著名的北京"颐和园"和承德"避暑山庄"。其二是指现代疗养型"度假村"。中华人民共和国成立之后，党和政府在全国各景区或是温泉胜地先后建立一批具有度假村性质的疗养院。这些疗养院除了为客人提供基本的食、宿以及医疗、保健设施以外，还依照其规模、档次的不同，为客人提供棋牌、乒乓球等简单的娱乐设施，就是中国度假村的雏形。其三是指当代康乐性"度假村"。此类度假村强调康乐休闲和娱乐，添加了大量娱乐设施和项目。

随着时间的推移，旅游度假不断变得大众化，世界各地开始出现不同特色的旅游度假区。与此同时，度假村在旅游业中的影响力逐渐提升，国内外专家学者都投入大量精力对其进行研究，但是由于导致旅游度假村特色突出的因素较多，比如地理位置、核心吸引物类型以及主要活动内容等因素，各学者对度假村的定义也各不相同。我国学者许春晓与黄玲娟（1998）等人认为旅游度假村是指为接待以各种度假休闲为目的的游客的旅游开发形式。与此同时，度假村是独立的经济体，向旅游者提供成龙配套的全部旅游产品以获得经济效益。1997年世界旅游组织为度假村下的定义指出：度假村（Resort）视为旅游者较长时间驻留而设计的住宅群。它是由多组各自呈团组布局的接待设施单元组成的区域，并围绕一个餐饮、娱乐设施集中的核心展开，一般是一个自给自足的实体，在统一的管理下，向游客提供一个成熟度假区应有的所有服务。在它的全包价格中，除了住宿费用外，还应有公共设备、体育以及娱乐设施的使用费。

吴承照（2005）认为旅游度假村的设施类型可以主要分为住宿设施、餐饮购物设施、休憩设施以及基础设施四大类。而度假村的空间布局模式可以根据核心设施的不同主要分为两种类型。一种是以天然吸引物为中心，其周围是核心休憩设施和其他辅助性服务设施。另一种是由于缺乏天然吸引物而以休假饭店为中心的空间布局模型（刘家明，2000）。其具体模式如图5-3所示。

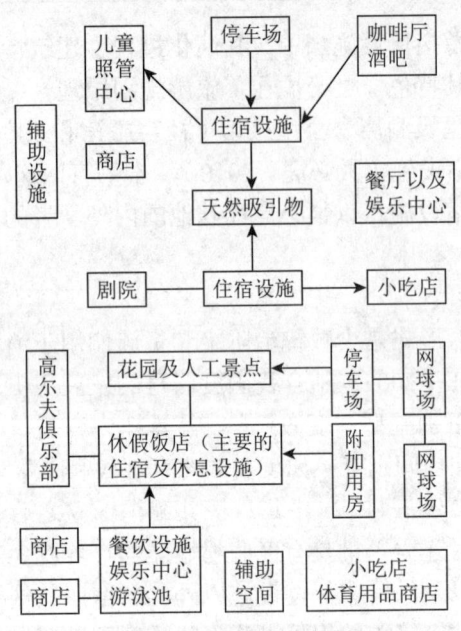

图 5-3　度假村的两种布局模式

旅游者为逃离日常生活，体验不同的环境并享受服务，从而希望在旅游度假村中得到身体和心灵上的双重休憩。旅游度假村的设计与开发主要是依托周边自然环境与当地民俗文化等资源，因而度假村建筑与当地环境的整体性是合理开发和利用旅游资源的重要影响因素。任磊和陈晓恬（2007）认为旅游度假村和建筑的整体性主要包括以下三个方面：首先是自然环境与人文环境的整体性。旅游度假村的开发应从环境整体着眼，建筑物与构筑物的形体要与所处地段的空间包容度相适应，以一种点缀、补充的身份与自然风景环境组成一个充满意境的整体。其次是社会生活的整体性。旅游度假村的开发应适当维护当地居民的文化特色社会生活，尽量避免游客与当地居民之间产生冲突。最后是地方民族与历史文化的整体性。旅游度假村的民族及文化的历史差异性所带来的吸引力度并不低于当地特色景观，因此在考虑旅游度假村建筑的风格、意境时，要纳入地区民族和历史文化的整体中去考虑。

（二）第二住宅

第二住宅作为人们为了逃离日常生活，满足休闲需求的社会现象，在国内外的发展历史都很悠久。吴必虎（2010）总结了国外一些地区的第二住宅发展初始的情况。早期的古埃及和古罗马社会贵族在郊区建造房屋资产，作为闲暇时间的休憩和度假场所。第二住宅在18世纪欧洲最早出现的地区是温泉资源比较丰富的地区，接着是海滨地区。在北欧的挪威和瑞典等地区，第二住宅作为当地市民用来作为夏季度假用的郊区小型别墅，也被作为财产世代相传下去。在美国，第二住宅最早出现在自然景观优美的地区，其主要功能也是用来休憩和避暑防寒。在古代中国，第二住宅也在很早之前就以初见雏形。首先，各个朝代的诸侯贵族在京的"别第""别宅"等就是第二住宅的表现形式。其次，另一种多建在郊外山林之间或风景优美之地的早期第二住宅可称之为"墅"（张仲伍，2005）。对比国内外对第二住宅的研究方向，可以发现我国第二住宅问题比较明显，特征比较突出的地区一般是城市内部和城市郊区之间的海滨地区。而国外的研究则集中在乡村地区的海滨、湖区以及滑雪度假胜地，呈现出一种"乡村和海滨导向"的趋势（李穗菡，2009）。

对于第二住宅的定义，我国有内容较为具体的定义，即一个家庭在某一地点除了拥有作为长住型的一套房屋外，还在另一地点拥有以休闲度假为目的、以家庭为对象、具有偶尔使用且给生活锦上添花功能的另外一套住宅（张晨，2008）。国外有关定义为"家庭偶尔使用的、在其他地方的住宅"。对以上两类观点进行分析以及总结，可提炼出第二住宅含义中比较重要的几个层面。第一，第二住宅是非投资性质的，强调自用性以及居住功能。第二，第二住宅一定是与第一住宅位于不同的区位。第三，第二住宅的功能是用于休闲度假，放松身心。从不同的角度作为切入点对第二住宅进行深度探讨，可以将其以不同的特点分为多种类型。一方面，按照建筑的构造类型何以分成固定住宅、移动住宅以及半移动住宅。固定住宅的类型所在区位是固定的，比如房屋和公寓，具体表现为公寓群，第二住宅村和单体别墅和房屋。移动住宅类型区位不固定，移动性较强，如游船等。半移动住宅类型可在某一地点固定一段时间，随后可能会为了欣赏不同风景等原因而改变居住地，如野营地，具体表现为类似房车的流动房屋、休闲车、帐篷以及大篷车等（吴必虎，2010）。另一方面，第二住宅还可以根据距离原住地远近分为周末住宅和度假住宅，这两种类型在功能、选址以及停留时间等方面都各不相同，其具体内容如表5-3所示。

表5-3 第二住宅的功能分类及特点

功能分类	到访频率	滞留时间	移动类型	与原有住宅的位置关系	区位选择	
					改建房屋	新建房屋
周末住宅	高	短	周期性移动	有关	城市郊区的原有农村地区	环境宜人的郊区、海滨和山地
度假住宅	低	长	季节性移动	无关	度假区外围的建成区	主要度假区、海滨和山地

（三）城市星级酒店

星级酒店多建于城市之内，主要为消费者提供商务会议、娱乐休闲等功能。在旅游业中，城市星级酒店作为城市旅游的主要接待设施，其服务质量、基础设施以及安全保障等因素都影响着旅游目的地的整体形象。城市星级酒店的历史较长，随着所在地的历史以及文化不同从而在建筑、规模以及功能等方面各具特色。随着世界经济的发展，美国、欧洲以及东亚地区逐渐成为世界经济发展的重点地区，因而三地的城市星级酒店发展在全球上也是较为发达的（文吉，2005）。美国城市星级酒店的发展模式是经济型模式，其构成主体主要是中低档星级饭店。美国人饮食文化简单，消费观念超前，在频繁的长距离活动过程中，他们不需要过于奢华的住宿场所以及过于全面的服务。根据以上这些特定的消费环境以及旅游消费特点，有限服务的中低档星级酒店发展模式应运而生。欧洲属于精小型酒店的发展模式，虽然酒店功能单一，但是内部的清洁、舒适以及实用程度都是极为突出的。基于欧洲人对历史文化的保护意识以及突出的理想与科学思维，欧洲城市星级酒店多有浓厚的历史文化底蕴以及酒店联合的发展也优于其他地区。最后，东亚地区的城市星级酒店主要是"大而全"的发展模式，该模式符合了东亚地区国家的发展模式以及顺应了旅游发展的需求，其具体内容体现在：酒店规模大，功能和配套设施完备。

在城市星级酒店的发展过程中，其选址布局格外重要。酒店的区位选择受众多因素影响，各国专家学者也纷纷对城市星级酒店选址的影响因素做出了大量研究与思考。Chou以及其他学者在2008年发表的文章中建立了酒店区位选择的层次分信息模型，该模型将影响因素分为四大方面以及八大影响因子，共有21个具体因素，其具体内容如表5-4所示。

表 5-4　酒店区位选择的层次分析

方面	因子	具体因素
C_1 地理区位	C_{11} 周边环境	C_{111} 靠近公共设施 C_{112} 与竞争对手的距离 C_{113} 公共安全
	C_{12} 游憩资源	C_{121} 自然资源特性 C_{122} 靠近游憩设施
C_2 交通区位	C_{21} 可达性	C_{211} 与机场和高速公路的距离 C_{212} 与城市中心区的距离 C_{213} 与旅游区（点）的距离 C_{214} 停车区域
	C_{22} 便捷度	C_{221} 方便通往机场和高速公路 C_{222} 交通线路的广泛度 C_{223} 方便通往旅游区（景点）
C_3 酒店特性	C_{31} 内部特性	C_{311} 室内休闲设施 C_{312} 餐饮多样性
	C_{32} 外部特性	C_{321} 与当地文化的融合 C_{322} 室外休闲设施区域 C_{323} 周边土地的可获得性
C_4 运营管理	C_{41} 人力资源	C_{411} 人力资源冲突 C_{422} 人力资源质量
	C_{42} 运营条件	C_{421} 土地价格 C_{422} 法规限制

随着经济全球化以及各行各业之间竞争的加剧，产业集聚已经成为企业、地区乃至国家之间的竞争手段。国外学者从 20 世纪 80 年代就已经开始研究城市星级酒店的集聚现象。以加拿大多伦多为例，Wall、Dudycha、Hutchinson 对其城市酒店的空间分布格局进行研究后，发现城市酒店多聚集在城市商务中心和机场区域（孙华贞，2013）。Urtasun，Gutierrez（2006）基于地理位置、价格、规模以及服务四个变量，构建了简易的地理模型并且对马德里市自 1936—1998 年间 240 家酒店的空间分布进行了研究，结果发现定位差异化的酒店常出现集聚现象，而在酒店产品同质化的情况下，酒店会选取与竞争对手相似的集聚性空间布局以及差异化的扩散布局。

城市星级酒店呈现出的集聚化是酒店在发展道路上必经的过程，其存在必然有一定的道理。因此，酒店集聚化给酒店业整体带来的益处值得深思。许多学者从不同角度作为切入点对城市酒店集聚化带来的效应进行了分析。Graitson（2007）分别从消费者以及酒店本身两方面的需求作为出发点，探讨了酒店集聚产生的效应。对于消费者而言，很容易在酒店集聚区内找到所需酒店类型，这大大降低了搜寻酒店所用的各种成本，随之而来的顾客数量的拓展有利于集聚区内部的市场拓展。对于酒店本身而言，可以培养顾客对酒店集聚区整体的信任与忠诚度，从而打造品牌并降低宣传等拓展成本。傅慧（2007）从酒店产品的角度出发，探讨了酒店集聚如何促进酒店新生产品的诞生。首先，集聚区的酒店在彼此竞争的过程中相互学习，不断地比较和改进最终促成了酒店新生产品与服务的生成。其次，集聚区面向的顾客类型多样，消费者市场较为丰富，集聚区内酒店从而拥有了收集大量酒店产品和服务改进信息的渠道，从而满足各个集聚区内各个酒店改进产品的需求。

（四）小型旅馆

小型旅馆又称社会旅馆或家庭旅馆，是依据是市场需求而逐渐兴起的一种旅游接待设施。在西方国家，小型旅馆被认为拥有客房数小于 25，主要分为乡村旅馆（Country Inns）、商业小旅馆（the Commercial Inns）以及家庭旅馆（Home Inns）（吴必虎，2010）。其中家庭旅馆又主要分为两大类，一种是提供床位和早餐的 B&B 家庭旅馆即"Bed and Breakfast"，一般是由一个家庭空出几个房间作为客房以出租经营；另一种叫作 Guesthouse，是一种家庭经营的小型旅馆，大部分房间用来出租。

中国旅游年鉴统计中以 50 间客房作为最小界限，其主要类型有社会旅馆和家庭旅馆。中国的家庭旅馆根据其特性不同可以分为不同的类型：根据所处位置不同，可分为景区家庭旅馆、汽车家庭旅馆、乡村家庭旅馆和城市家庭旅馆；按照住宿者投宿目的不同，可以分为度假型、暂住型和长住型；按照建筑风格又可以分为普通型和特殊型，前者建筑风格大众化，没有特殊的地理环境和人文氛围，后者具有特殊的建筑风格或历史底蕴，一般分布于具有特殊历史文化背景，且保护得比较完好的旅游地，或是少数民族的聚居区；按照家庭旅馆所依托的资源可分为古镇型、水乡型、渔乡型、花乡型、竹乡型以及山村型；按计价方式不同，可分为全包价家庭旅馆和零点式家庭旅馆，前者是包食宿和其他相关服务，后者是由游客任意选择其中的某一项或几项服务（于泳，2007）。

尽管我国家庭旅馆分类方式丰富，类型庞杂，但其仍具有相同的特征。第一，家庭旅馆由居民自建，私人经营居多，管理者就是所有者。第二，除了经营家庭旅馆，居民同时还有其他的生产活动作为经济来源。第三，我国家庭旅馆一般营业成本以及产品价格相对较低。第四，家庭旅馆一般经营灵活，价钱的定夺大多由店主与住宿者相互商量而定（李建英，1999）。

近年来，世界各地家庭旅馆的数量与日渐增，逐渐演变成传统酒店的替代角色。国外学者着重研究旅游者偏好家庭旅馆的原因，发现家庭旅馆最具吸引力的地方是能够为游客创造出的私人且个性化的氛围。家庭旅馆能够营造出一种和谐且静谧的私人环境，给游客以"家"的感觉。与此同时，家庭旅馆还能帮助旅游者以更加自然的方式亲近当地文化，从而与当地居民相处融洽（吴必虎，2010）。

世界各地文化特色各不相同，因此各地家庭旅馆营造出的环境和氛围也都各有其独特之处。苏格兰家庭旅馆多是小镇上的农舍，一层为主人房间和餐厅，二层是客房，农社内庭院宽阔，绿草如茵，农舍外田野无边，牛羊成群。巴西的里约热内卢拥有位于不同区位的别致农庄旅馆，旅游者可以根据自身需求选择海边、山区或是自然保护区附近的旅馆以享受不同风景。日本的民宿整洁程度可以与五星级饭店媲美，此外，民宿内饭菜质量极高，旅游者可以穿着浴衣四处游览，深切体会当地文化风情。韩国的农民家庭旅馆被称为"民泊"，有"吃住在老百姓家里"之意。韩国政府特许农民和渔民开办家庭旅馆作为盈利方式，旅游者可以享受极具当地特色的地炕以及舒适整洁的居住环境。总之，国外的家庭旅馆通常会形成行业协会，极其注重个人化和人性化，致力于向旅游者提供丰富多样的服务，使旅游者体会当地民俗特色，感到宾至如归（于泳，2007）。

唐岭（2006）通过对我国小型旅馆的现状研究和问题分析，对国内小型旅馆的规划与建设做出了如下建议。首先，资金筹措，对经营管理以及组织结构等各个方面都要结合科学且合理的管理方式。其次，要有明确的定位和专业化的风格，可以从旅馆名称、客源层次、形象定位等方面层层递进。此外，小型旅馆的基础设施以及服务标准一定要达标，一切要以满足游客需求为前提。最后，可适当建立我国小型旅馆的战略联盟，从而获得降低成本、扩大知名度等利益。

（五）汽车旅馆

汽车旅馆又称公路旅馆，源于美国，其英文 Motel 是 Motor 和 Hotel 缩写而成。刘丽娟（2005）认为是汽车旅馆主要是一种"乘汽车旅行者利用的饭店"，是随着私人汽车增多与高速公路网的建成而逐渐产生的一种住宿设施。另外，汽车旅馆多处于城市边缘主要公路或高速公路沿线或市郊，具有提供免费的停车场、出入方便、客人住宿手续简便、服务项目有限、价格低廉的特性。由于汽车旅馆多提供方便、卫生、经济的服务，尤其适合外出旅行的家庭，深受大家喜爱。徐海峰（2011）认为汽车旅馆的定义可以总结为：汽车旅馆是以自驾车旅行者与商务公共驾车出行者为主要服务对象，为其提供住宿，简单餐饮，停车以及汽车相关服务，提供相互交流的公共区域，且具有浓郁的汽车与自驾文化氛围的住宿场所。此外，他还提出可以从四个方面更好地把握汽车旅馆的内涵：汽车旅馆的市场定位主要面向自驾车旅行者，商务公共驾车出行者；汽车旅馆是经济型酒店的分支，为中低端价位；从产品符合程度来讲，汽车旅馆的核心产品是客房产品和免费的便利的专属停车位；汽车旅馆在发展模式上应该走连锁发展道路。

汽车旅馆的服务要素如图5-4所示。

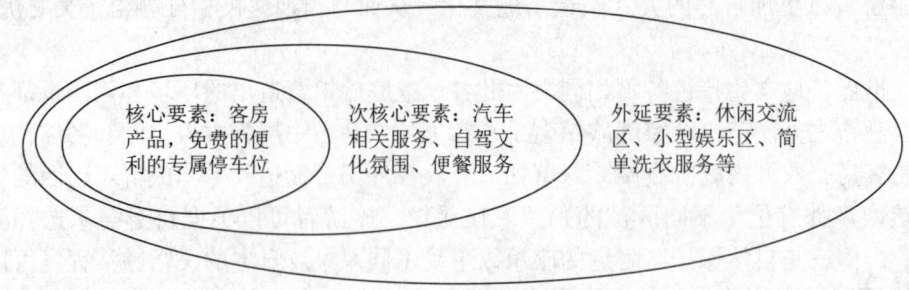

图5-4 汽车旅馆的服务要素

殷淋淋（2015）对汽车旅馆的分类较为详细，其分类方法既具有地区局限性，也具有国际通用性。按照地区分布进行分类，汽车旅馆可分为公路汽车旅馆、市中心汽车旅馆、住宅汽车旅馆以及风景区汽车旅馆四大类；按照酒店建筑投资费用可以分为经济型汽车旅馆和精品型汽车旅馆；按照停车方式可分为地下停车式汽车旅馆、院落停车式汽车旅馆、一房一车式汽车旅馆以及高层停车式汽车旅馆。李力（1999）指出，汽车旅馆按照地理位置通常划分为公路上的汽车旅馆、室内或市周边汽车旅馆、疗养地汽车旅馆、飞机场边汽车旅馆；按照功能可分为赌场汽车旅馆、商务汽车旅馆、温泉汽车旅馆、度假汽车旅馆，按照功能也可以分为过路型汽车旅馆、终点站型汽车旅馆、度假村型汽车旅馆以及野营汽车旅馆四种。

马桂顺（2006）认为影响我国汽车旅馆发展最关键的因素是经济发展。他认为经济的发展，尤其是国民人均收入水平的提高是汽车旅馆发展的核心动力。此外，旅馆区位、交通条件、交通工作以及余暇时段是汽车旅馆发展的重要载体，同时也是经济因素的外化表现。旅游者的旅行观念、旅行方式、交通网络化程度以及旅游资源的开发程度等其他因素，都构成了汽车旅馆向纵深方向发展的平台。国外学者Mayo通过一系列调查研究发现，以下诸多因素都对汽车旅馆的规划建设和经营管理十分重要：价格；与主要旅游通道的接近程度；方便的停车场所；房间的面积和装饰；安静程度；有魅力的事物；与风景旅游区的距离等。

殷淋淋（2015）通过对美国汽车旅馆发展过程的详细研究，总结出了美国汽车旅馆的主要特点以及成功经验。首先，美国汽车旅馆具有以下几点特性：消费阶层的普遍性、空间分布的广泛性、建筑设计的独特性以及发展种类的多样性。其次，美国汽车旅馆在其发展过程值得借鉴的成功经验有以下几点：坚持多种经营模式并存的发展方式、重视汽车旅馆信息的宣传、采取连锁经营策略加速规模化发展、建立专业的汽车旅馆服务机构以及美国政府政策上的支持。徐海峰（2011）对我国汽车旅馆的发展进行了详细且全面的研究并且对其进行了可行性分析。一方面，我国汽车旅馆发展的有利条件有以下几点：经济环境；市场环境（包括自驾游支付能力、消费意识和汽车保有量汽车租赁、交通基础设施，旅游宏观环境以及自驾游组织服务逐步完善）；制度环境；行业一般环境（包括社会资本充足，住宿业投资迅速增长；饭店业产业结构不合理，需要调整优化）。另一方面，我国汽车旅馆发展的制约因素有以下几点：首先是宏观环境障碍，其中包括政府对汽车旅馆缺乏足够的重视、城市密度与交通方便化程度以及自驾车旅游的配套设施与服务不足。其次是市场需求障碍，其中包括居民传统观念的束缚和旅游方式和休闲观念尚处于初级阶段。

王丹阳（2011）以美国汽车旅馆为主，通过分析国外汽车旅馆的成功模式与特点，与国内现有的汽车旅馆进行了分析比较。首先，国内外汽车旅馆空间分布趋向不同；其次，国内外汽车旅馆的建筑形式不同，其中包括建筑形制差异、建筑功能区别以及室内空间差别。殷淋淋（2015）通过对国外汽车旅馆的深度研究并借鉴其成功经验，提出了对我国汽车旅馆的发展建议。第一，要强化政府作用，其具体内容包括政府应给予汽车旅馆业发展一定的政策支持；政府在汽车旅馆具体的发展上要进行合理的设计。第二，要提升品牌形象，其具体内容包括加大产品和服务创新力度；加强汽车旅馆的服务质量监控；采用产品信息整合传播方式进行企业宣传。第三，要制定多元化产品，其具体内容包括针对高端消费人群，主流消费人群以及预定消费人群进行不同的设计。第四，要采用多种营销策略。第五，要加强集团化管理，其具体内容包括选择合适的连锁经营形式；通过兼并、并购以及特许经营等方式来促进连锁经营的规模化；积极鼓励跨行业企业间的战略联盟。

（六）青年旅社

世界上第一家青年旅舍在1912年诞生于德国一个废旧的阿尔特纳古堡。1932年，国际青年旅舍联盟（IYHF）在阿姆斯特丹成立，目前，其总部设在伦敦。联盟共有60多个成员国及20余个附属成员，共有青年旅舍四千多家，床位数达到35万个，有国际会员超过400万人，世界上大约有1000万青年在使用，已成为当今世界上最大的住宿连锁组织。青年旅社联盟的理念是：通过旅舍服务，鼓励世界各国青少年，尤其是那些条件有限的青年人，认识及关心大自然，发掘和欣赏世界各地的城市和乡村的文化价值，并提倡在不分种族、国籍、肤色、宗教、性别、阶级和政见的旅舍活动中促进世界青年间的相互了解，进而促进世界和平。中国青年旅舍的起源要追溯到1998年，广东省旅游局在广东建立了第一批三家青年旅舍。1999年9月，中国第一家青年旅舍协会——广东青年旅社协会的成立标志着国际青年旅舍正式踏进了中国的大门。截止到2014年，我国共有近200家青年旅舍遍布全国。

伍蕾与伍蓓（2009）等人认为，经济水平因素、教育界的支撑、政府的支持、民众和青年志愿者的自愿支持以及完善的交通和信息网络是青年旅舍形成的主要因素，而教育为本的经营理念、不营利或微利的经营手段、良好的服务品质、建筑形式的多样化等则促进了海外青年旅舍的发展。徐丹（2010）通过总结国内学者们的研究成果，整理出了青年旅社的基本分类方法：根据地理位置不同分城市型和风景区型，根据使用目的不同分活动型和环保型，根据接待对象不同分家庭型、散客型和团队型，根据经营模式分专业型、接待型和混合型，根据所有权的不同分国有控股型、集体控股型和个人控股型。

影响青年旅社经营模式的主要因素可以总结为文化，市场和政策三点（徐丹，2010）。青年旅社主要服务的市场群体除了主要的青年学生市场外，还有自助游游客（"背包客"）和生态旅游者（SYHA，2003）。而他们之间相同的特征有：偏好经济的住宿设施；重视与其他旅游者的交流；自由安排行程；年龄主要集中在20~24岁之间，但也可以在15~60岁之间变动；相比短期度假，滞留时间更长；喜欢非正式型和参与型的度假活动（吴必虎，2010）。

为了更好地在国内实现青年旅社的发展，许多专家学者较为深入地研究了国外青年旅社的经营以及管理模式并从中提炼出了优秀的成功经验。学者们通过借鉴这些经验，再加之自己的研究思想，从我国青年旅社发展的主要问题下手，总结出了国际青年旅社在我国发展的一些建议。宋绮辛（2013）通过对国外青年旅舍的综合研究，认为国外青年旅舍主要由以下几点特征：西方文化孕育和培养了青年旅舍；公益性质的组织形态；独特的组织理念；受到政府和社会各界的支持；设施齐备，形式多样，条件优良，价格低廉。另外，国际青年旅社经营特点有：经营理念独特；面向青少年群体；采用自助服务方式；部分客房房价低廉。

采用特许经营模式。曾斌斌（2010）在青年旅社从国外引进到国内的这一过程中，出现了经营模式、经营目标、经营宗旨的差异，导致了青年旅舍精神和宗旨的变化，偏离了国际发展的道路，包括：与酒店相结合的综合式经营；股权结构比较单一，营利为主要目的；服务性产品较多，教育性产品偏少；服务对象范围狭窄；青年旅舍的管理水平亟待提高；国内青年旅舍缺乏网络化经营的平台（徐丹，2010）。通过分析目前青年旅舍经营模式，剖析存在的问题，结合青年旅舍经营模式的制约因素，徐丹等（2010）提出了以下青年旅舍经营的新模式：股权结构多元化；组织构架网络化；经营形式连锁化；目标客户集中化；产品定制化；市场管理规范化。滕梅君（2014）通过深入分析国际青年旅舍在中国所面对的营销环境及其变化,提出了国际青年旅社在中国发展的 SWTO 分析表(见表 5-5),并针对分析结果,总结出了对我国国际青年旅社营销策略改进的建议。改进建议的具体内容包括以下几点:首先应扩大品牌营销,具体包括品牌定位个性化、日常活动特色化、营销方式网络化。其次应当突出文化营销。最后是深化绿色营销。

表 5-5 国际青年旅社在中国的 SWTO 分析表

内部环境 外部因素	内部能力	优势(strength) 超前的性价比 超前的经营理念	劣势(weakness) 非正规管理的存在 独特的理念未被广泛接受
机会(opportunities) 日渐深化的对外开放自助游市场热度提升		SO 以对外开放为契机,加速进入空缺区域,加速发展,扩大品牌营销战略	WO 利用市场的加速发展,针对内部问题进行改革,同时加快品牌形象的建立
风险(threats) 经济型酒店市场竞争压力大与旅游机会少		ST 以经营理念吸引潜在客户群,避免价格战的发生,明确自身的品牌文化内涵	WT 加强加盟商自身素质,塑造良好品牌形象,为之后的品牌发展奠定良好的基础,童年故事加大宣传力度

(七)生态旅游型住宿设施

随着时代的发展,旅游的种类逐渐丰富起来,生态旅游逐渐引起了众多旅游者的兴趣和各国学者的注意。美国生态旅游学会将生态旅游限定为:"为了解当地环境的文化与自然历史知识,有目的地到自然区域所进行的旅游,这种旅游活动的开展在尽量不改变生态系统完整性的同时,创造经济发展的机会,让自然资源的保护在财政上使当地居民受益。"(李包相,2005)根据世界各地对生态旅游的开展情况,可以发现主要有两种类型:其一是欠发达国家的生态旅游是在不破坏生态的前提下被逼出来的;其二是发达国家的生态旅游是主动开展起来的(邹统钎,2008)。由于生态旅游的独特性,游客对于生态旅游的住宿设施的需求也与其他类型的住宿设施有所不同。Wight 对生态旅游者偏好的住宿设施类型进行了总结并且将其体验以舒适和艰苦作为衡量因素,分别从低到高进行了分类和排序(吴必虎,2010)。

生态旅游住宿设施谱如图 5-5 所示。

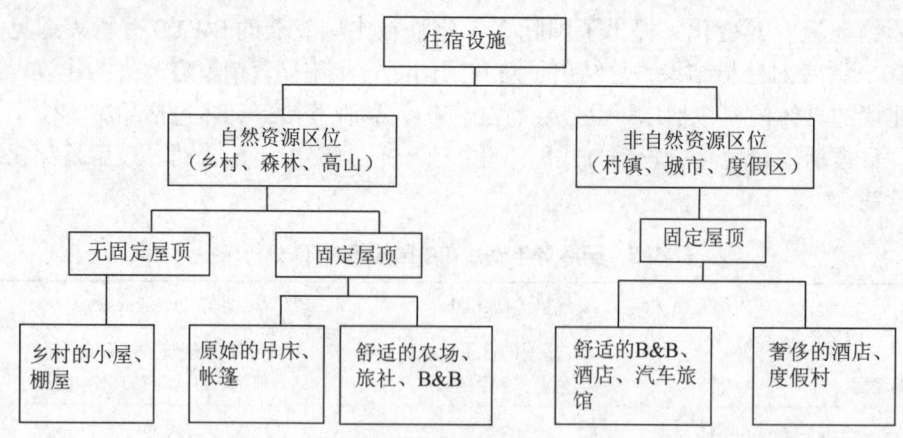

图 5-5 生态旅游住宿设施谱

宋红娟（2014）认为符合生态旅游者需求的绿色饭店是一种新的理念，它的实质是为饭店宾客提供符合环保要求、高质量的产品，同时在经营过程中节能降耗，预防环境污染。Andersen 认为生态旅游住宿设施必须符合环境道德准则，传统的旅游建筑设施必须加以改进，必须采用对环境影响小的方式进行设计才能实现旅游的可持续发展（江泽慧，2003）。龚艳（2009）等人认为在依据循环经济的减量化、再利用、再循环的 3R 原则的前提下，生态旅游住宿设施可以从建材、能源、水、污染物处理等方面来实现高效率地利用资源和能源，进而在其全寿命周期内可以最大限度地减少污染并且保护环境，以此来实现生态旅游住宿过程清洁化，从而为游客提供健康的、环保的、舒适的旅居环境，最终实现人、建筑以及自然的和谐共生。生态住宿设施在各个层面上与传统旅游住宿设施都存在着明显的区别，Rueesll 等人对此进行了整理（李文英，2010）。丛丽（2006）以现有的住宿设施为基础，结合生态旅游的特点，提出了关于生态住宿设施的几点设计理念：保护第一、突出地方特色、可持续发展、以人为本、回归自然以及服务一体化。此外，她还对生态住宿设施的选址、产品设计、空间布局、能源设计以及废物处理等方面进行了研究和分析。

生态住宿设施与传统住宿设施的比较如表 5-6 所示。

表 5-6 生态住宿设施与传统住宿设施的比较

传统住宿设施	生态住宿设施
豪华	舒适，满足基本需求
风格一般	风格独特
突出放松性	突出活动性 / 教育性

续表

传统住宿设施	生态住宿设施
活动以设施为基础（高尔夫、网球）	活动以自然为基础（远足、潜水）
飞地（一国境内的外国特色地区）开发	开发与当地环境结合
通常为饭店集团所拥有	一般为个人所拥有
通过提高入住率、服务水平和价格来实现利润最大化	通过战略设计、恰当的位置、低容量、服务和价格来实现利润最大化
高投资	中投资规模
设施以及周边环境是主要吸引源	环境和设施是主要吸引物
美味的食物、服务和外观	良好精心制作的食物和服务文化的影响
连锁营销	一般为独立营销
经营中很少或不存在导游和自然讲解员	导游和自然讲解员是经营的重点

第四节 国际旅游餐饮与购物服务体系

一、旅游餐饮体系

餐饮业与旅游业之间的关系一直以来都是密不可分。一方面，旅游业促进旅游目的地的餐饮业发展，促进当地饮食文化的对外交流，更加促进了当地饮食文化的保护、复兴与传承。另一方面，餐饮业为旅游者提供各种各样的饮食，满足旅游者不同层次的饮食需求；餐饮业本身是一项颇具吸引力的旅游资源；餐饮业能够进一步丰富旅游文化的内涵；餐饮业的蓬勃发展会导致集聚效应，从而形成专项的餐饮旅游（吴壮益，2006）。旅游目的地餐饮的开发除了满足当地原住民的日常需求，更大部分是为了满足远道而来的旅游者的需求。基于旅游者的多样化动机，发展旅游餐饮需要根据旅游者的需要来提供相应的服务，从而使其产生好的旅游体验。

旅游餐饮需要针对旅游者不同层次的需求提供不同的餐饮产品以及服务形式。如图5-6所示，李艳萍等人将旅游者的餐饮需求大致分为三大类。旅游者满足了填饱肚子的基本生理需求后，还希望能够体验各地不同特色的美食，以体会当地特有的文化特色。满足了以上两层需求后，更具深度的旅游者可能还会追求更高层面的经济发展的新需求。然而很多餐饮企业并没有以旅游者的需求为出发点，而是只注重短期的经济效益，没有做长远规划，考虑可持续发展的问题（吴必虎，2010）。

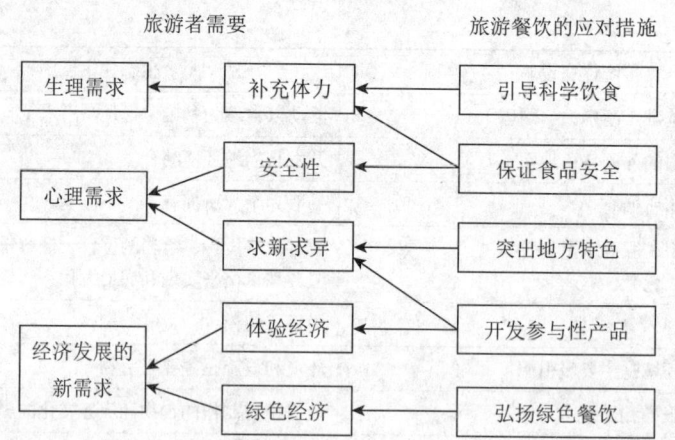

图 5-6 旅游餐饮服务与旅游者需求的对应关系（李艳萍，等，2007）

（一）旅游餐饮的基本类型

从各个角度对旅游餐饮的类型进行划分，有利于对餐饮企业及其与旅游业相互影响进行深入分析。就景区的餐饮类型，国内学者从不同的层面对其进行了划分。姜若愚（2011）按照餐饮服务经营方式，将其分为景区自主经营、承包经营和特许经营；赵建桥（2011）从消费层次出发，认为风景名胜区餐饮设施包括餐饮点、餐饮店、一般餐厅、中级餐厅和高级餐厅。孙英杰（2006）总结出北京4A级景区餐饮类型包括御膳、饭店、西式快餐、零售亭等。周倩（2014）认为上述旅游景区的餐饮分类只是采用了社会餐饮的分类方式，并没有体现出旅游景区餐饮的特殊性。周倩（2014）从游客类型出发，综合了各类型游客的消费金额、停留时间、核心需求等内容，最后把景区餐饮划分为团队餐饮、普通散客餐饮和高级餐饮，并以此为依据，总结其经营管理特点。

Schirmbeck（2006）认为世界上常见的餐饮设施可以归纳为以下几类：在著名地方供应的传统食品餐饮店；价格低廉的临时搭建食摊；在国际化以及非个性化地带供应的快餐服务店；精致的大型宴会餐厅；销售汉堡包和三明治等快餐便食的柜台；在优雅、华丽的地方提供的豪华、全方位服务的餐厅（吴壮益，2006）。国内的餐饮业主要分为旅游饭店、餐厅（中餐、西餐）、自助餐和盒饭业、冷饮业和摊贩五大类。具体又分为三种类型：便利型大众餐饮市场、高档型餐饮市场、气氛型餐饮市场。

Mecool发现签约餐饮服务目前已经在发达国家得到普遍发展并且对常见的签约餐饮服务环境类型进行了总结。

常见签约餐饮服务环境类型如表5-7所示。

表 5-7 常见签约餐饮服务环境类型

环境类型	具体环境及场所列举
企业与工业	公司、单位、工厂
私人俱乐部（城市和乡村俱乐部）	健美俱乐部、高尔夫球场、名人俱乐部
"机构式"环境	中小学、学院和大学、看守教养所、医院、休疗养设施
交通环境	航空公司和机场、收费道路停靠休息站、公共汽车和火车站
游憩餐饮服务环境	会议中心、运动场和体育馆、游乐园和主题公园、各级（地方、省级和国家）公园、动物园和水族馆、跑马场、滑雪场、游憩中心、电影剧场、保龄球馆、重大节事（奥林匹克、大型比赛）、其他旅游吸引物

（二）旅游餐饮的规划与开发

旅游餐饮的开发是为了满足当地居民以及游客的多元化需求。从最基本的生理需求到终极的心灵向往，对于旅游餐饮规划和开发的研究与探索也在逐步加深。马继刚（2005）在研究云南旅游餐饮开发时总结了云南旅游餐饮开发的三个层次：基础层，即菜肴的制作、开发和服务；提高层，即用餐环境以及用餐方式；延伸层，即把旅游餐椅与当地民族特色相结合，甚至推出旅游餐饮专项旅游路线或产品。

餐饮设施的选址是餐饮开发的基础，占据好的地理位置在一定程度上对餐饮产品的成功与否起着决定性作用。刘宁（2009）认为餐饮连锁机构选址时应当从以下三大方面进行考虑：首先是环境因素，即考虑区域市场的文化环境以及当地人口及其消费水平；其次是地理因素，即区域规划、地点特征与区域形象、交通状况、可见度和形象特征；再次是市场因素，即竞争因素以及外观和规模因素；最后是成本费用因素，即租金价格与装修成本、货源的采购价格水平及配送成本、人力资源成本及管理培训以及营业条件因素。任秀玉（2012）将餐饮场所空间布局分为组团式布局、街巷式布局、单体式布局以及综合体式布局。各方学者对餐饮空间设计的研究也十分丰富，主要从个性化设计、人性化设计、情境化设计、光环境设计以及创意性设计等几大方面。

刘蔓（2004）等人认为餐饮空间的主题性设计就是通过其营造的就餐空间环境向目标群体表达自身思想主题和经营理念，是其餐饮场所的市场定位和服务定位的一种表现。除此之外，他们通过调查发现主题餐饮具有主题鲜明和文化内涵丰富的特点并总结出了餐饮空间主题设计的几种类型，即以地域民俗民风为主题、以文艺作品为主题、以田园农舍为主题、以寻古怀旧为主题、以保健元素为主题以及以传统文化为主题。餐饮设施为了营造特色主题，一般需要从空间设计、室内陈设、灯光设计、色彩运用以及材料与肌理等方面进行表现（刘晓艳，

2008）。张修华（2014）认为消费者的私密与尽端心理、安全心理领域、从众心理、寻找依托、选择距离、人际距离等行为和心理规律、视觉、触觉和听觉等感官以及便利型、享受型、求新型和健康型等不同的消费类型都是以消费者需求为导向的餐饮室内设计需要考虑的重要因素。徐荣丽（2014）通过对国内外五星级酒店空间设计的发展过程，功能转变以及最新状态的细致研究，认为未来的五星酒店餐饮空间设计会更加注重餐饮的个性化和品牌化经营。

（三）针对国际游客的米其林星级体系

米其林餐厅出版的《米其林红色宝典》对各地美食、餐厅进行收录。1900年8月，米其林轮胎的创办人出版了一本供旅客在旅途中选择餐厅的指南《米其林指南》，这本小册子中收录了加油站、修车点等信息，并在修车厂和轮胎店免费发放。米其林轮胎的创办人最初的想法是鼓励人们多出去走走，走得更远一些，这样就会消耗更多的轮胎，给米其林公司带来生意。10年后，《红色指南》首次收录了餐厅信息，并配以特别的评定系统，每年对餐馆评定星级。随后被收录在《米其林红色指南》里的餐馆，就可以被称作米其林餐厅，而米其林星级由一批经过筛选的"美食密探"进行评判的。这些"密探"们每去一家餐厅或酒店进行评判，都需要隐瞒身份悄悄潜入住宿和品评。米其林指南的评等分为一般评等和星级评等。

收录在《米其林红色宝典》上的餐馆，至少先要获得到一副刀叉的标记，这种标记是指南对餐馆的基础品评标准，给予一到五个叉匙符号，主要表明餐馆的舒适度。如果这家餐厅的环境特别令人感到愉悦悠闲（Particularly Pleasant Establishments），前面的叉匙标志就会用红色来替代一般的黑色。另外，人头标志意指米其林推荐的地道小馆提供不错的食物和适当的价格。除此之外，有两个铜板标志的餐厅表示提供不超过16欧元的简单餐饮。星级评等是与以上这些一般评等相互独立的评级方式。星级评定重点评判食物，叉匙重点评判用餐环境舒适程度，所以星星的重要性远高于叉匙。星级评定的标准是：菜肴原料的质量（Quality of the Ingredients）、制作食物的技艺水平和口味的融合（Mastery of Cooking）、创新水平（Creativity）、烹饪水准的一致性（Consistency），以及是否物有所值（Value）。作为米其林的发源地，法国是米其林星级餐厅最多的国家。此外，米其林餐厅已遍布欧洲、美洲和亚洲。2016年9月21日，《米其林指南上海2017》正式发布，是米其林2016年在全球发行第28本米其林指南，也是在中国内地发行的第一本。《米其林指南》是美食爱好者的"圣经"，更是旅游爱好者的"美食地图"！

二、旅游购物体系

随着旅游业的发展以及人们个人可支配收入的增长，旅游者前往旅游目的地的需求已经不仅仅是简单地参观游览，而是着重于包括当地民俗、文化和历史的体验。在众多旅游服务设施当中,旅游购物的相关服务是使旅游者体验目的地文化,对目的地产生好感乃至忠诚度,最终带动旅游目的地经济发展的重要途径。旅游购物一直是旅游休闲活动的内容之一,国外可追溯到休闲购物及专门为购物而旅行的罗马时代。虽然旅游者确实在旅游购物这一活动上花费了大量的时间和金钱,但是这一活动的经济效益以及其对旅游地发展的作用却未被加以重视,直到近年,学界才开始把视角转向旅游购物研究(俞金国,2007)。

Buller(1991)将旅游中的购物行为主要分为两类:其一是以购物为主要目的的旅游,即"购物旅游";其二是将购物作为旅行中的次要活动,即"旅游购物"。前者侧重于购物,购物是旅游者前往目的地的主要动机,购买范围较广,包括日用消费品、小额贸易以及旅游装备业等。后者侧重于旅游,在目的地进行旅游体验的同时会通过购物等行为加强对该地民俗风情的感知力度,因而购买范围较小,多局限于旅游纪念品、土特产品以及手工艺品等。国内对于旅游购物具体内涵的研究一直以来比较匮乏,石美玉(2004)提出,旅游购物是指旅游者为了旅游或在旅游活动中购买各种实物商品的经济文化的行为,它不仅包括专门的购物旅游行为,还应包括旅游中一切与购物相关的行为总和。但不包括任何一类游客出于商业目的而进行的购物活动,即为了转卖而进行的购物行为。此外,石美玉(2004)根据旅游购物活动过程中可能涉及的各个利益主体,建立了以旅游商品、旅游购物设施和人员三大要素为核心的理论框架。其中,旅游商品是旅游购物活动的基本,与旅游购物相关的任何活动都离不开旅游商品本身,如果旅游商品的开发失去特色和价值,则其他两要素也将失去发挥作用的前提。随着现代市场经济的发展,购物不再是简单的商品交换,人们越来越重视购物环境的质量。旅游商品与旅游购物设施的不同组合能够给旅游者带来不同的感受,可将旅游者引入特定的文化氛围。旅游购物活动中,旅游者与店主、销售员、导游,甚至当地居民之间的接触,也是决定购物结果和效应的主要影响因素。复杂的人际交往关系往往能够左右人们做的决定,因此人员是旅游购物中比较活跃且不确定性较高的因素(石美玉,2004)。

陈香姬和李荣贵(2010)从心理学的角度将旅游者的购物动机分为了三大类。第一类是旅游购物对旅游者求补偿心理的满足。当人们厌倦了自身长期居住的环境就产生了对未知环境的渴望,旅游者在旅游目的地购买当地特有的商品以补偿在日常生活中所缺乏的物质或精神方面的东西。旅游商品的独特外观到蕴含特有文化都表现出的丰富的多样性和新奇性,让旅游者感到新鲜、惊奇、喜悦和振奋等,从而满足了他们的好奇心,使他们得到多种成分的满足感。第二类是旅游购物对旅游者求解脱心理的满足。旅游购物相比于日常生活当中的购物活动,是没有压力且轻松休闲,具有娱乐性质的购物方式。无论是独具特色的购物环境还是带有趣味性的参与性购物,都可以让旅游者释放精神上的紧张情绪,从而使脑力和体力得以恢复到相对平衡的状态。第三类是旅游购物对旅游者求平衡心理的满足，人们总是希望在安全和稳定的环境中力求变化和新颖，旅游中的购物环境通常都与生活区的购物中心的环境不同。在一种情景、气氛都完全不同的陌生环境里购物有一种冒险和休闲的感觉，使人感到刺激、兴奋、激动和放松。给人带来一种全新的体验，这种体验也是求平衡的一个重要途径。Moscarddo（2004）将旅游购物动机分为情感动机和工具动机两大类，如图5-7所示。

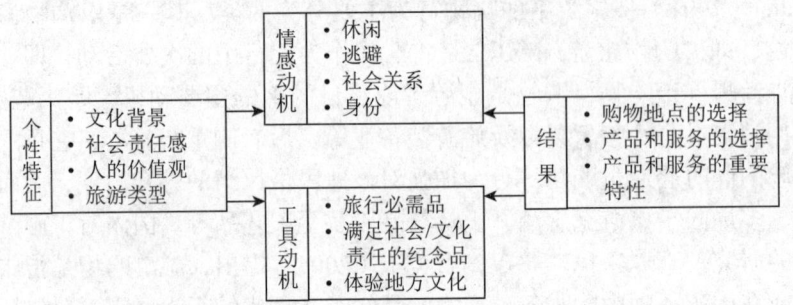

图 5-7　旅游购物的驱动模型（Mosardo，2004）

（一）旅游商品的开发

关于旅游商品的定义，诸多学者力求完善，尽可能高度概括性地为该类名词下了定义，但是并未达成共识。张凌云（1990）认为"旅游商品是一个模糊的、边界不确定的和动态的集合，其概念也只具有统计学上的意义"。苗学玲（2002）根据旅游者旅游阶段不同，将旅游商品的概念较为具体且科学的划分成了四个部分，如表5-8所示。

表 5-8　旅游商品概念的划分

购买地	商品类型	阶段
居住地	准备在旅途中使用的商品，包括旅游户外用品，旅游书籍和日常用品	旅行前
旅游目的地	具有旅游目的地"地方特色"的商品，可称之为旅游纪念品	旅游中购买
旅游目的地	用来满足日常生活需要的日用品	旅游中购买
免税商店	免税商品	国际旅游者已办完出境手续，即将登机、上船和乘车前往境外之前

该定义具有如下特点：首先，从购物行为源于旅游活动的角度来定义旅游商品，内涵广泛，包容性强。其次，突出了旅游商品的有形性并与旅游产品划清了界限，同时把属于餐饮消费的食品和饮料排除在外。另外，强调了购买动机是非

商业性的。第四，强调了旅游纪念品要具有"地方特色"，从而与目的地其他商品做了区分。最后，将旅游纪念品和免税商品区分开来。其具体表现如图5-8所示。

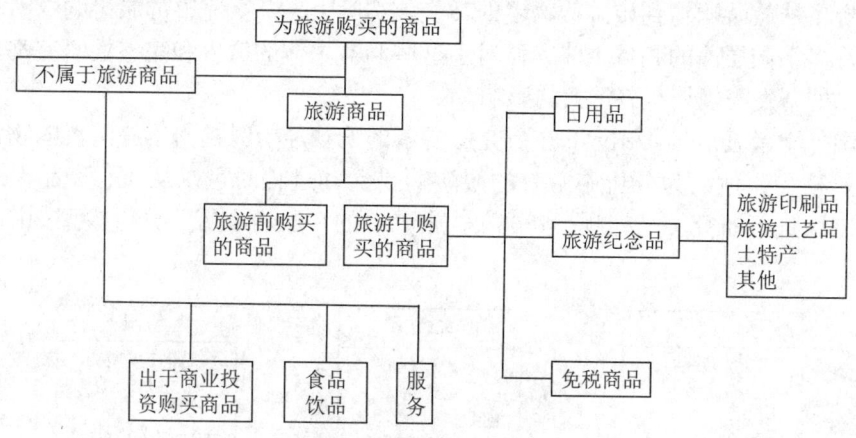

图5-8　旅游商品的定义

旅游商品的开发策略需与实际挂钩，根据不同地方特点以及政策做特别计划，但是以旅游者需求为出发点且考虑到旅游商品的一般性质。也有许多学者提出了实用性较为广泛的观点。黄继元（1995）认为旅游商品的开发应当与旅游目的地特有的文化相结合，并总结出了旅游商品的文化四要素：题材，即旅游商品中的文化含义；材料，即制作旅游商品的原材料；功能，即旅游商品的物质和精神双重功能；制作工艺，即制作旅游商品的加工制作方式。以云南为例，云南旅游产品的开发需要以市场经济为导向，研究客源市场构成，从而确定开发战略。其次，要以云南特有的自然景观资源和民族文化特色为创作题材，进而选取当地特有的原材料制作旅游商品，如迪庆藏族的杜鹃木、耗牛角等，加工成木碗、雕刻品等其价值就将大大提高。此外，将商品的几乎功能与云南当地的民族特征、价值观念以及民族信仰等精神功能相结合。最后，可选取当地少数民族特有的制作工艺来制作旅游纪念品，从而提高其特别性（黄继元，1996）。石美玉（2004）以旅游纪念品的特点和作用为依据，提出了旅游纪念品的开发战略流程。

石美玉（2004）特别指出，旅游纪念品的开发属于企业行为，需要先以企业自身实力为基础，再考虑地方特色资源，确定开发主题以创造纪念价值。然后以游客需求为中心，以旅游者购物特点为依据，进行针对性的开发战略。最后，旅游纪念品的成功点应表现在具备地域性、独创性、非日常性、安全性和商标性等特色（吴必虎，2010）。

（二）针对国际游客的旅游购物体系建设

随着世界经济的发展与国际间互动的增强，旅游业所涉及的范围也逐渐延伸至各个产业。购物活动一直以来都是旅游休闲方式的一部分,近年来其在旅游业中的地位逐渐加强,成为学者们的热点研究对象。国外学者对旅游购物的研究视角经历了从旅游购物到旅游购物者的转变。实际上,一次完整的旅游购物活动会涉及许多不同层面的利益主体,而对于这些利益主体的深入和完整性研究都对旅游购物的开发与规划有着重大的影响。

国外学者 Jansen-Verbeke 在研究旅游者的购物经历时提出了旅游者购物活动的分析模型,他认为分析旅游者的旅游购物活动过程时可以从人、产品以及地点三方面进行研究(马桂顺,2006)。旅游者的"购物经历"分析模型如图 5-9 所示。

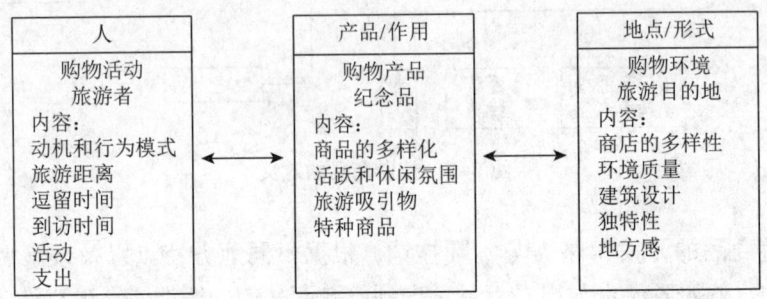

图 5-9 旅游者的"购物经历"分析模型

国内学者苗学玲(2002)认为旅游购物活动系统是旅游系统的一个子系统,主要由客源市场系统、旅游购物供给系统和支持系统三个部分组成。其中客源市场是指前来旅游目的地进行旅游购物活动的旅游者。游客对旅游商品的选择取决于游客的经济能力、个人爱好、文化背景等个人因素,因此研究客源市场的主要内容时,旅游者的社会、经济和文化特征以及旅游者购物行为研究都是不可忽略的主要构成部分。旅游购物系统如图 5-10 所示。

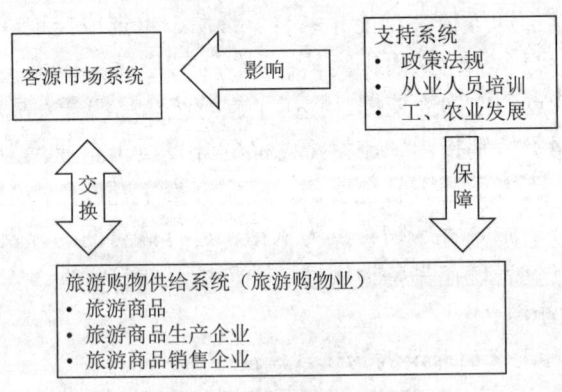

图 5-10 旅游购物系统

通过对旅游购物活动的分类研究可以更加清晰地梳理旅游购物这一研究方向的脉络，对其深入研究和探索更是起着不可小觑的作用。石美玉（2004）从不同的角度对旅游购物活动进行了划分。首先，按税种可划分为不免税购物、免（关）税购物及购物退税。其次，按有无目的性划分为休闲购物和专门购物。最后，按消费人群划分为国内旅游购物和国际旅游购物。除此之外，石美玉还认为旅游购物与一般的日常购物有很大区别，研究旅游购物的特性可以掌握其一般发展规律并对旅游购物的发展具有重大意义。旅游购物的特点主要有四点：其一是旅游购物具有明显的波动性，其主要表现是旅游者数量在不同地点和时间表现出来的差异。其二是旅游购物更加追求旅游商品的抽象价值。其三是旅游购物的风险高于一般购物，原因主要是旅游者无法确切的获悉商品质量以及价格等方面的真实信息和旅游商品的退换难度较大。其四是旅游购物和一般购物的销售网点布局不同，旅游购物的销售网点需要根据旅游者的行为特点为依据而进行具体规划。实际上，根据侧重点的不同还可以将旅游购物分为"旅游购物"和"购物旅游"。两者虽然都涉及旅游和购物，但是前者侧重于旅游本身，购物时为了加强旅游体验而进行的活动；后者侧重于购物活动，是指旅游者前往旅游地的主要目的是为了购物。"旅游购物"和"购物旅游"由于侧重点的不同导致旅游者在这两种活动中所购买的商品内涵也有所不同。前者指向的旅游商品多局限于旅游纪念品、土特产品、手工艺品；而后者指向的旅游商品则延伸至日用消费品、小额贸易及旅游装备工业上（张建融，2007）。

世界知名的旅游目的地的发展模式之间既有相同点也各自有其特殊之处。张建融（2007）通过对巴黎、中国香港、新加坡三处知名购物旅游目的地的研究，总结出了购物旅游目的地的发展经验以及支撑体系。购物旅游产品的支撑体系及要素如表5-9所示。

表5-9 购物旅游产品的支撑体系及要素

体系	要素	具体内容
市场与服务支撑体系	市场培育	品牌消费（高消费水平，时尚消费观念）的市场培育
	市场拓展	消费群体扩展（包括国际游客，当地游客）
	市场服务	良好的服务质量与服务水平、服务品牌等
品牌商品支撑体系	品牌商品汇集	商品种类丰富，国际品牌汇聚
	品牌商业连锁	著名连锁商家、时尚及高端百货集聚、特色化商业街区规划建设
政策与环境支撑体系	购物环境	舒适的购物环境（包括基础设施、商业环境、物流服务等）
	文化环境	民俗风情、宗教艺术、烹饪美食等特色商业文化环境
	政策环境	商贸促进政策、商家诚信体系、消费者权益保护等
	信息环境	旅游信息咨询与服务、信贷环境与信用卡支付环境等
	品牌形象环境	购物旅游地形象品牌与口碑环境等

关于购物的场所和环境发展，Timothy（2005）曾列举了可能发生旅游购物活动的各种场所（吴必虎，2010），如纪念品商店、超市、杂货店和服装店、百货商店、购物中心、工厂直销购物中心、机场、火车站和港口、免税店、高速公路服务区、博物馆和遗产地、葡萄酒厂、特殊节事和主题公园、手工艺村、旅游者购物村、街头摊贩、手工艺品市场等。此外，他还详细阐述了以上场所的特征和地区分布，如表5-10所示。

表5-10 不同旅游购物设施的特征区位分布

区位	购物设施类型
旅游吸引物（景区）	纪念品商店、博物馆商店、葡萄酒厂、特殊节事和主题公园
旅游度假区	超市、杂货店和服装店、百货商店
城市郊区	购物中心、工厂直销购物中心
交通枢纽（站场）	机场零售店、火车站和港口商店、免税店
高速公路	服务区商店
社区或乡村	手工艺村、旅游者购物村
城市中心	街头摊贩、手工艺品市场

随着旅游业的日渐成熟和城市化发展的逐渐深入，购物中心作为旅游者在旅游目的地的进行购物活动的主要场所，其主要功能、空间设计、选址等方面都对旅游者的购物感受有着重大影响。国际购物中心协会（ICSC）为购物中心赋予的定义是"购物中心是由开发商规划、建设、统一管理的商业设施，拥有大型的核心商店、多样化商品街和宽广的停车场，能满足消费者的购买需求与日常活动的商业场所。"（金鹏，2008）除此之外，购物中心协会划分了购物中心的类型并对每一种具体类型进行了详细的定义，其具体类型有：邻里中心、社区中心、地区中心、超级地区中心、时尚/专卖中心、能量中心、主题/欢乐中心、直销中心、生活方式中心（俞稚玉，2004）。王学军（2002）认为尽管购物中心类型众多，功能也都不尽相同，但是所有购物中心都具备两项基本功能，即提供齐备的商品以及向顾客提供休闲与娱乐服务。杨晶晶（2008）认为人在商业空间内的行为可以分为消费行为和非消费行为两种，但是这两种行为对商业空间的塑造有着共同的要求，即便捷、商品聚集与可选择性、可识别性、舒适性（包括适宜的物理环境、合适的人的密度、足够的休息场地与设施以及空间美感）、安全性以及可信度。陈姗姗（2012）基于购物中心的空间体验提出了四点设计原则。首先，从视、听、触、嗅等方面诱发顾客丰富的知觉体验。其次，通过娱乐主题的策划、娱乐设施的设置以及娱乐活动的引入来诱发公众参与的娱乐体验。再次，通过多元化的界面、特色化的节点以及个性化的陈设来诱发可以彰显个性的审美体验。

最后，通过整体性的空间序列、情境性的场所制造以及地域性的文化传承来诱发顾客情景交融的情感体验。

近年来，出口退税和离岛免税的政策通过旅游购物对旅游目的地有着重大影响。出口退税是指对出口商品已征收的国内税部分或全部退还给出口商的一种措施，是一种国际惯例。离岛免税与其不同，只有极少数国家或地区实施了这一政策，其中实施时间较长、运行较为成熟的主要是日本冲绳和韩国济州。日本冲绳岛通过覆盖范围极广的优惠政策，强大的接待能力以及便捷的购物流程为来岛的旅游者打造了完美的购物体验。2011年4月和12月，中国免税店三亚市内离岛免税店与海关免税店海口美兰机场离岛免税店相继开业，海南离岛旅客免税购物政策试点全面实施。离岛免税政策的实施对于海南旅游业的转型升级和体制创新有着促进作用，与此同时，该政策对加快国际购物中心的建设以及推动海南国际旅游岛建设都有着深远且重大的意义（王大赛，2014）。考虑到满足我国游客日渐高涨的购物需求，带动国内奢侈品消费以避免资金外流以及增强旅游盈利的国际性趋势，离岛免税政策的全面实行对于我国旅游业的发展更是有其不可小看的必要性（陆园，2011）。

第六章

国际旅游市场营销策划

第一节 国际旅游者行为

一、国际旅游者的定义

由于国际旅游者对旅游发展具有的重要作用，多年以来，一些国际旅游机构与组织对国际旅游者做出了不同的定义。国际旅游者定义的发展如表6-1所示。

二、国际旅游者旅游动机

（一）旅游动机概念与分类

旅游动机就是促使人们离开居住地外出旅游的内在驱动力。收入水平、闲暇时间、生活环境和旅游欲望是产生旅游动机的基本条件（谢彦君，2002）。一般而言，旅游动机主要有寻求爱的动机、逃避现实动机、好奇探险动机、健康娱乐动机、社会交往动机、扩展和更新生活动机。

不同国家或地区的旅游者的旅游动机不同。根据旅游学原理，从构成上可将旅游者分为国内旅游者、外国旅游者和华侨、港、澳、台同胞旅游者，他们的主导旅游动机是不相同的。国外旅游者的主导旅游动机是欣赏我国几千年的文化古迹，参观我国现代化建设的成就，了解中国人民的生活方式、风土人情等。中国血统的广大华侨、港、澳、台同胞大多从乡土观念出发，因想念同宗亲人而归国旅行，探亲访友、寻根问祖，以社会交往为主导旅游动机。国内的长线旅游者主要出于文化方面的动机，多数人外出旅游是为了游览祖国的名山大川，名胜古迹；国内的短线旅游者主要是健康娱乐动机，利用节假日休息一下，娱乐一下，放松一下。

表 6—1 国际旅游者定义的发展

组织与时间	定义	具体人员包括	人员不包括
国际联盟统计专家委员会（Committee of Statistics Experts of the League of Nations），1937 年	对"国际旅游者"或"外国旅游者"定义为："离开自己的居住国，到另一个国家访问超过 24 小时的人。"	①为了消遣、娱乐、家庭事务和身体健康方面的目的而出国旅行的人；②为出席国际会议或作为各国公务代表而出国旅行的人；③为工商业务而出国旅行的人；④在海上巡游过程中登岸访问的人员，即使其停留时间不超过 24 小时，也看作旅游者。	①到某国就业任职者；②到国外定居者；③到国外学习、膳宿在学校的学生；④边境居民日常停留的旅行者，即使在境内时间超过 24 小时也不算作旅游者。
罗马会议，1963 年	会议出于统计工作需要，就各国对旅游者的统计口径做了补充，对 1937 年国际联盟的定义做了修改补充，并提出了"游客"（visitor）这一总体概念。出了"游客"（visitor）下分为两类：一类是过夜旅游者，即称为过夜游客（tourist）；另一类是不过夜的当日往返者，称一日游游客或游览者（excursionist）。同时，该定义以来访者的常住国而不是国籍为标准来确定是否为游客。	①游客除为获得有报酬职业以外，基于任何原因到一个不是自己常住的国家去访问的任何人。②过夜游者，即到一个国家作短期访问可至少逗留 24 小时的游客，其旅游目的可归下列之一：消遣（包括娱乐、度假、疗养保健、学习、宗教、体育运动）；其二，工商业务、家庭事务、公务出差、出席会议、当日往返旅游者，即到一个国家作短暂访问逗留不足 24 小时的游客（包括海上巡游旅客）。	那些在法律意义上并未进入所在国的过境旅客（如没有离开机场中转区域的航空旅客）。
世界旅游组织（World Tourism Organization, WTO），1981 年	出版的《国内与国际旅游统计资料收集与提供方法手册》一书中，使用排除法，对国际旅游者的统计口径做了界定，并向全世界推荐。国际游客又分成国际旅游者和短程国际游览者。国际旅游者是指在目的国的住宿设施中至少过夜一次的游客。短程国际游览者是指未在目的国住宿设施中过夜的游客，其中包括乘坐游船的乘客，这些乘客每天回到船上住宿。短程国际游览者不包括进行多日访问但夜间可能在所停靠的港口城市中乘坐海游船的乘客，如降落在过境途中的乘客，如降落在该国的航空班机上的过境乘客。	①为了娱乐、医疗、宗教、家庭事务、体育活动、会务、学习或过境进入另一国家者；②外国船船员或飞机组成员在中途停在某国短暂停留者；③停留时间不足 1 年的外商业或公务旅行者；④负有持续时间不足 1 年使命的国际团体雇员或返回国进行短期访问的外侨民。	①向目的国移民或在该国谋求职业者；②以外交身份或军事人员身份进行访问者；③上述任何人员的随从人员；④流亡者、流浪者或边境出境人员；⑤打算停留 1 年以上者。

续表

组织与时间	定义	具体人员包括	人员不包括
中国国家统计局，1979年	改革开放以后，来我国的海外游客日增，国家统计局为了统计的需要对国际旅游者做了以下界定。凡纳入我国境人员统称为（来华）海外旅游者。海外旅游客指来我国探访友、观光、度假、就医疗养、购物、参加会议或从事经济、文化、体育、宗教活动的外国人、华侨、港澳台同胞。海外游客是出于上述目的离开长住国（或地区）到我国内地连续停留时间不超过12个月，并且主要目的不是通过所从事的活动获取报酬的人。其中，长住国（或地区）指一个人在近一年的大部分时间内所居住的国家（或地区），或虽然在这个国家（或地区）只居住了较短的时间，但在12个月内仍将返回的这个国家（或地区）。按照在我国内地旅游访问期间停留时间的差别，海外游客划分为海外旅游者和海外一日游游客。海外旅游者是在我国内地旅游住宿设施内停留至少一夜的海外游客，又称为过夜游客。海外一日游游客是未在我国内地旅游住宿设施内过夜，又称不过夜游客。	①外国人指具有外国国籍的人，包括加入外国国籍的华人；②华侨指持有中国护照、侨居外国的中国同胞；③港澳台同胞指居住在我国香港地区、澳门地区和台湾地区的中国同胞。	①应邀来华访问的政府部长以上官员及随从人员；②外国驻华使（领）馆官员、外交人员及随行的家庭服务人员和受赡养者；③在我国驻期已达一年以上的外国专家、留学生、记者、商务机构人员等；④乘坐国际航班过境，不需要通过护照检查进入我国口岸中转旅客；⑤边境地区（因日常工作和生活而）往来的边民；⑥回内地定居的外国华侨、港澳台同胞；⑦已经在我国内地定居的外国人和原已出国境又返回我国内地定居的外国侨民；⑧归国的我国出国人员。

（参考藏良运的《旅游学概论》部分内容整理而得）

（二）国内出境旅游动机

随着我国对外开放的扩大、国际国内旅游业的发展和人民生活质量的提高，旅游的动机再也不是原来那么单一。人们因文化方面的需要，而产生了学术交流、访古觅胜、科学考察等旅游动机；人们还因为身心方面的因素，而产生了度假、修养等旅游动机；特别是还有一些国家商品的关税低、价格低，因而形成了一部分是购物动机而产生的出境旅游。如果按照旅游者的旅游动机可以将出境旅游行为分为探亲访友、游览观光、务工经商、移民定居、留学、文体交流、考察培训等几种类型（龙婷，2004）。

三、我国入境旅游者的行为分析

分析入境旅游市场的出游动机，有助于更好地掌握入境旅游者的行为模式和消费偏好，为制定旅游目的地发展对策打下坚实的基础。从分析结果来看，观光休闲是我国入境旅游市场最主要的出游动机，经济全球化促进国家间的商务往来，因此，以会议或商务为目的入境旅游人次稳步提升。以服务务工为目的入境旅游人次基本持平，而探亲访友型的入境旅游者仅占极低比例。

从消费结构来看，入境旅游者娱乐、住宿、餐饮消费所占比例下降，长途交通、市内交通和邮电通信的消费占比基本维持稳定，而商品销售所占比例增长显著。可见，基本旅游消费在入境旅游消费中所占的比例呈现下降的趋势，但与旅游发达国家相比还有较大差距；非基本旅游消费具有较大的消费弹性，旅游购物消费有明显的发展。整体入境旅游市场消费结构由基本旅游消费向非基本旅游消费转变，呈现良性发展势态。

（一）海外旅游者对旅游交通工具的偏好

外国游客对入境交通工具的偏好不同于整体海外旅游者的偏好。外国人会依次选择飞机、轮船、汽车、徒步、火车为他们的入境交通工具。半数以上的外国人都首先乘飞机到中国，这主要是因为客源国距我国距离遥远，为了节省时间，大部分外国人都宁愿选择价格高但速度快的交通工具。飞机速度快、舒适、安全、省时间，这些特点恰好能够解决旅行距离太长的限制，因此深受远程市场上国际游客的欢迎。轮船是外国旅游者入境的第二大交通工具。中国海岸线1.84多万公里，同许多国家都有海上往来，国际客运轮船的航班多。所以，外国旅游者选择轮船作为入境方式的人数仅次于飞机，居于第二位。徒步方式是海外旅游者首选的入境交通方式，而在外国旅游者的选择偏好中只居第四位，这主要是因为我国的入境游客主体是港澳台同胞。港澳台地区距离我国内地近，即使选择徒步方式，也花费不了多长时间。而外国旅游者选择徒步方式作为入境方式多是先抵达香港，从香港徒步入境。火车在外国旅游者的入境方式选择中居于末位，原因有两个：①火车自身的特点决定其适合于中短距离旅行，而外国旅游者从客源地到目的地的距离都比较长，不适合选择火车作为入境交通工具；②我国开通的国际列车线路有限，这也在一定程度上影响了外国旅游者的选择性。

可供海外旅游者进行城市间流动的交通工具有飞机、汽车、火车、轮船等。海外旅游者来到中国后，都被中国丰富的自然人文旅游资源所吸引，希望游览尽可能多的景点。但我国的旅游资源分布面广，且各具特色，在这一背景下，多数旅游者的旅游活动是跨地区性的，甚至是全国性的，但旅游者在中国停留的时间有限，因而这种跨地区或全国性的流动主要是借助于航空运输。对于城市间中短距离的移动，海外旅游者多数会选择火车。中国铁路线四通八达，逐步形成新型、科学、合理的铁路网络。为了适应旅游事业的发展，我国开辟了数百对全国性的旅游专列，大大方便了海外旅游者的流动。这些旅游列车的特点是：安全、准时、舒适、清洁、价格合理、服务周到，车上供应餐饮，沿途提供风光导游，并代办到达景区的旅游汽车票。有的车上还设有邮政、医疗、酒吧、小卖部、卡拉 OK 等服务项目，集食、住、娱、购于一体，方便快捷，周到细致的服务受到海外旅游者的好评。

（二）海外旅游者对旅游目的地的选择偏好

影响海外来华旅游者选择旅游目的地的主要因素有三个：目的地的旅游资源、目的地的知名度以及目的地的可达性（马耀峰，2003）。海外旅游者对我国山水风光、文物古迹、民俗风情旅游的兴趣最浓。对饮食烹调、文化艺术、旅游购物亦有较大兴趣，而对医疗保健、海滩和节庆旅游的兴趣很小。因此，以山水风光、文物古迹、民俗风情为特色的旅游目的地深受海外旅游者的喜爱，典型代表有桂林、西安、昆明等地。海外旅游者倾向于选择最有名的旅游地旅游，这一点可以从外国旅游者在中国各重点旅游城市的旅游状况看出。受经济发展状况的影响，交通一直是制约我国旅游业发展的"瓶颈"，特别是在旅游旺季，旅游目的地的可达性是影响海外旅游者选择的重要因素。海外旅游者首选的目的地都是开辟有国际直航线路的城市。我国主要入境口岸城市北京、上海、广州、深圳是我国接待入境旅游者人次数最多的四个城市。四城市当中，除了北京具有许多国际旅游景点外，上海、广州、深圳主要是因为拥有很多的国际直航线路，从而成为来华海外旅游者的必达之地。而非口岸城市，如西安，尽管当地旅游资源丰富，但其开辟的国际直航线路有限。海外旅游者来西安旅游需要先到北京、上海等口岸城市，然后再乘国内航班至西安，这给海外旅游者带来费用和时间上的损失，所以西安也失去一部分潜在市场。

（三）来华海外旅游者对旅游路线的选择偏好

广州、深圳、北京、上海作为我国的出入境口岸城市，是游客的必经之地。海外旅游者从不同的口岸城市入境，选择游览的旅游城市会有所不同，出境口岸也会发生变化。但总的来说，海外旅游者的旅游行程是有目的、单向、无返程的流动。即从主要出入境口岸入境，经其他城市和地区后，再从另一出入境口岸出境。北京、上海、南京、苏州、杭州、广州、深圳、珠海、中山、昆明、桂林、西安、厦门、泉州是海外旅游者入境后的主要流向地，而北京、沪宁苏杭，广深珠中这三个地区的接待能力、社会经济发展水平、改革开放度、城市风光、城市的典型代表意义等在全国都居领先地位，因此它们不但是海外旅游流的发散地，而且成为主要流向地（李旭，马耀峰，2003）。

四、我国出境旅游者的行为分析

旅游者行为，主要是指旅游者在收集有关产品的信息进行决策和在购买、消费评估、处理旅游产品时的行为表现（陶国富，2005）。今天的社会是多样化的社会，生活在不同社会的民族、地位、性别、职业、教育、生活等方面的差别使得其在行为、兴趣、喜好、观念上有着不同之处。这些方面同样体现在旅游行为上，强烈地影响着人们的旅游行为，使得人们在对旅游目的地、旅游形式等做出决策时表现出极大的不同（龙婷，2004）。

我国出境旅游者的消费决策分析：旅游消费决策是利用收集的各种相关信息，根据自己的经验、主观、偏好、性格等做出决策的过程。影响旅游行为主要有两个因素：一个是收集到的各种信息在大脑中形成的对环境的整体印象，即感知环境；另一个是最大效益原则即旅游者总是选择最少的旅游时间和获得最大的旅游信息量。由于这两个因素，使得出境旅游者在进行目的地选择、旅游形式、购买渠道、交通方式等决策上表现明显的规律性特征。

（一）目的地选择

由于我国出境旅游者的经济收入与目的地感知程度的不同对目的地的选择也不同，许多我国出境旅游者在选择目的地时，总是同时旅游几个国家。

我国出境旅游在选择旅游目的地时表现出了明显的旅游偏好。主要集中在中国香港、泰国、中国澳门、俄罗斯、新加坡和马来西亚等地。影响出境旅游者对目的地的选择的因素有很多，比如对目的地感知程度、个人经济收入、文化程度、旅行距离、旅游交通等，而对于我国的出境旅游者来讲产生对这些旅游目的地选择主要是由经济收入和对目的地感知程度这两个因素。在我国出境旅游是一种奢侈消费，在开支方面不是一笔很小的费用，所以人们对目的地选择总是审慎，充满了很高的期望值，要用这笔开支和时间来换得一次难忘的经历与一种最大的身心满足，所以对出境旅游者最大的障碍就是出境旅游费用过高，使得很多想出境旅游的人望而却步。对目的地感知程度一般来说，中国香港、东南亚由于地域的原因，加上出境旅游者对这些国家和特区了解的比较多，再加上旅行商、广告等宣传渠道对这些地区一直是作为重点加以推荐，所以人们对这些地方的感知程度比较高，这些国家和特区自然成为旅游目的地首选之地。

此外，由于费用与时间的因素，使得人们在选择出境旅游的目的地不是单一的，从旅行社的路线安排来说总是将几个国家安排在一起，使得人们在费用最少时旅游的国家最多，所以说近几年的出境旅游总是将几个国家组合在一起。

（二）旅游形式决策的变化与购买渠道

根据智研咨询发布的《2017—2022年中国出境游行业运营态势及发展趋势研究报告》显示，2016年旅行社组织中国公民出境旅游人数为5656.65万人次，同比增长21.82%，占出境游总人数46.37%。近年来，我国居民跟团游保持较快增速，旅行社组织的出境游人次占出境游总人次的比例由2009年的25.91%上升至2016年的46.37%，跟随旅行社出行成为国内出境游的主要方式，旅行社成为国内出境游市场爆发的显著获利者。在我国公民的跟团游中，主要贡献力量来自50后、60后的中老年人，而80后、90后等中青年人群更倾向于选择自由行。2017年上半年出境自由行规模超过6000万人次，占出境游总人数54%。在跟团游客中选择半自助游、私家团也成为趋势，其中中高端定制游和自由行成为大势所趋。

（三）交通方式决策

影响我国出境旅游者交通决策主要是其旅行的距离和时间因素。旅行距离往往是通过交通便利程度表现出来的。交通便利程度影响着旅游者对旅游目的地的选择。影响选择某种旅游交通工具的主要因素不是价格与费用，而是距离、时间因素，我国出境旅游者除了边境旅游外，主要选乘的是飞机，这是因为客源地到目的地距离较远，而且游客的出游时间有限，现代化的航空运输能给人提供快捷、安全、舒适的旅行。在两个目的地之间时，如果距离较长都是先乘飞机；而距离较短并且有公路或铁路较为发达时，则旅游者一般会选择火车与汽车；从住宿到旅游景点时选择的是豪华旅游车；对地势较高或险要的景区，不管道路状况如何，绝大多数出境旅游者选择索道与游览车特种工具。

（四）住宿及购物方面的决策

在不考虑价格因素的情况下，出境旅客在进行住宿决策时，优先考虑住宿酒店的风格。由于国外饮食方式不同，而且我国民族众多，对饮食方面的讲究也很多，因此我国出镜旅游者选择住宿酒店的因素中比较看重酒店的餐饮。在考虑价格方面，住宿的选择主要取决于旅游者的收入高低。参加团队包价旅游的游客和商务游客大多选择高档饭店（四星级以上及其酒店），散客则选择的是中档宾馆（四星级以下酒店）。购物方面主要是当地的特产、艺术品以及一些在我国价格比较高而在当地却比较廉价的商品。在特产、艺术品方面，考虑价格比较少，而在其他商品上价格考虑的却比较多（肖建成，任江明，2002）。

第二节 市场营销理论

一、市场营销的概念

（一）市场的定义

美国"现代营销之父"菲利普·科特勒教授指出：市场是具有特定需要和欲望，而且愿意并能够通过交换来满足这种需要或欲望的全部潜在顾客。

市场的构成要素：市场＝人口＋购买力＋购买欲望。

（二）市场营销的定义

美国著名的营销学家菲利普·科特勒教授的定义为：市场营销是通过创造和交换产品及价值，从而使个人或群体满足欲望和需要的社会过程和管理过程。

市场营销不仅仅是研究流通环节的经营活动，还包括产品进入流通市场前的活动，如市场调研、市场机会分析、市场细分、目标市场选择、产品定位等一系列活动，而且包括产品退出流通市场后的许多营销活动，如产品使用状况追踪、售后服务、信息反馈等一系列活动。可见，市场营销活动涉及生产、分配、交换、消费全过程。①

市场营销是个人或组织在特定的内外部环境影响下，为促进商品或服务的销售与交换而开展的一切经活动，它既是一个动态的管理过程，又是一种促使顾客的潜在购买力转化为对产品的有效需求的管理功能。②

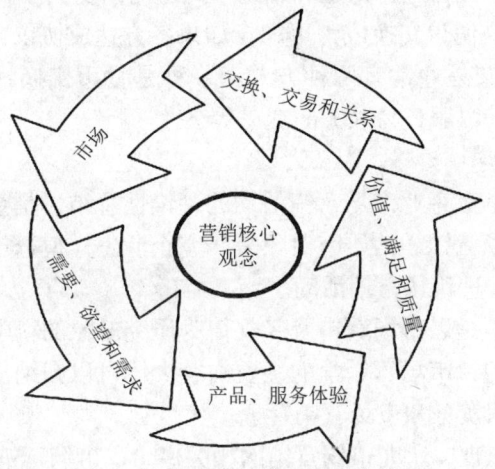

图 6-1 市场营销核心概念的关系

---

① http://wenku.baidu.com/link?url=s2k0rqkQlhQXjakAzbsle1K3pAW5EbfxtM_5rUKhmLWEZP1ppzGDqtbLnLG_p1wm8uIhU76WiLj7Rd4OHqDMyb-Parc26sfxTEr8dyVMwra。

② http://wenku.baidu.com/link?url=PBn28J9oA6WoSe82F7TQoV8DsL-MZQIXKEvwNfmxFvtKR8u4RbCo1oL4hECL1pI8X4KwOCZIPBNRSMrp4DcjhkVf4RPgY7R9k0Pmzgs8InO。

1. 欲望和需求

需要：指没有得到某些基本满足的感受状态，它是人类与生俱来的。

欲望：指希望得到某种基本需要的具体满足物的愿望。

需求：指人们有能力并且愿意购买某个具体产品的欲望。

2. 产品和商品

任何能够满足人们需要和欲望的东西都可以称为产品。产品的价值不在于拥有它们，而在于它们所带来的对欲望的满足。

3. 效用、费用和满足

在对能够满足某一特定需要的一组产品进行选择时，人们所依据的主要标准是各种产品的效用。所谓效用，是指消费者对产品满足其需要的整体能力的评价。通常情况下，消费者都会根据这种对产品价值的主观评价和要支付的费用来做出购买决策。

4. 交换和交易

人们的需要和欲望可以通过交换来实现。交换是市场营销的核心概念，要想发生一项交换，必须具备如下5个条件。

（1）至少有两方参加。

（2）每一方都拥有其他方需要的有价值的东西。

（3）每一方都认为与对方进行交换是合适的或称心的。

（4）每一方都可以自由地接受和拒绝对方所提供的东西。

（5）每一方都有能力进行沟通和运送彼此所需的货品。

以上的条件只是使得交换成为可能，如果各方达成协议，则将这种实际发生的交换称为交易。交易通常有两种方式：一种是货币交换，另一种是非货币交换，包括以物易物、以服务易服务的交易等。[1]

（三）市场营销学

市场营销学就是对企业市场营销活动的理论性总结，是系统研究市场问题的独立经济学科。市场营销学的研究对象是研究企业怎样摸透市场变化的规律以及如何有效地充实和管理市场营销活动。[2]

基于市场营销学是以市场营销及其规律为研究对象的科学，根据市场营销活动的主要内容和目的，市场营销学的主要内容大体可以归纳成三个部分：即市场营销原理、市场营销实务和市场营销管理。

（1）市场营销原理，研究市场营销的相关概念、市场营销观念及其演变等。

---

[1] http://wenku.baidu.com/link?url=PBn28J9oA6WoSe82F7TQoV8DsL-MZQIXKEvwNfmxFvtKR8u4RbCo1oL4hECL1pI8X4KwOCZIPBNRSMrp4DcjhkVf4RPgY7R9k0Pmzgs8InO。

[2] http://wenku.baidu.com/link?url=s6tH6m07FIqGw1WY9Ie0xNi3zuxOPwfYRer2Mtsxzf0QueW1kRcJrmHWrQ6jpb1EkxbiD1-kx-vx66uuXebXxYUnI6DGK4GKOpk1OvymJgO。

（2）市场营销实务，研究市场环境、市场调研、营销组合策略等。市场环境和市场调研着重分析影响和制约企业营销活动的各种环境因素，分析各类消费者的购买行为，进而提出企业进行市场细分和选择目标市场的理论和方法，并根据市场调查做出市场需求预测。这部分内容具有市场营销基础的意义，阐述了市场营销的若干基本原理和基本思路。而市场营销策略是市场营销学的核心内容。其任务在于论述企业如何运用各种市场营销手段以实现企业的预期目标，比如4P或者4C策略。

（3）市场营销管理，研究关于市场营销计划、组织和控制。着重分析企业为保证营销活动的成功而应在计划、组织、控制等方面采用的措施与方法。

总之，市场营销学研究的内容非常广泛，它以了解消费需求为起点，以满足消费需求、实现企业经营目标为终点。[①]

二、市场营销学的发展历程

市场营销理论发展有以下四个阶段。

第一阶段：初创阶段。市场营销于19世纪末到20世纪20年代在美国创立，源于工业的发展，这时的市场营销所研究的范围很窄，只是研究广告和商业网点的设置。这时市场营销学的研究特点是：第一，着重推销术和广告术，至于现代市场营销的理论、概念、原则还没有出现；第二，研究活动基本上局限于大学的课堂和教授的书房，还没有得到社会和企业界的重视。

第二阶段：应用阶段。20世纪20年代至第二次世界大战结束市场营销初具规模，美国国内企业开始大规模运用市场营销学来运营企业，打开海外市场，欧洲国家也纷纷效仿。成立"美国市场营销协会"，宣讲市场营销学，广泛吸收学术界与企业界人士参加，市场营销学开始从大学讲台走向社会。此阶段市场营销学的研究特点是：第一，并没有脱离产品推销这一狭窄的概念；第二，在更深更广的基础上研究推销术和广告术；第三，研究有利于推销的企业组织机构设置；第四，市场营销理论研究开始走向社会，被广大企业界所重视。

第三阶段：形成发展阶段。20世纪50年代至80年代，美国军工经济开始转向民众经济，市场开始出现供过于求的状态。此时美国市场营销学专家W.Aderson与R.Cox提出"广义的市场营销学，是促进生产者与消费者进行潜在商品或劳务交易的任何活动"。此观点使营销开始步入全新的阶段。认为市场是生产过程的起点；市场营销是通过调查了解消费者的需求和欲望，而生产符合消费者的需求和欲望的商品或服务，进而满足消费者的需求和欲望；从而使市场营销学摆脱企业框架而进入社会视野，并有明显的管理导向。

[①] http://jiudian.jiameng.com/news/40021_1.htm.

第四阶段：成熟阶段。20世纪80年代至今，市场营销学与消费经济学、心理学、行为科学、社会学、统计学等应用科学相结合，发展成为一门新兴的综合性的应用科学，出现了大市场营销、绿色营销等新内容。在市场营销理论方面，出现了从4P向4C的转变。进入21世纪，互联网新经济产生了新营销，利用互联网创造性地开展企业营销工作，以满足不同消费者的需求，使传统的营销模式产生了变革升华，追求价值和效率最大化，实现零距离互动式的直接沟通等新的营销观念产生并发展起来。此阶段特点：第一，与其他学科关联，如经济学、数学、统计学、心理学等；第二，开始形成自身的理论体系；80年代是市场营销学的革命时期，开始进入现代营销领域，使市场营销学的面貌焕然一新[1]。

三、4P营销理论

4P营销理论实际上是从管理决策的角度来研究市场营销问题。从管理决策的角度看，影响企业市场营销活动的各种因素（变数）可以分为两大类：一是企业不可控因素，即营销者本身不可控制的市场；营销环境，包括微观环境和宏观环境；二是可控因素，即营销者自己可以控制的产品、商标、品牌、价格、广告、渠道等等，而4P就是对各种可控因素的归纳。

（1）产品策略（Product Strategy），主要是指企业以向目标市场提供各种适合消费者需求的有形和无形产品的方式来实现其营销目标。其中包括对同产品有关的品种、规格、式样、质量、包装、特色、商标、品牌以及各种服务措施等可控因素的组合和运用。

（2）定价策略（Pricing Strategy），主要是指企业以按照市场规律制定价格和变动价格等方式来实现其营销目标，其中包括对同定价有关的基本价格、折扣价格、津贴、付款期限、商业信用以及各种定价方法和定价技巧等可控因素的组合和运用。

（3）分销策略（Placing Strategy），主要是指企业以合理地选择分销渠道和组织商品实体流通的方式来实现其营销目标，其中包括对同分销有关的渠道覆盖面、商品流转环节、中间商、网点设置以及储存运输等可控因素的组合和运用。

（4）促销策略（Promoting Strategy），主要是指企业以利用各种信息传播手段刺激消费者购买欲望，促进产品销售的方式来实现其营销目标，其中包括对同促销有关的广告、人员推销、营业推广、公共关系等可控因素的组合和运用[2]。

---

[1] http://wenku.baidu.com/link?url=RVeLmDpdF71bGUAaZWarjO2yG8BC6hGUKijW1_cIwxB3cr_7b7gJPDJZptZaQUP1f3tX6Kf1IPr2XIABDTHnqLSwcLIoWcUnYnWjP3w4L_W。

[2] http://wenku.baidu.com/link?url=_cCRvGDmVOAXEFFkNyAA2fWgXNyrs2W3qYdrv04TmsVblZuHxapNtZgDwzCZw89U1o_Jn8bEG05P5KZM57tE-zuK7TL_7rPglFjtseMiDTW。

四、4C 营销理论

4C 营销理论是由美国营销专家劳特朋教授在 1990 年提出的，它以消费者需求为导向，重新设定了市场营销组合的四个基本要素：即顾客（Consumer）、成本（Cost）、便利（Convenience）和沟通（Communication）。它强调，首先，企业应该把追求顾客满意放在第一位；其次，努力降低顾客的购买成本；然后，充分注意到顾客购买过程中的便利性，而不是从企业的角度来决定销售渠道策略；最后，还应以消费者为中心实施有效的营销沟通。与产品导向的 4P 理论相比，4C 理论有了很大的进步和发展，它重视顾客导向，以追求顾客满意为目标，这实际上是当今消费者在营销中越来越居主动地位的市场对企业的必然要求。

（1）顾客：零售企业直接面向顾客，因而更应该考虑顾客的需要和欲望，建立以顾客为中心的零售观念，将"以顾客为中心"作为一条红线，贯穿于市场营销活动的整个过程。零售企业应站在顾客的立场上，帮助顾客组织挑选商品货源；按照顾客的需要及购买行为的要求，组织商品销售；研究顾客的购买行为，更好地满足顾客的需要；更注重对顾客提供优质的服务。

（2）成本：顾客在购买某一商品时，除耗费一定的资金外，还要耗费一定的时间、精力和体力，这些构成了顾客总成本。所以，顾客总成本包括货币成本、时间成本、精神成本和体力成本等。由于顾客在购买商品时，总希望把有关成本包括货币、时间、精神和体力等降到最低限度，以使自己得到最大限度的满足，因此，零售企业必须考虑顾客为满足需求而愿意支付的"顾客总成本"。努力降低顾客购买的总成本，如降低商品进价成本和市场营销费用从而降低商品价格，以减少顾客的货币成本；努力提高工作效率，尽可能减少顾客的时间支出，节约顾客的购买时间；通过多种渠道向顾客提供详尽的信息、为顾客提供良好的售后服务，减少顾客精神和体力的耗费。

（3）便利：最大限度地便利消费者，是目前处于过度竞争状况的零售企业应该认真思考的问题。如上所述，零售企业在选择地理位置时，应考虑地区抉择、区域抉择、地点抉择等因素，尤其应考虑"消费者的易接近性"这一因素，使消费者容易达到商店。即使是远程的消费者，也能通过便利的交通接近商店。同时，在商店的设计和布局上要考虑方便消费者进出、上下，方便消费者参观、浏览、挑选，方便消费者付款结算等。

（4）沟通：零售企业为了创立竞争优势，必须不断地与消费者沟通。与消费者沟通包括向消费者提供有关商店地点、商品、服务、价格等方面的信息；影响消费者的态度与偏好，说服消费者光顾商店、购买商品；在消费者的心目中树立良好的企业形象。在当今竞争激烈的零售市场环境中，零售企业的管理者应该认识到：与消费者沟通比选择适当的商品、价格、地点、促销更为重要，更有利于企业的长期发展[①]。

五、4R 营销理论

21世纪伊始,《4R营销》的作者美国的艾略特·艾登伯格提出4R营销理论。4R营销理论以关系营销为核心,重在建立顾客忠诚。它阐述了四个全新的营销组合要素,即关联(Relativity)、反应(Reaction)、关系(Relation)和回报(Retribution)。4R营销理论强调,首先,企业与顾客在市场变化的动态中应建立长久互动的关系,以防止顾客流失,赢得长期而稳定的市场;其次,面对迅速变化的顾客需求,企业应学会倾听顾客的意见,及时寻找、发现和挖掘顾客的渴望与不满及其可能发生的演变,同时建立快速反应机制以对市场变化快速做出反应;然后,企业与顾客之间应建立长期而稳定的朋友关系,从实现销售转变为实现对顾客的责任与承诺,以维持顾客再次购买和顾客忠诚;最后,企业应追求市场回报,并将市场回报当作企业进一步发展和保持与市场建立关系的动力与源泉。

4R营销理论的最大特点是以竞争为导向,在新的层次上概括了营销的新框架。该理论根据市场不断成熟和竞争日趋激烈的形势,着眼于企业与顾客互动与双赢,不仅积极地适应顾客的需求,而且主动地创造需求,通过关联、关系、反应等形式与客户形成独特的关系,把企业与客户联系在一起,形成竞争优势[②]。

第三节 国际旅游市场营销策划

一、宏观市场环境分析

宏观市场环境指能够间接影响企业营销活动的不可控制的较大社会力量。包括政治与法律环境、人口环境、经济环境、自然环境、技术环境、文化环境[③]。

(一)政治与法律环境

政治与法律环境指那些制约和影响组织与个人的政治法律制度、政治机构和压力集团,包括政治体制与政治局势、营销活动有关的法律、压力集团、政府规制机构。

(二)人口环境

人口环境是指影响营销活动及其绩效的各种人口因素,包括人口规模和人口

---

① http://wenku.baidu.com/link?url=3aH0kzDVTb3F9rmhZqroNNYUJxN7Jf4ou7wdOkLTbpIaJoO-gqT8cKNS-kGjUwXY_NZRJ936mHxAZ0tVNx_JZkzFYEn4YHVgcDpGqFKl2SW。

② http://wenku.baidu.com/link?url=FeXsCSB1jyFbGc5_r4wlIfr8s_QBlOheyadL5PPdt9Z5-844bYXvTvW39M9Oy8pICoSxeY-e2wc4g_OeXzC8rmnMlCpajZOP8iQp1JmZiuS。

③ http://doc.mbalib.com/view/93d8cab979ec903081e5e9f9311d67b4.html。

密度、人口分布和构成、家庭规模和结构、人口迁移和流动、人口变动。

（三）经济环境

经济环境着重分析以下因素：收入水平与收入分配、消费者支出模式、经济周期与通货膨胀、消费者储蓄与信贷。

（四）自然环境

自然环境主要指营销者所需要或受营销活动制约的自然资源。（1）自然资源日趋短缺，环境污染日益加剧；（2）许多国家对自然资源和环境的管理日益加强；（3）环保组织的影响日益增大，绿色消费者人数日益增多；（4）环保市场增长迅速。自然环境分析包括：土地和耕地、森林、水资源、不可再生资源、能源、原材料、环境污染及国家或地区的资源与环境政策、法规等。

（五）技术环境

科学技术对企业的市场营销是"创造性的破坏力量"，具有双刃剑的作用。新技术对企业的影响分析：①新技术的发展为企业提供无限的创新机会；②新技术有利于企业改造经营管理；③新技术影响零售业结构和消费者购买习惯。

（六）文化环境

人类在某种社会中生活，久而久之，必然会形成某种特定的文化，它主要包括：核心价值观（对自己、他人、自然和环境的看法）、宗教信仰（东西方文化、佛教文化、伊斯兰文化）、风俗习惯（各国文化间的差异）。

二、微观环境分析

微观环境指与企业紧密相连，直接影响企业营销能力的各种参与者。包括顾客、竞争者、供应商、营销中介单位、微观营销环境的因素。

（一）顾客

顾客是企业产品或劳务的购买者，是企业的服务对象。顾客分析：第一，收集有关顾客的全面（基本）信息；第二，明确对顾客进一步了解、分析所需要的信息；第三，决定由谁收集、分析信息；第四，对顾客进行分析。

（二）竞争者

竞争者存在形式：同行、潜在进入者、替代产品、供应商、分销商及顾客。竞争分析的主要内容：竞争者的数量、规模、综合实力；市场战略；产品品种、结构、技术、工艺、研发；生产过程与条件；人力资源状况；价格、分销渠道、采购、促销、服务；财务状况；价值观与文化等。

（三）供应商

供应商是向企业及其竞争对手供应各种所需资源的工商企业和个人。供应商分析的主要信息：第一，备选供应品分析；第二，供应商从企业获得的收入；第三，供应商与企业一体化的可能性；第四，供应商与竞争对手的关系。

（四）营销中介单位

营销中介单位是协助企业推广、宣传、销售、配送给最终消费者的单位或个人。包括：①中间商：代理商、批发商、零售商等；②实体分配公司：如仓储、运输公司、配送公司等；③营销服务机构：如调研公司、咨询公司、广告公司、维修部门等；④金融机构：如银行、保险公司、信贷公司；⑤公众：对企业实现营销目标的能力有实际或潜在利害关系和影响力的团体或个人。

（五）微观营销环境的因素

美国哈佛大学的教授迈克尔·波特认为行业竞争强度的高低是由五种基本竞争力决定的。这五种竞争力分别是：新进入者的威胁、现有企业的竞争、替代产品的威胁、购买者讨价还价的能力、供应者讨价还价的能力。迈克尔·波特的五种竞争力同样是旅游企业微观营销环境的影响因素，但结合旅游企业的特性，可以主要分析购买者、中间商、竞争者、公众等影响因素。

旅游企业营销人员及高层决策人员应每年或定期对面临的微观环境及其因素进行分析，以便认清形势，适应环境的变化，从而根据微观环境及其因素的变化，灵活地调整企业的营销策略，使企业的市场营销活动得以顺利地开展。

三、国际旅游市场营销策略

（一）旅游市场营销策略

旅游市场营销组合是指旅游企业的综合营销方案，即旅游企业为增强竞争力，针对目标市场的需要综合自己可控制的各种营销因素（旅游产品质量、服务、价格、渠道、广告等）进行优化组合，以满足旅游目标市场的需要和保证旅游企业的营销目标顺利实现①。

（二）旅游产品策略

1. 旅游产品的生命周期策略

旅游产品的生命周期是指产品从正式投入市场开始，直到最后被市场淘汰，退出市场的全部过程中，产品大体上经历了类似人类生命模式的周期性规律。典型的产品生命周期一般包括四个阶段：介绍期、成长期、成熟期、衰退期。② 处于不同阶段的旅游产品在市场需求、竞争、成本和利润等方面有着明显不同的特点，也决定着供给者的不同营销策略。如果把旅游产品从进入市场到退出市场的整个历程按销售额和时间绘制成图，更能看出旅游产品生命周期的动态全貌，如图6-2所示。

---

① http://wenku.baidu.com/link?url=Fa5PH4YmCNFWJn4y–Uognnf6rHprfjvHMjDnnzfqCSENLlnn9gX83FXZImD62YRdSgoiL1H–dUziYvLWdeIYxi787nMipLVHdQvRcNs4gam。

② http://wenku.baidu.com/link?url=xyhVS73kR6Bd6jN_bmrxturHkgdHwUFdhdW1JXx–a3wz9vq25YvUqD4nc–N4xAOC2iDz7relyjEaJlDcq2EzUtrOxeR_v7503tA0VP8J–7i。

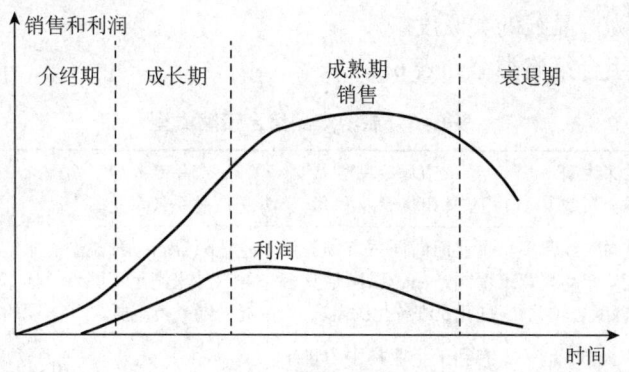

图 6-2　旅游产品生命周期

旅游产品的介绍期是旅游产品刚开发出来投放市场，销售缓慢增加的阶段。经过介绍阶段的游客试探性消费，一旦感觉良好，游客稳定增加，就会进入旅游产品的成长期。旅游产品到了成长期后期，游客和销售量的增长势头必然放慢，于是进入了旅游产品的成熟期。旅游产品的衰退期一般是指产品的更新换代阶段。在这一阶段，新的旅游产品已进入市场，正在逐渐代替老产品。各个时期特征及对策如表 6-2 所示。

表 6-2　旅游产品各生命周期特征及对策表

时期	介绍期	成长期	成熟期	衰退期
特征	产品刚进入市场，销售量增长缓慢，前期投入大，单位成本高。	知名度迅速提升，销量增长，成本下降，利润上升。	市场趋于饱和，销量达到最高点，利润呈现下降趋势，市场竞争激烈。	新产品已经进入市场，市场销量日益下降，利润迅速减少。
对策	双高策略（快速撤取策略）密集渗透策略（快速渗透策略）选择性渗透策略（慢速撤取策略）双低策略（慢速渗透策略）	企业应抓住市场机会，提高产品质量，增加产品品种，扩大市场占有率。	巩固已有市场和开拓新市场并进，利用产品和价格的差异化来吸引顾客。	保留仍有利润的项目，积极进行更新换代，一旦利润下滑到最低限度应当机立断，退出市场。

2. 旅游产品的组合策略

旅游产品组合是旅游经营者生产的、提供给旅游者的全部产品线的组合方式。它包括三个因素：产品线的广度、深度和关联度。旅游产品线是指在产品功能、性质及价格等方面有一定的相似性，能满足同一类旅游需求的一系列旅游产品。

旅游产品组合：同一家旅游企业所经营的产品线的数量称为产品线的广度（宽度）。同一条产品线所包含的产品种类的多少称为产品线的深度。产品线之间的关联程度称为产品线的关联度。

旅游产品组合策略类型如表 6-3 所示。

表 6-3 旅游产品组合策略类型

	多线深线型 （全线全面型）	市场专攻型 （市场专业型）	产品专攻型 （产品系列专业型）	特殊产品 专业型
定义	旅游企业同时经营多条产品线，产品线宽度较宽，深度也较深。	企业面向同一市场提供不同产品，以满足其多样化及细致化的需求。	企业只经营一种类型的产品来满足不同市场的同一类需要。	旅游企业针对不同目标市场的需求提供不同的旅游产品。
优点	能满足不同市场的需要，有利于扩大市场份额，分散企业经营风险。	有利于企业集中力量了解特定目标市场的需求，开发满足这些需求的多样化、多层次的旅游产品，有利于对市场进行渗透。	经营成本较低，有利于对产品进行深度开发，有利于企业树立鲜明的品牌形象。	能有针对性的满足不同的目标市场，有利于企业占领市场，扩大销售，减少风险。
缺点	经营成本较高，易造成资源的过度分散，很难形成竞争优势，品牌形象不清晰。	目标市场单一，市场规模有限，销售量有限，且带有较大的经营风险。	产品类型单一，有较大经营风险。	投资较多，成本较高，对市场调查要求高。

3. 旅游价格策略

旅游价格策略是旅游市场营销组合的重要组成部分，与其他策略相比，价格策略是旅游企业可控因素中最难以确定的因素。旅游企业定价是否恰当，直接关系到旅游产品的竞争地位和企业的盈亏[①]。旅游产品定价策略如下所示。

（1）新产品定价策略。主要包括如下方面。

①撇脂定价策略：高价进入市场的策略。在新产品上市之初，以高价格打入市场，迅速获取丰厚利润，短期内收回投资。采用这种策略要具备以下条件：高质量才能符合高价格；足够的消费者能接受高价并愿意购买；竞争者短期内不易进入该市场；产品拥有专利技术或需求弹性较小。

②渗透定价策略：低价进入市场的策略。在新产品上市初期，把价格定得很低，借以打开销路，扩大市场占有率，谋求较长时间的市场领先地位。采用这种策略要具备以下条件：市场对价格高度敏感；随着销量增加和经验积累，企业可以降低成本；低价可以有效地阻止竞争者进入；企业具有足够的接待能力或生产能力。

③满意定价策略：折中的价格策略。高价低价各有利弊，也各有风险，采取一个适中的价格，有利于取二者之利，避二者之弊，既能被旅游者接受，又能保

---

① http://wenku.baidu.com/view/83ad4ac6bb4cf7ec4afed0a4.html。

证企业获取一定的利润。

（2）心理定价策略。企业在制定价格时，根据消费者心理因素和心理素质采取消费者乐于接受的价格，达到满足消费、提高效益的目的。

（3）折扣定价策略。这是一种在旅游产品的交易过程中，旅游产品的基本价格不变，而是通过对实际价格的调整来刺激消费的做法。

（4）招徕定价策略。这种定价策略实际上是发挥促销导向的作用，以特殊价格吸引旅游消费者，从整体上提高企业的销售收入和盈利。

4. 旅游渠道策略

旅游产品从旅游生产企业到旅游消费者的转移是通过一定渠道实现的，旅游分销渠道在旅游市场的开拓中具有举足轻重的作用。分销渠道是指某种产品和服务从生产者向消费者转移过程中取得这种产品和服务的所有权或帮助所有权转移的所有企业和个人。具体而言：第一，分销渠道设计的原则：效率原则、经济原则；第二，选择分销渠道需要考虑的因素：市场因素、产品因素、企业因素、中间商因素、环境因素；第三，产品分销渠道形式的选择决策：直接销售渠道或间接销售渠道的决策、销售渠道长短的决策、销售渠道宽度的决策；第四，分销渠道的创新：直复营销、网络营销。

网络营销案例：

2009年1月9日，昆士兰旅游局网站面向全球发布了一则自称"世界上最好的工作"的招聘通告，并为此专门搭建了一个名为"世界上最好的工作"的招聘网站（www.islandreefjob.com），招聘昆士兰哈密尔顿岛看护员。该网站提供了多个国家的语言版本（包括英语、日语、简体和繁体中文、韩语和德语），短短几天时间内就吸引了超过30万人的访问，导致网站瘫痪，官方不得不增加十台服务器，而这一切还仅仅是个开始。

"世界上最好的工作"活动推广不到几天，便已成为互联网上最热门的话题之一。全球的申请人争相将自制的60秒短片上传到世界上最大的视频分享网站YouTube上，网民们还在Facebook等社交网站上主动推广这个活动，昆士兰旅游局则坐收网络营销之利。

本次活动共吸引全世界200多个国家或地区34 700多名应聘者的自荐申请，造成一波世界应聘热潮。据香港《文汇报》援引外电报道称，澳大利亚昆士兰旅游局表示，这次推广活动非常成功，仅花了170万澳元竟收到了1.1亿澳元的宣传效益。

而在此之前，哈密尔顿岛——这颗"大堡礁之星"，却由于金融危机的冲击，导致游客大减。经过此番兼具新颖创意和眼球效应的推广活动，哈密尔顿岛重归人们的视线，甚至超过金融危机前的知名度，再度成为全球瞩目的梦幻之岛。

最终，英国慈善工作者本·绍索尔击败所有竞争者获得这份"世界上最好的工作",这也为"2009全球网络营销第一大案"画上了圆满的句号。绍索尔也不负所托,在工作期间坚持不懈地上传照片、视频,发布博客,将昆士兰旅游局"网络营销"工作继续延展下去,形成持续性的网络推广链。

在金融危机的大背景下,昆士兰旅游局通过事件话题与网络营销相结合的方式成功突围,成为全球瞩目的焦点。

5. 旅游促销策略

促销是企业通过人员推销或非人员推销的方式,向目标顾客传递商品或劳务的存在及其性能、特征等信息,帮助消费者认识商品或劳务带给购买者的利益,从而引起消费者的兴趣,激发消费者的购买欲望及购买行为的活动。

旅游促销:旅游企业通过各种营销宣传手段,向旅游者传递旅游产品与服务的有关信息,以实现旅游产品生产市场与旅游消费者市场有效沟通,从而影响旅游者购买行为和消费方式的活动[1]。

旅游促销的功能:传播信息、刺激需求、强化优势、树立形象。

旅游促销方式:人员推销、销售促进、公共关系、广告。

广告营销案例:兴旅传媒代理的广告。

《远方的家》是中央电视台迄今为止播出的第一档大型旅游类节目。以旅游为载体,以文化为核心,以故事为基础,以情感为纽带,通过旅行体验者的亲身讲述,民间达人的旅行情报、旅游资讯的权威发布、学者嘉宾的文化解读、旅游话题的实时互动,呈现出多样化生活形态和旅行百科,彰显出既有传承又具时代感的国家旅游形象。

2011年,《远方的家》推出《边疆行》100集特别节目,以边行走、边观察、边旅游的方式,跨越中国陆路边疆九省区,历经桂、滇、藏、新、甘、内蒙古、黑、吉、辽省区,用车轮和脚步来丈量,用镜头来记录变化中的边疆及其独特的自然景观和绚丽的民族风情,取得了良好的收视效果,引起了强烈的社会反响。

2012年,《远方的家》继续行走天下,继续播出《沿海行》特别节目的同时,推出特别节目《2012·北纬30度·环球秘境之旅》(中国区)在国内外受到旅游爱好者的好评。2013年,栏目组着力打造的《百山百川行》更是将中国旅游资源进行了深入的辨析与展示,成为海内外游客了解中国旅游的重要窗口。

《远方的家》具有平台优势,覆盖面广。本栏目落地欧洲,遍布我国港澳台、亚、非、拉美、北美和大洋洲等120个国家或地区。

兴旅传媒在《远方的家》栏目中,代理投放的广告案例如下所述。

2011年,《远方的家》国家旅游局15秒中国旅游形象广告,"2011中华文化游"主题广告;"四川好玩"三部曲系列广告;《幸福广东》旅游形象广告;上海

---

[1] http://wenku.baidu.com/view/83ad4ac6bb4cf7ec4afed0a4.html。

"发现更多，体现更多"形象广告。《走遍中国》四季新疆系列广告等。2012年，《远方的家》新疆旅游形象广告，"行摄365，话说四川"主题广告。

其他方面案例：为福建在《新闻联播》和《朝闻天下》代理形象广告；为苏州、吉林等旅游目的地代理《远方的家》《朝闻天下》形象广告；为云南、辽宁、保定等城市代理《朝闻天下》形象广告；广告《走遍中国》"活力广东，幸福旅游"形象广告。

第四节　国际旅游市场营销案例

一、澳大利亚对华跨文化营销案例

随着中国出境旅游人数的不断增多，中国已成为澳大利亚最具价值的客源国。中国对澳大利亚国际旅游业发展来说具有巨大的潜力，根据《澳大利亚2020旅游发展战略》，预计2020年来澳旅游的中国人数达96.7万人次，消费金额74亿~90亿澳元，这对澳大利亚低迷的经济增长是一剂强心针。加大对华旅游营销力度，吸引更多中国游客来澳旅游，成为澳大利亚2020年旅游规划的重要内容。澳大利亚对华跨文化营销的重要策略包括：研究分析中国游客需求；目标客户营销；重点区域发展；针对中国游客的旅游体验促进服务质量；建立政府与企业合作伙伴关系。前提是深入了解中国游客消费习惯和偏好，了解游客消费偏好是旅游营销活动的基础。为了全面了解中国游客的消费习惯和偏好，澳大利亚国家资源、能源和旅游部每三个月对入境游客的消费习惯进行深入细致的调查，形成详细的报告，每年针对重点营销目的国形成国别报告（胡爱清，2014）。

（一）季度国际入境游客调查报告

澳大利亚自2004年始按季度调查入境游客的消费习惯，按国别针对各国入境游客的停留时间、消费水平、旅游目的、行程安排、交通方式、住宿方式等进行详细调查，分析各国游客总体旅游偏好和消费水平。季度入境游客调查有利于旅游部门从横向了解各入境国游客消费习惯异同。中国来澳旅游人数和消费增速最快，到2013年6月中国已成为澳大利亚第二大旅游客源国（仅次于新西兰），平均入住4~5晚，在澳消费金额达42亿澳元，成为澳大利亚最有经济价值的入境国；中国游客在澳主要消费为购物、旅游、教育费用，在澳人均净消费5224澳元。

（二）年度国别客源国游客调查报告

澳大利亚自2006年开始按年度进行重要客源国国别调查，根据客源国潜在消费价值分为五个不同等级的营销区域和国家，第一类为大中华、北美、英国和澳大利亚，超过50亿澳元消费潜力；第二类为新西兰、韩国、新加坡和马来西亚，消费潜力为25亿澳元以上；第三类为日本、印度尼西亚、印度、德国和中东地区，消费潜力为10亿澳元以上；第四类为巴西和越南，为迅速发展国家；第五类为优先营销国，包括意大利和法国。年度报告包括最新入境统计、季度统计、年度国别报告和消费者偏好报告四部分，从纵向了解客源国消费状况。

根据针对中国游客来澳旅游的调研结果，澳大利亚旅游局开展了一系列针对潜在游客的营销活动。

（1）在中国建立澳大利亚旅游官网，全部旅游信息以中文展示，方便中国游客查阅。根据《澳大利亚2020旅游发展中国市场战略规划》，澳大利亚于2012年投入100万澳元将所有旅游信息翻译成中文，并计划建立中文澳大利亚官方旅游网站，为潜在中国客户介绍澳大利亚独特的自然、文化景观、各州及重要城市信息、标志性景点、赴澳旅游事宜及线路设计、网友旅行日记，为中国游客提供详细的旅游信息。该网站已于2013年8月初在上海注册开通，成为澳大利亚在华旅游推广重要门户网站，也是澳大利亚旅游局第一个专门为挖掘外国旅游市场而开发的网站。该旅游门户网站完全根据中国游客浏览互联网站的习惯设计，页面内容量身定制了中国客户最关注的旅游内容，还融合了中国最受欢迎的社交网络平台，如新浪微博、QQ微博和开心网，能让中国用户不单在网上计划理想赴澳假期，还能将澳大利亚的经历分享给中国国内的家人和朋友。

（2）根据中国游客异国旅游需求，在中国各大城市开展旅游营销攻势。澳大利亚旅游局针对中国城市发展状况和人们消费水平，分三阶段逐步开发中国旅游市场，2011—2014年为稳扎稳打阶段，主要针对13~24个主要城市开展旅游营销；2014—2017年为加大力度阶段，旅游营销扩张到24个城市以上；2017—2020年为着眼未来阶段，旅游营销增加到30个城市以上。根据澳大利亚在华的旅游营销基础和发展战略，将目标城市分为枢纽城市、关键增长城市和重点开发城市，其中上海、北京、广州定位为枢纽城市；天津、杭州、厦门、深圳等地定位为关键增长城市；佛山、长沙、济南等地定位为重点开发城市。

为在以上重点城市开展有效的旅游营销，澳大利亚旅游局以不同主题和方式吸引中国潜在客户的关注和参与。一是"1分钟旅程"。2011年7月开始推出。澳大利亚旅游局赞助一对中国夫妇来澳免费旅游，游览了乌鲁鲁、堪培拉、悉尼等地并全程录影，该视频经过剪辑制成1分钟录像在新浪微博、土豆网等播出，到2012年该视频点击率达87万。二是"梦想成真"。澳大利亚旅游局联合中国旅游卫视、新浪网共同推出的营销项目，中国消费者只要将其梦想的旅程与人分享，就有机会赢取澳大利亚之旅。三是"发现您的澳大利亚"。2012年3月在澳大利亚制作的网络剧，邀请我国台湾知名影星罗志祥、杨丞琳来澳游览了新南威尔士、维多利亚、塔斯马尼亚等地，并制成5个10分钟片段，自2012年4月开始在中国各大媒体播出，共有约8600万受众观看了以上片段。四是"澳大利亚与众不同"。2012年6月在上海推出，集中宣传澳大利亚独特的自然、文化旅游资源和动植物资源，利用网络媒体、社交媒体和宣传活动等渠道推广澳大利亚异国情趣，并将陆续在北京、广州、深圳、杭州、南京等地铺开。

（3）针对中国游客消费偏好，推出为中国游客量身打造的旅游消费体验。澳大利亚作为首个获得中国ADS（批准成为旅游目的国）资格的西方国家，1999年中澳两国正式签署了中国公民自费赴澳旅游协议，经过近些年来的发展，双边旅游市场规模和旅游品质得到不断提升。规范参与ADS计划地接社业务和行为标准，严格把关导游和地接社资格。加强参与ADS计划旅游接待业监督和培训，量身打造适合中国游客的产品及服务。

（4）加强与中国政府、航空企业、旅行社和媒体合作，广泛借力中国营销源。为了更好地在中国开展旅游营销活动，澳大利亚借力中国旅游营销资源，加强与中国政府、航空业、旅行社和媒体合作，大力打造多层次营销渠道。

国际旅游营销的核心在于"以人为本"，从跨文化角度了解客源国消费者的旅游目的、资源偏好、出游方式及餐饮习惯、沟通方式等，有助于政府旅游部门制订行之有效的旅游推广方案，从而吸引国际游客。澳大利亚近年来中国游客人数的不断增多，在于澳大利亚成功的跨文化旅游营销。澳大利亚旅游局结合中国传统文化，不断推出符合中国消费偏好的产品和服务，展示澳大利亚具有异国情趣的自然与人文特色，并且通过规范服务强化地接社服务质量，不断提高游客的满意度。澳大利亚旅游局通过提升"多样性资源和高质量服务"，吸引更多中国消费者来澳旅游，也让更多游客流连忘返，保证了60%的回头客。澳大利亚成功的旅游营销和服务策略，对今后我国旅游业市场的国际营销起到一定的借鉴作用。

二、日本熊本县品牌营销案例

作为一个吉祥物，熊本熊引爆了熊本县旅游、红透全世界，成为熊本县的品牌。其成功有以下几点秘诀。

（一）深思熟虑的原型

设计师在创造熊本熊的造型时考虑了熊本的当地特色和萌系要素，结合了熊本城的黑色以及萌系造型常见、又能代表熊本"火之城"的腮红，简洁的色调也为日后发挥提供了很大空间。在整体造型上，熊本熊几乎综合了所有最受欢迎形象的必备要素，比如：管形身材（Tunnel-shape Body）、短小四肢、中性面部表情、给人柔软触觉的形象设计。这样的形象具有显著的"娃娃脸效应"，令人感觉亲切、安全，就是说长得娃娃脸的人，会容易被人当作拥有小孩子的性格特点。例如：软弱、无辜、热情、容易疏忽犯错。这样会让他人滋生保护的欲望。

（二）高度拟人化的形象

当熊本熊从平面跳到现实中时，皮套的设计显得尤为重要。熊本熊形象在设计阶段经历过三次变化。如今我们看到的第三代皮套则是在上一代基础经过了又一轮改进，变成了真正的小短腿，手部动作更加灵活，身体比例更加协调，瞳孔和嘴型也经过修改，表情更加"蠢萌"。对于熊本熊的动作行为同样也是经过设计的。它的每次挥手、每个动作也都在计划内，包括最知名的"捂嘴"动作——它被证明会令人感到可爱。在设计的时候，完全是以"熊本熊是真实存在的角色"为出发点，外套设计充分考虑到动作的可能性，所以有了一个与其他吉祥物截然不同的特色：能在真实的情景中做到许多别的吉祥物做不到的精细动作。正是这些动作细节和笨拙憨厚形象结合，让人觉得熊本熊是一个活生生的角色，而不是皮套里那个只能摇摇摆摆的人。

（三）脑洞大开的公关危机

这头熊诞生之后，很快就登上了熊本县各种产品的包装，又开通了专属的脸书和推特账号。一切准备就绪，县政府开始了让熊本熊冲出熊本县的计划。2010年，县政府聘任熊本熊为临时公务员，接着县知事（县长）蒲岛郁夫将"在大阪分发一万张名片，提升熊本县知名度"的任务交给了它。不料在任务执行的过程中，贪玩的熊本熊被大阪繁华的都市所迷住，竟然失踪了！蒲岛知事为此紧急召开记者发布会，希望有知道熊本熊消息的人通过 Twitter 告知县政府。很快，寻找熊本熊的任务成功引起了大阪人的好奇（注意，大阪与熊本是不同的两个地方），也成功获得了关注，全城上下都在留意有没有一头熊出现。终于在全城大搜寻中，找到了这只熊。从此，熊本熊在全日本一炮而红。

2012年，熊本熊遗失了自己两颊的腮红。没了腮红，那就只是普通的熊了，"火之国"的内涵也没了。县政府认为此事件非常严重，蒲岛知事再次紧急召开新闻发布会，表示县政府已成立调查组专门调查此事，并号召大家帮熊本熊找回腮红，熊本熊也跑到东京警视厅报了案。县政府还在各地张贴"寻腮红启事"，甚至通过电视台发出这一启事，希望大家提供线索。后来，腮红终于在县内的番茄田和草莓田中找到，重回熊本熊的脸上。

其实县政府是希望通过这一事件，让外界了解"红色"对于熊本县的重要性。因为它不仅代表了熊本县的火山地理，更代表了当地众多美味的红色食物。事后有日本媒体表示，这次事件达成了 6 亿日元（约合 3360 万元人民币）的广告营销成果。

2015年，官方称由于熊本熊偷吃巧克力，导致其为期半年的减肥计划宣告失败。熊本县知事宣布对它进行降职处罚，将其从营业部长降职为代理营业部长。在发布会上，熊本熊沮丧得一屁股坐在地上。它告诫所有减肥者引以为戒，并借此强调加强运动及多摄入本地蔬菜。而3个月后，又召开发布会，宣布由于熊本熊降职后工作仍然尽职，加上粉丝呼声奇高，又重新任回原职：熊本县营业部长、幸福部长。

（四）注入灵魂制造话题

熊本熊的爆红，完全是依靠网络传播的结果。熊本熊就像一个真实的人一样，每一天都会更新推特和脸书，发布行程，写写经历，偶尔还要客串一下电视节目。而除了宣传熊本县的特色外，往往夹杂着许多无厘头的行为，塑造了它又呆又贱萌的性格，令人感觉相当有趣又真实亲切。对比许多其他的吉祥物，这头有着成人式幽默的熊，给人的感觉就是一个活在真实世界里、爱玩、怂怂的、你随时都能遇到、平凡如每一个人的普通青年，鲜活的性格让人从来不觉得这是皮套里的人扮演的。

（五）借鸡生蛋的版权策略

恐怕没有哪个 IP（版权）如熊本熊这样，使用完全不需授权费。只要通过县政府审核，证明商品有助于熊本县的宣传，就可以使用。这就导致许多公司为了博得熊本熊粉丝的好感，都主动注册使用熊本熊的形象，如同滚雪球效应一般曝光率越来越高，熊本熊那惹人喜爱的形象很快就被打造成一位全国明星，也吸引来自全国的游客赴熊本县观光。在这种积极的互动中，熊本熊的形象更加丰满，也无意中为它增添了许多"萌点"。最后补充一下，公务员熊本熊可是非常繁忙的。有许多人专程去到熊本县，就是为了找到熊本尊与它合影。所以官网也像模像样地公布了它满满的日程表：熊本熊到国外出访、在天皇与皇后面前大跳体操舞、被印在各种大牌商品上、参加时装周走秀、参演歌舞伎等，在熊本熊身体力行的宣传下，熊本县的知名度也有了极大的提升[1]。

---

[1] https://mp.weixin.qq.com/s?__biz=MzI5MzM1MzExMw==&mid=2247483983&idx=1&sn=c01aa606d2eb850c078b36a81c6f62c8&mpshare=1&scene=1&srcid=0807KnLOpdVKpMgslh43SEzk&pass_ticket=c1LNXvd1IM0uizQBDd5s9FRs9iGRLwSECsxm0NWdM1mqjhY9Zic0FpiGQcRkKG08#rd。

第七章

国际旅游线路设计

第一节 国际旅游线路概述

一、国际旅游线路概念与分类

（一）国际旅游线路的定义

一个旅游区域内的若干景点各在不同的空间位置，对这些景点游览或活动参与的先后顺序与连接方式，可有多种不同的串连方式，由此产生组合成不同的旅游线路（管宁生，1999）。旅游线路是旅游产品的一种形式，它虽然是一种观念形态或信息形态，但其构成要素却是物质形态的（魏小安，1996）。这些构成线路的物质就是各种形态的旅游资源，特别是具有吸引力的旅游景观。

与景区（点）相比较，旅游线路是依赖于景区（点）分布的线型产品，这种产品的简单结构是通过道路对景点之间的有限连接。从空间尺度划分，旅游线路分为两种基本类型：一是大尺度的旅游线路设计，它实际上包含了旅游产品所有组成要素的有机组合与衔接；二是小尺度的旅游线路设计，即旅游景区的游览线路设计，在很大程度上与旅行社无关，而是旅游地规划的内容（保继刚，楚义芳，1993）。

游客游览的着眼点并不是孤立的一个个景点，而是游线上的景点，在对景点（单个产品）开发的基础上构设旅游线路网络，是微观向宏观旅游产品开发的必然过程（陈青光，周茂权，1995）。冯若梅在其硕士论文中专门研究了旅游线路设计问题（冯若梅，1998）；提出了线路设计中涉及的关键因素，并绘制了具有一定操作性的曲线图（楚义芳，1992）。以四川省为例，利用区域旅游系统网络结构分析与网络优化设计技术，研究了以交通线路设计为主要表现手法的区域旅游网络结构及设计研究（关发兰，1989）。黄万华以湖南省为案例（黄万华，1997）；马勇以湖北省为案例对区域旅游线路设计进行了初步研究（马勇，1989）。陈俊鸿对风景区自助旅游线路设计进行了理论结合案例的研究（陈俊鸿，1995）。

旅游线路设计所必须考虑的基本因子包括：旅游吸引物（旅游价值）；与旅游可达性密切相关的基础设施；旅游专用设施；旅游成本因子。旅游线路的设计大致可以分为四个步骤：一是确定目标市场（游客群）的成本因子，它在总体上决定了旅游线路的性质和类型；二是根据游客的类型和期望确定组成为线路内容的旅游吸引物的基本空间格局；三是对相关基础设施和专用设施进行分析，设计出若干可供选择之线路；四是选择最优的旅游线路。其中第三阶段的工作最富经验性（技术性）(吴必虎，2001)。

（二）国际旅游线路分类

根据旅游线路的概念，按照各种不同的分类标准，旅游线路有不同的类型[1]。

1. 按旅游者活动行为划分

周游观光性旅游线路。游客的目的主要在于观赏，线路中包括多个旅游目的地，同一旅游者重复利用同一路线的可能性小，其成本相对较高，在设计周期性旅游线路时应从单纯的周游性向线性化转移。

度假逗留性旅游线路。此种线路主要为度假旅游者设计。度假旅游者的目的在于休息或娱乐，不很在乎景观的多样性变化，因此，度假逗留性线路所串联的旅游目的地相对较少，有时甚至可以是一两个旅游点，同一旅游者重复利用同一线路的可能性大。

2. 按旅游线路的结构划分

环状旅游线路。该线路一般适用于大、中尺度的旅游活动。这类旅游线路的特点：一是跨度大，主要由航空交通连接，铁路或公路交通主要用于连接站点相对密集的区段；二是所选各点均为知名度较高的精华旅游城市或风景旅游地；三是基本不走"回头路"，对境外游客的出入境地点一般安排在不同口岸。

节点状旅游线路。该线路是一种小尺度的旅游线路。旅游者选择一个中心城市或自己的常居地为"节点"，然后以此为中心向四周旅游点作往返性的短途旅游。这类旅游线路在国内游客出游中较为常见。原因在于：其一，节点多为旅游地或旅游点的依托城市，游客对中心城市有归属感，食、宿、行、购等条件较好；其二，节点的交通联系更为方便；其三，游览游程短，可以在短期内往返；其四，经济适用，多种因素促使游客宁愿走回头路，而不选择环线。

3. 按旅游活动的内容划分

综合性旅游线路。综合性旅游线路所串联的各点旅游资源性质各不相同，整条线路表现为综合性特色。专题性旅游线路。专题性旅游线路是一种以某一主题内容为基本思想串联各点而成的旅游路线。全线各点的旅游景物或活动有比较专一的内容和属性，因而具有较强的文化性、知识性和趣味性，受到兴趣爱好不同

---

[1] https://wenku.baidu.com/view/f7034d406f1aff00bed51ea9.html。

游客的欢迎。

4. 按照旅游组织的形式划分

传统的包价旅游。旅游线路全程所需的所有行程及所需的服务都由旅行社负责安排。灵便式包价旅游，其中"灵便式"旅游线又可分为：拼合选择式旅游线路——整个旅程有几种分段组合线路，游客可以自己选择拼合，并可在旅游过程中改变原有选择；跳跃式旅游线——旅游部门只提供旅程中几小段路线或大段服务，其余皆由旅游者自己设计。

5. 按旅游者旅游目的划分

这类旅游线路可以划分为观光旅游线、探险考察旅游线、文化旅游线、宗教旅游线、度假休闲旅游线、民族风情旅游线、节庆活动旅游线等。

观光旅游线路是利用旅游目的地的自然旅游资源和人文旅游资源，组织旅游者参观游览及考察。观光旅游线路的内容包括文化观光、自然观光、民俗观光、生态观光、艺术观光、都市观光、农业观光、工业观光、科技观光、修学观光、军事观光等。观光旅游线路一般具有资源丰富、可进入性大、服务设施齐全、安全保障强等条件。观光旅游线路开发难度小，操作程序简易，使旅游者能在较短的时间内领略旅游目的地的特色；缺点是旅游者参与的项目少，旅游者对旅游目的地感受不深。

度假旅游线路是指组织旅游者前往度假地区短期居住，进行包括娱乐、休憩、健身、疗养等消遣性活动。度假旅游线路内容包括海滨度假、山地度假、湖滨度假、温泉度假、滑雪度假、海岛度假、森林度假、乡村度假等。度假旅游线路要求度假地（区）具备四个条件：环境质量好、区位条件优越、高标准的住宿设施和健身娱乐设施、服务功能强。度假旅游线路所含的项目都是参与性很强的户外休闲、健身、娱乐运动等。度假旅游线路中的旅游者在旅游目的地的停留时间较长，消费水平较高且大多以散客的形式出行。度假旅游产品适应了散客旅游、自助旅游日益增多的潮流，是值得开发的旅游产品。

专项旅游线路又称特种旅游线路，具有主题繁多、特色鲜明的特点。专项旅游线路包括探险旅游、烹饪旅游、保健旅游、考古旅游、漂流旅游、登山旅游、自驾车旅游、品茶旅游、书画旅游、朝圣与祭祀旅游等。专项旅游线路适应了旅游者个性化、多样化的需求特点，广受旅游者的青睐，是今后旅行社产品的开发趋势。专项旅游线路的缺点是开发难度大，操作程序多，需要多个政府部门、社会组织的协作，成本一般较高。

二、国际旅游线路发展概况与进展

（一）国际旅游线路发展概况

交通运输技术的巨大进步，使长途旅行发生了革命性的变化，大大缩短了国家与国家之间的距离，使"地球村"的理念成为现实。其中特别值得一提的是，宽体喷气式飞机的发明、家用小汽车的普及和高速铁路的广泛运用。劳动生产率的大幅度提高和人权、民生状况的不断改善，使人们可以有大量的闲暇时间用于旅游旅行。以发达国家中每周工时最短、一年带薪假期最长的国家法国为例，从1919年起每周法定劳动时间为48小时，1936年起减为40小时，2000年起实行每周35小时工作制；除了每年法定的节假日，一年带薪假期1936年是两周，1956年增加到3周，1968年4周，1981年起增加到5周。也就是说，法国人每年大约有5个月不用工作。北欧其他一些国家也是大同小异。美国人已有1/3的休闲时间，2/3的收入用于休闲，1/3的土地面积用于休闲。国际旅游线路也随之大幅度增多，旅游休闲度假已成为现代社会人们的重要生活方式，旅游休闲经济成为经济社会发展的重要经济形态（刘文海，2012）。

第二次世界大战以后，特别是进入20世纪70年代，世界经济发展艰难曲折，许多发达国家经历了多次经济危机，大量的起伏波动的行业，不同程度地受到冲击，唯独旅游业受到的冲击最小，是受经济危机影响最小的一个行业，并且一直兴而不衰，向前发展，世界旅游事业发展迅速，国际旅游人数和旅游收入迅猛增长，世界旅游组织机构成立。1975年1月2日由旅游业发达国家发起，在西班牙马德里成立了全球专门机构——世界旅游组织。

（二）绿色生态的风景道体系

美国是世界上最早建设并已建立了最完善的国家风景道体系（National Scenic Byway，NSB）的国家，是风景道的起源地、研发地和发展地。

在美国，风景道的萌芽期是1700年至1930年。以公园道和绿道为代表的绿带式景观道路，是风景道早期的表现形式。这是具有游憩、生态、美学等多种意义的绿道，也是风景道的雏形（余青，吴必虎，刘志敏，2007）。

1930年至1967年为初步发展期。1930年美国修建了蓝岭风景道，首次提出风景道概念。此后，在美国以及欧洲的一些国家，人们开始有意识、有组织地规划设计风景道。

1967年至1991年为迅速发展期。1967年，美国《风景和休闲道路法案》出台，标志着风景道理念已经广为接受，并获得政府大力支持，同时政府高度重视对其进行管理和引导。尤其是1986年前后《关于户外运动的总统授权报告》的出台以及1987年美国保护基金发起的绿道计划，更是促进了风景道的迅速发展。

1991年至今为规范发展期。1991年美国制定了《交通运输道路效用法案》，其下风景道法案，对风景道的级别、标准、提名工作以及提名程序、功能、本质都做了详细说明。

1991年，美国颁布国家风景道计划（National Scenic Byway Program，NSBP）。同年，为增强驾驶旅游的体验，也为了展示美国独特的资源，美国制定了《国家风景道法案》,至此风景道进入了从国家到地方有序管理、规范化发展时代。这一年,《多式联运地面运输效率法案》的出台,标志着建设走上了法制化和规范化发展的轨道。其是保护和促进美国风景道发展的官方推广计划,制订的出发点是为了"致力于取得经济发展和资源保护的平衡"以及"在联邦政府投资下,帮助美国公路景色、历史、文化、休闲娱乐和自然资源的确认和保护,并促进这些道路与众不同"。为风景道提名、评选、基金资助、管理体制等重要问题制定了标准与规范,以法律形式确立了在美国公路网中的重要地位,并提供了政策和资金等重要保障,有效地激发了地方政府、相关部门和非政府组织参与到建设和管理中来的热情和积极性。

地方和社区自愿参与是风景路规划开展的基础。道路沿线的地方组织除了作为资源拥有者外,更重要的角色是风景路规划的发起者。其是整个规划过程中的协调和组织主体,为规划中的资源整合奠定了基础,同时保证了资源整合过程的顺利进行。

德国有"浪漫之路",位于德国南部的法兰克福和慕尼黑之间,总长约220英里。自北向南连接了法兰克福到慕尼黑之间很多具有中世纪德国风格的城镇和城堡,并且沿途还有优美的乡村景色,展示中世纪德国文化,也是世界著名的遗产类风景道之一。

英国的风景道在名称上不叫绿道,而叫"公共小道"。在功能上,所有的"公共小道"都适合徒步,供骑自行车的只有一部分。跟其他西方国家不同的是,英国的"公共小道"常常被允许经过农场主的私人草地。据说当政府与农场主商量时,后者一般都会欣然同意。英国"公共小道"的另一特点就是一切都浑然天成,最大限度地保留原生植被和野生乡土树种。英国"公共小道"的密度很大,遍布全国城乡。其中最著名的有温德米尔湖沿线的"公共小道"和沿泰晤士河的"公共小道",泰晤士河沿岸有许多名胜之地,诸如伊顿、牛津、亨利和温莎等。英国人还创造性地将城市中不同类型的绿色通道组成"绿链",规定城市发展只能限于"绿链"之内。

法国人最热衷跑步和骑车,故绿道在设计时就做了专门的考虑。许多滨海城市沿着海岸修建的绿道往往宽至10米,中间以白线画开:一半路面供跑步或散步,另一半则供骑车,两者各司其职,互不干扰。而在繁华的巴黎,所有名胜都由密密的绿道串在一起,于奢华中又透着几分田园风味,令游客更为迷醉。法国的城市绿道大多不以水泥或瓷砖铺就,而替代物常常是一种细沙。这样晴天不会尘土飞扬,雨天又不会潮湿泥泞。

日本国土面积狭小、人口密集、自然资源匮乏,而建设绿道网可在一定程度上缓解这些矛盾。在东京等人多地少、寸土寸金的大都市,政府仍然舍得在市中心修建尽可能多的绿道,一方面为身心疲惫的市民提供健身、游玩、放松的平台，另一方面又通过绿道串联起沿线的名山大川、名胜古迹。

新加坡经过 20 年的努力，其绿道将绿地、水域、公园、名胜、学校、体育场所和政府部门紧紧串联在了一起，这就为生活在城市狭小空间的市民提供了足够的休闲娱乐和人际交往的空间，并由此而提高了新加坡人的幸福指数。新加坡的自行车绿道，即沿海而建的骑行绿道，很安全，没有任何机动车。[①]

风景路的规划团队需要与地方居民、历史学者、景观设计师和生态学者、野生动物学家、地质学者以及解说专家等积极沟通、配合，以整合并抽取关联资源形成主题，并融合到规划中。只有这样才能形成受市场欢迎的解说产品，扩大风景路的影响力。洛根峡谷风景路（犹他州）长 41 英里，拥有引人入胜的美景，但是沿途对其蕴含的生态和社会历史信息介绍很少，使游客的体验感受大打折扣。为此，洛根峡谷风景路管理组织联合地方居民以及公共和私人机构组建了一个合作小组，发展和完善风景路解说系统的规划。具体包括：道路指引、标志 14 个解说牌，4 个路旁场地。附加的休息房间、徒步路径以及一个详尽的路线和历史导引手册。该项规划的成功，吸引了更多的人来参观洛根峡谷风景路促进了地方旅游经济（董晶，何闽，2010）。

（三）线路串接的遗产廊道

遗产廊道是线性景观，一处风景名胜区或一座历史文化名城都可称为是一个遗产区域，但遗产廊道是一种线性的遗产区域。它对遗产的保护采用区域而非局部点的概念，内部可以包括多种不同的遗产，是长达几公里的线性区域。

遗产廊道发源于美国，是一种跨区域的综合性遗产保护利用理论和方法，更是一种重要的线路形式。它串联多个单体遗产的线性景观带。遗产廊道是由绿道发展而来，它的核心词是廊道。因此，遗产廊道首先被理解为是一种线性的遗产区域，它涉及文化意义，可以是河流峡谷、运河、道路以及铁路，也可以指能够把单个遗产点串联起来的具有一定历史意义的线性廊道。遗产廊道主要理论来自景观生态学和城市规划学，重视景观、道路、节点对廊道建设的作用。对遗产廊道的保护隶属于美国国家公园体系，重点在于保护原生自然环境，同时强调自然生态系统与经济价值的平衡能力。与绿道的区别在于，遗产廊道注重对廊道沿线和辐射区内的文化遗址和历史遗迹的保护，对其短暂的历史最大限度地给予关注。

我国许多地区都具有成为独具特色的遗产廊道的实力。例如北京的长河，由玉泉河至什刹海的一段水系，途经颐和园、紫竹院公园、国家图书馆、万寿寺、北海公园等北京市著名的旅游观光景点。它是北京水系治理的历史见证，同时记载着历朝皇宫贵族等的生活印迹，其内的建筑和园林极具代表性（吴兴帜，

[①] https://max.book118.com/html/2015/1105/28623088.shtm。

2012)。

（四）整体意义的文化线路

文化线路是指"一种陆地道路、水道或者混合型的通道，其形态特征的定性和形成基于它自身的和历史的动态发展以及功能演变；它代表了人们的迁徙和流动，代表了一定时间内国家和地区内部或国家与地区之间人们的交往，代表了多维度的商品、思想、知识和价值的互惠和持续不断的交流，并代表了因此产生的文化在时间和空间上的交流与相互滋养，这些滋养长期以来通过物质和非物质遗产不断得到体现"（汪芳，廉华，2007）。截止到2009年，全球共有包括不同种类的反映我们这个星球历史和文化财富的古迹、历史遗址和综合建筑等628项世界文化遗产。它们中的大多数是以单体、静态形式存在的，文化线路是一种动态的、链接不同地区不同形态的遗产项，并包含物质和非物质遗产、文化和自然景观在内的综合遗产类型（魏文静，2009）。作为一种新的遗产类型，文化线路丰富了世界遗产的概念，反映了世界遗产的发展方向[①]。

国际上开始重视自然和文化保护相结合的标志是1968年在美国召开的"世界遗产保护"白宫会议，这是公开发表的官方关于文化和自然遗产合二为一的最早声音之一。1972年UNESCO签订了《保护世界文化和自然遗产公约》，正式把自然遗产和文化遗产一起作为具有普遍价值的遗产加以保护。这些都构成了文化线路概念发展必不可少的背景（唐踔，2011）。

在桑地亚哥·德·卡姆波斯特拉朝圣路被列为世界遗产的同时，西班牙就宣布它愿意邀请有关专家对文化线路的有关问题进行深入讨论。在世界遗产委员会的批准下，1994年，西班牙政府资助召开了马德里文化线路世界遗产专家会议。会议形成的《专家报告》指出文化线路是一种具体的动态的文化景观，认为文化线路是指"建立在动态的迁移和交流理念基础上，在时间和空间上都具有连续性"；"指的是一个整体，其价值大于组成它并使它获得文化意义的各个部分价值的总和"；"强调不同国家和地区间的对话和交流"；"是多维度的，有着除其主要方面之外多种发展与附加的功能和价值，如宗教的、商业的、管理的等等"。专家报告建议世界遗产委员会及UNESCO的总干事要求各国推动这一新的文化遗产保护方法，认为文化线路真实性的判别应建立在它的文化意义及组成它的各个部分之上，应考虑时间、现在使用状况、立法、自然框架以及它可能具有的其他实体和象征层面的问题。专家会议还形成了一份提交给UNESCO公约《行动指南》的附加文件，该文件同时也作为在加拿大召开的运河专家会议的建议提交给UNESCO。该文件详细讨论了文化线路的判定和分界标准，这一文件形成了文化线路研究的基础。继马德里会议之后，1998年，ICOMOS在特内里弗召开会

---

① http://dwz.cn/55vHLu。

议（Tenerife，1998，西班牙），会上成立了国际古迹理事会文化线路科技委员会CIIC，CIIC 的成立标志着文化线路作为一种新型的遗产理念得到国际文化遗产保护界的全面认同。随着 CIIC 的成立，文化线路保护开始步入正轨，一系列更为具体和细致的相关讨论开始紧锣密鼓地进行（李德楠，2012）。陆续又召开几次会议，会议在1994年马德里会议和1998年特内里弗会议的基础上，分别就文化线路保护的预登记（Pre-registration）、保护中的物质与非物质遗产、具体文化线路的保护、文化线路评价标准、登记及世界遗产申报程序、格式等保护实践中更为具体的问题进行了讨论。2003 年 3 月 17 日—22 日，世界遗产委员会在巴黎总部召开的会议上，把对《行动指南》的修订作为第 5 项议程，这一修订的重要目的之一就是加入有关文化线路的内容。在世界遗产委员会的委派下，CIIC 在马德里召开会议，讨论形成了《行动指南》文化线路内容的讨论稿，准备提交给世界遗产委员会作为修订计划，《行动指南》中加入文化线路的有关内容，标志着文化线路的保护已经成为世界遗产保护事业的重要内容，在文化线路发展历程中无疑具有里程碑意义（李伟，俞孔坚，2005）。

（五）实例分析

以中国旅行社（官网）为例，对于中国而言，国际旅游分为欧洲旅游、北美旅游、南美旅游、非洲旅游、大洋州旅游、东南亚旅游、海岛旅游和港台旅游八大类，在根据空间划分的每大类下，还划分出不同的旅游线路，其中包括单个或若干国家。梳理如下：

1. 欧洲旅游

（1）东欧旅游线路——古城小镇，艺术家的乐土，如表 7-1 所示。

表 7-1　东欧旅游线路

线路名称	旅游天数	途经国家	主要景点
东欧精粹线路	12 日	德国、奥地利、匈牙利、波兰、捷克、克罗地亚	布拉格教堂、布达佩斯渔人堡、奥斯维辛集中营、柏林墙、国会大厦等
波罗的海线路	11 日	爱沙尼亚、拉脱维亚、立陶宛、波兰	塔林、拉赫玛国家公园、塔尔图大学、国家大剧院、自由纪念碑、维尔纽斯教堂等
白俄罗斯线路	12 日	白俄罗斯、乌克兰、摩尔多瓦	普希金博物馆、敖德萨阶梯、奥列斯卡城堡、利沃夫城区、圣保罗大教堂等
俄罗斯线路	10 日	新西伯利亚、圣彼得堡、莫斯科、伊尔库	胜利公园、圣亚历山大涅夫斯基教堂、圣古拉圣钟、夏宫花园、冬宫广场、马涅什广场等

（2）北欧旅游线路——欧风古都，童话冰雪世界，如表 7-2 所示。

表 7-2　北欧旅游线路

线路名称	旅游天数	途经国家	主要景点
北欧五国含冰岛	14 日	挪威、丹麦、瑞典、芬兰、冰岛	杰古沙龙湖、黄金瀑布、波尔沃、瓦萨沉船博物馆、卑尔根、松恩峡湾、哈姆雷特城堡、美人鱼雕像、神农喷泉等

（3）南欧旅游线路——欧洲最小众旅游地、古希腊文化的发祥地，如表 7-3 所示。

表 7-3　南欧旅游线路

线路名称	旅游天数	途经国家	主要景点
巴尔干半岛线路	21 日	匈牙利、罗马尼亚、保加利亚、马其顿、阿尔巴尼亚、黑山、波黑、塞尔维亚、克罗地亚、斯洛文尼亚	洛特什察克塔、中国驻南斯拉夫大使馆遗址、萨拉热窝国会大厦、莫斯塔尔老城、布德瓦老城、海鸥公园、英雄广场、卡塔尔国家博物馆等
葡萄牙+西班牙线路	13 日	里斯本（葡萄牙）—巴塞罗那（西班牙）—马德里（西班牙）—塞维利亚（西班牙）—罗卡角（葡萄牙）	古代艺术国家博物馆、奎尔公园、安达卢西亚现代艺术中心、阿尔坎塔拉圣伯多禄花园、佩索阿之家、水手教堂、老年神父医院、罗卡角等
希腊线路	10 日	雅典、圣托里尼岛、扎金索斯	蓝白色的蜜月胜地——圣托里尼 世界上开凿最深的运河——柯林斯运河 世界上最迷人的 50 个地方之一——扎金索斯蓝洞 陡峭的悬崖、威兰德海水、洁白的沙滩——沉船湾

2. 北美旅游

包括美国、加拿大、墨西哥。

北美旅游线路如表 7-4 所示。

表 7-4　北美旅游线路

线路名称	旅游天数	途经国家	主要景点
加国枫采	12 日	加拿大（渥太华市+多伦多市+蒙特利尔市）	加拿大东海岸、落基山、温哥华
美国东西海岸线路	18 日	美国（华盛顿+纽约市+波士顿+夏威夷+拉斯维加斯+布法罗）	黄石国家公园、大提顿国家公园、锡安国家公园、布莱斯国家公园
北美三国线路	17 日	美国东西、夏威夷、加拿大、墨西哥	圣约瑟夫大教堂、丽都运河、多伦多、尼亚加拉大瀑布等

3. 南美旅游

包括秘鲁、智利、巴西、阿根廷。

南美旅游线路如表 7-5 所示。

表 7-5　南美旅游线路

线路名称	旅游天数	途经国家	主要景点
南美四国线路	21 日	巴西、阿根廷、秘鲁、智利	十八世纪皇宫花园、亚马孙河、马瑙斯小城、耶稣山、阿根廷伊瓜苏国家公园、火地岛、大冰川等

4. 非洲旅游

包括迪拜、南非、埃及、阿联酋。

非洲旅游线路如表 7-6 所示。

表 7-6　非洲旅游线路

线路名称	旅游天数	途经国家	主要景点
南非线路	11 日	南非（多哈+开普敦+比勒陀利亚+约翰内斯堡）	太阳城、克鲁格国家公园、海豹岛、摩梭湾、桌山等
埃及邮轮	12 日	埃及	吉萨金字塔群、狮身人面像、阿斯旺、卡尔奈克神庙、卢克索神庙、红海等
埃及+阿联酋线路	10 日	迪拜+开罗+亚历山大+卢克索	棕榈岛、吉萨金字塔群、狮身人面像、红海、亚历山大等
动物大迁徙（神秘东非）	16 日	东非（亚的斯亚贝巴+内罗毕+马赛马拉+纳库鲁+阿鲁沙）	最美火烈鸟天堂、塞伦盖蒂野生动物王国、马赛马拉国家公园等

5. 大洋洲旅游

包括澳大利亚、新西兰。

大洋洲旅游线路如表 7-7 所示。

表 7-7　大洋洲旅游线路

线路名称	旅游天数	途经国家	主要景点
新西兰线路	9 日	新西兰（奥克兰+基督城+皇后镇+罗托鲁阿+格雷茅斯+瓦纳卡）	罗托鲁阿、爱歌顿农庄、红木森林、格雷茅斯、塔斯曼冰川、瓦纳卡湖等
澳大利亚路线	10 日	澳大利亚（悉尼+墨尔本+黄金海岸+凯恩斯市）	南岸公园、故事桥、十二门徒岩、绿岛大堡礁、库仑达雨林小镇、蓝山国家公园、悉尼歌剧院等
印象南半球	12 日	澳大利亚、新西兰	海豚岛、南岸公园、故事桥、十二门徒岩、大堡礁、悉尼歌剧院等

6. 东南亚旅游

包括新加坡、马来西亚、泰国、越南、柬埔寨、老挝。

东南亚旅游线路如表 7-8 所示。

表 7-8 东南亚旅游线路

线路名称	旅游天数	途经国家	主要景点
新马泰	11 日	新加坡、马来西亚、泰国	大皇宫、玉佛寺、芭堤雅、圣淘沙、鱼尾狮雕像、水上清真寺等
越南+柬埔寨+老挝线路	10 天	越南、柬埔寨、老挝	美托、塔内寺、胡志明纪念堂、女王宫、塔普伦寺、琅勃拉邦等

7. 日韩旅游

包括日本线路、韩国线路。

日韩旅游线路如表 7-9 所示。

表 7-9 日韩旅游线路

线路名称	旅游天数	途经国家	主要景点
日本线路	6日/8日	大阪、京都、奈良、箱根、东京/北海道、东京	清水寺、红叶台、忍野八海、浅草雷门观音寺、富士山、迪士尼乐园等/小樽运河、白色恋人工坊、函馆温泉等
韩国路线	5 日	首尔/济州	青瓦台、景福宫、汉江等/城邑民俗村、泰迪熊博物馆、HelloKitty 主题乐园等

8. 港澳台旅游

包括香港线路、澳门线路、台湾线路。

港澳台旅游线路如表 7-10 所示。

表 7-10 港澳台旅游线路

线路名称	旅游天数	主要景点
香港-澳门线路	5 日	金紫荆广场、线水湾、维多利亚港、香港海洋公园、迪士尼乐园、大三巴牌坊、妈祖庙、观音像等
台湾环岛线路	8 日	101大楼、台北夜市、高雄夜市、阿里山森林、日月潭、清境农场、台北故宫博物院、花莲等

9. 海岛旅游：

主要包括巴厘岛、普吉岛、毛里求斯、塞班岛、斐济、塞舌尔、岘港、沙巴、大堡礁、马尔代夫、长滩岛、斯里兰卡、夏威夷、关岛、苏梅岛、大溪地、清迈等。

第二节　跨境国际旅游线路

一、宗教文化：圣地亚哥朝圣之路文化线路

（一）线路基本情况

整个中世纪，圣地亚哥对来自欧洲的基督教徒来说是最重要的圣地。每年都有成千上万的朝圣者从法国或者经过法国前往西班牙的圣地亚哥·德·孔波斯特拉城朝圣。圣地亚哥·德·孔波斯特拉朝圣之路（以下简称"圣地亚哥朝圣之路"）穿越了欧洲的大部分土地，把朝圣者经由法国和意大利北部的多山地区引领至西班牙北部的平原，最终到达距离大西洋沿岸不远的圣地亚哥·德·孔波斯特拉。另外，圣地亚哥朝圣之路还包括从英格兰南部港口航行至法国北部和西班牙北部港口的海上路线。

世界遗产名录中包括了两处与圣地亚哥朝圣之路直接相关的遗产：西班牙的"圣地亚哥朝圣之路"和法国的"圣地亚哥朝圣之路法国段"。前者是圣地亚哥朝圣之路从比利牛斯山口进入西班牙境内，最终到达圣地亚哥·德·孔波斯特拉的路线网络中最重要的一条。后者是法国境内的主要线路，将来自南欧和中欧的路线汇集在一起，通向比利牛斯山口另一侧的西班牙境内。

（二）线路特色

对于"圣地亚哥朝圣之路"来说，宗教文化扮演了首要和主导的作用。文化线路沿途的各个地区原有的多种文化传统和文明范围均受到"圣地亚哥朝圣之路"的巨大影响，在宗教和文化等方面产生了共有的特性和共同的价值。

1. 文化线路超越不同文化的总体价值

作为中世纪最重要的基督教朝圣路线之一，圣地亚哥朝圣之路为当时基督教信仰在西欧、中欧和南欧各地不同文化间的传播做出了巨大的贡献，帮助基督教文化最终成为欧洲共同的文化信仰和价值观。

2. 文化线路各部分的共有的、多面的价值

圣地亚哥朝圣之路证明了在中世纪的欧洲的共同的基督教信仰为处于不同国家和阶级的人们所带来的力量与影响。

3. 作为纽带连接的不同的民族、国家、区域和大陆

圣地亚哥朝圣之路是中世纪欧洲各个地区不同文化间互相交流、互相沟通的最重要场所之一。沿途较为发达的商业促进了不同地区工商业的交往，是欧洲文化的重要纽带。

4. 文化线路所包含的文化多样性

线路包含有坐落在西班牙北部的罗曼风时期、哥特时期，直到巴洛克时期的建筑风格，并受到强烈的伊斯兰文化和建筑式样的影响。

（三）重要节点

各个地区具有代表性的重要节点，包括历史城镇、自然风景、重要史迹等，是朝圣之路的高潮部分，集中展现了遗产的精神内涵。

1. 莱昂城

莱昂城始建于公元前1世纪的罗马统治时期，8世纪时，天主教徒们成功从穆斯林手中夺回了这座古老的城市，并将它作为莱昂王国的首府，展开了大规模的复建工作。中世纪的莱昂城是伊比利亚半岛上最重要的基督教城市，在古代朝圣旅行的导游文献中，它被描述为"皇家宫廷之所在，拥有丰厚的物资"，其繁华和尊贵可见一斑。在朝圣活动的黄金时期，莱昂城内遍布着接待远方客旅的医院、慈善机构和庇护所，至今这里仍然保存着举世珍贵的基督教文化遗产。

2. 圣地亚哥·德·孔波斯特拉老城（朝圣之路的终点）

本身就是世界遗产，它是中世纪时最伟大的城市之一，与罗马、耶路撒冷共同称为基督教的三大圣地。自从阿方索二世在此建造收藏圣徒遗骸的巴西利卡教堂以来，这个著名的朝觐圣址就成为西班牙基督教反对伊斯兰教的重要象征，在公元844年与阿卜杜勒拉赫曼二世（Abdar-Rahman II）的克拉维霍（Clavijo）战役中，人们相信正是由于圣地亚哥的庇佑而取得了胜利。10世纪末，这座老城遭到了穆斯林的破坏和洗劫，但所幸的是圣徒的坟墓并没有遭到玷污，自11世纪起人们又开始了围绕圣冢的大规模重建，使得这座历经沧桑的老城获得了新生。圣地亚哥·德·孔波斯特拉之所以拥有重要的精神意义，不仅是因为它拥有基督教圣迹，而是因为这座城市已经同西班牙人民持续数个世纪的"收复失地运动"（Reconquista）"紧密地结合在了一起，成了民族和信仰的基石。今天，城中还保存着较为完整的各类朝圣遗迹，包括古代道路、雕塑、礼拜堂和修道院等，其中最宏伟壮观的是城中心的天主教堂，相传圣徒的遗骨就保存于此。它的建造历经几个世纪，其中面向广场的主立面建于1750年，属于晚期巴洛克风格，由加利西亚地区的建筑师卡萨斯·诺波阿设计（陈怡，2011）。

二、一带一路：丝绸之路文化线路

（一）线路基本情况

1. 历史上的"丝绸之路"

"丝绸之路"的开通大约在公元前4世纪至公元前1世纪之间。丝绸之路一般可分为三段，而每一段又都可分为北中南三条线路。

（1）东段：从长安到玉门关、阳关。（汉代开辟）

（2）中段：从玉门关、阳关以西至葱岭。（汉代开辟）

（3）西段：从葱岭往西经过中亚、西亚直到欧洲。（唐代开辟）

2. 一带一路的丝路新图

（1）北线 A：北美洲（美国，加拿大）—北太平洋—日本、韩国—东海（日本海）—海参崴（扎鲁比诺港，斯拉夫扬卡等）—珲春—延吉—吉林—长春—蒙古国—俄罗斯—欧洲（北欧，中欧，东欧，西欧，南欧）。

（2）北线 B：北京—俄罗斯—德国—北欧。

（3）中线：北京—郑州—西安—乌鲁木齐—阿富汗—哈萨克斯坦—匈牙利—巴黎。

（4）南线：泉州—福州—广州—海口—北海—河内—吉隆坡—雅加达—科伦坡—加尔各答—内罗毕—雅典—威尼斯。

（5）中心线：连云港—郑州—西安—兰州—新疆—中亚—欧洲。

（二）线路特色

1. 古代东西方文明相互寻求交流和对话的共同需要

这条人类文化史上独一无二的"路"，更像一张古代世界里联系着不同商路、商队旅舍、城市、驿站、货物、原材料、文化、思想和民族的庞大网络。贯穿亚欧大陆、绵延数千公里的古丝绸之路，事实上并不仅是一条商贸道路，而是一张涵盖欧亚大陆的文化、经济、外交和社会的交流网络。在东西向的道路中间，有很多条南北向的路线同时存在，它们的形状更像一张"网"，一张经济、文化交流的"网"。多年来的考古发现也证实，横穿欧亚大陆北部的草原丝绸之路和绿洲丝绸之路之间是相伴相生的关系，海上丝绸之路虽是后起之秀，但其主航线之外有着不计其数的航行线路，它们共同织成了一张"巨网"，将东西方文明紧紧地联系在一起。[①]

2. 由点、线、面共同组成的世界罕见的大型文化线路遗产

其特点是线路漫长，体量庞大，内容广泛，串联点多，跨越区域众多，影响范围广大（姜师立，张益，2014）。在国土上的分布，具有鲜明的特点。基于丝绸之路本身线路构成多样、存续时间长、涉及地域广、民族文化因素复杂等特点，决定了该文化线路遗产资源呈现出类型多样性、时代鲜明性、分布广泛性和资源品质复杂性等特点。丝绸之路文化线路以丝路文明为主线，把历史建筑、考古遗址、文化景观等多种文化遗产串联起来。

（三）重要节点

1. 洛阳

洛阳作为当时世界的国际大都会，以海纳百川之胸襟接纳八方游客。贸易的

[①] http://www.huaxia.com/zt/2003-35/512213.html。

发展使许多异域商人常驻洛阳。北魏时期，由于国力强盛，确保了通向西域的交通道路，来自西域的商人骤然激增。他们往来于西域与洛阳之间，不断将西域商品带到洛阳进行交易，又将交换来的中国商品从洛阳带回西域。丝绸之路的开辟不仅促进了中西双方间物质方面的互通，而且促进了中西间文化的交流。中外风俗习惯、服用器物相互渗透，胡乐、胡舞盛行中原。中西文化交流的最高成果莫过于宗教的交流。[1]

2. 长安—天山廊道的路网（中国、哈萨克斯坦、吉尔吉斯斯坦）

占地五千公里的路网属于整个丝绸之路的一部分，起于汉唐的两京长安/洛阳，止于中亚七河地区。丝绸之路于公元前2世纪与公元1世纪间形成，直至16世纪仍保留使用，连接了多种文明，对于贸易交换、宗教信仰与科技知识的传播、科技创新的交流以及文化艺术的实践起到了深远的推动作用。该遗产所包含的33处遗产点包括了各个朝代和可汗王朝时期的古都、宫殿群、贸易居住点、佛教洞穴与寺庙、古道、驿站、关口、烽火台、长城、防御工事、古墓以及宗教建筑。

3. 河西走廊

纵观整个丝绸之路的线路，可以看出有着"丝路咽喉"之称的河西走廊是丝绸之路最重要的一段。河西走廊是中国内地通往新疆的要道。东起乌鞘岭，西至古玉门关，南北介于南山（祁连山和阿尔金山）和北山（马鬃山、合黎山和龙首山）间，长约900公里，宽数公里至近百公里，为西北—东南走向的狭长平地，形如走廊，因其位于黄河以西，故称河西走廊。因为河西走廊特殊的地理位置，促使其成为丝绸之路的黄金段。河西走廊保存下来的以敦煌文化为代表的历史文化遗存是华夏文明的重要载体，具有不可替代的历史地位。[2]

4. 青海路

中西方交通的"主要之道"的青海路，由于穿越盛产美玉的昆仑山，把大量昆仑玉输往祖国内地和西亚乃至欧洲，成为沟通中西方古代文明的"玉石之路"。秦汉以后随着中国纺织业的发达，丝绸逐渐代替了玉，成了沟通中西经济文化交流的主要媒介，但丝绸流通的路线，仍步古玉石之路的后尘，从某种意义上，古玉石之路开了丝绸之路的先河。自汉武帝遣张骞出使西域，并在河西设武威、酒泉、张掖、敦煌四郡后，河西路开始兴盛，成为中西陆路交通东段的主要干线，而居延路和青海路则相对冷落了下来，但仍不失为一条重要的辅道（张得祖，2008）。

---

[1] http://www.doc88.com/p-8941272285254.html。
[2] https://www.wenkuxiazai.com/doc/9a866546ee06eff9aef807b4.html。

三、文化线路：内盖夫沙漠的香料之路

（一）线路基本情况

香料贸易在人类历史上有着举足轻重的作用，尤其是中世纪的欧洲，对香料的渴望直接催生了地理大发现[①]。"香料之路（Spice Route）"，经由阿拉伯半岛西侧向北的陆路线路和由阿拉伯半岛南部港口开始经红海向北和跨国印度洋向东的海上线路，到达地中海沿岸的古埃及、古代希腊罗马文明，两河流域的古亚述文明，以及印度和中国地区的主要交通道路。

迄今为止列入世界遗产名录的遗产中，有两处遗产与以上提到的"香料之路"直接相关（以下如无说明，"香料之路"均指 Incense Route），它们是以色列的"香料之路—内盖夫的沙漠城镇"和阿曼的"乳香之路"。前者是香料之路沿着阿拉伯半岛西侧山地向北，到达地中海沿岸地区，在现今以色列境内的一段线路。后者是香料之路在阿拉伯半岛斯西鲁绿洲附近地区的一段路线，其中包括著名的乳香产地——达喀河谷，是香料之路的起点之一。

（二）线路特色

1. 文化线路超越不同文化的总体价值

香料之路连接了阿拉伯半岛南部地区和地中海沿岸地区，不仅为乳香等产品的贸易提供了运输通道，更为各地人员往来和思想交流提供了渠道，给地中海沿岸世界和阿拉伯南部带来巨大的影响。

2. 文化线路各部分的共有的、多面的价值

对香料的需求和对香料贸易的追求构成了乳香之路文化线路各部分共有的价值。

3. 作为纽带连接着不同的民族、国家、区域和大陆

香料之路发达的贸易网络，包括从地中海、红海地区到美索不达米亚、印度和中国的经济、社会和文化联系。纳巴提人控制的香料之路将互不了解的阿拉伯半岛南部地区和地中海沿岸世界紧密相连。

4. 文化线路所包含的文化多样性

香料之路沿线由南向北依次经过并连接了阿拉伯半岛南部的农业文化、线路中部的纳巴提人的游牧和沙漠文化，以及地中海沿岸的古罗马文化、波斯文化、埃及文化等多种文明。纳巴提人的建筑与城市和堡垒受到了来自古罗马文化的巨大影响。

（三）重要节点

内盖夫香料之路主要遗址有 10 个，包括 4 座古城：哈鲁扎、马姆希特、阿夫达特、希夫塔；4 座城堡：卡兹拉、纳卡鲁特、马哈马勒、盖拉封；2 个驿站：

[①] http://www.baike.com/wiki/香料贸易&prd%3Dso_1_doc。

莫阿、沙哈罗尼姆。这些遗址规模和复杂建筑见证了纳巴提人长达700多年的繁华香料商贸。这些遗址包括剧院、教堂、酒馆、兵站、仓库、水库沟渠、浴池、油作坊、陶器作坊、民宅、墓窟等（陈克勤，2014）。

四、生态线路：东非野生动物迁徙之路

（一）线路基本情况

塞伦盖蒂大草原和恩戈罗自然保护区交界处的恩都图湖，被称为百万迁徙大军的生命摇篮，每年2月至3月间，有近50万只小角马在这里集中降生；此时，这里也成为整个塞伦盖蒂大草原上野生动物最为集中的区域，200多万头角马、斑马和瞪羚组成的迁徙大军，再加上每年都会如期而至前来享受盛宴的各类"天敌"。

每年的12月至次年5月，它们会跟随塞伦盖蒂大草原的雨季进程，从南向北行进；雨季后的草原，沿途都是数百平方公里的茵茵绿草；半年时间里，角马群逐步沿着边界向南推进，一边享受充足的水源和食物，一边在这段时间生儿育女繁育后代，这是它们一年中最快活的时光。然而随着6月的来临，酷热的骄阳开始暴晒着塞伦盖蒂草原，沃野逐渐成了荒原，角马们面临着日益严重的生存危机。而此时，北部肯尼亚境内的马赛马拉却正是连绵的雨季，东面印度洋的季候风和暴雨带来的充足水源和食物，让这里成了整个东非草原此时水草丰美的"伊甸园"。为了寻找一块可以供它们维持基本生存的草场，角马群只得日夜兼程，躲避众多天敌的袭扰，每天行进40多公里，跨越危机四伏的西部草原和凶险的马拉河，朝着北方肯尼亚肥沃的草地进发。然而，面积只有塞伦盖蒂约十分之一的马赛马拉，很难维持几百万头角马3个月的生活，等到沿途的青草被啃食殆尽后，寻找新的草场又迫在眉睫。于是，在11月坦桑尼亚短雨季来临前，角马们又开始离开马赛马拉，向南迁徙折返，重回塞伦盖蒂草原，再次展开一个新的迁徙循环和轮回（熊传刚，2013）。

（二）线路特色

自然大舞台，动物的"春运"。每年冬季到次年春季，动物散布在从塞伦盖蒂国家公园东南面一直延伸到Nqorongoro保护区的无边草原上。5月中后期，动物向塞伦盖蒂的西北面迁徙，追赶青草和水源。6月是动物哺乳期，几十万角马在迁徙路上降生。7、8月，动物越境，穿越马拉河，来到马赛马拉，一直呆到9月。10月，动物们再从东线南迁到塞伦盖蒂，回迁一直持续到11月。12月，动物各自回到故园，休养生息，繁殖后代，补充途中丧失的大量同类[①]。

---

① http://news.ifeng.com/gundong/detail_2013_07/22/27758329_0.shtml。

(三) 重要节点

马塞马拉自然保护区——肯尼亚乃至全非洲最著名的国家公园，被誉为野生动物的天堂。保护区有 1800 多平方公里，是地球上大型野生哺乳动物最集中的栖息地，是非洲野生动物观光的第一目的地。这个保护区从 1961 年建立以来就成为世界上禁猎区之一，每年从 7 月底到 10 月底会发生世界上最壮观的野生动物大迁徙，其中有 140 万头角马，50 万头瞪羚，20 万只斑马，还有其他许多东非草食及叶食动物。最常见的动物有大象、野牛、羚羊、斑马、狮子、猎豹、豺狗、角马、河马、鳄鱼等[①]。

第三节 境内国际旅游线路

一、文化线路：京杭大运河

(一) 线路基本情况

京杭大运河，是世界上最长的古代运河。春秋吴国为伐齐国而开凿，隋朝大幅度扩修并贯通至都城洛阳、涿郡，元朝翻修时弃洛阳而取直至北京。北起北京，南至杭州，流经天津、河北、山东、江苏和浙江四省一市，沟通海河、黄河、淮河、长江和钱塘江五大水系，全长 1794 公里。开凿到现在已有 2500 多年的历史。2002 年，大运河被纳入了"南水北调"东线工程。2014 年 6 月 22 日，第 38 届世界遗产大会宣布，中国大运河项目成功入选世界文化遗产名录，成为中国第 46 个世界遗产项目，与长城、坎儿井并称中国古代的三项伟大工程，并且使用至今，是中国古代劳动人民创造的一项伟大工程，是中国文化地位的象征之一。本线路主要针对市场（1）爱好中国历史的国内外游客。（2）热爱传统水上交通的游客。（3）想要体验一次贯穿南北方旅游路线的游客[②]。

(二) 线路特色

距今已有 2500 多年历史的京杭大运河，是世界上开凿最早、规模最大、流程最长的人工河流。这条河流不仅仅是单一的交通枢纽，更是影响中国古代社会进步的"时空大动脉"，它对我国古代政治、经济、军事、文化的发展，加强南北政治、经济，宗教文化的交流，起了巨大的推动作用（贝少军，2012）。

1. 一道贯穿南北方

京杭大运河（杭州段）北起余杭塘栖，南至钱塘江，全长约 39 公里，贯穿杭州市余杭、拱墅、下城、江干四个城区。作为世界上历史最悠久的一条古运

---

① http://www.baike.com/wiki/夏堃堡。
② https://baike.baidu.com/item/京杭大运河。

河，它的历史地位足以与万里长城相提并论。早在两千多年前的春秋时期，各国就已经以军事目的开凿运河。隋朝，天下统一，中央为了加强对南北的管理，打通各段运河，隋之后的历朝历代，运河不断地修道改造，至元代京杭大运河全线贯通，明清两代大运河成为南北水运的干线，并沿用至今。公元7世纪，隋结束内乱实现了统一，隋炀帝为使江汉平原及江南富庶地区的物资能源源不断地运往洛阳，于公元605年下令开凿洛阳至淮安的"通洛渠"，沟通了黄、淮水系；开凿洛阳经临清至涿州的"永济渠"，沟通了黄、海水系；开挖镇江至杭州的"江南运河"，形成了南北大运河。到13世纪，元朝为使水路不再绕道洛阳，先后开挖了"洛州河""会通河"，把天津到清江之间的天然河道、湖泊连接起来；清江以南浚修邗沟和江南运河，直达杭州，形成了南北便捷的水路运输大通道。1293年，著名科学家郭守敬修通了直通大都城内积水潭的河道。至此，北起北京，南达杭州，全长1794公里的京杭大运河形成。

2. 具有浓厚历史风情

从吴王夫差开凿运河算起，运河的历史已经将近2500年。身为杭州市运河集团副总工程师的韩幼叔对运河的历史如数家珍。他说，京杭大运河的开凿史本身就是悠久的历史胜景。公元前486年，吴王夫差为了伐齐争霸中原，开掘扬州至淮阴一段被称为"邗沟"的水道，沟通了江、淮水系。公元前495年夫差为了征服越国，开凿了由苏州至无锡、常州的运河，从奔牛入长江。这就是中国乃至世界最早的运河。

大运河始凿于春秋末期。公元前486年吴王夫差为了争霸中原，利用长江三角洲的天然河湖港汊，疏通了由今苏州经无锡至常州北入长江到扬州的"古故水道"，并开凿邗沟（自扬州到江水，东北通过射阳湖，再向西北至淮安入淮河）。后来秦、汉、魏、晋和南北朝继续施工延伸河道。

唐时浚河培堤筑岸，以利漕运。宋时将运河土岸改建为石驳岸纤道，并改单插板门船闸为有上下闸门的复式插板门船闸（现代船闸的雏形），使船舶能安全过闸。运河的通过能力也得到了提高。在运输组织方面，唐、宋都专设有转运使和发运使，统管全国运河和漕运。运河最高漕运量达到700万石（约合今11.62亿千克）。由于航运的发展和商业的繁荣，运河沿岸逐渐形成苏州、镇江、无锡、扬州等重要城市。

明清两代均建都北京，对元朝大运河进行了扩建。明代整修通惠河闸坝，恢复通航；1411年扩建改造会通河，引汶水入南旺湖，利用南旺湖地势主的有利地形，修建南旺水柜，十分之七的水北流，十分之三的水南流，解决了会通河水源问题，并增建船闸至51座。清朝于1681—1688年，在黄河东侧，约由今骆马湖以北至淮阴开中河、皂河近200里，从而使运河路线完全与黄河河道分开。明清两代大运河年漕运量保持在400万石左右。

中华人民共和国成立后，于1953年和1957年兴建江阴船闸和杨柳青、宿迁千吨级船闸，开始了对古老的大运河的部分恢复和扩建工作。沿河建设了不少航闸，两岸改建和新建了许多现代化码头。1959年以后，结合南水北调工程，重点扩建了除州至长江段400余公里的运河河段，使运河单向年通过能力达到近8000万吨，并扩大了沿岸灌溉面积和排涝面积，确保里下河地区1500万亩农田和800万人民生命财产的安全，取得了多方面的效益。

3. 沿途景点众多

沿着京杭大运河一路走过，一个个旅游景点让人目不暇接。千百年来，运河究竟为我们留下了多少历史名胜、文化遗迹，恐怕很少有人能说得清楚，甚至在杭州一处破旧的民居外，我们被告知这里曾是杭州著名的储运粮仓——富义仓。即便没有这些，就从目前能够通航的运河来看，从济宁到杭州，沿线分布着济宁、徐州、淮安、扬州、无锡、苏州、杭州等著名的旅游城市，单是这些城市的如诗如画就已让人心驰神往。

沿着京杭大运河从北往南，新北京、新奥运带给人强烈的现代气息，千年的古都让人无限向往；再往南，微山湖上的渔家生活令人难以忘怀；"二十四桥明月夜"的扬州刚刚带给你无尽的遐思，江南水乡的小桥流水又能让你不忍离去，最终你会陶醉在堪比人间天堂的苏杭美景之中。在古运河扬州城区段，既有长江与古运河交汇处的壮观美景，也分布着众多的历史人文景观。该段有反映扬州古港、水利和城池建筑的遗址如水斗门、东关古渡和古湾头闸，有古代帝王巡视扬州留下的遗迹如瓜州古渡锦春园，有体现"富比王侯"的扬州盐商住宅群落何园、个园等。正是船在水中走，人在画中游[①]。

（三）重要节点

京杭运河的流向、水源和排蓄条件在各段均不相同，非常复杂，流向总体概括为四个节点、两种流向：节点1天津（海河）以北的通惠河、北运河向南流；节点1与节点2东平湖之间的南运河、鲁北运河向北流；节点2与节点3长江（清江）之间的鲁南运河、中运河、里运河向南流；节点3与节点4长江以南的丹阳之间河段向北流；丹阳以南河段（江南运河）向南流。[②]

2013年，专家评审的山东省旅游规划设计研究院担纲设计的《京杭大运河旅游总体规划》中，规划设计了"十六节点"，分别是：通州、天津、沧州、德州、聊城、济宁、台儿庄、徐州、宿迁、淮安、镇江、常州、无锡、苏州、嘉兴、湖州。

规划中还突出了吴越文化旅游区段、淮扬文化旅游区段、中原文化旅游区

---

① http://www.cnoutdoor.com/?action-viewnews-itemid-830。
② https://baike.baidu.com/item/京杭大运河。

段、齐鲁文化旅游区段、燕赵文化旅游区段、京津文化旅游区段。

二、宗教线路：日本纪伊山圣地和朝圣线路

（一）线路基本情况

日本纪伊山圣地和朝圣线路指横跨奈良县、和歌山县、三重县三个县的宗教圣地——"吉野·大峰""熊野三山""高野山"以及连接这些圣地的朝圣路线。此遗产包括了横跨日本和歌山县、奈良县及三重县的寺院及参拜路线（熊野古道、高野山町石道及峰奥驱道），是全世界仅有的两处与"线路"相关的世界遗产。（另一处是西班牙与法国的圣地亚哥·德·孔波斯特拉的巡礼线路）此遗迹的主体是高野山、吉野山及金峰山三个灵场。自古以来，这三座山就是山岳信仰的圣地。

步行作为朝圣之路交通方式。在山脉内部的三座圣山之间有参拜道相连，参拜道一般不到一米宽，大部分为土路，罕见石质台阶。参拜道设计陡峭难行，不以快速流动为目的，而被认为是一种修行手段。纪伊山脉通过朝圣路与京都和日本其他部分相连接，正是这些朝圣路的发展使明治维新后来纪伊山朝圣的人数得以增加，由此更突显其除朝圣路修行以外，作为古老的交通要道的重要性。本线路主要针对市场有国内外宗教的信奉者、相关宗教学者、对宗教感兴趣的游客[①]。

（二）线路特色

1. 环境特点：保存完好，自然元素与文化景观结合

纪伊山自古以来就是日本自然崇拜的代表，除了神社庙堂之外，这里的山水草木都被赋予了神性。纪伊山脉的远古森林得到了完好的保存，并与人文遗产一同构成了文化景观。通往各神社灵地的参拜道中，山、岩石、树木、森林、河流、瀑布等遍布其间，这些自然要素成为神化的崇拜对象，对遗产区域内及周边的环境保护起到了非常重要的作用（孙威，毛凌潇，2017）。

2. 社会特点：社会发展的历史见证

纪伊山脉见证了日本宗教文化的发展历史，圣山寺庙的修建与兴衰和日本社会的演变紧密相关。从自然崇拜时期的神道教传统，到历史动荡时期的佛教净土，纪伊山圣地的朝圣者包含了从皇族到商人的各个阶层。在接受社会支持与援助的同时，纪伊山寄托了朝圣者对未来美好生活的希望。

3. 经济特色：旅游产业带动经济发展

纪伊山圣地作为日本佛教真正的中心，吸引了大批的朝圣者。第二次世界大战以后，特别是被联合国教科文组织列为世界上第二条文化线路世界遗产以来（第一条为圣地亚哥·德·孔波斯特拉的圣雅各之路），更是吸引了来自世界各地

---

① http://m.zwbk.org/lemma/467113。

希望探寻日本宗教起源的游客。目前纪伊山脉设有为朝圣者和游客设立的"宿坊（僧房）"、宾馆、温泉酒店等设施，还配有通晓历史的导游和设计合理的游览线路，是当地各县旅游产业的主要支柱（孙威，毛凌潇，2017）。

4. 文化特色：日本宗教文化交融演变史

从最初日本本土神道教的自然崇拜，到随后的融合外来佛教形成神道教——佛教的独特融合体，纪伊山脉一直是日本宗教最有代表性的圣地，它的文化景观显示了东亚宗教文化的交流与发展。在 1868 年的神佛分离令后，日本各地神道教和佛教的融合文化普遍遭到了破坏，纪伊山脉的寺庙在社会支持下幸运地保存了下来，成为不可多得的历史文化遗产。

（三）重要节点

1. 吉野·大峰

位于纪伊山地的最北部，以修验道（将日本固有的山岳信仰和密教、道教相结合，于 12 世纪左右出现的宗教，关在山里进行严酷的修行）的圣地而得到发展。吉野同时也是著名的山樱花胜地，据说 1594 年丰臣秀吉将军（Toyotomi Hideyoshi，1536—1589）曾在这里举办了一次豪华的赏花宴。修验道的中心寺院——金峰寺，每年 4 月都会举办盛大的集会，用樱花作为供品来忏悔人们的罪行[①]。

2. 熊野三山

纪伊山地东南部 3 座神社的总称。这 3 座神社分别为：熊野那智大社、熊野速玉大社、熊野本宫大社。如果只是参观这 3 座神社，驱车一个下午就能转完。但如果您想欣赏周边的美景，就建议在胜浦温泉或本宫温泉住上一晚，细细品味和慢慢欣赏。被誉为神瀑的"那智瀑布"，宽 13 米，高 133 米，是全日本为数不多的高落差瀑布之一。传说触摸到瀑布的飞沫，可长生不老，因此，瀑潭附近总是聚集着很多游人。

3. 高野山

有 100 多座寺院，俨然是一座名副其实的宗教城市。其中以 816 年由空海和尚（Kukai，774—835 年，真言宗的开山鼻祖）建造的金刚峰寺最为有名，不但可以欣赏到史书上有记载的名画家所绘的豪华隔扇，还可以参观丰臣秀吉的侄子秀次（Hidetsugu，1568—1595）剖腹自尽的房间。另外，高野山也以可体验宿坊（寺院内供游客住宿的设施）的寺庙多而闻名。住在寺院里，可以参加抄写佛经、朝夕念经等活动，还可品尝到严格按照宗教戒律烹制的斋饭，这些在一般的日式旅馆里是体验不到的，因此，颇受外国游客的青睐[②]。

[①] http：//www.doc88.com/p-706555486148.html。

[②] http：//www.HUABEI.net.cn/lvyouchangshi/gouwuchangshi/51090.html。

三、文化线路：德国浪漫之路遗产廊道

（一）线路基本情况

德国有一条闻名世界的浪漫之路，北起维尔茨堡（Wuerzburg），一路向南穿越河谷、农田、森林、草地以及山峦，途经中世纪小镇罗滕堡（Rothenburg）、丁克尔斯比尔（Dinkelsbühl）以及著名城市慕尼黑（München），落脚在阿尔卑斯小镇菲森（Füssen），全长366公里，沿途十几个独具欧洲中世纪建筑风格的小镇和无数的浪漫城堡，让人仿佛置身中世纪的童话世界。由于各个小镇城堡的距离近则四五十公里远达近两百公里，自驾游是畅游这段浪漫之路最好的方式。主要针对市场有乐于了解德国历史与艺术的中外游客、渴望休闲与欣赏美景的中外游客。①

（二）线路特色

1. 体味历史遗迹，感受自然景色

揭示了古代的文化风光，使人更加接近自然景色、田园诗般的古老城市和村庄。它们穿过风景特别秀丽的地区，吸引着人们的目光，停住了人们的脚步。最著名的度假之路"浪漫之路"主要在陶伯尔河上游的罗滕堡、丁克尔斯比尔和内尔特林根，它使中世纪的情景历历在目。

除旅游指南提及的地方外，旅游者也会意外地发现漫长历史的遗迹。在巴伐利亚处处见到的是清新明快的巴洛克式建筑，在北方则是庄重严谨的哥特式砖砌房舍，有些地方似乎时间停止了。游客可以期待受到热情好客的接待，享受着备受赞赏的德国式的"闲情逸致"。一言以蔽之，诸如温暖、惬意等词语仅能部分地传神达意而已。无数的地区或地方的乡土节日和民族服装节、葡萄酒周或其他的民间的与城市的节日向旅游者提供了与人接触的良机。

2. 建筑风格独具匠心

德国南部著名的城堡。新天鹅石堡始建1869年，位于德国浪漫大道的南端，城堡的建造非常具有戏剧性。最初它是按巴伐利亚国王路德维希二世（King Ludwig II of Bavaria）的梦想所设计，国王是艺术的爱好者，一生受瓦格纳歌剧的影响，他构想了传说中曾是白雪公主居住的地方。他邀请剧院画家和舞台布置者绘制了建筑草图，梦幻的气氛、无数的天鹅图画，加上围绕城堡四周的湖泊，沉沉的湖水，确实如人间仙境。路德维希二世并不喜欢政事，他专注于督促自己城堡的兴建，当时城堡的建造也花费相当巨额，被认为是不适于统治而退位。国王生前并未看到自己的梦想完工，城堡是由后人逐年完成，因此今日所见的城堡有着前人与后人合作的痕迹，每年百万人到此探访。美国迪士尼乐园的灰姑娘城

---

① http://www.chuguo.cn/travel/country_new/lvyoupreview.aspx?id=129695。

堡就是以此为蓝本设计的。[1]

3. 交通便利

法兰克福处在德国的中心的交通要道，四通八达距离柏林537公里，斯图加特204公里，慕尼黑392公里。

法兰克福国际机场（Flughafen），位于城西南12公里是欧洲第二大机场，每天都有到北京、上海、香港的定期直达航班。机场有两个航站楼（Terminal），一号航站楼（Terminal 1）有ABC三个厅，国航和汉萨飞中国的航线在B厅，国泰在二号航站楼（Terminal 2）。机场有两个火车站，法兰克福附近地区和城市在一号楼地下的地区车站，远途的要过天桥到远途车站（Fernbahnhof），这里有到德国各主要城市的列车。进法兰克福城可以乘市郊列车S8，到市区要15分钟，乘出租车到市区要20分钟。

法兰克福的公共交通由VGF公司经营，有地铁（U-Bahn）、有轨电车、公共汽车（Bus）和市郊列车（S-Bahn）。该公司还是莱茵美因茨交通公司RMV（www.rmv.de）的一部分，线路可以连通到周围的城市。从中央火车站（Hauptbahnhof）去罗马贝格广场乘地铁U4在Romer下，去商业街可乘地铁U1在Hauptwache下。[2]

新天鹅石堡所在的地区叫Hohenschwangau，最近的镇子是菲森Füssen（Fuessen）。自行前往可以乘火车先到菲森，然后乘9713公交车到Hohenschwangau。从慕尼黑HBF火车总站到菲森要2小时。Hohenschwangau是周围几个景点的中心。旅游中心在山下，可以买到城堡的门票。城堡在山上，上山可以选择步行（20分钟）、马车或小巴（旅游中心对面）。慕尼黑有到新天鹅石堡的一日游线路，在火车站附近发车。

4. 烹调技术高超

烹调技术和旅馆业在最近的几十年中达到了很高的水平，整条浪漫之路各地的收费低廉的住处和私人寓所、典型中产阶级的膳宿公寓直至昂贵的休假地和豪华的国际饭店一应俱全。为食不厌精者开设的饭店逐渐增多，其水平足可与国际知名的佼佼者相媲美。此外，浪漫之路的沿途城市地方风味品种繁多，肴馔佳酿，美不胜收。[3]

（三）重要节点

1. 新天鹅石堡

从奥格斯堡到富森，一路上的风景让人遐思神往。无边的原始森林、嫩绿的山坡上成群的牛羊在漫步，白雪皑皑的阿尔卑斯山和无尽宽阔的湖泊。新天鹅古

---

[1] http://www.baike.com/wiki/新天鹅石堡。
[2] http://eur.bytravel.cn/art/flk/flkf/。
[3] http://www.doc88.com/p-9909382739068.html。

堡就置身于这样梦幻的环境中。蓝天白云下，雾海缭绕中，乳白色的外墙辉映着金色的阳光，灰色的圆柱形尖顶直刺苍穹，牌楼式的宫门两旁是圆柱形的卡通柱子，就像童话故事中白雪公主居住的城堡，洋溢着中世纪的童话色彩。城堡的构建者路德维希二世是艺术的爱好者，深受瓦格纳歌剧的影响，一生憧憬美好的童话世界，于是耗时17年建造了新天鹅古堡。古堡里金碧辉煌的大殿、名贵的古董、珠宝和艺术品绚丽夺目，而花园里一座座精美绝伦的天鹅雕塑更让人叹为观止。

2. 维尔茨堡

从法兰克福出发，向东南方向奔驰120公里就到达有1305年历史的维尔茨堡。这座融合文化、艺术和弗兰肯葡萄酒的古城充满着浪漫的艺术气息，故有"德国维也纳"的美誉。站在气势磅礴的"玛利亚山要塞"上俯瞰维尔茨堡，城市由郁郁葱葱的葡萄园所包围，秀丽的美茵河贯穿城市其中，成片的红色"盒子房"中镶嵌着几座尖顶的哥特式教堂，整座城市的建筑风格充满着巴洛克时期的色彩。旧美茵桥不远处的主教宫建于18世纪中期，是德国南部巴洛克式建筑的杰作，独特的穹形天花、悬挂式楼梯以及世界上最大的天花壁画让人惊叹。

3. 罗滕堡

罗滕堡位于维尔茨堡60公里外，是德国历史悠久的贸易古城，全城的房子均以红色为顶，故称"陶伯河上的红色城堡"。攀上20英尺高的古城墙，城墙外恬静的田园风光和城墙内的红色屋脊相映成画，花园古堡的魅力尽显。低头细看城墙，斑驳的城墙残留着从前入侵者留下的火烧炮击的痕迹，彰显罗滕堡的历史。普伦莱茵广场周围是小镇的精华，洋娃娃商店、玩具博物馆等林立其中，每一件小生活用品都被设计成童话世界的模样，处处透露浪漫的气氛。[①]

四、生态线路：美国蓝岭国家风景道

（一）线路基本情况

蓝岭山道是美国东部一条著名的山区风景区路线。行车通道沿阿帕拉契山脉之蓝岭山山岭而兴建的行车通道，由东北向西南伸展，横跨美国维珍尼亚州和北卡罗来纳州。全长755千米，沿途更开凿岩石成隧道共26条。蓝岭山行车通道最高处是1845米。沿途多是山区风景区，有森林、河流、瀑布、山谷、郊野行山径等，树木花卉多样化。由罗斯福总统20世纪30年代开始建设，全程到80年代完成。蓝岭山行车通道之计划原名为Appalachian Scenic Highway（阿帕拉契山脉风景高速公路）。此公共设施大工程也属那年代经济大萧条时代的推动经济

---

① http://www.chuguo.cn/travel/country_new/lvyoupreview.aspx?id=129695.

方案之一。主要针对市场有喜欢自驾的、欣赏美景的游客[1]。

(二)线路特色

1. 文化特色

在风景道沿途有很多文化景点。比如位于景观道附近的蓝岭音乐中心,这是一处经常举办音乐会的户外圆形剧场;又如有一个名为马布里·米尔的所在,是一座有着百年历史的老磨坊;还有约翰逊农场,至今仍保留着20世纪30年代的风格。在景观道沿线,还有一些极具文化底蕴的小镇,比如弗吉尼亚州的弗洛伊德、北卡罗来纳州的阿什维尔。当游客在景观道上开车累了的时候,这些地方便是小憩的好去处,可以让心灵和身体都得到放松[2]。

2. 设计特色

骑车沿着双车道行驶时,几乎看不到广告牌、站牌或交通灯。即便是普通的标志牌也很少。只有英里标记很常见。在这里,似乎有与现代文明脱节的迹象。这正是设计者、景观建筑师斯坦利阿博特的本意。在开始规划景观道的时候,阿博特就决定要消除通常寄生在公路旁,但有碍观瞻的热狗店、汽油棚和广告牌,有的只是自然风光。他之所以建造这样的景观路,其目的纯粹是为了旅游休闲,而不是为了区域交通的方便。因此,凡景观道之所及,总有不错的风景[3]。

(三)重要节点

1. 詹姆士河

美国弗吉尼亚州中部河流。由杰克森河和考帕斯彻(Cowpasture)河汇流而成,在博特托尔特(Botetourt)县北部切过阿帕拉契大山谷(Great Appalachian Valley)。它向东流,穿越蓝岭山脉,在林斥堡(Lynchburg)附近经过一连串的峡谷,再继续越过里奇蒙(Richmond),这里标示了瀑布线和潮水源头,离河口169公里[4]。

2. 大烟山国家郊游公园

大烟山国家郊游公园占地 200 000 公顷,由于未被人类破坏,所以为植物提供了一个相对有利的生长环境。它拥有 3500 种特有植物和许多濒临灭绝的动物,尤其在这里发现了世界上最大的鲵群。

(1)Cades Cove。Cades Cove 是园内最热门的景点,19 世纪遗留下的木屋住宅、教堂以及磨粉厂使该景点闻名遐迩。这里蕴含着南阿巴拉契亚迷人的历史。由于大受游客青睐,所以这里有时十分拥挤,根据具体情况制订出行计划。

(2)Cataloochee。这里是园中观赏野生动物的最佳地点之一。白尾鹿、黑熊、

---

[1] http://ask.qyer.com/question/3012752.html。
[2] http://go.huanqiu.com/southamerican/2011-01/1420221.html。
[3] http://www.chla.com.cn/htm/2011/0118/72859.html。
[4] https://baike.sogou.com/v421277.htm。

浣熊以及北美土拨鼠等都是 Cataloochee 的常客。要进入峡谷颇为困难，游人需取道田纳西州哈特福的一条碎石路，或是北卡罗来纳州戴乌德附近的 Cove Creek 路。但是游客可以欣赏到四周美丽的山色，以偿旅途劳顿。

（3）Abrams 瀑布。从 Cades Cove 山脊出发，步行 8 公里即可到达 Abrams 瀑布，而且这段路并不太难走。这个瀑布的水流量是公园之最，四周草木葱翠浓郁，景色十分美丽。此外，瀑布底部的池塘是绝佳的游泳场所。

（4）Clingman's Dom。Clingmans Dome 是大烟山国家公园的最高峰，海拔约 2024 米，它同时也是田纳西州的最高点和密西西比州东部的第三高峰。在 Clingman's Dome 上的观察点可以对山上以及山外的景观一览无余，视野可达 160 934 米，不过遇到空气质量欠佳的时候，视野便只有不到 32 186 米。

（5）Deep Creek。Deep Creek 最著名的是它的溪水和瀑布。步行的游人们可以选择通过不同的路径通往瀑布，骑车的游人们可以选择自行车允许通行的路径。这里是徒步旅行很好的选择，也是钓鱼的胜地，游客还可以在指定的露营点露营和野餐[①]。

---

① http://www.baike.com/wiki/ 大雾山国家公园。

第八章

国际旅游目的地建设与管理

第一节 国际旅游目的地的特征与分类

一般意义上的国际旅游目的地,是指能够吸引国际游客专程前来参观游览、休闲度假和会议展览等活动的旅游地域综合体,其吸引性、舒适性、可达性以及附属服务的国际化程度较高,包括树立了良好的国际旅游形象,拥有了国际一流的旅游吸引物,具备了国际游客出入便利的海陆交通,达到了国际标准的旅游接待设施与服务管理水平等(张全晓,2014)。国际旅游目的地是旅游产业和目的地国际化共同发展的产物,它的本质在于国际化的旅游功能。国际旅游目的地其实是一个泛指的概念,其可以是一个较大的包括多个国家和地区在内的区域,也可以特指某一国家或某一国家的某个地区。通常,国际旅游客流总是从不同的国际旅游客源国流向不同的国际旅游目的地。一个国家或地区要成为国际性旅游目的地,一方面要拥有丰富且具较强吸引力的旅游资源,另一方面要具有向国际旅游者提供食、住、行、游、购、娱等综合性服务的能力和水平。在综合评估国际旅游目的地时必须分析其旅游资源的特点、旅游设施条件、旅游服务水平和旅游可进入性等,才能正确掌握国际旅游目的地吸引和接待旅游者的能力、规模和水平。

一、国际旅游目的地的特征

(一)城市个性化,品牌全球化

国际旅游目的地在国际旅游市场上具有与众不同的独立特性,并具有一定市场优势的旅游资源和旅游环境以及在此基础上开发出来的旅游产品。国际旅游目的地的建设具有世界性特征,其品牌辨识度高,具备鲜明的个性,拥有独具特色的资源、地域和文化等;知名度高,为全球旅游消费者和潜在旅游消费者所熟知;认可度高,在国际旅游目标市场上被认同和信任。

（二）市场多元化，国际游客众多

国际旅游目的地不仅能够吸引本国的游客，更对全球的游客独具吸引力；国际旅游目的地的服务管理、接待设施、旅游产品等能够适应不同游客的需求。中国作为国际旅游市场的旅游目的地之一，接待了来自世界各地的游客。近20年来，来自亚洲、非洲、欧洲、拉丁美洲、北美洲、大洋洲等的游客总体呈上升趋势，至2016年，国际游客数量达到了2813万人次，如表8-1所示。与此同时，国际游客的数量极大程度上反映了一个目的地的国际认知度和影响力。

表8-1　1995—2016年中国入境游客国别构成

单位：万人次

地区	1995年	2000年	2005年	2010年	2015年	2016年
总计	588.67	1016.04	2025.51	2612.69	2598.54	2813.00
亚洲	338.26	610.15	1249.99	1617.86	1659.47	1803.70
非洲	4.08	6.56	23.80	46.36	58.02	58.90
欧洲	159.06	248.90	479.14	569.79	491.67	547.20
拉丁美洲	5.37	8.29	16.05	30.05	34.98	39.00
北美洲	64.36	113.28	198.53	269.49	276.56	299.10
大洋洲及太平洋岛屿	15.85	28.18	57.36	78.93	77.64	82.60
其他	1.69	0.68	0.65	0.21	0.21	0.20

（数据来源：中国统计年鉴2017）

（三）本土文化极具吸引力

国际旅游目的地的本土文化是吸引国际旅游消费者的重要旅游要素之一。国际旅游者能够为目的地带来巨大的经济效益，目前各国都在力争发展本国旅游业，打造国际旅游目的地，以吸引更多的国际旅游消费者。近年来，韩国在"韩流""韩剧""韩餐"等本土文化的带动下，入境旅游一直保持着较高的发展水平。韩国政府把本土文化对旅游的促进作用发挥到极致，重视文化产业和旅游业的融合和包装，塑造韩国文化旅游品牌，赋予了韩国许多景点新的含义，提高了韩国的知名度，吸引了大量的国际游客。然而中国多地在力争打造"国际化"的旅游目的地时，推倒古屋，建设高楼，挖掉老街，拓宽马路，这在专业人士看来，恰恰是在摧毁本地"国际化"的可能。联合国世界旅游组织执行主任Marcio Favila强调，打造国际旅游目的地需要关注当地旅游业的可持续发展，在环境、社会、经济上为游客提供便利，同时令当地民众受益。

（四）国际交通便捷化

科学技术的进步、交通运输业的快速发展为旅游目的地走向国际提供了前提。便捷的交通打破了时间、经济等因素的限制，缩短了游客与旅游目的地之间的时间距离，增强了游客接待能力。国际旅游目的地具备良好的可进入条件，为国际客人的出入境提供了便利。素有"东方巴黎"之称的上海是个既现代又传统的国际性大都市，便捷的国际交通是其在国际旅游资源方面拥有强势竞争力的重要因素。据中国民用航空局发展计划司 2015 年的统计数据显示，上海能通航 25 个国家和地区的 69 个城市，开放性强，国际化特征明显。因此，便捷化的国际交通是国际旅游目的地的重要特征。

（五）区域带动辐射作用

国际旅游目的地一般具有较强的区域带动辐射作用，不仅能够带动当地社会经济的发展，而且还能辐射到更广的范围。国际旅游目的地具有强大的流动性、带动性、辐射性，有利于促进所在区域的旅游业发展、社会经济的发展、其他相关产业的转型升级以及基础设施的完善。

二、国际旅游目的地的判定

建设国际化的旅游目的地是许多国家和地区旅游发展的目标，然而国际旅游目的地的建设对该地的旅游资源、旅游基础设施、服务质量、旅游信息系统、旅游目的地形象等都有一定的要求。

（一）一定规模且独具特色的高品位旅游吸引要素

国际旅游目的地的特征之一就是个性化。对于特定的国际旅游目标市场和客源群体，国际旅游地在国际旅游市场上具有与众不同的独立特性，并具有一定市场优势的旅游资源、旅游环境以及在此基础上开发出来的旅游产品。这些既体现了一个国家或地区的自然、社会、历史、文化及民族的综合特色；同时，也是一个国家或地区在国际旅游者活动过程中的服务和设施特色，能够激发旅游者的旅游动机，并促成旅游行为。

高品位并具有世界吸引力的旅游资源，是国际旅游目的地的产品基础，是发展旅游经济的中心环节，而依托一流资源形成的交通、住宿、游览、餐饮、娱乐、购物、结算、中介服务等"一条龙"产品的品质和便利程度，则是国际化的实质。

【案例1】澳大利亚大堡礁

澳大利亚大堡礁是世界著名的国际旅游地，它是世界最大的珊瑚礁群，纵贯于澳大利亚的东北沿海，北从托雷斯海峡，南到南回归线以南，绵延伸展共有 2011

公里，最宽处161公里。它有2900个大小珊瑚礁岛，自然景观非常特殊。大堡礁的南端离海岸最远有241公里，北端较靠近，最近处离海岸仅16公里。在落潮时，部分的珊瑚礁露出水面形成珊瑚岛。在礁群与海岸之间是一条极方便的交通海路。风平浪静时，游船在此间通过，船下连绵不断多彩、多形的珊瑚景色，就成为吸引世界各地游客来猎奇观赏的最佳海底奇观。大堡礁水域共约有大小岛屿630多个，其中以绿岛、丹客岛、磁石岛、海伦岛、林德曼岛、哈米顿岛、蜥蜴岛、芬瑟岛等较为有名。俯瞰大堡礁，犹如在汹涌澎湃的大海上绽放的碧绿的宝石一般。这些各有特色的岛屿现都已开辟为旅游区，每年都会吸引无数的游客。

大规模的珊瑚礁岛容纳了大量来自世界各地的国际游客，独特且丰富的自然景观、美味的特色海岛美食、多样的娱乐项目等吸引了越来越多的国际旅游消费者。大堡礁的旅游发展有效地拉动了当地的社会经济发展，成为当地经济收入来源的重要支柱。

（二）系统完备而高水平的旅游设施和服务质量

国际旅游目的地面向的是在经济、时间方面都能够支付的国际游客，尽管当前旅游已经进入大众消费领域，但总体来看，国际游客群体的主要组成者仍然以高收入群体为主。联合国世界旅游组织发表报告称，2016年，全球国际游客数量增长4.6%，达到11.86亿人，较2015年增长5200万人，国际游客数量呈现逐年上涨趋势。国际旅游消费者通常对旅游设施和服务有较高的标准和要求。一个合格的国际旅游目的地必须具备系统完备和高水准的旅游基础设施和专门设施，为旅游者提供齐全、规范、快捷、高效、及时的旅游服务项目，以满足国际旅游消费者求新、求异、求美、求乐的心理需求。旅游吸引设施是旅游目的地的核心和灵魂（彭劲松，柯昌波，2016），围绕旅游吸引设施的建设，加强旅游进入设施、配套设施和服务环境，是打造旅游目的地的必要条件。对于国际旅游目的地而言，理应是以吸引国际客源为主要旅游群体，由国际化旅游吸引设施、国际化进入设施、国际化旅游配套设施和发展环境构成的一个综合性旅游服务区域。

国际旅游目的地客观上要求旅游业实现与国际接轨，按照国际标准管理组织行业生产。因此必须建立高效科学的、适合市场经济发展的旅游业管理体系。该体系应该由三个层级组成：政策法规、行业管理、同业自律。三者共同作用形成管理合力。

【案例2】美国黄石公园

美国黄石公园是世界上第一个也是最大的国家公园。公园产品丰富（园区内资源、活动项目、旅游商品丰富）、服务完善、基础设施相对完备。黄石公园成功打造成国际级旅游目的地的原因之一在于其由7大管理团队、3大运营基金协同运作。黄石国家公园的运营资金主要由国会批准的财政拨款作为基本基金、特殊项目酬金、项目拨款、私人捐献、展示项目酬金、建设项目基金构成，这部分资金最主要，占到了全部运营资金的70%，保证了公园的公益性。运营成本集中于各建设项目、服务项目的运行上。此外黄石公园由内政部设立的国家公园管理局直接管理，内设行政管理、讲解、资源管理与游客保护、业务管理、公共事务和执法监督等部门。黄石公园协会（提供教育项目）、黄石公园协会研究所（为当地美洲印第安人提供教育课程）、黄石公园基金会（募集资金）、Delaware North公司（特许经营商，营运范围包括食品、游玩装备、纪念品、收藏品等）、Xanterra公园及度假村（特许经营商，营运范围包括住宿、餐饮、礼品商店等）、公共土地伙伴协会（管理公共土地的非营利组织）协同运营黄石公园。

完备的基础设施、高水平的服务质量以及科学的旅游管理体系使得黄石公园成功抓住了国际旅游消费者的心，成了国际著名的旅游胜地。

（三）足够的旅游活动空间

具有一定规模的地域空间是国际旅游活动的基础和必要前提。空间是动态的综合性概念，在其地域空间的基础上，还包括经济性空间、社会性空间、文化性空间、心理性空间，以及市场空间（规模）等。拥有足够的活动空间，才能满足国际旅游者的各种需求。按照空间尺度和地区的大小，旅游目的地可分为跨国甚至跨洲的大区域旅游市场空间、国家空间，只有形成各种层次和类型的旅游活动空间系列，才能最大限度地满足国际旅游者的需求。有研究指出，国际游客作为跨国游客，有自己独特的空间认知特征：旅游活动空间的尺度大、文化的跨度大、认知过程的完整性、空间对象的选择性、认知时间的有限性，提出国际游客空间认知模式。在国家空间意象研究中，由于国际游客活动空间尺度较大，空间行为具有多目的地性，从一个目的地位移到另一个目的地，会以中心城市、口岸城市、交通枢纽城市、出入境城市、特大交通站点等大范围的概念作为节点。

（四）很好的可进入性条件

这是指国际旅游者进入旅游目的地的难易程度和时效标准。旅游客源国与目的国之间的地理距离对旅游者的吸引力往往会受到距离衰减规律的影响，但在快速、便捷、舒适、安全的现代交通条件下，可以用缩短旅行时间来弥补，尤其在方便的通信条件、简化方便的出入境手续、良好的社会治安条件，以及旅游接待地的公众对发展旅游业的积极态度和友善好客的行为条件下，更可以拉近心理距离，以大量吸引国际旅游者。因此，旅游目的国应该创造良好的交通通达条件、便捷畅通的通信条件、方便的出入境签证手续和出入境验关手续、较高的服务质量，以及营造良好的社会环境，全方位、广角度提高其旅游可进入性。黄金周出境游一直呈泰、韩、日三足鼎立的局势,但自从泰国、韩国济州岛实行免签制后,其便利的可进入性吸引了大批中国游客,为韩国和泰国带来了可观的旅游收入。同时免签给一些小众目的地带去了大量中国游客。据携程旅游提供的数据,2016年十一黄金周,赴摩洛哥、突尼斯、汤加等新近免签目的地的游客同比增长300%~600%,相关线路一上线就抢订一空。

(五)完善的旅游信息服务系统

近年来,随着物联网、云计算、三网融合等新一代信息技术的快速发展,"智慧旅游"成了旅游业发展的新方向,它改变了传统的旅游行为方式、企业经营模式和旅游管理模式,引领旅游进入智能时代。旅游与科技的完美结合,是现代旅游业发展的新增长点,也是建设国际旅游目的地的新要求。完善的旅游信息系统包括:

(1)一个或多个旅游咨询中心,直接为散客服务。散客在入境的国际旅游者中所占比例的大小,是判断这个目的地国际旅游业发达程度的重要标准。一般说来,国际旅游目的地的散客接待量较其他层级的旅游目的地多,因此根据游客数量设立一个甚至多个旅游咨询中心很有必要。

(2)网络数字服务平台。包括网上规划旅游线路、网上机票预订、酒店预订等业务,提供免费电子地图、电子语音向导等。

(3)公共信息服务。公共信息服务是指为满足游客对旅游目的地的旅游基本信息、旅游产品促销信息、旅游安全信息、公共环境等相关信息服务的需要,及时将开发加工好的信息产品以游客便捷的形式传递给相关旅游者(张东祥,2014)。公共信息系统对旅游者开放,方便旅游者查询政治、经济、历史、文化等旅游目的地的信息。

【案例3】日本智慧化旅游信息服务系统

日本的旅游景点以干净舒适、交通便利见长,而且各种自然景观全都是免费的,极大减少了旅行者的经济负担。除此之外,"智能旅游"在日本也方兴未艾,给个人旅行者提供了极大便利。如今,在日本出游,订车、订酒店,基本上都可以在网上完成,省去了找旅行社的麻烦,甚至无须给酒店和租车点打电话,只通过上网就能办妥当。总务省下属的中国综合通信局(这里的"中国"指日本的"中国地区",包括本州西部的冈山、广岛、山口、鸟取、岛根等五县)致力于推进"山阴·山阳智能观光项目",通过产官学合作帮助地方政府建设最尖端的智能观光信息基础设施。"山阴·山阳智能观光项目推进协议会"就是在中国综合通信局推动下,于2013年12月16日成立的一个产官学合作的团体,作为推进该项目的执行机构,总部设在广岛市。该协议会致力于利用最尖端的信息通信技术,利用智能手机,推出旅游用的客户端。该客户端只要从屏幕上点击,就能够获得诸多旅游信息,还能够阅览旅游线路,增加游客旅游的便利性。2012年12月,日本总务省北陆综合通信局召开了调查研究会,致力于将"奥能登"地区建成利用信息通信技术的先进地区,此后推动建立了"ICT(信息通信技术)奥能登'纽带'建设协议会",该协议会也是一个产官学合作项目,致力于提供用多种语言介绍能登半岛的田园风光、自然环境和旅游景点。

智慧化的旅游信息服务系统构建,能够有效整合旅游信息资源,满足游客多样化的旅游信息需求。旅游者可通过网络获得动态的旅游信息,随时随地获得相关服务。这也是国际旅游目的地吸引国际游客的重要因素。

(六)其他因素

(1)良好的旅游目的地形象。形象是确立国际旅游目的地至关重要的问题。旅游者对目的地的选择,依赖于对该目的地旅游形象的认知水平,并受其所掌握的旅游信息影响。国际旅游目的地须形成全世界认可的良好形象,同时拥有国际性的公众知晓率和认同度。

(2)文明友好的旅游氛围。国际旅游目的地必须具备国际化的硬环境和软环境两个条件。硬环境包括目的地基础设施、目的地生态环境、建筑空间环境以及目的地功能结构。软环境即文明友好的旅游社会环境,包括友好的人民、文明的举止、清洁的环境、安全轻松的氛围等。

(3)现代化的预订和结算方式。以电子商务为代表的网络经济极大地扩展了旅游产品消费的需求,改变了旅游业的运作方式,已成为信息时代旅游交易的新方式,完全适应国际旅游市场的需要。

判定一个旅游目的地为国际旅游目的地,具体可参考表8-2的评价体系。

表8-2 国际旅游目的地评价体系

综合层	项目层	评级指标	权重
国际旅游业发展水平	旅游吸引物	旅游吸引物知名度	0.1236
		旅游吸引物美誉度	0.1311
		旅游吸引物丰度	0.1156
		旅游吸引物规模	0.1267
		旅游吸引物新奇度	0.1304
		旅游吸引物感召度	0.1327
		旅游吸引物完整度	0.1087
		旅游吸引物观赏实效度	0.1312

续表

综合层	项目层	评级指标	权重
国际旅游业发展水平	国际旅游经济水平	国内/地区内旅游年均收入	0.1126
		国际旅游年均外汇收入	0.1205
		国际游客年接待过夜人次	0.1093
		国际旅游总收入占 GDP 比重	0.1022
		国内/地区内旅游者数量	0.1114
		国际旅游者人均接待数量	0.1032
		国际旅游者数量	0.1255
		国际旅游者人均花费	0.1101
		国际旅游者平均逗留时间	0.1052
	国际旅游接待水平	涉外酒店数量	0.1366
		涉外酒店客房数量	0.1421
		涉外酒店年接待人数	0.1310
		涉外酒店客房年出租率	0.1574
		国际旅行社数量	0.1403
		国内旅行社数量	0.1359
		国际旅游接待查询系统	0.1567
	国际旅游宣传促销	国际旅游宣传促销年均费用	0.2218
		国际旅游宣传促销书籍材料	0.1862
		国际旅游大事件活动项目	0.1872
		国际旅游英语新闻报道上网查询率	0.2015
		国际旅游各类型语言网站	0.2033
国际旅游客源市场条件	国际旅游客源市场规模	国际旅游者消费潜力	0.3302
		国际旅游者人均消费能力	0.3414
		国际旅游者群体结构	0.3284
	国际旅游客源市场结构	客源国（地区）数量	0.2613
		客源国吸引范围	0.2559
		客源国地区分布	0.2217
		客源国地区分布集中度	0.2611
		国际客源增长能力	0.3802
	国际旅游客源市场潜力	国际客源市场竞争力	0.3018
		国际客源市场开发	0.3180

续表

综合层	项目层	评级指标	权重
国际旅游客源市场条件	国际旅游产品项目丰度	国际旅游产品项目组合	0.2562
		国际旅游产品项目数量	0.2207
		国际旅游产品项目质量	0.2628
		国际旅游产品项目品位	0.2603
国际旅游产品项目	国际旅游产品项目价值	观赏游憩价值	0.1536
		历史文化价值	0.1666
		科学艺术价值	0.1756
		休闲娱乐价值	0.1277
		研究探索价值	0.2102
		教育启发价值	0.1663
	国际旅游产品项目吸引力	国际旅游产品项目年均销售率	0.2316
		国际旅游产品项目市场份额	0.3004
		国际旅游产品项目内涵	0.3218
		国际旅游产品项目可塑性	0.1462
国际旅游设施服务水平	国际旅游交通条件	铁路年均国际游客客运量	0.2377
		公路年均国际游客客运量	0.2008
		民航年均国际游客客运量	0.1162
		水路年均国际游客客运量	0.0933
		国际旅游者人均飞机场数量	0.1266
		国际旅游者人均火车站数量	0.1332
		国际航班年均次数	0.0922
	国际旅游服务水平	国际旅游咨询服务	0.1231
		国际导游员讲解水平	0.1003
		国际导游员外语水平	0.0526
		国际导游员数量	0.0672
		旅游区服务态度	0.0923
		旅游区服务效率	0.1337
		国际游客投诉比率	0.0844
		国际游客投诉圆满解决率	0.0864
		餐饮服务质量	0.1355
		旅游区门票价格	0.1245

续表

综合层	项目层	评级指标	权重
国际旅游设施服务水平	国际旅游设施条件	餐饮设施	0.2477
		商店设施	0.2314
		公共休息设施	0.1236
		引导标志牌	0.1128
		公共厕所	0.1412
		主要景区安全设施	0.1433
	国际旅游经济环境	城镇居民人均可支配收入	0.2117
		农村居民人均纯收入	0.2004
		每万人互联网用户数	0.1253
		旅游从业人员培训机构数量	0.2124
		每万人拥有公共汽车量	0.1266
		年末实有出租汽车量	0.1236
国际旅游发展环境	国际旅游生态环境	人均拥有公共绿地面积	0.1953
		城市建成区绿化覆盖率	0.0621
		城市空气污染指数	0.1372
		城市噪声指数	0.1521
		气候舒适度指数	0.0844
		水体要素质量指数	0.1652
		全年气候适游期	0.2037
	国际旅游社会治安	国际旅游者安全感系数	0.2006
		年均刑事案件数量	0.1721
		年均交通意外事件数量	0.1628
		人均拥有警察数量	0.1937
		旅游区警点配置数量	0.1263
		旅游区交警巡查次数	0.1445
	国际旅游气息氛围	服务业旅游英语普及率	0.2537
		居民英语普及率	0.0824
		多语种标识系统比例	0.2018
		居民参与旅游建设情调	0.1528
		居民对国际旅游者态度	0.1834
		国际旅游活动互动交流	0.1259

续表

综合层	项目层	评级指标	权重
国际旅游保障体系	国际旅游可进入性	国际航线机场数量	0.2010
		国际机场客运吞吐量	0.1728
		国际航班通达境外国家数量	0.1862
		国际航班通达境外城市数量	0.1326
		国际航线通达境外国家数量	0.1512
		国际航线通达境外城市数量	0.1562
	国际金融通信服务	银行信用服务的通用率	0.2530
		主要国际货币的通兑率	0.1562
		国际电信通达率	0.1637
		国际邮电通达率	0.1241
		国际互联网普及率	0.3030
	国际旅游政府主导力	国际旅游发展投资总额	0.2661
		国际旅游目的地战略目标制定	0.1342
		国际旅游目的地战略目标实施	0.1765
		政府制定旅游业扶持政策	0.4232
国际旅游安全体系	国际旅游公共安全	旅游交通安全制定与实施	0.2238
		旅游娱乐安全制定与实施	0.2429
		旅游消防安全制定与实施	0.3137
		旅游保险安全制定与实施	0.0812
		旅游医疗安全制定与实施	0.1384
	国际旅游消费安全	旅游酒店卫生	0.3368
		旅游食品清洁	0.4012
		旅游环境污染	0.2620
	国际旅游保障安全	应急预案颁布	0.2455
		应急预案演练	0.1240
		建立巡警制度	0.1762
		公布旅游求救电话	0.1536
		旅游从业人员定期安全培训	0.1164
		居民旅游安全知识普及	0.1843

（引自徐海军，2011）

该评价标准包括 7 个综合层、23 个项目层、130 个评价指标层，其中综合层包括国际旅游业发展水平、国际旅游客源市场条件、国际旅游产品项目、国际旅游设施服务水平、国际旅游发展环境、国际旅游保障体系、国际旅游安全体系。旅游业整体发展水平直接反映了国际旅游目的地的旅游发展情况；客源市场条件综合反映了入境客源规模、结构，体现了国际市场潜力；国际旅游目的地的旅游产品项目不仅要在量上取胜，更重要的是质，产品的丰度、价值、吸引力对于目的地而言都十分重要；旅游设施服务水平是游客最能直接看到和感受到的，这是评价体系中必不可少的一层；旅游发展环境从宏观和微观两个角度，体现了目的地的整体形象；旅游保障体系为旅游业的发展创造便捷、高效、有序的环境；旅游安全体系是针对旅游者安全的有效保护。

该评价体系通过问卷发放和专家打分进行了两轮标准因子的筛选，最终经过数据分析确定了最终指标因子及其权重。评价国际旅游目的地时，可采用模糊数学综合评判方法。

（1）建立因素集，由影响评判的各种因素为元素组成的集合。在该评价体系中，共有 3 层结构，因此因素集由 3 大层 130 个基因素组成。

如因素集 $U=(U_1, U_2, \cdots, U_7)$

$U_1=(U_{11}, U_{12}, \cdots, U_{15})$

$U_{11}=(U_{111}, U_{112}, U_{113}, \cdots)$

（2）建立评语集，以评判者对被评价对象可能做出的各种判断结果为元素组成的集合。结合专家的综合判断，将评价体系中的各因素指标分为不同的评价等级，一般可分为差、一般、较好、好、很好，记为 $V=(V_1, V_2, V_3, V_4, V_5)$。

（3）建立权重集，对各因素 U_i 赋予不同的权重 W_i，可直接根据层次结构构建权重集。

（4）模糊综合评判。对于多层次评价，先按最低层次的各个因素进行综合评价，然后再按上一层次的各因素进行综合评价，依次向上到最高层次即可得到总的综合评价结果。

三、国际旅游目的地的分类

依据要素的构成及国际影响力不同，可将国际旅游目的地划分为区域性和世界级的国际旅游目的地两类。世界级国际旅游目的地是指在全世界具有很高的知名度，其影响力可辐射到世界上多个国家或地区，旅游业高度发达，旅游接待规模大，并且客源遍布全球的旅游目的地，例如巴黎、东京、纽约等属于世界级国际旅游目的地。区域性国际旅游目的地在吸引力和影响力上都小于世界级国际旅游目的地，其影响力主要在较大的国际区域内，如中国香港、新加坡等则属于区域性国际旅游目的地。

【案例4】巴黎

巴黎是法国的首都,也是法国的政治经济文化中心。它位于法国北部,塞纳河两岸,属于温带海洋性气候,冬暖夏凉,气候宜人。巴黎拥有多项世界遗产,如埃菲尔铁塔、巴黎圣母院、凯旋门、凡尔赛宫等,埃菲尔铁塔已是巴黎乃至整个法国的象征,在国际上独具魅力和特色。作为国际性知名大都市,时尚、优雅、浪漫是巴黎的代名词,不断发展的会展业和会议产业为巴黎旅游业的发展注入了新的活力。优美的自然风光、悠久的历史文化、时尚的服装与香水,都成了巴黎宝贵的旅游资源,无疑成了世界各地国际游的首选目的地之一。2014年,法国全国接待国际旅游者达8470万人次,在全世界排名第一,旅游总收入150亿欧元,在全世界排名第三。大城市接待境外游客中,巴黎居于榜首。

【案例5】香港

香港是一座繁荣的国际大都市,全境由香港岛、九龙半岛、新界等3大区域组成。香港是中西方文化的交融之地,华人智慧与西方社会制度优势合二为一,一度成了全球最富裕、经济最发达的地区之一。作为中国的特别行政区之一,香港特殊的历史背景、独特的人文环境都是吸引国际旅游者的有利因素。它被誉为"东方之珠""美食天堂""购物天堂"……旅游业在香港扮演了十分重要的角色,每年都会有很多游客到这个魅力之都、购物天堂观光旅行、商务往来。自20世纪70年代起,旅游业就已为香港带去了庞大的经济效益。就香港的客源市场而言,主要集中在亚太地区,如中国内地、中国台湾,以及南亚、东南亚、日本和美国。

表8-3 2012—2016年香港主要客源地入境游客统计

单位:万人次

客源地	2012	2013	2014	2015	2016
中国内地	3491.1	4074.5	4724.8	4584.2	4277.8
南亚及东南亚	365.2	371.8	361.5	355.9	370.2
中国台湾	208.9	210.0	203.2	201.6	201.1
北亚	233.3	214.1	233.0	229.3	248.5
欧洲、非洲及中东	222.8	225.4	221.8	216.7	222.6
美洲	177.8	166.6	167.9	172.8	177.3
澳大利亚、新西兰及南太平洋	74.1	71.7	71.5	68.1	68.4
中国澳门	88.3	95.8	100.2	102.1	99.5

(数据来源:中国统计年鉴2017)

按照核心吸引力的标准,可将国际旅游目的地划分为城市核心型、景区主体型、区域复合型和产业集聚型四类。

（1）城市核心型。城市核心型国际旅游目的地以城市作为主要旅游吸引物,并在城市里实现旅游要素聚集,同时与其他产业实现联动、互补的关系。我国的城市核心型国际旅游目的地城市以北京和上海为代表,国外如纽约、巴黎等。

（2）景区主体型。以某个或某几个著名旅游区为基础和核心,围绕其形成交通、住宿、餐饮、购物、娱乐等配套要素集群,并整合周边生态、文化等资源而形成的旅游产业聚集区。如美国著名的黄石国家公园因其丰富的地貌和各具特色的景观景点而闻名世界。

（3）区域复合型。以一定空间内的旅游要素、游憩方式聚合为主发展而成的国际旅游目的地。我国正积极建设更多区域复合型国际旅游目的地;如山西晋商曾为故里晋中市留下大批代表晋商文化的大院古建筑群,在山西大力发展旅游产业以摆脱"以煤独大"经济结构的当下,晋中市确定打造"家国文化——世界文化遗产黄金走廊",最终达到国际复合型旅游目的地的标准。

（4）产业集聚型。产业集聚型国际旅游目的地是指以因产业集聚而发展为旅游吸引物,在国际上有重要影响力,为世界人民所知晓的旅游目的地。例如以"电影王国"著称的美国洛杉矶。

【案例6】洛杉矶

提起洛杉矶,人们立刻会联想起好莱坞以及好莱坞大片中的经典场景。这里聚集了全球最炙手可热的明星大牌,也演绎了许多好莱坞式的精彩故事。经历了数百年兴衰的"天使之城",如今闪耀着熠熠星光,矗立在世界舞台上,处处彰显大牌风范。洛杉矶是美国第三大都市,位于充满阳光的西海岸,濒临浩瀚的太平洋东侧的圣佩德罗湾和圣莫尼卡湾沿岸,背靠莽莽的圣加布里埃尔山。这里一年四季阳光明媚,干燥少雨,气候温和宜人。一望无垠的沙滩和明媚的阳光、闻名遐迩的"电影王国"好莱坞、迪士尼乐园、峰秀地灵的贝弗利山庄使洛杉矶成了举世闻名的"电影城"和"旅游城"。洛杉矶充满活力与激情,代表了多元化的文化与艺术,电影产业十分发达。除了举世闻名的好莱坞地标、奥斯卡颁奖礼的举办地杜比剧院、印有众多明星手印的星光大道,还有著名的电影拍摄地——好莱坞环球影城,影视产业聚集,成了世界知名的娱乐中心。洛杉矶国际旅游的发展主要依靠于其城市主题文化——世界电影之都,所以说,电影业发展的高度就代表着洛杉矶的高度。

第二节 国际旅游目的地的全球布局

一、旅游活动的全球化

早期的旅游活动产生于19世纪40年代以前。18世纪30年代，蒸汽机在欧洲纺织业的应用标志着产业革命的开始，促使社会生产力迅速提高，为旅游活动的全球化提供了物质技术基础和经济条件，尤其是19世纪各种专门的旅游服务机构的产生和发展，更是为国际旅游的形成提供了支持。于是，自19世纪中期起，旅游活动便开始了全球化，欧洲和北美地区的区域旅游有了较快的发展。

进入20世纪以后，两次世界大战和30年代全球经济危机的发生使得旅游活动的全球化进程变得缓慢。60年代以后，国际形势和平稳定，社会生产力水平有了大幅度的提高，铁路、汽车、飞机等迅速发展和广泛使用，使得旅游交通运输条件更为便捷，旅游活动不断向着全球化方向发展。与此同时，越来越多的发展中国家参与到国际旅游中来，使国际旅游的覆盖范围遍及全球。一开始，发展中国家主要是作为旅游目的地国，但随着社会经济的发展，一些发展中国家逐步转变了角色，成了国际旅游客源国的一员，进一步推动了世界旅游者的全球化。

当今世界，国际旅游活动已成了最为活跃的社会经济活动，广泛渗透于各个国家和地区的各个方面，对人类社会经济发展起着重要的促进作用。世界旅游组织（WTC）预测，到2020年，全球旅游人数将达14亿人次，新兴经济体国家的入境旅游人数将超越发达国家。

二、国际旅游活动的发展进程

国际旅游作为一种跨国际、跨地区的社会经济和文化交流活动，是基于旅游活动的产生和发展，并具备一定的物质技术条件的前提下诞生的。国际旅游活动的萌芽最早可追溯到古代，而在古代社会，社会经济发展水平低下，经济不发达，平民生活水平质量低，国际性的旅游活动主要是围绕王公贵族展开的，以商业贸易、宗教朝拜、航海探险为目的展开。到了近代，产业革命的发生和资本主义制度的形成促成了国际旅游活动的形成。

近代国际旅游的兴起大约是从15世纪到18世纪末。

从18世纪中期到20世纪中期，近代国际旅游活动形成和发展。

现代旅游业在20世纪60年代才开始形成规模，纵观现代国际旅游活动的发展，大致可分为以下 4 个发展阶段（罗明义，2002）。

（1）起步阶段（19 世纪中期—20 世纪 50 年代）。国际旅游形成于 19 世纪中期，主要源于工业革命的推动，因此主要是在欧美经济发达国家得到发展。工业革命催生了铁路、小汽车等的发明，交通技术的革命提高了旅游目的地的可进入性；另外，工业革命造成城市人口膨胀、工作压力剧增等，这些也激发了人们对于休闲旅游的需求。1841 年英国人托马斯·库克组织了 570 人参加从莱斯特前往拉夫堡的旅游专列一日游，为游客提供包价旅游服务，这被认为是近代旅游业开始的标志（吕佳颖等，2017）。但随着两次世界大战的爆发以及当时资本主义仍处于自由竞争时期，国际旅游业发展缓慢，未能得到快速的发展。

（2）快速发展阶段（1950—1960 年）。20 世纪 50 年代以后，世界进入相对和平时期，世界经济逐渐复苏并得到迅速发展，人口快速增加、收入水平提高、闲暇时间增多以及交通运输条件的不断改善，促使了人们对国际旅游需求的增长，从而使国际旅游得到快速发展。

（3）波动发展阶段（1960—1980 年）。这一阶段国际旅游进入大众旅游发展时期，由于经济的快速发展，人们生活水平不断提升，旅游已成为人们生活中的重要组成部分，尤其是发达国家大量旅游者走出国门到其他国家旅游，推动了国际旅游业的发展。但整体情况相较于 20 世纪 50 年代，发展速度降低并出现大幅度波动性发展。

（4）持续稳定发展阶段（1980 年以后）。从 20 世纪 80 年代以后，国际旅游业进入稳定的持续发展阶段。国际旅游人数及国际旅游收入都得到不断增长，尽管增长速度有所下降，但游客人均消费提高，整体效益得到提高，表明国际旅游业已经从数量增长型向效益发展型转变。90 年代初，旅游业发展规模超过传统产业，发展势头良好。

旅游国际化是一个与旅游全球化相关的概念，它是指一个国家或地区的旅游要素走向世界，旅游功能日益与世界接轨，国际旅游知名度不断提高，日益融入国际旅游网络的过程（赵磊，2011）。

三、国际旅游目的地的全球布局

现阶段，国际旅游发展速度迅速，增幅大，覆盖面广，具有广泛的群众性和多样化的内容和形式，每个国家或地区都在一定程度是国际旅游客源国的一员，也是国际旅游目的地中的一分子。从全球国际旅游目的地的分布来看，主要可分为四大区域：欧洲区、美洲区、亚太区和非洲区。

表8-4　2016年世界入境游客规模排名前十国家

单位：百万人次

国家	人数
法国	82.6
美国	75.6
西班牙	75.6
中国	59.3
意大利	52.4
英国	35.8
德国	35.6
墨西哥	35.0
泰国	32.6
土耳其	—

（数据来源：世界旅游组织）

表8-5　1990—2015年世界入境游客量分布

单位：百万人次

	入境游客数量					
	1990	1995	2000	2005	2010	2015
世界	435	526	674	809	953	1189
欧洲	261.5	303.5	386.6	453.2	489.0	603.7
北欧	28.7	36.4	44.8	59.9	62.8	75.4
西欧	106.8	112.2	139.7	141.7	154.4	181.4
东欧	33.9	58.9	69.6	95.3	98.5	121.4
中欧	90.3	96.0	132.6	156.4	173.3	225.5
亚洲和太平洋地区	55.9	82.1	110.4	154.1	208.1	284.0
东北亚	26.4	41.3	58.3	85.9	111.5	142.1
东南亚	21.2	28.5	36.3	49.0	70.5	104.2
大洋洲	5.2	8.1	9.6	10.9	11.4	14.3
南亚	3.2	4.2	6.1	8.3	14.7	23.4
美洲	92.8	108.9	128.2	133.3	150.1	192.7
北美洲	71.8	80.5	91.5	89.9	99.5	127.5

续表

	入境游客数量					
	1990	1995	2000	2005	2010	2015
加勒比海地区	11.4	14.0	17.1	18.8	19.5	24.1
中美洲	1.9	2.6	4.3	6.3	7.8	10.2
南美洲	7.7	11.7	15.3	18.3	23.2	30.8
非洲	14.8	18.7	26.2	34.8	50.4	53.4
北非	8.4	7.3	10.2	13.9	19.7	18.0
撒哈拉以南地区	6.4	11.5	16.0	20.9	30.7	35.4
中东	9.6	12.7	22.4	33.7	55.4	55.6

（数据来源：世界旅游组织）

由上表可以看出，近些年，整个欧洲区域入境游客规模较大，其他国际游客量较大的区域集中在东北亚、北美洲及东南亚。

1. 欧洲区

欧洲区包括北欧、东欧的俄罗斯、西欧和中欧地区。该区属于西方文化区，是沿纬线方向延伸距离最长的国际旅游区，它的纬度位置较高，东、南、西三面多山地、高原，内部是平原和低地，形成了以温带森林和亚热带常绿硬叶林、灌丛为主的自然景观。当地绝大多数居民为欧罗巴人种，使用印欧语系的日耳曼语、拉西语和斯拉夫语，信仰天主教和基督教。欧洲作为资本主义经济的发祥地，人文旅游资源极为丰富，是世界上旅游业开始最早也是最为发达的地区。如旅游业发展较早的英国、法国，有"旅游王国"之称的西班牙，文明古国希腊，"世界公园"瑞士，世界上最早开发、最发达的海滨旅游带——地中海沿岸等，都是著名的国际旅游目的地。欧洲是最受国际游客青睐的旅游目的地，根据世界旅游组织2017年数据，在国际游客规模排名前十的国家中，欧洲国家占了五位。

2. 美洲区

美洲区包括北美、中美、南美和加勒比海地区。美洲民族成分复杂，既有原住民印第安人和因纽特人，又有后来因发现"新大陆"而进入的欧洲人，最先是西班牙和葡萄牙向美洲移民，之后荷兰、英国、法国也向那里移民。大量欧洲人的迁入为美洲地区带去了西方文化，当地使用日耳曼语和拉丁语，也信仰天主教和基督教。美洲区是世界沿经线方向延伸距离最长的旅游区。在地形上可分为南北纵列的三个单元：西部是科迪勒拉山系纵贯南北，东部由高原、山地和大洋中的弧形群岛组成，中部是大平原和陆间海。气候类型齐全，自然景观多种多样。

美洲是古玛雅文明、印加文明的发源地，也是现代科技发达的资本主义大国，旅游资源丰富，配套服务设施完善。数据显示，国际游客大都选择北美地区进行旅游活动，另外加勒比海沿岸是世界上继地中海之后新型的海滨旅游胜地。

3. 亚太区

亚太区由东亚、大洋洲、东南亚区和南亚区组成。东部的亚洲、大洋洲是一个地跨南北半球，沿经线延伸的旅游区域。这里是世界上旅游业增长速度最快的旅游区。随着世界经济重心的东移，亚澳之间陆间海（包括我国沿海）将成为继地中海、加勒比海之后新崛起的世界著名海滨旅游地。亚洲大陆东岸以温带、亚热带季风气候为主，温带、亚热带森林景观突出。东亚旅游地区属于东亚文化圈，是世界上人口最多的文化区，汉语、日本语和朝鲜语是其主要语言。宗教以佛教为主，此外中国的儒家思想和文字在该区域内影响深远。东南亚旅游区在自然地理上位于亚洲和大洋洲、太平洋和印度洋的十字路口，以热带季风气候和热带雨林气候为主，热带森林景观占优势。这里大多数居民为黄种人，中南半岛居民多属于汉藏语系，信仰佛教，马来半岛及马来群岛居民多属于马来—波利尼西亚语系，大多信仰伊斯兰教。大洋洲旅游区岛屿最多且分布零散，多火山和珊瑚岛，以亚热带海岛风光和"活化石博物馆"而著称于世，如澳大利亚的大堡礁、黄金海岸等。该区人口密度小，澳大利亚和新西兰居民绝大部分是欧洲移民及其后裔，以英语为主要语言，与欧美同属西方文化。大洋洲是联系各大洲的海空航线和海底电缆的经过之地，在旅游交通和通信方面发挥着极其重要的作用。南亚在地形上分为北部喜马拉雅山、中部印度河——恒河平原和南部德干高原三部分，热带季风气候十分典型。南亚是世界上人口最多最稠密的地区之一，是婆罗门教和佛教的发源地，宗教文化突显，如泰国就是佛教之国，宗教便是它重要的旅游吸引物之一。亚太地区以东亚国际游客规模最大，如中国、韩国、日本等国家都是游客喜爱的国际旅游目的地，另外近些年东南亚的旅游逐渐得到发展，也越来越受国际游客的青睐。

4. 非洲区

总体国际游客规模较小。非洲是以高原为主的热带干燥大陆，自然景观以赤道为中轴南北对称分布。非洲有世界上面积最大、最典型的热带草原和热带荒漠、半荒漠、热带雨林，动物种类繁多，是"世界自然资源博览会"，东非大裂谷是非洲自然地理上的一个重要特征。其尼罗河流域是世界闻名的发祥地之一，古老又神秘的埃及金字塔彰显了古埃及人伟大的创造力，是世界七大奇迹之一。独特的自然地理风貌和神秘的古埃及文化对国际游客产生了巨大的吸引力，为埃及国际旅游的发展提供了重要支撑。

第三节　国际旅游目的地的建设与管理

一、国际旅游目的地服务体系建设

旅游公共服务体系的建设是旅游业迅猛发展和游客出行方式深刻变化提出的新要求，主要包括旅游信息咨询服务、旅游安全保障服务、旅游交通便捷服务、旅游便民惠民服务及旅游行政服务等五大体系（邹再进，罗光华，2015）。

表8-6　旅游服务体系五大内容体系

旅游信息咨询服务体系	旅游安全保障服务体系	旅游交通便捷服务体系	旅游便民惠民服务体系	旅游行政服务体系
1.旅游网络信息服务 2.旅游信息咨询服务：游客中心、信息亭、触摸屏、旅游地图指南信息服务、移动短信服务、旅游呼叫中心服务（旅游热线、投诉电话） 3.旅游标识解说服务：交通导引、景区解说标识标牌、自助导游	1.旅游安全环境建设：购物、餐饮、住宿、娱乐等消费安全环境建设 2.旅游安全设施建设：消防安全、游乐安全、安全标识 3.旅游安全机制建设：旅游安全应急预案、安全求助、旅游保险	1.旅游交通通道建设：旅游风景道、游步道、无障碍通道、旅游专线专列、旅游观光巴士 2.旅游交通节点建设：旅游集散中心、旅游停车场、旅游站点、旅游码头、旅游机场（停机坪） 3.旅游交通服务建设：车辆租赁、自驾车营地、自驾车加油站及维修呼叫服务	1.旅游便民设施建设：无线网络、通信、邮政、金融、旅游厕所等 2.免费游憩场所建设：休闲街区、城市公园绿地、休闲广场、博物馆、科普教育基地、公共海滩等 3.旅游惠民政策：旅游消费券、旅游年票、旅游一卡通、特殊人群优惠政策（老年人、学生、残障人士）	1.旅游行业规范与标准制定与相关评定服务 2.旅游公益事业：旅游从业者教育培训服务、旅游扶贫、志愿者等 3.旅游者消费保障服务

（一）旅游信息咨询服务体系

旅游信息咨询服务是指为公众提供有关旅行、游览、休闲、度假等活动相关信息的非商业性咨询服务。旅游信息咨询服务的主要内容是：回答来访者提出的有关旅行和旅游活动的问题；应来访者要求提供有关旅行和旅游等方面的建议；为来访者提供与旅行、游览等方面的信息资料，如当地地图、导游图及景点介绍等；接受旅游者投诉并负责及时向旅游行政管理部门和其他相关部门转达；接受旅游救助请求并协助相关部门进行旅游紧急救助活动。旅游信息咨询服务既可以是现场服务（如面对面咨询），也可以是远程服务（如电话、网络服务）。

旅游信息咨询服务体系的主要特征有服务性、针对性、高知识性、客观性。

旅游信息咨询服务体系的主要作用分为四点，有利于提高旅游决策的科学化程度；有利于节省旅游信息用户的时间与费用；有利于旅游企业对外宣传促销和市场调研；有利于消除旅游市场信息不对称现象，促进旅游业的发展。

（二）旅游交通便捷服务体系

旅游交通节点建设：旅游集散中心、旅游停车场、旅游站点、旅游码头、旅游机场（停机坪）。旅游交通服务建设：车辆租赁、自驾车营地、自驾车加油站及维修呼叫服务。旅游交通通道建设：旅游风景道、游步道、无障碍通道、旅游专线专列、旅游观光巴士。以石家庄为例，提升与主要客源地之间的交通运输，增强市区至各旅游目的地的交通便捷服务功能。

1. 完善公共交通的旅游服务功能

充分利用现有的交通集散网络和交通运输力量，在机场、火车站和各长途汽车站等交通枢纽，根据其集散能力的强弱，建设不同级别的旅游集散中心，通过旅游大巴、公交车、出租车等便捷的公共交通方式，将游客送达目的地。

延伸城市公交服务网络，推动旅游公交建设。在现有旅游公交车的基础上，通过增加车次、增加线路、延伸路线、优化走向、提升车辆档次、完善旅游服务功能等，大力推动旅游公交系统建设。加强地铁、轻轨等轨道交通对旅游业的支持力度。

2. 建立旅游集散中心体系

以游客需求、功能分区、城市布局、交通条件、景区品位为依据，坚持因地制宜、服务大众的原则，在全市构建集散中心、集散分中心、集散点组成的三级旅游集散中心体系。

3. 完善自驾游服务体系

自驾车旅游服务区。自驾车旅游服务区分为两类，一类是高速路段，依托现有服务区进行旅游功能的完善和提升，在现有的休息、餐饮、住宿、加油、汽车修理功能之外，增加旅游导引、旅游咨询、旅游宣传、特色购物等旅游服务功能；另一类是国省干道路段，途经的每个县辖区范围内至少设置一个，统一服务标准，配套咨询服务台、资料展柜、通信设备、旅游商品部、游客休息处、旅游厕所、停车场等设施。

汽车露营地体系。参照《汽车露营营地开放条件和要求》《中国营地建设标准》《中国体育休闲（汽车）露营营地建设标准》，以保护生态环境为前提，坚持以人为本，以完善配套服务设施为目标，依托交通道路和风景优美之地或者在旅游景区附近，具备一定的自然条件、社会条件以及用地条件的场地，建设湖畔型、乡村型、山地型、森林型等不同类型的汽车露营地25个。营地主要配套游径、住宿、餐饮、休闲、娱乐、健身、租赁、信息咨询、汽车保养与维护、生活等综合服务功能。

旅游汽车租赁。以汽车租赁公司为依托，再适当培育几家旅游汽车专用租赁公司。公司要配备不同档次、不同价位的车辆满足不同游客的需求，为游客提供预约租车、送车上门、异地还车、汽车救援等服务。

汽车救援系统。组织成立自驾车旅游救援中心，为需要救援的车辆和汽车求援机构搭建一个方便、快捷的信息平台。

4. 完善旅游交通引导标识系统

推进建设通往景区及各类旅游服务设施的旅游交通引导标识。旅游交通引导标识系统布局应以集散服务场所、干线公路为骨架，以重要交通节点、换乘点、道路出入口和接驳处为重点；以交通引导、全景导览为主要功能，并提供中英（日韩俄）文的文字说明，打造规范、简洁、实用、国际通行的旅游交通引导标识系统，并加强在旅游集散中心、旅游综合服务中心旅游交通图和旅游宣传册的免费发放。

（三）旅游行政服务体系

旅游行政服务体系以行政管理部门为管理主体，主要以维护游客的合法权益为出发点，使旅游目的地有序、高效、畅通的运行，包括制定行业规范标准与相关评定服务、推进旅游公益事业、提供旅游者消费保障服务。

政府部门要努力为游客创造一个良好的旅游市场环境，规范旅游行业，加强旅游市场监督，建立以游客满意度为核心的旅游服务体系；推进旅游公益事业，提供旅游教育培训服务，提升从业人员技能与素质，推动旅游扶贫，完善志愿者系统；完善旅游消费保障服务，保护旅游者消费权益。

（四）旅游安全保障服务体系

安全性是每一个旅游者首先考虑的问题，也是旅游目的地要特别注意的，尤其是对于国际游客的安全，安全问题处理不好，会对国家形象造成影响，打击旅游业的发展，并使国家关系紧张，某种程度上会造成政治影响，因此目的地要重视安全保障体系的建设。首先，要建设安全保障法制、体制、机制，从法律、法规层面来保障游客人身、财产安全，加大安全与应急投入，建立各类安全预案，增强可操作性和科学性，防范各类安全风险；其次，加大各类旅游安全设施的建设，进行旅游标准化，完善安全标识系统，强化消防安全、事故安全，增强各类建筑的抗灾性能，给游客提供安全的旅游环境；最后，要加强安全知识的宣传教育、培训，强化游客旅游保险意识，在目的地营造"安全出行"的氛围，让游客自觉地形成旅游安全意识。

（五）旅游便民惠民服务体系

旅游便民惠民服务体系旨在提升旅游品质，为游客打造一个更加便捷、舒适的旅游环境，延长游客的附加利益，提高游客对目的地的满意度，同时通过旅游发展让本地居民受益，提高居民生活品质。

旅游便民设施建设：推进邮政、网络、通信、金融等公共服务设施建设，完善交通网及停车场建设，给游客提供便利环境；运用现代信息技术发展智慧旅游，实行旅游标准化，完善目的地景观标识系统和解说系统，建设旅游标准厕所；

完善无障碍旅游设施。

免费游憩场所建设：重视生态环境保护，贯穿全民休闲理念，打造休闲街区、城市绿地、休闲广场等公共游憩区，建设城市环城休憩带；注重全民知识的普及，免费开放博物馆、科普教育基地等，提升全民素养。

旅游惠民政策：整合优惠资源，鼓励各行业深入合作，推出旅游消费券、折扣券等，鼓励发行旅游年票，实行旅游一卡通，给游客带来更多的优惠，给予特殊人群优惠政策，开展惠民奖励旅游活动等。

二、国际旅游市场开发与品牌建设

建设国际性的旅游目的地，必须立足和争取更大的国际市场。

（一）确立国际旅游目的地的形象

旅游目的地形象是指由旅游目的地的基本标识及应用标识、形象外观包装、品牌形象、外观等构成的旅游目的地形象子系统（李蕾蕾，2008）。其中，基本标识指旅游目的地名称、标志、商标、标准字、标准色，应用标识指象征图案、旗帜、口号、招牌、吉祥物等，外观指旅游目的地的自然环境、基础设施、服务设施等。旅游目的地形象是旅游规划的灵魂，是目的地外在表现和内在特色的综合表现，是地区间差异化的核心。旅游资源是决定目的地形象的先决条件，这种定位要突出该区域最具特色、能够代表区域地理文化特征、旅游者所公认的旅游资源类型。尤其是部分具有垄断性的旅游资源具有绝对的竞争优势，旅游者对其形象的认同感和价值感远大于其他旅游目的地。如北京的万里长城，作为全国政治文化中心形象的代表，几乎是所有去北京的旅游者的必到之地；西安位列中国七大古都之首的重要原因就在于它有被称为世界八大奇观之一的兵马俑；杭州则因天下美景西湖而被誉为"人间天堂"。树立品牌形象可以从旅游产品自身的有形特征与无形属性入手，如强调旅游目的地的地理位置或服务水平方面的特征，也可以从旅游者对旅游目的地的心理趋向入手，如澳大利亚的旅游促销口号——"澳大利亚，奇妙的感受"——就传达了这方面的市场形象。

1. 旅游目的地形象要素

技术形象要素：包括网络技术、旅游工艺品的生产技术、环境保护技术、建筑技术等。古代生产遗址、大型的生态旅游目的地，城市旅游目的地等形象定位主要是以技术形象要素为基础的，其中典型的就是江西的景德镇。

市场形象要素：包括旅游目的地现在的经营状况、所在的市场份额、竞争对手状况、旅游市场大环境等因素；旅游目的地风气是指旅游目的地的经营理念、管理方针、服务水平，以及当地居民对外来旅游者态度等因素。如以购物天堂著称的中国香港和日本以其卓越的市场形象要素取胜。

外观形象要素：通过调查研究可以得出旅游目的地现在的真实形象，在旅游者心中的印象,这是旅游目的地形象策划的基础,有了这个基础,才可以开展各种形象策划工作。一些古城、古民居、古建筑、古帝陵等的形象定位主要是以外观形象为基础的。

2. 品牌形象定位方法

定位的根本目的在于将某一旅游目的地与其他提供替代性度假选择的竞争性目的地区别开来,旅游目的地的所有促销和宣传工作都围绕此定位展开,并有效地反映和强化这一定位。

(1)"我是第一"定位法。成为第一个进入消费者心中的产品、第一个占领这个位置的公司,这种地位将难以被取代。具体到旅游目的地的广告来说,旅游者是根据各种不同的标准和属性建立品牌形象阶梯的,例如,通常根据产品的类型,建立诸如溶洞的、古都的、海滨的、高山的、滑雪地的形象阶梯。在这些阶梯中占据第一位置的,就有领先的品牌形象。领先定位是最简单的一种定位方法,适宜于那些独一无二、不可替代的事物,例如埃及的金字塔、中国的长城都是世界上绝无仅有的人类奇迹旅游地,似乎不需要下力气就可保持不衰的地位。但如此绝对领先、品牌形象稳固的旅游目的地毕竟不是多数,大量的旅游目的地要依据其他方法进行品牌形象定位。

(2)"我是第二"定位法。如果你无法成为市场中的第一,那么你必须参照现实中的第一名来制定和实施自己的品牌定位战略。这种比附定位并不去占据原有品牌形象阶梯的最高位。旅游目的地也可通过与原来根植于人们心中第一位的品牌形象相比附确定"第二位"的形象。例如,牙买加的品牌形象定位为"加勒比海中的夏威夷",从而使牙买加从加勒比海区众多海滨旅游地中脱颖而出。我国的海南三亚定位为"东方夏威夷",目的是利用夏威夷绝对稳固的海滨旅游地形象使自身比较容易进入国际游客心中。采用这种定位方法,不可与比附对象空间距离太近,因为这种定位是为了吸引距比附对象目的地较远的潜在顾客。另外,对于已出名的旅游目的地和具有独特风格的旅游目的地不能随便采用这种定位方法。出了名的旅游目的地,市场已赋予它特定的位置,仅需要维护和保持这种特色位置不失去即可,而不用只为一时一地市场的开发而别出心裁地突出另外的特色,这样会冲淡自己原有的特色,动摇原先的市场地位。

(3)"反向而行"定位法。这种定位打破了消费者一般的思维模式,以相反的内容和形式标新立异地塑造市场形象。例如野生动物园宣称是传统的圈养动物的对立面,而获得旅游者的青睐(吴必虎,2001)。

(4)"见隙插针"定位法。前两种定位都要与旅游者心中原有的旅游目的地品牌形象阶梯相关联,而"见隙插针"定位法则全然开辟一个新的品牌形象阶梯,是旅游目的地不具有明显的特色优势,而利用被其他旅游目的地遗忘的旅游市场角落来塑造自己旅游产品的品牌形象的。与有形商品相比,这种定位更适于旅游目的地的品牌形象定位。尽管旅游目的地的数目呈现爆炸性增长，特别是同类人工景点相互模仿，促使旅游目的地数量剧增，但仍然存在大量的形象空隙。旅游者期待着个性鲜明、形象独特的新类型旅游目的地的出现。这种定位的核心是分析旅游者心中已有的品牌形象阶梯的类别，发现和创造新的品牌形象阶梯，树立一个与众不同、从未有过的主题形象。例如中国第一个"小人国"——锦绣中华，该旅游区内，将中国的名山大川和人文古迹以微缩模型的形式进行集中展示，这个主题在当时是一个大胆的想法，抓住了市场的空隙，使一个毫无旅游资源的深圳小渔村一跃成为全国极具吸引力的旅游城市。

（5）"辞旧迎新"定位法。这是一种不确定的定位方法，它主要针对那些已变化的旅游市场或根本就是一个易变的市场而言。市场发生变化，旅游目的地的特色定位也要随之改变。旅游目的地的发展历经产生、成长、成熟、衰落各阶段，已在旅游者心中建立起稳固而清晰的形象。再去宣传老形象，已不能适应旅游需求的变化，更难以产生号召力和吸引力。人们总是希望有新的东西去取代旧的东西，这种重新定位可以促使新形象替换旧形象，从而占据一个有利的心理位置。正如上面提到的目的地形象、目的地品牌及名称的关系，该定位可以通过对目的地品牌名称的更改来实现。

（二）构建旅游目的地品牌

目的地品牌形象是游客在头脑中所形成的对该地的一些看法、印象、态度取向和感知，分为基本形象和诱发形象。基本形象是游客在未到访旅游目的地之前就已具有的对该地的一些零散印象；诱发形象是游客对目标目的地的全面认知。基本形象难以改变，但可以通过营销活动影响诱发形象。旅游目的地形象品牌要素指品牌名称、标志和宣传口号。一般旅游目的地品牌就是其地理名称。中国作为国家品牌，具有广泛知名度，但品牌形象却褒贬不一。有效的品牌形象构成是统一、连贯、互补、有助于品牌的联想，需要得到营销活动的有效支持。举例来说，据中国旅游报与清华大学媒体调查实验室的调查，27%的受访者不知道"马踏飞燕"是中国旅游标识，42%的人认为长城更适合作中国旅游标识。该旅游标识的缺陷包括在国际上知晓度较低且在国内的民众知晓与认可度较低。其文物价值虽高，但缺乏视觉标识性与国际影响力。世界旅游组织亚太部主任徐京认为，"作为中国整体形象的'马踏飞燕'，主题偏模糊，是否抓准了唯中国独有的特点，值得商榷。"

品牌传播是旅游目的地品牌构建的关键步骤，其主要途径有广告传播、公关传播、销售促进、直接营销和人员推销等。

（三）定位国际目标市场

确定目标市场是国际旅游目的地市场营销中一项重要的战略性工作。目的地要有明确的目标市场，满足目标游客的需求，进行有针对性的市场营销，因为不可能也没有必要将所有信息传达给整个市场，这样不仅代价极高，也无法突出目的地的特色与竞争优势。

1. 进行市场细分

选定目标市场首先要进行市场细分，由于旅游者人数众多，分布广泛，且需求特征不一，我们难以直接确定目标市场，因此要进行市场细分。市场细分是目的地进行目标营销的前提和基础。市场细分在本质上并非是对整体市场的地域范围或数量规模进行划分，而是一种对不同顾客按需求特征的差异性与相似性进行非常接近客观事实的分类（赵西萍等，2002）。细分旅游者市场有不同的变量选择，一般可分为地理变量、人口变量、心理变量、行为变量，如表8-7所示。

表8-7 旅游者市场细分主要变量

变量	细分依据	细分变量
地理变量	地区	欧洲、南美洲、北美洲、大洋洲、非洲、亚洲东北部、东南亚、中亚等
	密度	城市、郊区、农村
	气候	热带、亚热带、温带
人口变量	年龄	儿童、青少年、青年、中年、老年
	性别	男、女
	种族	中国人、泰国人、美国人、非洲人等
	宗教	佛教、天主教、基督教、伊斯兰教、印度教等
	教育	小学及以下、中学、专科学校、大学本科、研究生及以上
	收入	1000美元以下、1001~2500美元、2501~4000美元、4001~5500美元、5501~7000美元、7001~10 000美元、10 000美元以上
	家庭阶段	未婚青年、已婚无子女青年、已婚有子女青年（6岁以下子女、6岁以上子女）、未婚老年、已婚无子女老年、已婚有子女老年（子女均在18岁以上）
心理变量	生活方式	变化型、参与型、自由型、稳定型
	价值观	实现理想、满足成就感、实现自我表达
	社会阶层	下层、中层、上层
行为变量	动机	观光、商务、会议、度假、文化等
	时机	旅游淡季、旅游旺季
	频数	未曾旅游、曾经旅游、潜在旅游、首次旅游、经常旅游
	旅游方式	团体、散客
	忠诚度	无、中等、强烈、绝对
	准备阶段	不了解、了解、熟知、感兴趣、想旅游、打算旅游

（参考资料：菲利普·科特勒等，2002）

国际旅游目的地市场细分的方法包括：①一元细分法：根据目的地特征选择影响旅游市场最显著的变量；②多元细分法：选择两个或两个以上影响市场的变

量；③系列变量细分法：考虑与旅游市场相关的各种变量进行系列划分。

2. 选定目标市场

目标市场是旅游目的地在市场细分的基础上进行选择的，从不同的细分市场中选择最终的营销对象。首先要评估细分市场，考虑各个细分市场的规模、发展前景、吸引力，并结合目的地的目标和资源，对市场进行准确的分析与评估，把握最佳市场机会；其次进行目标市场的确定，目标市场的选择模式分为：①单一市场：目的地选择一个特定的细分市场，针对该市场需求进行旅游开发与规划，并对此进行专门化的集中营销，这种模式具有较大的市场风险，一旦该目标市场出现问题，目的地将遭受毁灭性的打击；②产品专业化：目的地结合自身资源特色和市场需求，打造特定主题、形象的目的地，同时推向不同的细分市场；③市场专业化：目的地集中满足某一特定细分市场的各种需求。

三、国际旅游目的地多元主体管理

（一）国际游客

游客作为旅游活动的主体和基础，旅游目的地的一切开发和服务工作都是针对和围绕游客的需求展开的，游客是整个旅游业盈利的主要来源（黄安民，2016）。游客参加的旅游活动与目的地的规划、开发直接相关，也就是说，旅游目的地的规划要对游客行为进行分析，要考虑游客的需求与体验，最大限度地增加游客对目的地的满意度；另外，游客的到来总会在一定程度上对目的地的居民生活、环境、文化等造成影响，不同利益主体之间可能会因为经济等原因产生矛盾，这就需要旅游目的地对游客进行管理。

随着全球化的发展以及交通技术的发达，越来越多的游客走出国门，到其他国家旅游，这类游客属于国际游客。首先国际游客的大量涌入对于旅游目的地而言，会对目的地的生态环境造成压力，因此要在计算出目的地合理环境承载量的基础上，采取有效措施，对游客容量进行控制，如实行游客分流、设计合理路线提高旅游质量等；其次，游客行为会对旅游目的地的社会、环境、文化产生直接的影响，对于不文明行为，要制定一些规范，采取强制性措施，来约束游客行为，同时对文明的旅游行为加强宣传和教育，营造良好的氛围，使游客形成自觉的良好旅游行为习惯。意大利威尼斯作为世界著名的国际旅游目的地，每年平均接待1200万游客，这对于一个面积不足8平方公里的小城而言，严重威胁着当地的可持续发展，因此当地政府、旅游主管部门制定了一系列游客行为管理政策，如加强执法力度，制定相关旅游法规，对于游客不文明的行为进行高额罚款，同时大力开展环境保护教育和宣传活动（张文，李娜，2007）；另外，还要处理游客投诉以及对游客安全进行管理。韩国政府在首尔试点设立"观光警察"，101名观光警察将在首尔多个主要景点上岗执勤，受理外国游客的咨询和投诉（王勇，2015）。

（二）投资主体

旅游目的地的投资主体可以分为政府、旅游企业和私人投资。传统上，政府只负责提供公共区域的开放，但随着旅游业的发展，一方面旅游业的收益对政府财政越来越重要，另一方面那些应该属于政府来保护的设施和资源受到了不同程度的破坏，因此政府有必要直接参与旅游开发。在国际旅游目的地，政府要加强国际旅游促销、国际旅游市场开拓、重点旅游工程建设等，改善目的地旅游环境（吴必虎，2001）。

旅游企业以营利为目的，追求经济利益的最大化，在旅游开发的过程中可能会忽视当地发展实际及文化背景，给目的地带来不良影响。旅游目的地要对旅游企业加以正确引导，增强企业社会责任感，同时也要给予企业健康发展的良好环境，为企业发展提供政策、金融、基础设施等环境保障。

旅游发展进一步市场化，越来越多私营业主开始投资进行旅游开发，如莫干山的民宿发展迅速，大多是由外国人进入本地进行投资，从而发展起"洋家乐"热潮。对于私人投资，目的地要加强行业培训和监管，对旅游从业人员提供教育培训服务，提高从业人员的技能和素养，培养专业管理知识，同时对旅游行业进行质量监察与市场治理，确保为游客提供一个安全舒适的旅游目的地。

（三）本地社区

当地居民作为接触当地旅游资源最直接的群体，是旅游开发与保护的参与者，当地居民往往更能正确地认识和了解本地知识，有充分的理由参与旅游目的地的规划、开发、经营、管理、监督、决策和执行。可以说，在旅游目的地管理中，利益联系最为直接和最为紧密的就是当地居民，他们在利益相关者参与中占据最核心的地位。当地居民参与旅游开发的动机如表8-8所示。

表8-8 当地居民参与旅游开发的动机

主体	动机
当地居民	增加经济收入
	获得工作机会
	重新分配收入和财富
	提高生活质量
	获得更好的公共服务
	提高自尊
	扩大与外界的交流
	帮助社区获得发展
	为社区成员提供教育机会
	支持和强化文化认同和区域认同
	使传统文化、自然环境得到更多的尊重与认同
	传统文化和自然环境能够得到传承与保护

（摘编自《世界遗产旅游规划》）

本地社区在国际旅游目的地建设过程中扮演着重要角色。首先，国际旅游目的地的建设应抵制因经济效益而盲目开发的行为，遵循当地原有特色，尊重当地居民的生活习惯和传统习俗。其次，要鼓励社区参与到旅游规划的决策与管理中。要让社区居民参与到旅游目的地的重大决策中，并成立专门的协商机构，制定有效的协商制度，合理采纳居民对当地旅游发展的要求和建议，当地居民对于当地的自然与文化资源是最为了解的，如在旅游基础设施的建设中，要倾听居民意见并与居民协商，这样能保证各种旅游接待设施更符合当地特色，满足旅游发展和景观生态学要求。另外，旅游目的地建设能够使当地旅游资源得到了保护和挖掘，但是在一定程度上对其造成了不可挽回的损失，比如大量拆除古民居等，严重影响了当地旅游的可持续发展。当地政府以及管理者不仅要正确决策，给予政策上的支持和优惠，选择合理开发方案，促进当地居民全面参与，实行公平、合理的利益分配制度，发挥优势，积极吸引外资，加强对当地文化的保护，还要对当地居民进行教育，为当地居民提供培训和指导，向当地居民传达本土魅力和价值，增强他们的生活记忆与族群文化的认同感和归属感，自觉地保护当地环境。

【案例7】社区参与旅游发展：英国南彭布鲁克

南彭布鲁克位于威尔士西南半岛上，地形复杂，且由于11世纪时诺曼底人的入侵形成了两个不同的文化背景区。1992年，南彭布鲁克联合与农村社区联合行动委员会（SPARC）对整个南彭布鲁克落后农村地区进行一项旅游规划，以提高当地经济和文化水平，改善当地环境质量。

SPARC规划的中心是鼓励社区最大限度地参与到规划的各个发展阶段：初始阶段、推进阶段和监督阶段。首先是参与规划的37个村子对自己的村子进行评估，讨论目前面临的困难和发展机会；同时也有各种合伙人的支持，当地教育组织和专家提供有价值的数据和评估指标，社区公众和私人组织提供技术和财力支持，SPARC、社区政府、合伙人共同为农村旅游规划进行开发定位；在规划推进的过程中，社区公民、合伙人、SPARC在诸多方面加强了合作，如村民在专家帮助下制作关于社区遗产信息的小册子、SPARC与私人投资者合作为游客提供住宿、社区居民在旅游协会工作、SPARC建立的社区旅游开发规划委员会与威尔士农村委员会一起设计开发步行和自行车游路线等。

SPARC作为一个非政府组织，在对南彭布鲁克的旅游开发规划中，鼓励社区居民的广泛参与，使旅游规划反映社区居民的共同愿望，尊重社区对该地区发展旅游的意见，有效提高了当地人对旅游开发规划的支持率，促进了旅游的可持续发展。

（资料来源：张朋，王波，2003）

四、国际旅游目的地建设与本地发展

旅游业已成为全球最大的产业之一，许多国家和地区将旅游业作为主导或支柱产业。国际旅游不仅增长速度快，规模大，其高增值、高就业、高创汇、高效益的特点使国际旅游在世界经济以及各国各地区的经济发展中占据越来越重要的地位，建设国际旅游目的地成了各国各地区发展国际旅游的重要目标。国际旅游目的地的建设与本地的发展有着密不可分的关系，这主要体现在经济、生态、本地文化等方面。

（一）国际旅游目的地的建设与当地经济发展

（1）促进经济的快速增长，扩大外汇收入。相比全球经济，国际游客能够更快地促进旅游业发展。建设国际旅游目的地，发展国际旅游不仅满足人们对物质文化生活的需求，且对社会经济的发展起着重要的促进作用。世界旅游及旅行理事会（WTTC）的报告显示，2014年国际旅游对世界GDP综合贡献达75 809亿美元，约占GDP比9.8%，预计至2025年贡献额达113 819亿美元，占比10.5%。同时，世界旅游及旅行理事会预测，到2025年，全世界每年的国际游客数量将达到18亿人次，比2014年的11亿人次增长58%。加快国际旅游目的地的建设，是顺应国际旅游发展良好态势的要求，是本地经济发展的助推器。

通常情况下，扩大国家外汇收入的途径有三：一是贸易收入，即商品出口的收入；二是非贸易收入，即有关国际保险、运输、旅游、利息等方面的外汇收入；三是资本来往收入，即对外投资和贷款方面的外汇收入。旅游是非贸易收入的重要组成部分。旅游创汇具有资金回笼速度快、获利高、风险小的特点，而且很少受贸易壁垒等贸易保护政策的影响，能够吸引国外旅游者前来消费，增加当地旅游消费收入。在APEC经济中，国际旅游外汇收入占外贸出口创汇的比重越来越大，2013年APEC各经济体成员入境游客3.5亿人次，出境游客超过4亿人次，据国家旅游局统计，2015年我国的商品出口收入为92.3亿美元，国际旅游收入105.6亿美元，国际旅游上的创收已超过贸易收入，由此可见，旅游创汇能力强，建设国际旅游目的地的经济意义重大。

（2）增加旅游目的地的就业机会。一方面，旅游业属于第三产业，是劳动密集型行业，具有就业门槛低、就业方式灵活、就业容量大的特征，能给旅游目的地带来大量直接的就业机会；另一方面，旅游包括食、住、行、游、购、娱六大要素，它同时也是一个综合性、关联性极强的产业，间接地创造大量的就业岗位。据世界旅游组织统计，旅游行业每直接增加1个就业机会，社会就能增加5~7个就业机会。印度目前是全球第七大旅游经济体，根据世界旅游及旅行理事会（WTTC）的报告，到2028年，印度将为旅游业增加约1000万个就业机会。

（3）带动相关产业的发展，优化产业结构。旅游业作为朝阳的第三产业，可以带动与其直接相关的上下游产业和周边产业，刺激着相关产业的发展。首先，旅游活动本身包含了食、住、行、游、购、娱六大要素，为餐饮住宿业、交通运输业、娱乐业、商业网点等带来大量客源，促进这些产业的发展；其次，发展旅游业对旅游目的地的整体要求较高，需要旅游目的地有完善的相关配套设施及服务，这又会带动诸如网络技术、邮电通信、建筑业、加工制造业等的发展；最后，随着旅游业的发展与游客需求的日益多样化，产业融合的趋势愈加明显，旅游与互联网、房地产、教育等行业的融合发展，极大地体现了旅游业"一业兴百业"的带动功能。

旅游业的快速发展会促使旅游目的地对第一、第二、第三产业经济结构的调整。旅游业作为第三产业的先导产业，将大大带动第三产业的发展，进而调整三大产业的比例构成。

（二）国际旅游目的地建设与当地生态保护

生态环境是旅游业发展的前提和基础，旅游业的发展又会对生态环境产生一定的影响，二者是一种天然的耦合关系。毫无疑问，旅游目的地的开发建设会对旅游区生态系统造成一定影响。无论是发达国家还是发展中国家，许多国家和地区早期在旅游资源开发的过程中忽视了生态保护的问题。例如，世界上著名的旅游和登山圣地——尼泊尔，在 20 世纪 90 年代末，每年的旅游者量超过 400 000 人，雇佣员工 12 000~15 000 人，年收益为 164 万美元。当地自给自足的农业已被旅游业替代，给当地环境带来了不可忽视的负面影响，主要是不可降解垃圾的增多，Sagarmatha 地区环境监控委员会在 1995 年和 1996 年两年内收集到了 145 t 可燃垃圾和 45 t 不可燃垃圾；此外，由于卫生设备简陋，缺乏马桶，旅游者随地丢弃手纸和排泄物，严重污染了当地河流和小溪，为建设林中小屋和茶室，破坏了当地森林资源（Buckley R，2004）。

在中国，由于可持续发展理念的缺失，加上各级政府对经济发展速度与规模的过分追求，以"高投入、高消耗和高排放"为主要特征的粗放型发展模式成为很长一段时间内中国经济运行的主旋律。旅游业大多发生在自然资源丰富、生态环境优美的区域，这些区域往往也是生态脆弱的区域，如自然保护区。由于片面追求经济效益，掠夺式开发、过度建设、超承载力接待等，不仅极大破坏了这些区域的原始环境和生态系统，更使众多高品质旅游资源因人类光顾而面目"狰狞"。例如武陵源风景名胜区曾在 1999—2001 年进行了大规模的拆迁活动，原因是自 1992 年武陵源因其"不可否定的自然美"而被列入"世界遗产名录"后的短短 5 年时间内，建成了 2 条高空游览索道、400 千米的高标准景区游道、400 家餐馆酒店，在锣鼓塔，为"世界最美的大峡谷"金鞭溪制造了 1500 t 病毒污水，武陵源成了一个旅游设施泛滥的世界遗产景区，大部分景区像是城市郊区的植物园和公园，1998 年 11 月底，世界遗产委员会对武陵源发出黄牌警告，要求限期整改(邓道理,2002)。

随着旅游业的发展和可持续发展理念的深入人心,人们越来越关注到旅游给目的地环境带来的影响,目的地在发展旅游业的过程中,注重生态环境的保护,重视发展生态旅游,旅游与生态环境之间的矛盾得到缓和。

(三)国际旅游目的地建设与本土文化传承

旅游是一种文化传播、交流的过程,一方面旅游者在旅游目的地旅游的过程中接受当地文化的熏陶,学习、体会当地文化;另一方面,旅游者也在旅游过程中向当地传播客源地文化。旅游目的地建设与文化保护之间存在着互动关系,因此,将文化保护与旅游目的地建设结合起来具有重要的现实意义。

文化是旅游目的地重要的旅游资源之一,涉及一个国家或地区的历史、地理、传统习俗等多个方面。文化资源对旅游者有很大的吸引力,能使旅游内容更为丰富、更具深度,可以有效地促进当地旅游业的发展。然而,当今世界上许多文化旅游资源正在遭受破坏或者已经遭到了无法修复的破坏。例如,对于恢宏肃穆的山东曲阜的祭孔大典表演,外国人很感兴趣,当地人的表演从过去的弘扬传统、追慕伟人演变为表演挣钱,场面华丽了,程序简单了,其文化的精髓,却不知不觉地被悄悄抽去了,旅游中的传统文化被删减、修饰,而成为"伪文化",使传统文化失去本真性(丁林,2013)。由此可见,保留当地文化的原汁原味十分重要。

旅游从本质上来说是一种文化活动,具有继承、发展、保护文化的功能。如果对旅游资源进行合理的开发利用,正确处理好旅游目的地建设与文化传承的关系,旅游业的发展会对文化保护起到积极作用。首先,将旅游目的地建设与文化保护相结合,为文化传承创造了良好的生存和发展环境。合理的旅游目的地建设赋予旅游目的地独特的文化内涵和地域特色,使其保有原来的生机与活力。其次,充分发挥旅游产业化优势,既可通过税收等方式增加政府收入,为文化保护提供物质保障,也可以提高居民的生活水平。例如,近些年来中国云南省逐渐实现了旅游目的地建设与文化保护的双赢,数据显示:西双版纳财政收入的73%来自旅游业,丽江旅游业对财政收入的贡献达90%,为文化保护和传承提供了资金保障(高寿华,2013)。

第九章

国际主题公园

第一节 迪士尼乐园

一、迪士尼乐园的诞生与发展

迪士尼乐园(Disneyland Park)是由华特迪士尼公司创立并营运的全球性主题乐园,已经成为全球最有影响力的主题公园品牌,是全球文化娱乐业的"航母"。以迪士尼乐园为代表的主题公园的迅猛发展,以及它们展现出来的文化与娱乐经济效应,引起社会的广泛关注,也成为国内外学术研究的焦点之一。特别是从2009年上海迪士尼项目通过国家审批并落地建设以来,中国又掀起了一股迪士尼乐园研究热潮。到目前为止,全球范围内共有6处已完善建成的迪士尼主题公园,分别位于美国加利福尼亚州洛杉矶、佛罗里达州奥兰多、日本东京、法国巴黎、中国香港和中国上海,如表9-1所示。

表9-1 全球迪士尼乐园一览表

项目	洛杉矶迪士尼乐园	奥兰多迪士尼乐园	东京迪士尼乐园	巴黎迪士尼乐园	香港迪士尼乐园	上海迪士尼乐园
占地规模(km^2)	1.74	121	2	20	1.26	1.16
建成时间	1955年	1971年	1983年	1992年	2005年	2015年
耗资估计	1700万美元	7.66亿美元	1500亿日元	440亿美元	141亿港元	244.8亿元

(资料来源 http://baike.baidu.com/view/74923.htm)

1955年7月,洛杉矶迪士尼乐园正式开幕,作为全球第一家主题公园,洛杉矶迪士尼乐园一问世便引起了巨大轰动。据统计,截止到2015年,乐园已接待游客达 10 多亿人次，平均每天的门票收入就近百万美元。更为重要的是，迪士尼乐园的意义超出了经济范畴，它已经成了美国人生活的一部分，与美国文化密不可分，一些美国人甚至把其称为"软实力"的象征。事实证明，迪士尼乐园给洛杉矶带来的深刻变化，极大地促进了该市的旅游业和经济的发展。1983 年，日本东京千叶县浦安市迪士尼乐园开园迎客，首年度就创下了 1036 万人次的客流神话。2001 年迪士尼海洋乐园建成后更是带动了整个浦安市的发展，让浦安市一举成为日本最负盛名的旅游胜地。亚洲的另一个迪士尼乐园——香港迪士尼乐园是美国迪士尼公司在全球兴起的第 5 个梦幻之城。它是迪士尼与中国的一次美妙邂逅，却维持不易。在欧洲，法国巴黎迪士尼乐园在 2007—2008 财年的营业额达到 13.3 亿欧元，比上一财年增长 9%，首次实现收支基本平衡。巴黎迪士尼乐园历经曲折，终于迎来了曙光（王庆生，张丹，2009）。

迪士尼乐园作为一个具有特定游园线索、特殊游乐活动和特别游戏氛围的体验性舞台化世界，让人们逐渐注意到："主题、情节、场景"是迪士尼乐园模式这一新旅游形态不可或缺的三个基本要素（见图 9-1），为了更直接更方便地表述，人们采用了一个特定的专业术语"主题公园"（Theme Park）来标识这种信念旅游形态。可以说，迪士尼乐园的诞生是主题公园概念产生的标志。

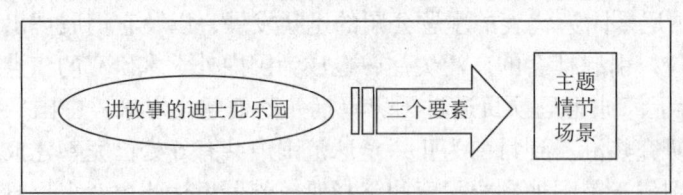

图 9-1　迪士尼乐园三个基本要素

（图片来源于论文品牌经营模式下的跨文化管理研究——以迪士尼主题公园为例）

迪士尼世界将迪士尼乐园的"主题、情节、场景"三要素更加具体化和娱乐化，形成了主题公园最基本的五个判据要素：故事（Story）、乘骑（Rides）、表演（Shows）、巡游（Carnival Barkers）、购物（Shops），从而将主题公园概念化，奠定了主题公园规划设计和运营管理的基本模式，成就了一种新旅游目的地形态，图 9-2 反映了这个模式的概念体系（冯炎，2012）。

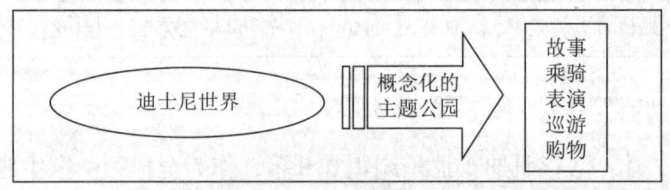

图 9-2　概念化的主题公园最基本的五个判断

（图片来源于论文品牌经营模式下的跨文化管理研究——以迪士尼主题公园为例）

主题公园的界定问题，从迪士尼乐园在美国加州诞生以来，就引起了人们的兴趣和关注。Theme Park 是英文国家对这种旅游目的地形态的比较一致的称谓。然而，给主题公园一个确切的定义不是一件容易的事情。保继刚认为"主题公园是一种着重于特别的构思，围绕一个或多个主题创造一系列有特别的环境和气氛吸引旅游者"。董观志则认为"主题公园，是为了满足旅游者多样化休闲娱乐需求和选择而建造的一种具有创意性游园线索和策划性活动方式的现代旅游目的地形态"。综合上述对于主题公园具有代表性定义来看，主题公园的特征包含具有鲜明的主题、多样化的产品结构、制造出快乐的氛围。主题公园是为了满足人们休闲娱乐方式的需求，在一些特定的主题统辖下运用现代化科技手段来设计一些场景，给游客以视觉上、听觉上和感官上带来全新的体验的现代游乐方式，并使之成为休闲娱乐产业和旅游产业的重要组成部分（冯炎，2012）。

二、迪士尼乐园核心发展理念

迪士尼公园是品牌运营与跨文化管理结合的典范，作为一般产品意义上的主题公园，其品牌经营模式有利于自身品牌形象的塑造和消费者对产品的认同甚至于忠诚度的形成，达到最终的多次重复消费营销目的。经营好的主题公园，品牌经营能够帮助主题公园充分整合和合理地利用资源，形成更好的产品开发以及传播效果，加强主题公园的产品和形象的影响力，是主题公园能够得到良性发展和持久性的关键。

迪士尼在跨文化品牌运营方面成效显著，迪士尼公司经过一系列的文化调整使迪士尼乐园经营状况得到了改善。迪士尼成功经营的经验之一便是对文化差异的态度极有效的处理方式，形成了一个以美国商业文化为基本内核，同时吸收东道国文化的跨文化营销管理体系。

主题公园是一种以游乐为目标的拟态环境塑造，从游乐园演变而来。17 世纪初，欧洲兴起了以绿地、广场、花园与设施组合再配以背景音乐、表演和展览活动的娱乐花园，被视为游乐园的雏形。游乐园的理念很快由欧洲传至美国，美国迅速成为游乐园疯狂增长的沃土，1955 年美国人华特·迪士尼以出色的想象力和创造力，在洛杉矶创造了一个愉悦世界的迪士尼主题公园，迪士尼乐园作为一个具有特定游园线索、特殊游乐活动和特别游戏氛围的体验性舞台化世界，让游客很容易进入"真实"梦想的乌托邦，在这里找到快乐和知识，感受人类的成就、喜悦和希望，从而增添了惊人的魅力。正是由于迪士尼主题公园的成功，才开始衍生出这种新的旅游营销模式，也就是现在称之为主题公园的模式。

三、美国迪士尼乐园

美国迪士尼乐园最值得借鉴之处在于其营销模式。

（一）价格营销

迪士尼的定价策略，因产品种类、销售时间和地点等因素的不同而实行差别定价或地区性定价及价格调整等。从个别定价到组合定价：1955年，洛杉矶迪士尼乐园门票定价为成人1美元，儿童50美分。据1957年年底公司对入园游客的分析，平均每人花17美元在除门票外的游乐设施上。后来，由于竞争加剧，为吸引游客，公司决定用组合定价，低票价销售。1986年迪士尼乐园单日成人票价23美元。1991年，仅迪士尼主题公园及游览地销售额就达28.65亿美元，占公司总销售额的40%。从一致调价到灵活调价：由于迪士尼乐园门票价格偏低，1984年迪士尼公司把迪士尼乐园门票提高了82%；1985—1987年间又提价45%；1986年仅提价收入就占公司增收的4.55亿美元中的59%，在1.58亿美元的盈利额中占94%。由于涨价，公司利润大增，但公司不可能长期用此法来增加利润。因此，公司制定了一个长期的价格调整政策——票价的增幅略高于通货膨胀率，这样就形成了迪士尼公司价格的合理性和灵活性。

2016年，上海迪士尼筹备开园，上海迪士尼宣布自己的平日门票价格为370元；高峰日门票价格为499元，这一平日票定价在当时华特迪士尼公司分布的全球12个乐园6个度假区中最低。

（二）数据库营销

在电子信息技术快速发展的背景下，经营者将消费者看成一个个独立的个体，加强关系营销。迪士尼乐园致力于研究"游客学"，把对人的关注、个性释放及个性需求的满足推到空前中心的地位，与市场逐步建立一种新型关系，甚至可以引导潮流，创造市场需求。数据率信息的来源不单是入园游客，还来自主题公园网站的注册，另外，可以通过专门出售消费者详细资料的公司来获取信息。利用人口统计数据、心里记录数据（活动、兴趣、意见等）以及联络背景数据等重要的游客信息建立游客个人数据库，与游客建立更为个人化的联系。通过这些互动的联系，增强主题公园的"口碑"效应。当然，数据率营销的成本和运营是昂贵的，它要有在个体消费者和市场调查方面的信息收集上的高额投入，还要存在软件上的高投入，以及擅长数据采集和开发的人员。

（三）整合营销传播

媒体网络的铺设是迪士尼的重要战略之一，通过多元化经营为自己建立起庞大的传媒系统以达到整合营销的功能。这就使得在媒体繁多、信息过量、干扰大增的条件下，有关迪士尼的信息可以有效地送达。公司早在1983年就建立起自己的电视频道，之后逐步收购包括美国广播电视台ABC、FOX传媒在内的多家电视媒体来增强集团在电视传媒领域的实力。在电影史上，再也找不到第二个像沃尔特那样如此深刻地意识到电影的娱乐价值，又如此成功的把握了观众的娱乐心理的人。沃尔特一直认为，只有借助电视节目的广泛宣传，赢得观众之后，才会促销迪士尼的电影，而每一部电影中塑造的形象也会很快地出现在各个乐园里。

同时，为了巩固形象，迪士尼在特许经营方面也很下功夫。它在全球发展了4000多个拥有迪士尼特许经营权的商家。产品范围从铅笔、橡皮、书包到价值数千美元的时髦服饰、数万美元的手表、汽车应有尽有。一份调查表明，78%的香港儿童或青年拥有与迪士尼卡通人物有关的物品。通过一系列的媒体整合，迪士尼在每个人身边悄然而至，默默影响着他们的价值判断，吸引着他们到迪士尼主题乐园追逐梦想，主题乐园游客络绎不绝。

（四）体验营销

众所周知，迪士尼在全球取得了令人瞩目的成就，其成功的奥秘就在于体验式营销的娴熟运用。首先，迪士尼有清晰、明确的市场定位——制造快乐、享受梦想。迪士尼乐园在成立之初就明确其定位：它的产品不是简单的米老鼠和唐老鸭，而是欢乐，要让每位游客到这里享受欢乐，即：迪士尼乐园，地球上最快乐的地方。因此，迪士尼乐园存在的根本目的就是为了满足人们体验童话作品情境的心理消费需求，为游客制造快乐体验。

为此，只要有与快乐紧密相关的题材都被迪士尼乐园大胆采用，尤其是其成功的影视作品都被引入到迪士尼乐园。其次，体贴、周到的优质服务让成千上万的游客心甘情愿地付出高额代价，去享受迪士尼的超值服务是乐园的宗旨。例如迪士尼乐园专门规定：和小朋友说话，工作人员必须蹲下来亲切应答，而且蹲下后员工的眼睛跟小孩的眼睛要保持一个高度。在乐园大门口专门设有游客接待站，为携带孩子的游客提供免费的童车和婴儿车服务。游客如果携带了猫、狗等宠物也不用担心，虽然猫、狗等宠物是不允许进入乐园的，但乐园专门在门口设有宠物寄养处，解决了游客的后顾之忧，使其可以安心游玩。进入大门后还有轮椅专门供残疾人使用。

最后，迪士尼有着美妙、梦幻的舒适环境。漫步乐园到处都洋溢着快乐的笑脸，动听的音乐始终围绕着，时不时地就有一个充满创意的雕塑在前方等待着，跳跳虎和维尼小熊偶尔会从游客身边经过，而只有在电影中才会看到的美丽花车就行驶在身边。在乐园地面上看不到任何饮料罐与包装纸，就连卫生间都永远是芬芳四溢、宽敞明亮、一尘不染的（王庆生，张丹，2009）。

四、欧洲迪士尼乐园

20世纪50年代，美国加州迪士尼乐园的问世开创了世界上主题公园建设的先例。20世纪60年代佛州迪士尼世界的开业作为世界上主题公园成功开发和经营的典型案例，更是常为世人所称道。此后，随着大众旅游在世界范围内的蓬勃兴起，美国迪士尼公司开始将其新项目的开发目标移向海外。继1983年日本东京迪士尼乐园的开业取得巨大成功之后，迪士尼公司随即将其海外项目开发的下一个目标移向欧洲。经过长达数年的研究、策划和筹备，耗资 28 亿美元的欧洲迪士尼乐园（Euro-Disney）于 20 世纪 90 年代初在法国巴黎附近建成并开业，吸引了众多媒体的竞相报道。

鉴于美国本土的两个迪士尼项目以及日本迪士尼乐园在经营上所取得的经验和成功，迪士尼公司对其欧洲迪士尼项目的开发前景充满了乐观。该项目的首任总经理 Robert Fitzpatrick 在开业之前甚至"担心"，该景点开业之后，旅游旺季期间可能会因游人来访量过多而不得不采取措施拒客。然而，欧洲迪士尼开业之后的实际经营状况却接连给迪士尼公司泼来了冷水。欧洲迪士尼乐园于 1991 年 4 月开始对外营业，此后便连年亏损。迪士尼公司在其 1993 年度报告中便曾经承认，欧洲迪士尼乐园是该公司"第一个在财务上真正令人失望"的项目。

面对欧洲迪士尼乐园的出师不利，迪士尼公司对外公开声称的缘由是，因为遇到了外部因素的不利变化，其中包括当时欧洲经济的衰退、银行的高利率、外汇市场上法国法郎币值的坚挺等。毫无疑问，对于一个如此庞大的主题公园开发项目，导致其失利的原因和问题可能会是多方面的，其中既涉及外部因素的影响，也可能有内部存在的问题，只是其各自影响作用的程度不尽相同而已。

（一）关于欧洲迪士尼的选址

商业性人造旅游景点的成本结构一般都具有固定成本高、变动成本低的特点。固定成本主要由初建时的初始资本投资以及日后新增开发项目的追加资本投资所构成。由于固定成本所占比重大，必然会导致景点经营的损益分界点上升，也就是说，游客接待量必须增大到一定程度才能实现保本。然而实践中的现实问题是，实现突破保本点所需的游客接待量越大，符合这一要求的合适选址则会越少。为此，景点投资者也就越需要慎重对待其开发项目的选址问题。

欧洲迪士尼开业后的业绩表现，曾招致人们对其选址决策正确性的质疑，不少人都认为欧洲迪士尼的经营不利应归咎于选址错误。然而很多情况表明，对迪士尼公司的这一批评未免有失偏颇。事实上，在开发欧洲迪士尼项目这一问题上，美国迪士尼公司是很慎重的。

从 1984 年开始，该公司经过大量的调研、比较、分析和论证，最后才从 200 多个备选地点中，将该项目的选址定在法国巴黎附近。有关调研结果显示，从市场区域潜力的角度进行分析，该地点确实应是欧洲迪士尼项目的最佳选址。主要表现在：首先，巴黎作为一个人口众多的经济发达城市，其居民将构成一个稳定的客源市场；其次，巴黎作为欧洲最具旅游吸引力的国际大都市，其众多的国际来访者也将成为潜在的中转客源；更为重要的是，围绕这一选址有可能辐射形成的市场地域，具备更为可观的客源潜力。根据调查，以驱车 2 小时的旅行距离为半径，所涉及区域内的居民人口为 1700 万；以驱车 4 小时的旅行距离为半径，所涉及区域内的居民人口为4100万；以驱车6小时的旅行距离为半径，所涉及区域内的居民人口为1.09亿；以航空飞行2小时的旅行距离为半径，所涉及地域范围内的居民人口为3.1亿。换言之，欧洲范围内所有其他各备选地点都不具备这样的条件（李天元，2014）。

除了上述情况之外，迪士尼公司在确定这一选址过程中，还对以下情况进行了研究。

（1）欧洲国家就业人员的带薪假期普遍多于美国。在美国，就业人员享有的带薪假期平均为2~3周，而在欧洲，例如法国和德国，就业人员的带薪假期一般都为5周。这不仅意味着欧洲人在外出旅游和度假方面有着比美国人更为优越的时间条件，而且意味着来访欧洲迪士尼时，停留时间可能会更长。

（2）巴黎迪士尼项目在交通条件方面存在着良好的机遇。20世纪80年代中期，法国政府正在投巨资兴建和改善法国的交通基础设施，这将有助于便利游人来访迪士尼。例如，有关工程竣工后，从巴黎市区来迪士尼乐园的旅行时间不会超过35分钟。另外，英法之间的海底隧道预计将于1993年建成并通车，这意味着届时从英国伦敦来欧洲迪士尼的旅行时间只需3小时10分钟。

（3）气候因素方面。客观地讲，同美国加州和佛州温暖的气候条件相比，法国巴黎地区的气候条件不够理想，不仅寒冷而且湿度较大。由于气候因素的影响，全年真正适合开展户外活动的气温只有6个月左右。但与此同时该公司认为，巴黎地区的这一气候条件与东京迪士尼的情况基本相似，根据开发和经营东京迪士尼过程中所取得的经验，可以通过采取某些措施去克服气候湿冷的不利影响，例如，为了能使游客免受风吹雨淋，可以考虑在游客排队等候的区域以及在游客活动往来的步行通道架设必要的防护装置等。但由于气候因素的客观存在，加之欧洲居民在选择外出旅游度假时间方面的传统习惯影响，游客来访的季节性程度依然表现强烈。

（4）景区内容的设计方面。作为迪士尼公司关于该项目的基本战略，该公司认为欧洲迪士尼的内容设计原则上应该是其美国本土迪士尼项目原型的翻版移植。不过，为了迎合欧洲人的兴趣从而增大对欧洲游客的吸引力，景区有关内容的设计以及服务安排可能需要做出某种修改。例如，其中"探索乐园（Discovery Land）"的景物设计不再只是以美国的有关科幻小说内容为基础，而可能需要增设以法国著名科幻小说为基础的内容；360度剧场所放映的内容可能需要改为反映欧洲历史的影片；景区内使用的标志文字和解说语言不再只是英语，而需要改为英语和法语；景区内还需要配备一批能提供双语服务的员工，以便于接待来自德国、荷兰、意大利、西班牙等国家的游客（李天元，2004）。

总之，将欧洲迪士尼项目的选址定在巴黎地区，其理由应当说是比较充分的。除非不打算在欧洲开发迪士尼项目，否则巴黎地区便应是最佳的选址。在这个意义上，欧洲迪士尼项目的开发失利似乎不应完全归咎于选址错误。

(二) 导致开发失利的主要原因

对于导致欧洲迪士尼项目开发失利的原因，人们有着多种多样的见解。虽然迪士尼公司当时的主要负责人对外公开声称的原因是主要客源市场地区的经济衰退、银行高利率以及法国法郎的坚挺等外部因素的不利变化，但实际上这其中固然有外部因素的影响，很可能也存在内部因素的问题。为此，该公司曾委托一个由不同领域专业人士组成的咨询专家组，对导致欧洲迪士尼项目失利的原因和问题展开特别调查。调查对象包括迪士尼公司的有关管理人员、从事法国和美国文化研究的专家学者、为该项目提供贷款的欧洲各有关银行的经理人员，以及在欧洲迪士尼乐园工作的法国员工。根据各方面的研究和专家组的调查，其中较为重大的影响因素和问题主要包括以下方面。

(1) 美方管理人员的狂傲自大，忽略法国人排斥美国文化这一文化差异。虽然美国迪士尼公司方面不大愿意承认这一点，但很多被调查者和研究人员都认为，美方管理人员的狂傲自大是致使欧洲迪士尼项目出问题的重要内部因素之一。首先，早在该项目策划之初，迪士尼公司便充满自信地认为，鉴于汉堡包、可口可乐以及好莱坞电影等美国产品在欧洲市场畅行无阻，欧洲民众对美国迪士尼事物的接受理应不会存在障碍。他们没有考虑法国社会的心理特点，没有顾及法国人历来都以自己敢于反抗"美国文化帝国主义"为荣这一早已存在的事实，更谈不上考虑如何采取措施去预防和解决有可能因此而出现的问题。其次，由于迪士尼公司长期以来在经营和管理主题公园方面的辉煌业绩，欧洲迪士尼乐园的美方管理人员动辄以该领域中的老大自居，总是自以为是，不把法国员工的能力和意见放在心上。在输出美方管理制度、管理经验和价值观念过程中，美方管理人员态度傲慢，而且往往行为专横。其结果难免招致法国员工的怨恨，造成员工队伍士气低下。由此而连带产生的恶性影响，难免造成法国游客来访数量的下降。

(2) 开发与管理工作的战术层面。在某些工程项目的招标上，美方管理人员并不熟悉法国当地营造业的情况，却又不屑于听取法国员工的意见，最终因选错承包商而使公司蒙受了重大损失。对文化差异以及与之相关的营销问题估计不足。欧洲迪士尼乐园开业之初，游客来访的确十分踊跃。迪士尼公司原以为欧洲国家的带薪假期较多，来访游客的平均停留时间至少不会低于美国本土项目的经验数字，然而实际情况却远非如此。其一，按照美国本土项目的经营经验，来访游客的平均停留时间一般为4天；而欧洲迪士尼的实际情况却是，来访游客的停留时间一般为2天1夜。其二，游客来访欧洲迪士尼的季节性变化很大，旺季集中为夏季月份；而美国本土迪士尼项目的经营，季节性程度要小得多。其三，在美国，身为家长的美国游客来游迪士尼时，通常都会带孩子一同来访，特别是在学校放假时更是如此。而欧洲迪士尼乐园开业后才发现,欧洲的家长们来访时一般不愿带孩子。其四,美国人喜欢做多次短期的"迷你"度假,因而来迪士尼重访的频率较高;而欧洲人习惯于每年一次或少数几次历时较长的外出度假,因而前来欧洲迪士尼重访的概率很低。

(3)餐饮经营方面,欧洲迪士尼乐园的营业收入大大低于先前的估计。首先,公司最初认为欧洲人一般不重视早餐,因此园区内有关餐厅对早餐座位和供应品种的安排只是针对预计不多的少数客人。直到开业后,面对客人的大批涌入以及座位和早餐供应量的明显不足,人们才发现先前的估计是错误的。其次,欧洲迪士尼园区内虽然也设有快餐餐厅,但由于高估了欧洲游客愿意支付的价格水平,从而制约了游客对快餐的需求(实际上,定价决策失误的问题并不仅限于快餐服务,在门票定价方面也存在类似的问题。例如,在欧洲迪士尼开业的20世纪90年代初,人们几乎都知道当时美国人和日本人的支付能力普遍都高于欧洲人。美国本土迪士尼项目和日本迪士尼乐园当时的门票价格均为30美元,而欧洲迪士尼乐园的门票定价却折合42.25美元)。最后,按照在美国本土的经营经验,公司最初曾决定欧洲迪士尼园区内同样也不提供酒饮,以顺应人们家庭取向的价值观念。殊不知开业之后才发现,同美国人的传统价值观念有所不同的是,在欧洲人看来,饮酒是日常生活中的惯常之举,酒更是人们用以佐餐的常规饮品。

(4)关于游客来访欧洲迪士尼的旅行方式方面。迪士尼公司曾依据欧洲各国私人小汽车拥有率的统计数字,认为绝大多数游客都将是自驾车来访,乘坐公共大客车来访的游客数量不会很多,因而停车场以及相关设施都是依据这一判断进行规划和设计。但开业后的实际情况表明,这一规划设计大大低估了乘坐公共大客车来访的游客数量,导致公共大客车的停车位以及供司机休息的设施严重不足。在美国本土的迪士尼园区中,各景点之间以及各饭店与景区之间都设有不同形式的交通运输服务,例如有轨列车、水上快艇、陆上交通游览车等。虽然游客可以选择步行,但绝大多数美国游客都乐于选择乘车或乘快艇。然而欧洲迪士尼乐园开业后才发现,欧洲游客大都选择步行,而不仅仅是使用园区内提供的交通运输服务。其结果一方面是这些交通运输工具的利用率严重不足,另一方面则是大量的养护费用仍需照样支付。

(5)法国劳工法和美国之间存在差别导致其劳动成本远高于美国迪士尼。迪士尼公司忽略了法国有关劳动法规是造成欧洲迪士尼劳动力成本大大高于美国迪士尼的主要原因。法国与美国的劳工法存在差别。在美国,由于迪士尼公园的季节性,管理人员采用星期工作制及年度工作制来安排员工,使人员分配和管理具有高度灵活性,在满足高峰时期游客的需求的同时亦符合经济原则。然而法国的劳工法不允许雇主有这种灵活性。迪士尼公司认为星期一比较轻松而星期五比较繁忙，因此也相应地安排了员工，但是情况却恰恰相反。他们还发现游客有高峰期和低峰期，高峰期的人数是低峰期的十倍。在低峰期减少员工的需求又违反了法国关于非弹性劳动时间的规定。

此外，迪士尼公司要求员工保持欧洲迪士尼乐园的风范，规定男人的头发必须修剪到衣领和耳朵以上，不得蓄须，不可文身，女人必须使头发保持"自然的颜色"——不得上色或染色，化妆有节制，指甲不许长过指尖，应穿半透明的连裤袜，黑色和花哨的都不行。这导致法国政府劳工检察员正式对迪士尼公司提出抗议，声明法国法律禁止雇主限制个人和集体自由（李天元，2004）。

（三）指导思想所带来的问题

同迪士尼公司在开发美国佛州迪士尼世界时的规划思想相类似，欧洲迪士尼乐园的兴建实际上只是迪士尼公司在该地一项大规模房地产开发计划中第一期工程的基础项目。根据迪士尼公司的最初规划，一期工程除了该主题公园之外，还包括兴建若干座饭店，客房总计5200间。后续各期的计划工程包括兴建规模巨大的商用综合写字楼、购物商城、高尔夫球场、公寓、度假别墅等。也就是说，整个投资计划成功的关键在于这些房地产项目建成后的出售，而不仅仅是欧洲迪士尼乐园的经营。基于这一指导思想，迪士尼公司对于这一主题公园项目的开发和管理是否真正精心和全力以赴，似乎不能不令人心存疑问。否则我们实在难以想象在主题公园开发和经营方面经验老到的迪士尼公司，在该项目开发之前的营销调研方面以及在该项目开业之后的管理和经营方面，竟然会出现如此多的纰漏和问题。

（四）竞争者因素

第一，来自美国迪士尼的竞争。由于法郎的坚挺和美元的疲弱，令欧洲游客认为去美国旅行的费用并不十分昂贵；而且奥兰多宜人的气候、纯美国风格的迪士尼对欧洲游客有更大的吸引力；致使美国迪士尼乐园成为欧洲迪士尼乐园的竞争对手。

第二，来自本区域内的竞争。迪士尼的进入没有引来更多的欧洲客人，却使得他们参观自己本土公园的热情高涨。在1992年到1996年之间，欧洲排名前十位的主题公园游客人数平均增长了42%，法国最大的主题公园——未来乐园，游客平均增长率超过了巴黎迪士尼，达到了115%。投资主题公园的热情相应急剧增长，相关产业或者根本不熟悉这个产业的投资商，纷纷进入这个行业使得主题公园的数量大规模增长。

第三，导致欧洲迪士尼乐园出师不利的原因是多方面的，以上所述充其量只是其中较为明显的一些问题。对于其中已经为该公司所认可的问题，欧洲迪士尼乐园在其后来的经营中大都进行了纠正。但是，作为世界上主题公园项目开发失利的典型案例，欧洲迪士尼的历史教训值得世人吸取和引为警惕。特别是在我国各地都在大兴旅游开发的今天，了解和认识有关案例的经验和教训尤其具有现实意义。

欧洲迪士尼项目的历史教训告诉我们，对于旅游景点景区的规划与开发，特别是对于以主题公园为代表的人造旅游景点的规划与开发来说，认真开展营销调研、全面了解市场及其需求的特点、全面了解各种外部因素及其对拟开发项目的可能性影响，对于开发决策是何等的重要。同时它还从另一侧面启示人们，包括旅游景点在内的旅游规划与开发，其实质在于区域社会经济规划与开发，而非单纯技术性的景观设计或园林建设。面对我国各地旅游规划开发中多有存在的片面强调实体规划和硬件建设而缺乏营销意识的现象，人们应当从欧洲迪士尼项目的历史教训中得到启发（艾静超，2007）。

五、日本迪士尼乐园

1983年春，迪士尼公司开始走出国门，把迪士尼乐园的经营模式推向日本，在东京附近的千叶县，浦安市建成了占地200英亩的东京迪士尼乐园。东京迪士尼乐园紧邻日本人口最为集中、经济最为发达的关东区和中部区域。这里不仅有便捷的交通条件，而且分布有大量的潜在消费群体，因而东京迪士尼乐园具备很强的地域优势。迪士尼乐园选址日本东京，其参考因素主要有以下几个方面。

第一，从客源市场角度分析，庞大的人口规模将为大型主题公园提供充足客源，成为公园日后经营成功的首要前提和基本保证。据美国华盛顿的城市土地研究所研究，一个大型主题公园的一级客源市场（80公里或1小时汽车距离内）至少需要有200万人口，二级客源市场（240公里或3小时汽车距离内）也要有200万人口以上，之外的三级客源市场虽也很有帮助，但不能过分依赖。因此，迪士尼主题公园的选址也尽量向人口庞大的国际都市靠拢。东京拥有1200万人口（以东京为核心，500公里或1000公里半径）而来自东南亚其他各国的流动人口规模更加庞大。

第二，从交通运输条件来看，完善的交通设备配置，可扩大主题公园的可进入性。首先东京迪士尼乐园位于市郊，良好的公路系统和轨道系统将优化主题公园的交通条件。其次，东京机场方便的进出口航班为东南亚游园顾客提供了便利的条件。

第三，从区域经济发展水平上考察，20世纪80年代日本GDP达11 799.8亿美元，人均GDP达9894.2美元，远远走在同期亚洲其他国家的前列，它不仅关系到主题公园的投资规模，而且直接影响到游客的消费水平。

第四，地理投资环境方面的优越性对主题公园选址有着重要参考价值。客观地讲，日本东京的气候条件不够理想，不仅寒冷而且温度变化较大，但是其地理条件、投资环境非常优越。东京迪士尼乐园的原址是东京湾的一片浅海区，20世纪60年代起在政府指示下开始填海工程，历经十年完工。迪士尼公司为此享有了土地使用的零机会成本。

第五，政府的政策倾斜与资金扶持。迪士尼公司在海外的拓展过程中，十分关注当地政府的支持力度，因为享受优厚的政府扶持政策能降低迪士尼公司的投资成本和经营风险。事实上无论在东京、巴黎和香港地区，迪士尼公司都获得了当地政府在土地、贷款和基建等方面的大力支持，从而实现了低成本扩张。除了上述五个原因之外，日本国民对美国文化的认同也在东京迪士尼乐园取得成功中起到了很重要的作用。

东京迪士尼乐园成功经营对国内主题公园具有很大的借鉴意义。有数据表明，国内现存的主题公园，只有百分之十在盈利，百分之二十在保本经营，百分之七十在亏损。分析其原因，选址不当是造成这种经营困境的主要原因。在这一方面主要有以下三个借鉴意义。第一，主题公园的选址地区一定要有很强的经济支撑，至少在一级和二级客源市场内有足够的客源保证。第二，主题公园所在地政府部门的支持可以有效地降低经营成本，同时为主题公园的客源提供便利的交通条件。第三，主题公园的广大客源要对公园的主题有较强的认同感，这样可以大大消除其对乐园进入市场的抵触情绪（张亚辉，2010）。

从东京迪士尼乐园的客源分析来看，可以对国内主题公园经营者带来至少以下两点启发。第一，对本地客源市场的高度重视。迪士尼乐园之所以把集团在海外拓展的第一站放在了日本的东京，就是因为这个消费市场对影响主题公园经营效益的三个关键因素——即潜在消费市场的总人数、购买力水平和购买动机都非常充分。反观国内，绝大多数主题公园对于其建园的选址远没有迪士尼集团考虑周全，这就为以后的经营不理想埋下隐患。国内甚至有个别主题公园由于选址不当，在开业初期的游客接待量还没有园内的员工人数多，开业就面临着倒闭的危险。第二，客源市场的广泛性。从东京迪士尼客源市场特征来看，无论从消费者的年龄结构还是性别结构，都可以看出广泛性特征，特别是国内主题公园容易忽视的女性旅游市场在东京迪士尼乐园表现得更为明显。这就要求国内主题公园的经营者在进行广告宣传时不能只针对某一消费者群体进行宣传，要在广泛宣传的基础上重点突出（张亚辉，2010）。

六、香港迪士尼乐园

香港迪士尼在中国最终取得成功，使迪士尼公司和香港政府实现双赢，是根据中国主题公园的经营现状，以及日本和法国迪士尼的经验教训，在全球化与本土化相结合的基础上实行"全球本土化"营销模式，即在一些战略性元素如品牌培育、形象塑造、经营理念等方面寻求全球宏观和整体上的统一和共性，再辅之以本土化的营销策略和人才本土化来适应当地的市场环境和文化特色，以确保全球营销的成功。

（一）产品品牌的全球化

企业进入另外一个国家的时候，除了要增加自己的亲和力外，同时还一定要保持自己品牌的精髓，在主题定位上使用全球化决策。对于迪士尼来说，它的精髓主要体现在文化和管理上。

（1）统一的文化。迪士尼的文化——轻松、休闲、快乐，是它最大的一个吸引力，是它长期以来成功发展的核心和灵魂。迪士尼向顾客输出的就是欢乐——先让员工快乐起来，把每一个员工变成卡通人物，工作是创造快乐，然后紧随"乐趣导向消费"趋势，给顾客营造一种欢乐的氛围，让每个到这里来的游客都能享受到一个又一个的欢乐。如果它改变了这种概念，它就进入了一个非常危险的区域。迪士尼乐园若想经久不衰，就要把握好自己的主题特色，为自身建立鲜明的公众形象，在香港、在全球都树立一种标准化的品牌形象。考虑到中西方文化差异的问题，国内外有些学者认为纯美国风格的迪士尼会与中国本土文化发生冲突，因为中国有自己的文化——孙悟空、哪吒等。但是，在不同文化间提供服务，对服务的期望很容易受母国文化影响，这种期望是一些顾客受他们的文化背景和以往经验影响所形成的。换句话说，越有民族化的东西就越世界化。迪士尼锁定的目标顾客一定是那些向往美国文化的年轻人或者是一些不排斥美国文化的人群。如果它的核心文化经过雕琢而本土化了，恐怕就不是顾客想看到的那个享誉全球的主题公园了，也就失去了它具有鲜明特色和独特个性的灵魂了。就民族文化的自身特点而言，它在很大程度上要受到外部环境的制约——迪士尼文化要想为目标客户所接受，就必须能够与客户本身的文化理念相兼容。只有当客户接受并认同迪士尼的经典设置中传达出来的文化时，他才会购买这种文化。日、法两国在这方面就存在着很大的区别。日本一向是"以对优秀文化兼容并蓄"的包容能力而著称的，而且日本人本身的文化内容继续保持了作为摄取者和加工者的独立性，故东京迪士尼的盈利能力可以超过母公司；而法国则是一个对文化高度敏感的国家，他们抵制美国文化，因此以一种高姿态把全美国式的迪士尼搬到欧洲，必然导致公司进入到一种举步维艰的境地。对于香港迪士尼来说，香港本身是一个开放型的、具有很大包容性的城市。在这个市场上，人们选择国外产品的理由之一就是国内市场上没有相似的产品，那么只有原始的纯美国风格才会对游客有更大的吸引力。否则，失去了这种主题特色，人们可能会去选择价格相对便宜的深圳"欢乐谷"。故而只有实现文化和企业形象的全球标准化，迪士尼才可以获得企业形象和品牌忠诚上的先发优势。

（2）标准化的管理。在迪士尼乐园，每位员工都是"演员"，而管理层的任务则是"分配角色"。任何人有改善服务的构想都可以随时提出，也可以通过内部刊物与电子布告栏交流。迪士尼的这种管理手法——至善至美的人员管理，是支撑迪士尼企业多年来长盛不衰的精神支柱,因而是不可改变的。而且按照中华民族的民族性,中国员工也有强烈的参与意识。迪士尼让所有员工都感受到:老板很重视他,公司让员工参与的管理特点正好与中国人喜欢荣辱与共的感觉相吻合。此外,迪士尼有很多严格的规定,而这种高标准和高质量的娱乐服务恰好是中国服务业所需要学习和借鉴的。因此,管理就应该实行全球标准化(卢翊鸥,2007)。

(二) 营销策略的本土化

在进行全球营销的过程中,需要对各个营销要素根据具体的市场环境进行适当的调整,使用一些本土化决策。香港迪士尼乐园在营销方面也要针对特定的市场进行适应性和定制化,使之满足目标顾客的需求。

本土化战略要研究客户需求和欲望,设计出他们所希望的产品。所谓全球范围内的标准化只是局限在"后屋"方面(如在迪士尼乐园中的质量控制),但"前线"的员工即使在全球化程度最高的公司,通常也要推行个性化服务以使其更为客观,以满足本土游客的需求。首先是饮食的本土化。欧洲迪士尼在饮食方面由于不符合欧洲人的生活习惯,导致收入比其他迪士尼公园低得多。中国人自古信奉"民以食为天",在饮食方面很有一番讲究。首先,迪士尼公司已经在这方面实施本土化战略——在香港迪士尼的8个餐厅中,有2个是中式的正餐厅,还设计了多样化厨房,准备几种不同的菜谱,以适应多元化客源需要;其次是风俗习惯的本土化。考虑到中国历史悠久的文化沉淀,迪士尼在主题公园的设计上特意考虑了风水因素和融入了中国的园区特色。在设计自然景观时,还参考了有千年历史的中国景观设计的原则,并不断加入中国特色,使香港迪士尼和世界上其他的迪士尼不同。但这显然还不够,迪士尼公司如果忽视了中国内地旅游消费文化的特点,就必然会出现"水土不服"现象。只有了解中国内地的消费文化,深入了解中国文化的精髓,才能在经营策略的选择上取得成功。

本土化战略要考虑顾客愿意付出的成本(Cost)。在发展中国家市场上,产品的定价策略需要在消费者的支付能力和产品的高端定位之间寻找一个平衡,即选择撇脂定价和渗透定价之间的段位。2016年,由于内地客源占据了香港入境游客的1/3,香港迪士尼的门票定价是全球5个迪士尼乐园中最低的,符合中国国情。另外,在香港的迪士尼乐园可建立更灵活的价格体系,针对不同的目标消费群体,结合不同的旅游时间,制定多种价格并存的形式来吸引顾客。这种方法可以有效地吸引一些经济条件不属于绝对富裕但是也想拥有这种体验的消费群。由于顾客所付出的成本不仅仅只是为了购买门票或服务所付出的直接成本,还包括与此项消费所相关的一切消费。因此,迪士尼公司在定价时应将这些因素等考虑在内,更应该在消费者要支付的成本上进行新的计算。

本土化的营销要让客人便利(Convenience)地得到香港迪士尼的资讯或者服

务。顾客无论购买的是产品还是服务，都希望很便利地得到其带来的利益，这在旅游业中要求更加显著。因此，迪士尼乐园要针对中国的风俗习惯实行本土化的渠道营销。目前中国内地和东南亚大多数游客选择的是跟旅游团旅行，故可以借助旅行社的销售网络和在市场中的影响力来扩大它的知名度和美誉度，使顾客可以很便利地实现游玩香港迪士尼公园的愿望。另外，迪士尼乐园可以利用企业、学校等市场，安排销售人员有针对性地建立对接关系，使得目标顾客可以方便地接触到香港迪士尼，集体组队前往。而精心设计的迪士尼公园的网站，除了向顾客提供一些基本信息之外，更可以通过生动形象的画面刺激浏览者的感官，使其不出门就能了解迪士尼。

有效地与顾客沟通（Communication）也是本土化营销策略所不能忽视的。在战术决策方面，沟通与文化背景相关性最大，在实施计划的时候特别要注意因地制宜，把先进的理念、思想与当地实际相结合，以适应东道国消费者独特的需要，这样才能最大限度地吸引消费者。有关迪士尼主题公园的定位信息、独特的卖点、品牌名称和口号可以保持一致，但广告要适应当地语言，更好地把信息传达给消费者。目前，迪士尼公司已经推出了很多营销推广项目（如电影、产品安插等方式）介绍迪士尼童话，让小孩子了解该品牌背后的众多故事。另外，在中国这样一个重视亲情纽带的市场上，人员推广和公共关系不失为一种有效的沟通手段，也可以通过一些公共关系（如爱心工程）建立良好的品牌形象，以激发顾客对香港迪士尼的认同（卢翊鸥，2007）。

（三）人力资源的本土化

人才本土化不仅是降低运营成本的需要，而且是赢取中国市场的必然选择。根据外界文化背景、客户要求以及企业经营重心的变化，迪士尼乐园的管理层和员工队伍就应该做出相应的调整，以适应当前环境的要求。在管理团队本土化的问题上，东京迪士尼的分权导致几乎所有高层和大部分员工都是日本人，美国人只留下一个小型管理团队充当参谋和顾问；而在法国，乐园几乎沿袭了整套美国管理体系，管理团队是清一色的美国人。显然，法国的这种团队缺乏针对管理的灵活性，既不能对当地的市场需要做出正确的决策，也与本地员工之间存在着很大的沟通障碍。因此，香港迪士尼乐园必须采取本土化人员管理。只有当管理人员对目标市场的政治、经济和文化环境有相当的知识，对目标人群有相当的了解时，迪士尼乐园才能够真正从满足顾客的需要出发。另外，在员工方面的本土化策略中，迪士尼乐园强调每个人都可以根据他的能力攀登公司的阶梯。然而法国是一个权利差距相当大的国家，他们的底层员工很难得到足够大的发展空间。因此迪士尼纯美国式的晋升模式不能成为他们所认可的一种有效的激励机制。香港与美国相比，权利差距很大，但是加入WTO后，中国国内各种企业都在转型，因此迪士尼在中国可以采取一种折中的方法，既制定了一定的激励措施，又给员工提供一些基本的生活保障。迪士尼公司要从自身的品牌定位出发，并结合亚洲市场的经济、社会以及文化环境等要素来选择其市场营销战略模式，即产品品牌的全球化、营销策略的本土化和人力资源的本土化（卢翊鸥，2007）。

七、上海迪士尼乐园

上海迪士尼乐园是中国第二个、世界第六个迪士尼乐园。2009年年底，上海市人民政府宣布上海迪士尼申请报告已获国家有关部门审核。这标志着迪士尼这一全球闻名的主题公园将在中国内地诞生。已有文献研究显示，已建成的迪士尼项目对当地经济、社会发展起到了很大的推动作用（Sandi Cain，2005），上海迪士尼项目的建设也必将对上海的城市经济发展方式产生影响，包括经济增长、产业结构调整、社会事业发展、区域协调发展等方面。

（一）乐园建设对经济增长的影响

上海迪士尼乐园，包括上海国际旅游度假区的建设将会有面积大、投资大、建设周期长、投入跨度大的特点。作为国家级的重大功能项目，迪士尼本身需要巨大的投资，同时，由于其巨大的品牌效应，将吸引大量相关配套产业的聚集。乐园建设对经济增长的影响包括三方面，分别是投资带动影响、消费带动影响和财政收入影响。根据相关研究，在迪士尼建设期，由于项目本身及相关功能性大项目的投资，每年平均带动GDP约0.4个百分点。而且对于迪士尼的投资建设并不是在这建设期内的五年就结束了，将来持续的改扩建、二三期乐园包括国际旅游度假区的建设，对相关产业发展的带动影响是个长期持续的过程。对GDP的影响也将会是一个持续不断的过程。此外，迪士尼乐园作为一个巨大的吸引物，吸引了巨大的人流到乐园，这些游客会产生消费，当然也就最直接地产生了经济收入。游客消费的上升，将会直接影响企业的效益，进而将会影响到政府的财政收入（何可可，2015）。

（二）乐园建设对产业结构的影响

迪士尼乐园项目本身作为一个强大的辐射源将会把自己的能量辐射到周围的产业中，刺激产业规模扩张与能级提升，催生新兴产业与新兴业态发展，推动产业增长与发展模式创新。它所带来的带动效应按照辐射的能级分为三个层级，核心带动、关联带动和延伸带动。

1. 旅游业

首先核心辐射到的会是第三产业旅游产业。从产业规模来看，主题乐园的示范效应能吸引大量旅游产业以主题乐园为中心集聚，进一步释放规模经济带动旅游产业的整体效率提升。

（1）游客数量。最直接的影响就是对上海游客数量的改变。上海迪士尼乐园一期乐园的开园年设计容量为1000万人次，当年巴黎和东京迪士尼乐园开园年设计容量也均为1000万人次。而对于上海迪士尼乐园，作为首个在中国内地建成的迪士尼乐园，必定会引起广泛的关注。香港迪士尼乐园的面积是上海乐园的1/3，但在开园当年也达到了500万人次。在上海迪士尼中还将会有几个全球首创，上海迪士尼乐园的城堡约为60米，将会是全世界最高的城堡；上海迪士尼乐园将会有一个"宝藏湾"区域，这将是全球的迪士尼主题乐园中第一个全部以加勒比海盗为主题的游乐区域；上海迪士尼乐园还将融入中国元素，首次将中国的12生肖元素融入迪士尼，建成"十二个朋友"的景点；上海还将会在陆家嘴金融商业区打造全世界最大规模的迪士尼旗舰店，计划占地约5000平方米。

（2）区域旅游产品结构。迪士尼主题乐园项目的建设会对区域的旅游产品结构产生影响，从全世界其他已有的迪士尼主题乐园以及周边区域的开发中可以总结出，主题乐园项目的建设及其周边产业都围绕着吸引那些规模庞大、逗留时间长的游客，或者促使区域调整其旅游产品组合，使游客延长其旅游时间。并且在这些度假区的开发建设中不断地在设施中加入新元素、缔造新体验，以迎合游客的需求，使得大量游客能够多次或重复选择一个旅游目的地。全球的迪士尼主题乐园都会在运营一段时间后根据实际运营需求进行扩建或者改建。

迪士尼是很强的吸引物，但是光有迪士尼还不够，尤其是在未来比较长的一段时间内我们还只有一个乐园，产品的丰富度远远不能满足游客日益增长的多角度全方位体验的需求，形成集聚效应，丰富游客行程，打造度假区2~3天的旅游产品包。这些功能性的项目，可以是会议会展中心、体育场馆、博物馆等，也可以是另一个或几个规模相对比较小的室内游乐园，当然少不了度假酒店、奥特莱斯、购物中心、秀场等项目作为配套。现在在上海国际旅游度假区的区域内已经新建了一个高品质的奥特莱斯项目。与此，同时可以重新审视现有的旅游资源，对现有的旅游资源进行重新排列组合，以满足不同游客的需求。

（3）提高服务业标准。主题乐园作为服务业的新业态，其服务创新能带动服务业水平的不断提高。迪士尼是个十分强调服务品质的公司，并且创造出了主题乐园运营中独有语言及服务标准。每一个在进入迪士尼乐园工作前的人员都会在迪士尼大学进行培训，在培训中所接受的第一点也是最重要的一点就是要求要以笑脸迎接每一位游客。迪士尼有着一套自己的服务标准SCSE体系，被称为迪士尼的四把钥匙，分别是安全（Safety）、礼貌（Courtesy）、表演（Show）和效率（Efficiency）。在迪士尼乐园内员工不是雇员（Employee），而称为演员（Cast Member）；游客不叫顾客（Customer），而是客人（Guest）；上班时称为上台（On Stage），工作服称为戏服（Costume）。迪士尼认为每个员工并不仅仅是员工，而是迪士尼这一出秀的一部分，对员工来说这样的一种寓工作于表演娱乐的环境能够让他们面对每天大量烦琐的运营事务都有一个十分良好的心态，对游客来说这无疑能增强游客的游园体验。随着迪士尼的建设运营，这些先进的服务标准将会被引入进来,并且被推广至服务业的各个行业。

2. 文化产业

"一切都从一只老鼠开始",迪士尼最早是因为经典的卡通形象米老鼠而被人们所熟知的。但当现在提起迪士尼时人们往往想到的不只是米老鼠,还包括电影、主题乐园、网络电视、日常用品甚至是教育,利用那些已经为人们所熟知深入人心的卡通形象与人们的生活结合起来,已经深深地植根于人们的生活之中,涉及范围之广让人叹为观止。迪士尼的媒体网络、主题公园与度假区、影视娱乐、消费品以及互动媒体这五大业务领域之间相互关联、不断循环,相互支撑。从影视制作的发行开始,公司不断开发和塑造新的文化元素、形象并发行电影,然后把这些新的元素、新的内容添加到主题乐园和度假区娱乐的各个环节,形成园区内不断更新的游乐设施和项目,再继续把这些形象商品化,包括动画形象专利权的使用与出让、品牌产品的生产销售,以及相关书刊、音乐乃至游戏产品的出版发行,再向电视、广播、互联网等媒体传播,这样不断地循环往复,其中主题乐园的收入仅占到30%左右,主要收入来自电影发行加上后续的电影和电视收入以及品牌营销迪士尼独特的轮次收入(何可可,2015)。

(三)乐园建设对社会事业发展的影响

迪士尼项目除了带动经济增长、带动产业发展外还具有巨大的社会效益,将有力带动就业,促进社会管理的创新。

1. 劳动就业

除了创造直接的经济效益外,迪士尼项目将通过产业的直接和间接关联带来大量的就业机会,改善当地民生。直接带动的就业机会是指直接为迪士尼的建设运营提供产品、服务所产生的就业机会。间接带动的就业机会是指那些需要通过直接关联产业才能与迪士尼发生生产技术联系的行业的就业机会。从产业面来看,迪士尼不仅涵盖了制造、加工、建筑以及酒店餐饮等服务行业,而且有设计、金融、法律、信息等专业服务。从时间上来看,在乐园的开发建设期以及开园后的稳定运营期在就业带动上将会表现出不同的属性。开园前主要是项目的谈判,园区设计规划、建设等,直接带来的将是建筑、园林绿化、设计等行业的就业机会,间接带来将是金融、法律、设备制造、媒体广告等行业的就业机会。开园后主要是园区的运营、产业链的延伸、产业面的拓宽、服务的提升,直接带来的将是影视动漫、信息软件、酒店餐饮、衍生品制造等行业的就业机会,间接带来的是工业设计、教育培训、医疗保健、旅游装备制造等行业的就业机会。

加州迪士尼正式演职人员总数约为20 000人,分成3班制运行,个别岗位4班制(如值班中心、设备维护、环境卫生、临时活动搭建等)。设有排班中心负责安排一线工作岗位的工作内容、时间和人数,并进行统筹调度。奥兰多迪士尼的演职人员更是超过66 000人,是美国最大的单体雇主,奥兰多的全市就业人口中，有80%是直接或间接为迪士尼主题乐园及度假区服务的；东京迪士尼主题乐园园区内部直接雇佣人数为21 000人。巴黎迪士尼度假区共有演职人员14 500名，其中园区内演职人员5000名。上述14 500名演职人员来自52个国家。在旅游旺季时，巴黎迪士尼还会增加2000~3000名季节性演职人员。可见，仅仅迪士尼乐园内就能直接创造近2万个就业岗位。

2. 社会管理

作为一家具有相当影响力的企业，迪士尼在履行社会责任方面一直走在行业的前列。将"为所有人创造欢乐和幸福"作为公司的首要目标。迪士尼的落户将有力地提升上海的社会管理水平，创新社会管理理念，完善多层次社会公共服务体系。

一是增强企业社会责任。首先在社会事业发展上，迪士尼通过组建由热心演职人员组成的迪士尼义工队，举办多元的活动，全力支持艺术和教育发展。上海迪士尼的落户，将有力提升本地企业的社会责任意识，在促进社会事业发展、节能环保、慈善救助等方面起到模范和榜样作用。

二是创新社区管理模式。社区管理是社会管理的重要内容。迪士尼往往都与当地社区建立了良好的协同互助关系，通过成熟的义工队伍、社区资助计划致力于服务本地区儿童、家庭和有需要的人士。为推广社区教育、环保意识、大众艺术创新，迪士尼为社区提供图书馆、教育等共享资源，并且由社区居民自主管理，极大地创新了传统社区建设和管理的内容。迪士尼的落户将加强社区公共服务设施建设，加大社区资源开放程度，提高设施的利用率和共享水平。

三是完善公共服务体系。公共服务不仅是政府的责任，也是企业的责任。迪士尼通过丰富多样的形式推动儿童教育发展，鼓励大众发挥创意，培养艺术兴趣，推广生态环保意识，让更多的人享受到社会公共服务。迪士尼给传统的社会基层服务带来了全新的内涵，除了传统的医疗、教育等基层公共服务，迪士尼还在社区建设、社会福利、社会救助、减灾救灾等领域大力推进社区工作者参与，通过丰富多彩的寓教于乐的形式培养大众的创新、生态环保意识，将极大地拓展社会基层公共服务领域。

3. 教育事业

迪士尼项目的建设还在带动专业人才教育培训等领域有着积极的带动作用。一旦迪士尼乐园建成，在园内将会需要大量的演职人员，这些演职人员包括传统意义上的工作人员，也包括音乐剧舞台剧的演员，因此相对应的也就对员工的培训以及相关的艺术人才产生了大量的需求。迪士尼公司也将其在加州相当好的合作伙伴加州艺术学院介绍到上海迪士尼项目，希望其能在上海开展相关的教育培训项目（何可可，2015）。

（四）乐园建设对区域协调发展的影响

迪士尼主题乐园项目除了带动经济发展和产业发展外，对于区域协调发展起到积极的作用，它将促进城乡一体化建设，形成"多层次、复合式"空间结构布局，改善区域交通组织一系列的效益。

（1）加快城乡一体化建设。迪士尼项目由于其本身所具有的地理位置、产业经济特性，使之可以充分起到城乡一体化功能区的导向作用，成为进一步打破城乡二元体制结构的有力抓手。首先可以实现基础设施一体化，迪士尼项目将带动浦东中心城区基础设施向农村延伸，城乡同道进一步衔接，区域内高速公路等快速道路进一步加快建设。完善郊区供水集约化设施、物流网络公共服务设施、社区商业设施、信息服务设施、能源设施，缩小城乡基础设施差距。其次，迪士尼项目直接为郊区导入娱乐、商贸、影视传媒等现代服务业，扩大了郊区服务业能级，提高了郊区服务业比重。迪士尼项目将带动郊区服务经济向集约化、现代化转型提升，整合周边旅游资源，发挥规模经济优势，打响旅游品牌。再次，迪士尼项目的建设运营将推动周边农村清洁工程的实施，促进对环境的整治和改善。解决现在依旧存在的城中村区域。

（2）形成"多层次、复合式"空间结构布局。迪士尼地区有望成为与城市"副中心"体量相当的城市新节点，对城郊地区中心产生辐射效应，增强郊区城镇多中心城区的"反磁力"作用，填平远郊城镇中心与中心城区的形态差别，完善上海城市发展的圈层结构，有效缓解中心城区人口、资源过度集中带来的压力。

（3）改善区域交通组织。在主题乐园的建设及将来运营后的带动下，其将会吸引周边地区大量的客源，这上千万级的游客数量级在这个区域内移动将会对交通组织提出极大的要求，也能起到调整和优化区域交通布局的作用（何可可，2015）。

第二节 环球影城

一、环球影城的诞生与发展

1912年由卡尔·莱默尔在好莱坞建立第一家制片公司，历经多年发展，现在已发展为美国文化、影视中心。20世纪60年代初，环球制片公司成立，1963年它将部分摄影棚改建成环球影视城对外开放，现已发展成世界上最大的电影、电视制片基地及以电影题材为主的主题公园，城内有舞台演艺、影视演艺、实景演艺等多种形式的游乐项目，每年吸引着世界各地2000多万游人参观游玩。

环球主题公园是美国环球电影公司旗下世界上最大的电影、电视制片厂及以电影题材为主的主题公园，与环球嘉年华和迪士尼主题乐园并称世界三大娱乐主题乐园，游乐项目包括哈利·波特的魔法世界、变形金刚3D历险、神偷奶爸、小黄人乐翻天、侏罗纪公园河流大冒险等。目前亚洲的环球影城有两处，分别位于日本和新加坡。在长达13年的选址风波过后，2014年10月13日，环球主题公园及度假区集团和北京首寰投资宣布，环球影城最终选择落户北京通州，并动工兴建。落户通州的北京环球影城是继美国好莱坞、奥兰多、佛罗里达、日本大阪，新加坡圣淘沙后，全球第六座、亚洲第三座环球影城（李铎，贾紫彤，2015）。

二、环球影城的核心发展理念

主题公园主要有三种形态：第一种纯靠设备盈利，又叫游乐园，目前国内多数主题公园都属于此类；第二种对设备进行环境和主题打造，营造孩子们喜欢的童话世界，同时配备成套的游乐设施。环球影城则是另外一种，没有成套设备，所有的景点都是经过研发和创意打造出来的，没法复制，没法仿造。成千上万个技术诀窍、知识产权决定了这些产品的核心内容与其他公园不同，给人带来的体验也不一样。

在国内，华强、华侨城、中华恐龙园等都曾推出过卡通人物及影视作品，但是国内主题公园产品依然停留在硬件设备的游乐体验上，创新较少，在嫁接文化产品方面力量也不够。而且因传播力度不够及影响较小，这一业态目前对主题公园未产生实际助益。环球影城却不同于以上主题公园，环球影城是以好莱坞电影题材为模拟对象的主题公园，它吸引人之处在于能让参观者身临其境去体验电影拍摄的神奇世界，从而获得超越电影银幕的乐趣，通过核心产品激发观众消费欲望。

环球影城这类主题公园通常消费辐射半径可达5千米左右，从而直接提升周边区域价值，同时带动休闲、餐饮、住宿、度假等多种业态的发展。环球影城大型主题公园项目对地方经济及区域价值的拉动提升作用，在全球已经开业运营的项目中得到了印证：为区域带来大量人流的同时，带动当地的物流、信息流、资金流运转，使区域经济发展更具活力和竞争力；同时拉动周边娱乐、餐饮等服务业发展，吸引大批创意型人才会聚（李铎，贾紫彤，2015）。

三、美国好莱坞环球影城

学习好莱坞环球影城成功之道，可发现许多对我国文化旅游市场建设极为有益的启示。

（一）并蓄的多元文化

环球影城是多元文化的综合，将不同的文化种类、形式、层次的内容融合改造,以游戏、实景、动漫、舞台的形式表现出来,满足前来参观游览的游客需求。节目脱胎于影视,又不同于影视本身,多种文化的整合给游客心灵的震撼、冲击和思索。如游乐节目《水世界》表现了海洋文化,游乐节目《木乃伊》表现了古埃及文化。当代的文化内容更多地出现在节目中,如影视片《我爱露西》中拍摄的别墅,《大火灾》拍摄化学工厂火灾景象。还有展示波音飞机失事的空难现场、大洪水暴发的现场、西部风情的喜剧片拍摄现场、牛仔驯马的林中空地等场景。环球影城以文化为主线在造型、动态等多角度重新设计、改造、编排游乐节目,使游乐活动更具立体感、时代感,为其赋予了强大的生命力。节目内容反映人与自然、人与人关系,唤起人们更深层次的思考。这样始终抓住游客的眼球和心灵,保持对影视城的吸引力,是影视城长盛不衰的最大秘密(范安祺,范惠闵,2012)。

(二)穿越时空的故事题材

游乐节目把时间和空间做大跨度的交错跳跃,内容情节匪夷所思又合情合理,浓缩演绎漫漫时间长河发生的故事情节,让它们在短时间内精彩释放表现,反映对人的过去、未来的探求,给游客带来无限惊奇和享受;表现亿万年前形态生动的恐龙时代的"侏罗纪公园";表现原始人群的单纯快乐故事的"远古时代";表现外星人神奇、浪漫的科幻色彩的"ET外星人"。这些故事中游客体验奇妙的时间之旅,使游客沉浸于虚拟世界的梦幻般的氛围里。在影视城广场、道路上游动逗乐的可爱的史瑞克、活泼的海绵宝宝、威严的绿巨人、饶舌又爱唠叨的多嘴驴,都是影视中出现过的大名鼎鼎的动漫明星,游客不难回忆起以往清晰可爱的故事、轻松愉悦的生活情节。一幕幕场景让游客们置身于交错的历史、现实、未来中(范安祺,范惠闵,2012)。

(三)推陈出新不断挑战感官极限

环球影城不断推出新内容,合理淘汰旧节目,在内容情节与技术上有新突破,才能克服审美疲劳,不断吸引游客前来游玩。影视城从早期的静态摄影棚,简单的道具、场景,参观拍摄内容发展到大型互动、整合配套的节目。从光效、音效、LED视屏和大型机械装置等先进舞台景效的大投入,以电脑合成、精密控制技术、微型紧凑的电动和气动系统的综合运用,配合水、雾、气味创造引人入胜的场景。游乐节目中形形色色的恐龙,如同基因技术复活的真恐龙一样,这些庞然大物的动作精细,令人叹为观止。制作的远古生物不仅是静态的,更是活动的,被赋予生命和情感。游客参与黑暗神秘的金字塔亲历探险过程,乘坐高速旋转、翻滚的探险过山车,经过一个个精巧的机关,速度快得令人眩晕、窒息。设计的木乃伊、法老、埃及艳后、沙漠骑兵极富质感。穿插的龙、牛魔王等古代神话形象,飞行腾挪具有令人眼花缭乱的东方神秘色彩。令人喜爱的热带丛林里游船,从高空俯冲入水带来自由落体般刺激。精心设置的洪水冲击、黑暗、汽油燃烧、空难场面场景，配以音响技术、3D技术、动漫，产生巨大的视觉冲击力。使节目的时空背景、布景道具，更加精彩惊险。它们是新一代数字技术、高清技术、信息技术的大综合，不断冲击挑战人类感官极限（范安祺，范惠闵，2012）。

（四）发挥品牌优势延长产业链

Universal是环球影城的著名商标，影视城作为成功的一种经营管理模式。环球公司把这一品牌输出，作为经营模式推广，输出了管理和服务。在美国建有奥兰多环球影视城，还在日本、新加坡等建了大型影视城。推销印有环球影城标志以及明星头像的T恤、运动鞋、眼镜、帽子，制作了多种多样的造型人物、卡通作为商品出售，它们成为深受游客欢迎的旅游纪念品，为影视城带来大量的财源。围绕着影视城，从旅游、服务、交通等行业形成更长的产业链，其中包括广告、发行、印刷、信息、出版、网络传输、视频制作、影视制作等企业。通过优化整合这些资源，延长产业链，扩张经营范围规模，实现资本最大限度增值。随着影视业、娱乐业的兴盛，好莱坞街道旁已经建立了大大小小的电影院与高级的商店，游客在此消费游玩，形成更大的消费市场。好莱坞电影处于世界电影的顶层，环球影城以娱乐游玩以及精致考究的大片形式，潜移默化地推销了西方文化（范安祺，范惠闵，2012）。

（五）保持差异性形成竞争互补格局

在洛杉矶有世界闻名娱乐场，好莱坞影视城和迪士尼游乐城，二者都有舞台演艺、现场实景、影视、动漫的游乐节目。游艺内容有相似性，也有很大的不同。迪士尼乐园适合儿童游乐，环球影城则更加适合于成年人参与。环球影视城以自己公司拍摄的影片、电视题材做节目，所有的场景动漫都有自己的专利，避免了许多可能产生的纠纷和官司，二者相互形成竞争互补的格局。竞争互补的格局还表现在好莱坞范围，环球影视城周边有宇宙城购物街，不远处有中国大剧院、柯达大剧院，好莱坞遍布的酒店、电影院、餐饮服务业都在卖力吆喝，争夺客源。如果从更大范围观察，洛杉矶有NBA"湖人""快船"球队，还有多次赢得美国棒球联赛冠军的"道奇"棒球队，它们从体育竞技角度争夺客源。在不远处有以赌博闻名的拉斯维加斯赌城，它也是旅游的一个热点。众多的文化娱乐设施扩大了游客的选择面，扩大了旅游市场，增加了游客在洛杉矶乃至加利福尼亚的停留时间，也对旅馆、商店、饮食产业有利。这种管理模式，以及竞争又互补的格局，也体现了管理者的智慧（范安祺，范惠闵，2012）。

（六）精细管理优质服务

优良的管理、优质的服务是每一个成功企业共有的管理风格，作为以文化旅游的影视主题公园还有它的特殊性。影城无论是引导员、票务还是设备操作人员都专业有素，工作高标准，服务到位。没有店大欺人，尤为重要的是对游客都一视同仁。公园内环境干净清爽，各种器械的保养维护严格细致，细节完善。对游客的提问、引导游玩自然随和，表现出良好的专业素养、敬业精神、职业道德。影城在服务、管理、环境、设施、安全等方面有严格的规章制度，对游客排队的线路安排、游车线路、货物运送都有精心的计划和安排。并通过摄像机、广播等随时监控、调度、疏导人流，调节节目场次和时间。执行制度时严格又有人情味：作为游乐场所，禁止从外面带入水、饮料、食品，入口处有专人检查，这样便于保持卫生，又能预止恶性事件发生；设有存放包、衣物的柜子，半小时内免费，方便游客又避免长时间专用；园区有纯净水机提供免费饮用水；随时待命的医疗卫生设施等（范安祺，范惠冈，2012）。

（七）合适的区域地理位置　良好的人文经济条件

区域地理位置对娱乐、游艺活动、市场消费行为会产生极大的影响。环球影城除了依托好莱坞以外，还有良好的地理、交通、科技、人文等条件。

（1）洛杉矶地形地貌多样化，拥有旖旎的自然风光、明媚的阳光和适宜的气候，西濒太平洋有漫长迷人的海滩，有壮美的高山，是拍摄电影的天然场所，非常适合旅游、休闲、娱乐。

（2）有便利交通的条件。洛杉矶地区高速公路四通八达，还有美国最大、最繁忙的航空港和最繁忙的港口。优良的设施、便捷的交通便于旅客方便、自由进出，使旅游行业服务极为发达。

（3）宽松的政治环境。地处美国西部，远离纽约、华盛顿政治权力、意识形态中心，因此思想较少束缚，较少受到传统思想的压制。影视、游乐项目容易博采众长，发挥创造力、想象力。

（4）有聚群效应。许多电影公司聚集在好莱坞，大量的影视、动漫、音乐专业人才聚居在此。好莱坞也是美国评选颁发奥斯卡奖的电影艺术与科学学院所在地。

（5）加州有许多世界排名前列的高校。有众多IT、电气、机械企业等世界级的企业、研究中心。大量的科研人员、企业使导演、制片人的奇妙构想得以实现，他们也给环球影城的节目设计制作带来更多的新理念、新思想。

（6）加州不但是美国的科技文化中心，也是世界影视中心。它的航天、军工、电子业、农业也极为发达。加州是美国人口最多的州，为高收入地区。因此本地人群即有巨大的消费能力，可有效支撑文化娱乐市场。

观察研究好莱坞环球影城，它作为文化、旅游、经济、高科技的交集，以引人入胜的节目、良好的口碑，吸引游客，达到艺术与票房的统一，是文化旅游产业的成功范例。因此，文化旅游市场必须以文化为内核，以科技为支撑，依托商业、区域背景、市场运作等有利条件，才会产生良好的经济和社会效益，产生巨大的辐射效应。文化创造价值，精彩带来效益，得天独厚的自然人文经济条件，精细的管理，规范的运作是好莱坞环球影城的成功之道（范安祺，范惠冈，2012）。

四、日本环球影城

"呈上世上最好的"是作为世界三大环球影城之一的日本环球影城的口号。日本环球影城位于日本大阪市市区边缘，是以好莱坞电影为主题的大型娱乐主题乐园，与日本迪士尼乐园齐名，同时更是融合了日本独有的高科技项目以及可爱的卡通乐园，颇受游者喜爱。一组经营数据也佐证了市场的认可度：占地50多万平方米的日本环球影城主题公园的年接待量可达800万人次，收入55亿美元，门票收入只占50%，重游率可达70%。这完全得益于其"为游客服务"的经营哲学，合理景区设置、冒险的游乐设计以及产业链的打造，都使其经营顺风顺水。

日本环球影城为美国环球电影公司旗下的主题公园，以美国好莱坞出品的、风靡全球的热门电影作品为主题背景，以精彩刺激的特技表演以及充满诱惑的冒险拉近与游客的距离。影城分九大区域，包括好莱坞村、纽约村、旧金山区、西部牛仔、史努比摄影室、亲善村、水世界、侏罗纪公园和泻湖，在九大区域内又分布着17个主题场馆。人们在这些区域与场馆间与冒险刺激的影城融为了一体。

除了主题节目的特色外，其异国风情的营造也是吸引日本人和其他国家游客的重要原因。景观分两个部分：第一部分是电影场景，将环球公司所拍摄的电影场景原样布置；第二部分是街景和建筑景观，完全按照美国和欧洲不同年代的风格建造，很多材料都是从美国直接运来的。

游乐活动与商品销售的巧妙结合是这里的另一特点。每参加完一个活动，出口必是与这个活动主题有关的商品专卖店。有电影装饰品、流行时装和电影偶像关联产品、土特产品。为了吸引更多的游客，日本环球影城新增了一个占地面积3万多平方米的卡通形象世界，其中不仅有大家耳熟能详的芝麻街系列人物，花生米的史努比世界，更有无数粉丝热爱的Hello Kitty时尚专区。这一举动也使其在2012年4月至6月的入场人数达220万，较上年度同期又增长了25%。

实际上，不管是日本环球影城还是迪士尼，其经营哲学都是产品，而非国内企业热捧的旅游地产（马琳，2012）。

五、新加坡环球影城

新加坡环球影城（Universal Studios Singapore，USS）是耗资43.2亿美元兴建的圣淘沙名胜世界的重点项目之一，已于2010年3月18日正式开放，它是东南亚首个和唯一的环球影城主题公园。新加坡环球影城总共设有24个游乐设施和景点，其除融合了美国好莱坞、奥兰多以及日本大阪三地环球影城的精华外，还在七大主题游乐区中打造了18个首创或是特地为新加坡量身定做的游乐项目，包括梦幻世界、失落世界、古埃及、科幻城、纽约城、好莱坞、地下室和人工湖，引领游客瞬间穿越时空和国度，身临其境，体验电影。令其成为全世界独一无二的新鲜玩乐去处（王华琳，2013）。

新加坡环球影城在把握体验营销的环节上，具备典型性特征：把握人性特点，洞察消费者需求。洞察，即看穿，区别于观察，是洞悉事物原委的观察。消费者洞察是要发现消费者真正关心、在意却不自知的内心真实需求。体验营销打破了消费者与企业之间简单的买与卖的关系，在买卖间注入了一种叫"情感"的溶剂，通过情节体验的架设增进彼此情感交流，让销售过程成为典型的心理营销。在体验营销的活动中，情感具有重要的地位和作用，其意义是深远而持久的。

管理大师杜拉克认为：营销的目的在于深刻地认识和了解顾客，从而使产品或服务完全适合他们的需要而形成产品自我销售。在物质充沛的年代，消费已不再停留在基础的需要上，他们更希望在这个付出及回报的过程中能收获大量的情感认同。新加坡产业环境成熟，地理位置极其优越。每年到新加坡观光旅游的外国游客都是数以千万计的。新加坡环球影城选址于此正是基于这点。

在家庭出境游愈演愈烈的今天，一座集经典影片场景、充满奇幻和创造力无穷于一体的环球影城成为众多家庭出游的首选。环球影城内集世界民族风物特点、光怪陆离的游乐设施、便利的租用程序、体贴而周全的服务、完善清晰的视觉导览系统于一体，让每一位光顾的游客都能沉浸于电影的奇幻体验中，情感获得充分的激发。

环球影城通过高超的技术和艺术手段，辅以优质细腻的服务，让人们在虚拟的空间中，获得了从未有过的超越自我的自豪感，颠覆了对以往事物固有的认识，同时，健全的服务设施让人从心理上受到尊重、优待和信任，具有强势的"体验竞争力"（周景秋，2014）。

（1）体验情境，营造戏剧化氛围。环球影城依照东南亚热带雨林的特色定调。影城精选了符合热带气息的几部电影中的经典场景，如《侏罗纪公园》《夺宝奇兵》《马达加斯加》等：游客在古埃及的巨型神像中穿梭，踏上神秘的寻宝之旅；乘坐皮筏艇闯入恐龙出没的"侏罗纪公园"的热带丛林；在马达加斯加的原始森林来一段木箱漂流记的探险……当游客置身于似曾相识的场景中，步移景异，心底的愉悦就会随着场景的变换而被激发。新加坡环球影城的设计者 Kevin Barbee 为公园定位了四个关键词：怀旧、未来、探险、奇幻。分别以好莱坞大道、科幻城市、木乃伊复仇记和遥远王国为代表。影城不会忽略任何一个可以营造体验的环节，就连排队的甬道都是依据电影情节而特别定制的。如失落的世界甬道设计是所木石结构的房子，具有浓郁的热带丛林风格，透过木质扇叶窗可以看到巨大的热带雨林植物以衬托小屋所处的危势，似乎小屋随时都会被巨型的恐龙摧毁，让游客从漫长的排队等候开始便进入情节的预热体验；科幻城市的排队时间是以"小时"计的，如此漫长的等候被设计成了紧张的备战状态，游客必须穿越一座昏暗的长廊，长廊的每个转角区间都有不同的结构装置：LED 屏上演着最紧张的故事桥段，以声画营造紧张的气氛，墙上各种按钮模型、昏暗闪烁的汽灯、陈设汽车人残骸的玻璃柜、射灯投射的外星异物质等无一不是在给游客传递一个"酷呆了"的信息。

（2）技术创新，创造多重互动体验。科幻城市向游人展现的是尖端科技、外星文明。变形金刚 3D 对决是整座影城的精华所在，它以孩之宝（Hasbro）旗下标志性的玩具品牌以及迈克尔·贝（Michael Bay）执导的国际大片《变形金刚》为蓝本，全球率先应用于车辆游乐项目中最缜密的漫步模拟飞行仿真系统，震撼演绎剧情。游客被英雄派"汽车人"带领着，与邪恶派"霸天虎"进行交战，忽而被汽车人带上高楼，与霸天虎在屋顶搏斗，忽而一个俯冲、穿越街区……令人惊叹，这里因此也成了男孩们的首选之地。园中最吸引人的剧场演出是"未来水世界，失落的世界"。游人步入景区大门，即刻感受到周遭浓烈的电影《未来水世界》的废墟气息。舞池主体为水池，便于演员攀爬的钢架、汽油桶、飞机模型，供演员坠落的小破屋等毗邻而建。演出的看点：演员打斗追逐、坠落配以精准的声控和定向爆破以及与观众的良好互动，整个效果犹如现场版的电影微缩精华呈现。

数字技术时代，技术条件成为满足互动体验的必要支持。但技术是隐藏在情节背后的手段，炫技不是最终目的，只是让游客体验更加真切。高科技元素在新加坡环球影城中得到了充分的应用，最出众的是虚拟体验式场景的设计。其创造的虚拟三维世界与现实世界交互，以仿真的方式给游客创造一个实时反映实体对象变化与相互作用的三维虚拟世界，并通过头盔显示器（HMD）、数据手套等辅助传感设备，使游客可直接参与并探索仿真对象在所处环境中的作用与变化，产生身临其境之感。

哈佛大学教授约瑟夫·奈（Joseph Nye）曾提出"软实力"概念，他认为"软实力"就是要靠自身的魅力来吸引，不是强迫性的吸引力。吸引人还要让人愿意驻足，创新技术及服务的科学化、精品化是环球影城受到欢迎的重要原因。

（3）点燃欲望，获得精神和物质满足。作为衍生产品开发，前提是要有个好的故事脚本，有容易记忆的个性化的角色造型，有独特的营销推广方式。新加坡环球影城里店铺品类繁多：礼品店、糖果屋、银幕收藏馆、梦工厂礼品店、餐馆等。从店铺的名称便可看出其经营面向的顾客群体，如礼品店主要售卖7个主题区的纪念品；银幕收藏馆提供名人照片、海报、书籍等收藏品；全聚店出售各种服饰、玩具、帽子；好莱坞佳乐中餐馆以现代艺术风格装饰的中国餐厅，客人可享用好莱坞电影中所出现过的传统粤菜……华纳公司对于衍生品的开发及售卖已形成完善而有针对性的系统。

衍生品的出现既烘托了欢乐的氛围，又成为微笑着的无声推销员。部分店铺设置在展演厅的出口处，以让游客在体验展演结束后感受仍处兴奋状态时冲动购买,如在怪物史莱克景区,可以买到史莱克和妻子菲奥娜公主的抱枕、钥匙牌等;感受完动感的变形金刚,可以立即购买到变形金刚的水杯、T恤等;在芝麻街,孩子们除了享受到脸蛋彩绘的欣喜外,还可以把那只给予生命启迪的大鸟及它的伙伴甜怪饼和小木偶带回家……鳞次栉比的餐饮与购物场所满足了人们对电影场景怀念感知并保存的欲望。

新加坡环球影城圆了普通人的电影梦,仍有很多家庭正将这里列入旅行计划中,希望远赴新加坡来一场激情的梦幻之旅。体验营销的精神内涵在新加坡环球影城,都可以找到答案(周景秋,2014)。

六、北京环球影城

北京环球影城主题公园项目历经13年艰难历程,于2014年9月25日最终获得国家发改委批准落户北京通州文化旅游区,预计2019年建成营业。在首都北京批准这一项目不仅体现了决策者的思想解放,更对北京的旅游发展具有里程碑意义。虽然北京近些年在旅游产业发展体制改革和旅游总量方面走在全国前列,但也存在值得担忧的结构性问题。北京旅游的结构性问题导致北京旅游总量大、质量低,观光为主、休闲娱乐不足,总体消费高、人均消费低。北京旅游的结构性问题呼唤新的旅游产品。环球影城项目将很好地促进北京核心功能疏散,和人口疏解,促使北京旅游发展能做到两翼齐飞,并将加快京津冀一体化发展,促使通州形成北方娱乐中心,使北京的文化和旅游相得益彰,具有可持续发展的能力和竞争力。环球影城项目能有效解决北京旅游目前存在的普遍的结构性问题和通州旅游的总量问题,使北京城真正成为具有中国特色的世界旅游城市。环球影城项目能有效解决北京旅游发展中的结构性问题。

世界影视旅游的正式开端始于1963年,其标志是环球影城系列的第一个主题公园好莱坞环球促使通州成为北方娱乐中心。当初是影界巨擘卡尔拉梅尔为了扩大片厂的需要,将他的影厂从好莱坞迁至洛杉矶。最初是拍摄场所,后逐渐演变成参观游览地,每年2000多万旅游者能够身临其境地体验到美国好莱坞风格的电影场景。环球影城引进北京将有效解决北京旅游目前存在的结构性问题,使北京真正成为具有中国特色的世界旅游城市(张绍娥,2014)。

(1)环球影城项目使北京城的古老和现代交相辉映,焕发出勃勃生机。环球影城项目采用大制作、高科技,冲击人们的视听极限,再现不可能再现的场景,使人们获得惊险刺激愉悦的情感体验。它将使北京这座古老的城市在雍容华贵、大气、沉稳的基础上更加现代、时尚、开放、激情。中华文明和世界文明能够在北京交融碰撞、融合发展并且熠熠生辉,世界文明的多样性将在这里得到更好的诠释,环球影城落地之时,北京将更加开放、更加具有魅力和吸引力,北京产业将首先点燃国内游客的旅游热情,那时北京就不仅仅是一个好看的北京,更是一个好玩的北京。完全有可能成为北方的娱乐中心,"爱国、创新、包容、厚德"的北京精神必将获得重生(张绍娥,2014)。

(2)环球影城项目将很好地促进北京核心功能疏散和人口疏解,促使北京旅游发展能做到两翼齐飞。北京在新中国成立之初采取了以核心区为中心的文化中心的发展模式,城市规划过去的辉煌并不代表现在的辉煌,城市规划过于秉持天圆地方、万事万物以皇权为中心的思想,市中心聚集了过多的行政中心、商务中心、会议中心、旅游中心。通州作为北京的副中心,长期以来一直是北京的决策者和专家们缓解首都核心功能和疏散北京人口的首选之地,但是一直没有得到落实,如果环球影城项目得到落实,将会把首都核心区承担的很大一部分商务中心、会议中心、娱乐中心、旅游中心功能剥离到通州,通州作为北京的副中心将名副其实。那时北京的旅游将出现北京市中心和通州副中心两翼齐飞的格局,重复游和休闲度假游的游客可能更多地选择通州作为主要的旅游目的地。如果按环球影城项目能吸引200万游客量计算,必将部分缓解首都核心区的游客压力(张绍娥,2014)。

(3)环球影城项目将加快京津冀一体化发展,促使通州形成北方娱乐中心。由于通州优越的地理位置与河北的燕郊、承德、唐山相近,与北方工业中心天津也相距不远,并且向南辐射山东,向北辐射东北,是环渤海区域的重要节点。北方历来工业和农业相对发达,第三产业和娱乐业发展不足,环球影城项目很好地填补了这一方面的空白。对环渤海地区、东北地区甚至华北地区形成了战略吸引和产业互补。通州作为环渤海地区的重要节点,在发展文化创意产业和时尚旅游方面可以起到龙头带动作用,通过通州环球影城项目的大制作和高水平运作可以带动环渤海地区文化产业的挖掘和创新,同时通过通州影视城的运作可以孵化新的文化创意产业、数字技术、动漫技术、文学艺术创作、设计产业、材料产业,传统产业的广告业、会展业、商贸业也会有很大的发展空间。环渤海地区的城市可以抓住这一历史机遇,主动承接新生产业的转移,改造传统产业或者为新产业腾笼换巢。如果通州的环球影城项目规划得当,通州相关配套设施完善,通州完全有可能成为北方的娱乐中心,不仅使环渤海地区的城市受益,更使北京的旅游迈上一个大的台阶(张绍娥,2014)。

(4)环球影城项目使北京的文化和旅游相得益彰,具有可持续发展的能力和竞争力。环球影城项目将进一步强化北京作为首都的文化中心的地位,主要表现在:一是中国文化将更具有世界视野,将更好更多地站在世界舞台上,将更好地影响和改变世界;二是中国文化将更具有创新性,将更具备魅力和吸引力;三是中国文化将获得更多市场价值,将会被更好地传承和保护;四是世界文化和中国文化同台竞争将更具震撼性。文化是灵魂、旅游是载体。北京旅游会因为这一文化项目获得更大的新生,因为环球影城在中国的唯一性,北京在全国以致全世界将继续保持较强的竞争力,游客数量会保持20年以上的稳定增长(张绍娥,2014)。

第三节 六旗游乐园

一、六旗游乐园的诞生与发展

六旗游乐园（Six Flags Great Adventure，六旗娱乐公司）本来是个名为"大冒险"（Great Adventure）的私人公园，被六旗集团收购后，几乎每年都在往外扩张与增添新设施。它是世界上最大的主题公园连锁品牌，总部设于纽约市。六旗管理着30家主题公园和水上乐园，其中24家以六旗命名。六旗的第一家主题公园，六面旗降临得克萨斯（Six Flags Over Texas），坐落于美国得克萨斯州。公园的名字来自历史上飘扬在得克萨斯的六面旗。2006年，为六面旗的开业45周年。2009年，受金融海啸冲击，六面旗申请破产保护，公司负债达34亿美元，而本公司亦成为华纳、新力、通用和迪士尼争相收购之对象。美国六旗集团是世界上最大的区域性主题公园公司。成立于1961年，运营管理18个北美的主题公园，每年接待游客人次2800万，创造年收入12亿美元。六旗凭借强大的品牌号召力与运营能力，每一个六旗乐园都成为刺激区域文化旅游产业发展的核心引擎。

主题公园的收入情况受到季节性因素影响较大，一般来说在冬天的时候主题乐园基本处于空置状态，在较寒冷的地区冬天主题乐园都是闭园的，在夏天的暑假达到旺季。在2014年，六旗2014第一季度营业损失为6120.1万美元，在第二季度立马回升到营业收入为8531.2万美元，到第三季度达到最大值，即暑假的营业收入为14815.1万美元。在2013—2017年，六旗的营业收入环比平均增长率为9.62%，从2013年的110993万美元增加到2017年的14亿美元。

六旗的营业收入的主要来源有四部分，依据收入大小的贡献从高到低排序为门票收入、食品商品其他收入、特许经营收入和住宿收入。其中门票收入占了全部营业收入的50%左右。2011—2014年，六旗门票收入的平均增长率为10.23%。即六旗营业收入的增长主要推动力还是门票收入的增长情况。因此六旗乐园的风险点在于较大程度地依赖门票收入的增长，若遇到经济危机等情况，可能就会导致公司运营情况出现较大的变动。因此六旗乐园需要扩大其营业收入来源的多样性。

二、六旗游乐园的核心发展理念

六旗游乐园是多文化交融、多产业聚集，多体验融合的一站式家庭娱乐目的地。它以激动人心的刺激性娱乐体验项目为载体，以文创产业上下游支撑为精神内涵，以DC漫画及华纳兄弟旗下的超人、蝙蝠侠、闪电侠、兔八哥等经典动漫形象为主题，因地制宜打造娱乐全家庭，适宜各年龄段的动态减压游乐园。

自 1961 年开业以来，六旗集团致力于提供不同年龄层独特的游玩体验和设立行业标准。六旗集团强调家庭的共同体验，它在美国、加拿大、墨西哥都开设了世界闻名的主题公园和水上公园。公园提供游客全方位的娱乐和便利，其中包括：惊险刺激的过山车游乐设施、水上娱乐、主题园区、儿童游乐区、主题游行、音乐会和现场表演、卡通和电影人物展示、餐饮、游戏和购物。

三、美国六旗游乐园

美国六旗游乐园位于美国新泽西州，建立于 1974 年，设施数目 45 座，其中包括 13 座过山车。六旗游乐园是新泽西最受欢迎的游乐园，同时也是世界十大刺激游乐园之一。园内分为缅因街、幻想森林、冒险巷、电影街、边境冒险、黄金帝国等区域，每个区域都有自己的特色，能让有不同需求的游客找到属于自己的快乐。为了吸引更多游客，游乐园几乎每年都向外扩张与增添新设施。园内名为"京达卡"（Kinda Ka）的过山车是世界上最高的过山车，高度达到 139 米，开始时水压弹射器能将游客乘坐的车速提高至每小时 206 千米。电影街是以好莱坞为背景建造的，建筑具有好莱坞风格，播放的也是好莱坞知名电影。新添的项目黄金帝国拥有 4.45 万平方米的丛林，游客可以在此一边搭乘机动车一边看老虎表演。

作为新泽西州"六旗"冒险家乐园的第二大组成部分的"主题游乐园"，与第一大组成部分的"野生动物园"仅一墙之隔。在游乐园能听到动物园内的狮吼虎啸；而在动物园也能听到游乐园内过山车隆隆的翻滚声和人群中迸发出的欢呼雀跃声。整个主题游乐园占地约 50 公顷，共分为水上乐园、蝙蝠侠影视城、森林探险、旋转宇宙、魔鬼峡谷、老人世界、儿童乐园等主题，约 108 个项目。较之佛罗里达州的迪士尼乐园，多了几分惊险和新奇，使游人流连忘返。

四、中国六旗游乐园

2014 年，世界上最大的主题乐园（Six Flags）六旗集团宣布，计划在中国开发多个主题园区。六旗集团在美国、墨西哥和加拿大已经拥有 18 个主题园区，凭借"最丧心病狂的过山车"吸引游客一同领略匪夷所思的畅快体验。当大家仍然把焦点放在于 2016 年投入运营的上海迪士尼乐园时，六旗集团也看中了上海的商机，有意拓展中国市场，六旗将通过与山水文园投资集团（Riverside Investment Group）建立合作关系，共同进行主题公园建设。

2015 年 9 月 28 日，美国六旗集团联手山水文园集团，与浙江省、嘉兴市、海盐县三级政府签订合作协议，联手打造"浙江山水六旗国际度假区"。该主题公园，将配备独一无二的破纪录过山车、家庭娱乐设施、水上景观、世界级表演以及可供整个家庭享受的特殊项目，传递"积极、勇敢、阳光、快乐"的生活方式。该项目已于 2016 年 1 月 4 日正式破土动工。

第四节 东部华侨城

一、东部华侨城的诞生与发展

深圳华侨城集团是我国主题公园发展的开山鼻祖和行业领袖。1989年9月，"锦绣中华"在深圳建成，开了我国主题公园建设的先河，启动了国内主题公园的快速发展。1991年10月，"中国民俗文化村"对外开放；1994年6月，"世界之窗"开园纳客；1998年10月，"欢乐谷"投入运营。2017年，华侨城主题公园累计接待游客超过3500万人次，文化旅游业务收入185.3亿元。它们不仅有可观的经济效益，还产生了广泛的社会效益和深远的生态环境效益，已成为弘扬民族文化、进行爱国主义教育的基地和增进中外文化交流的窗口；同时绿化美化了深圳湾畔一大片土地。华侨城的成功与其在营销方面的投入密不可分。

深圳东部华侨城位于广东省深圳市大梅沙，是华侨城集团的主题公园。东部华侨城是由深圳华侨城集团耗时两年半，耗资约35亿元精心修建，占地面积约9平方千米的旅游景区。它是国内首个集休闲度假、观光旅游、科普教育、户外运动、生态探险等主题于一体的综合性多元化生态休闲旅游示范区。

东部华侨城园内的主要景点有大峡谷、茶溪谷、华兴寺、天麓大宅、云海谷体育公园、主题酒店群落等六大板块，是集休闲、娱乐、住宿于一体综合性主题公园。华侨城以"规划科学合理，功能配套齐全，城区环境优美，风尚高尚文明，管理规范先进"为规划，以"让都市人回归自然"为宗旨，定位于建设成为集生态旅游、娱乐休闲、郊野度假、户外运动等多个主题于一体的综合性都市型山地主题休闲度假区。

东部华侨城于2004年12月底开始建设，到2007年7月底正式试业，短短一年半时间内，东部华侨城共接待游客达万人次，实现税收亿元。这样的成绩开创了全国景点的先河，成为深圳旅游甚至广东旅游的一张新名片。东部华侨城的设计理念为"让都市人回归自然，体验好山好水好文化"。东部华侨城在山海间巧妙规划了大峡谷、茶溪谷、云海谷三大主题区域，集休闲度假、生态旅游、户外运动、科教基地等多项文化旅游功能于一体，多样化的服务和全面的景点让东部华侨城成为主题公园的首选之地。2007年7月28日东部华侨城隆重试业，茶溪谷的花海与茶世界、因特拉根的异域风情、云海谷高端高尔夫球场，以及东部华侨城精心打造的演出、各种风情节都让游客眼前一亮，获得了一致赞誉。东部华侨城二期大峡谷以"阳光、森林、河流、大地、太空"为主要元素、华兴寺观音座莲、海菲德红酒小镇、欧式教堂、太空氧气球等多个项目已经完美呈现（朱江琼，2012）。

二、东部华侨城的核心发展理念

东部华侨城自开业以来就接待了来自各方的游客,并受到了游客的高度赞誉,取得了可观的经济效益、社会效益和生态效益。东部华侨城之所以能一举获得这三方面的收益,得益于其开发时所确立的价值观,坚决奉行"生态环保大于天"的开发理念。东部华侨城开创了旅游产品的新环保时代,实现了主题公园在环保实践上的战略性突破(朱江琼,2012)。这种突破可概括为三项基本原则、三大战略突破和十大生态环保亮点,详见表9-2。

表9-2 东部华侨城环保实践上的战略性突破

类别	措施
三项基本原则	(1)在项目规划时,尽量不破坏山、水、植被; (2)在项建设时,加强对山、水、植被的保护; (3)在产品选择时,充分利用无污染可循环的环保产品。
三大战略突破	(1)项目性质上,从"做单个项目"向"打造旅游聚集区"的突破; (2)项目空间上,从城市中心向郊区突破; (3)项目类型上,从观光旅游向休闲度假突破。
十大生态环保亮点	(1)大峡谷瀑布:利用瀑布景观与酒店建筑的完美结合,节约了旅游资源,增加了酒店特色 (2)云中风车:风车既是风景又是电力来源,利用山地得天独厚的资源补充景区的电力,并成为景区一道独特风景 (3)太阳能发电:利用太阳热能为景区监控系统每天24小时不间断供电,白天产生的多余电能可以输入到蓄电池,晚上可利用电网作为补充,从而使能源得到最大限度的使用,环保又节能 (4)人工湿地:采用国际最新的三级水质处理技术,为三洲水库提供了天然生态过滤网 (5)水能发电站:实现了水库蓄水与水能发电的结合,是水能资源合理利用的生动教科书 (6)污水处理站:项目内建有10个分散式污水处理站,进行3500立方米的污水处理量,分解后的水作为中水循环利用于景区植物的灌溉 (7)气象站和环境监测站:气象站对灾害性天气进行预警预报,实时准确提供园区天气信息。环境监测站对项目内大气、水质进行监测,及时了解环境参数的变化,为项目可持续发展提供专业保障 (8)水土保持和林业研究站:对溪流、山体、林木和自然灾害进行评估、改造和利用,对边坡进行绿化种植复绿工程,实现生态绿色景观与水土保持的结合 (9)热回收利用:充分利用空调余热制热、空气热源泵等节能环保制热技术或设施,经系统高效集热处理后用于酒店、水疗等项目的热水热源,提高了系统的节能环保水平和集热效率 (10)绿色运营:东部华侨城景区内设有公共交通,交通方便,不允许机动车辆入内,所有办公用品均使用再生纸制成,垃圾实行分类收集和处理,生活垃圾通过加工变成生态肥料,构筑起绿色良性循环的软件系统

东部华侨城的营销策略可参考华侨城集团。

1. 华侨城的价格营销

深圳华侨城在定价策略上采用国内、境外两种票价。初期锦绣中华的门票为国内游客平时票价20元，周末、节假日25元；香港及海外游客平时票价80港币，周末、节假日100港币。由于存在这种差别，使得只占总游客量15%~20%的海外游客带来了经营收入的50%左右。

2. 深圳欢乐谷的网络营销

2002年11月，"欢乐谷"以网站建设为主要手段开展网络营销，积极筹建特色鲜明的景区网站。2003年，网站一推出就获得了不俗的反响，在春节试运行的20天里取得了2.4万人次左右的访问量。2003年4月，"网上欢乐谷"正式发布，充分体现了欢乐谷"青春、时尚、动感"的特征，获得了同行业的高度评价。"网上欢乐谷"打破了传统媒体宣传的局限，节省了大量的宣传费用，它的目标客源（上网人群）也主要集中在年轻人，与公园主要目标人群是不谋而合的。"网上欢乐谷"正式发布后，积极开展各项推广活动，与搜索引擎百度公司的合作、注册3721网络实名、与中国游戏中心的合作以及传统广告推广。此外，还加强在网络新闻中发布的欢乐谷网站链接，展开强势的传统媒体宣传。再次，通过举办一些网络性质的大奖赛，进一步提升网站的知名度，从而提升"欢乐谷"品牌。

3. 华侨城的整合营销

华侨城被誉为我国主题公园的策源地，经过多年的发展，华侨城建立了旅游业、房地产业和家电生产业三大支柱产业。在初期，除了共同参加大型展览会，共享一块路牌广告等初级整合之外，华侨城整合营销已开始向纵深发展。2000年3月，康佳与欢乐谷在广东省内共同开展了"康佳世纪欢乐游"：在广东省内任何一个康佳营销点购买任何一种康佳电器（含彩电、白色家电、电话等），都有机会获得免费畅游华侨城新开的景点欢乐谷的大奖。同年6月，康佳与华侨城股份公司进一步在全国范围内联合开展了"夏日激情"大型促销活动，其核心内容是"买康佳电器，中'华侨城之旅'大奖"，800名游客有机会畅游华侨城全部四大景点、入住华侨城星级酒店、参加国内首创的华侨城首届狂欢节，总价值高达数千元。康佳与华侨城地产的整合营销也迈开了步伐，购买华侨城房地产的业主均可在康佳总部展销厅以优惠价格购买康佳全套电器产品。

4. 华侨城的体验营销

华侨城的锦绣中华和世界之窗主题公园针对游客的心理需求，从总体布局到每一座建筑、雕塑、庭园、小径，以至指路牌、小商亭、垃圾箱、洗手间和花草树木，无不精心设计，精雕细琢。其造型、色彩和竹木草石自然材料的选用，都力求同景区的主体浑然一体。每晚艺术大游行和中心剧场的演出是游览观光活动的高潮，同时还有各种不定时的节庆活动：民俗歌舞，民族服饰，编钟演奏，以及亚非欧美和大洋洲的土风歌舞，五彩缤纷，淋漓尽致。许多游客都要等到晚上看完演出才尽兴而去。这种动静结合的产品结构大大提高了观赏效果，也使大批游客留在华侨城的饭店过夜，提高了产品的附加效益。在对游客的服务上，彻底抛弃了曾用过的吹哨子、警告牌、罚款牌等使游客反感的方式。清洁工默默地跟在游客后面将其随手丢弃的杂物扫起，你再丢，她再捡。这种跟踪式清扫，体现了"游客至上"的服务精神，也是对游客的一种无声而有形的提示。晚上清场的广播音响起，管理人员陪着还没离去的游客边走边讲解景点，而不是吆喝着驱赶游客。这种陪游式清场，使游客带着员工的一份温馨离园而归。

东部华侨城不仅是一个休闲度假、体验大自然的旅游绝佳地，也是真正把环保用到了景区建设和游乐项目中的点点滴滴，是一个充满社会责任感的高端休闲旅游区。东部华侨城寓教于乐的方式向游客推广环保知识，启发游客热爱、保护大自然的意识，让华侨城集团在全国进行产业复制、连锁的战略中能够得到当地政府的欢迎与信任（朱江琼，2012）。

三、东部华侨城的运营管理模式

东部华侨城的盈利模式是旅游地产。东部华侨城从2003年开始投资建设，第一期建设的主要项目为茶溪谷和因特拉根酒店已于2007年7月28日开放，开放之初就吸引了大批的游客，而第一期的总投资为11.8亿元。第二期和第三期分别建设大峡谷和云海谷，三大区域的总投资额为35亿元，目前已经全部对外开放。东部华侨城分开建设，分期投资，规避了风险，且前期放的项目收入可用于投入后续的新项目建设中，为它持续发展与创新创造了良好的条件。目前东部华侨城52%的收入来自地产收入，天麓高档别墅住宅区赢得了国际人居环境大奖，同时也为东部华侨城赢得了可观的利润（朱江琼，2012）。东部华侨城盈利模式的优势体现在以下四个方面。

（1）旅游开道先行。华侨城模式奉行先旅游、后房地产的开发路径，它通过先行发展旅游业，显著带动周边相关产业和配套设施的发展，极大地改善区域内自然、人文、经济环境，从而有效提升土地和房地产的价值。可以说，旅游业开道先行对于这一模式的成功起到了极为关键和决定性的作用。

（2）大规模成片综合开发。东部华侨城奉行"旅游房地产"的经营模式，在东部华侨城景区内要实现住宅与旅游景点混搭，酒店与休闲旅游结合，同时旅游观光、文化会展、科教、休闲、娱乐要在一个主题公园内全部实现，必定是资源良好整合后才能达成的，所以东部华侨城要实现"旅游地产"的混合经营模式，必然是大规模成本综合开发的项目，前期的规划设计也必须考虑周全。

（3）旅游和房地产良性互动。华侨城模式先由旅游起步，旅游优化周边环境,优质环境带动地产开发,地产热销促进旅游和东部华侨城整个公司的全面发展。东部华侨城旅游景点的兴旺发展营造出了优美的社区环境,强化了东部华侨城品牌,使它所开发的房地产项目得到了有效的升值。华侨城所开发的主题公园有稳定的现金流收入,这为房地产业发展提供了有力支持;华侨城房地产快速盈利的特性又有利于主题公园游乐产品的及时更新换代,促进了主题公园良性循环发展。从而形成旅游业与房地产业相得益彰、良性互动之态势。

(4)超前科学规划。华侨城模式秉承"在花园中建城市"的开发理念,并在全国主题公园建设中最先倡导"规划就是财富"的超前科学规划发展观,注重生态环境、人文环境和配套基础设施的完美结合,坚持以人为本,坚持先科学规划后建住宅和景区的方针。

四、东部华侨城盈利模式的启示

当前,主题公园不仅面对着国内主题公园的竞争,也有国外强势品牌的入驻,主题公园在盈利模式上如不寻求新的突破,很难持续长久经营。而东部华侨城的成功经营,给我们带来了如下的启示(朱江琼,2012)。

(1)主题公园一定要塑造自己的品牌,形成品牌效应。东部华侨城是华侨城集团开发的主题公园之一,在此之前,华侨城集团之前在深圳成功开发了锦绣中华、中华民俗村、世界之窗、欢乐谷,在北京和上海也开发了欢乐谷,这一系列主题公园为华侨城集团积累下了广泛的知名度与大量的客户,让华侨城集团在全国各地都积累了自己的品牌知名度,同时强化了旅游者的品牌概念。有了之前的品牌基础,东部华侨城在建设之初就受到了社会的广泛关注,在开业之际各方媒体争相报道,也为它拉拢客源拓展了新的渠道。但是主题公园的品牌建设不是一朝一夕的事情,需要企业的长远规划,是一个循序渐进的过程。主题公园的品牌建设要注重创意与内涵的挖掘,让游客能从品牌中产生印象,进而对品牌的依赖度逐渐增强。品牌之路是未来所有主题公园必先考虑的建设之路,主题公园以品牌效应带动主题公园的全面发展,并以品牌进行商业扩展,企业才可以走规模化、持续化的发展道路。

(2)主题公园需重视规划与可持续发展,节约开发成本。东部华侨城在规划上重环保与可持续发展,且节约了能源成本。如云中风车的设计不仅给景区增添了一道独特的风景线,并能利用风力发电,供应景区的紧急情况用电,节约了景区的开发成本。主题公园的盈利是主题景区的投入与主题公园的收入之差,同时也需考虑主题公园的可持续发展与创新,东部华侨城在持续发展上节约了大量成本,也为景区营造了特别的景区环境。

(3)打造属于自己的独特盈利模式。东部华侨城的盈利模式是旅游地产,旅游深度开发营造了美好的地产环境,地产建设也为东部华侨城增添了风景,同时地产的高投入，资金的快速回收也让旅游项目的加快更新与发展，两者相得益彰。东部华侨城所处的位置在深圳市区以东，离市中心较远，如果按照常规的地产开发，很难取得如此高的地产收益。但因为景区的开发，让旅游地产快速升值。

（4）主题公园的开发与城市发展需实现良性互动。主题公园的开发不仅能促进城市经济的发展，也能提升一个城市的旅游形象。华侨城集团在深圳先后开发了五座主题公园，在开发之初，主题公园都处于城市的荒芜地带，但因为主题公园的成功带动作用，目前深圳主题公园所在区域都成了城市的繁华地带，也形成了独特的商业圈和交通圈。主题公园对城市经济发展和市容市貌的建设起到了关键作用。东部华侨城带动了深圳海滨地带的房地产开发与经济发展，而深圳市政府对东部华侨城的发展也提供了财务和政策方面的支持，这为东部华侨城后续的开发提供了有力保障。

（5）主题公园需整合现有资源，并加强产业链的建设。东部华侨城不仅有供游客休闲的茶溪谷，茶溪谷还能提供东部华侨城独供的新鲜茶叶和茶瓜子，另外还有四种不同类型的酒店可以满足不同游客的需求，东部华侨城逐渐形成了自己的产业链。它集主题公园、度假、娱乐于一体，这样既能够增加东部华侨城的收入，也能提高游客的重游率，同时可以通过资本的运作，兼并已有核心竞争的下游企业，形成自己的特有产业链条。后续新建的主题公园在开发之初可借鉴东部华侨城模式，开发自己一系列产业，并实现产业链的延伸，实现盈利的多样化（朱江琼，2012）。

第十章

跨境旅游合作区

第一节 跨境旅游合作区

一、跨境旅游合作区的概念与分类

近年来,随着我国经济的快速发展,人民生活水平的不断提高,大众的旅游消费需求也在不断提升。其中,跨境旅游产品由于能够使游客领略到异域风光和风情,越来越受到人们的关注。

跨境旅游合作区是边境旅游的新模式,通常是指相邻两国或多国在边境地区各自划定一定面积的国土,由双边或多边共同规划、管理和建设的以旅游开发为主,在区域内自由开展旅游活动和旅游交易的国际目的地。沿边地区是我国陆路开放的前沿和国家安全的屏障,对于我国具有重要的战略意义。当前,国家正在大力推进"一带一路"倡议,在沿边地区建设跨境旅游合作区的作用更加凸显。

国家旅游局在全域旅游相关文章中提出,跨境旅游合作区是指相邻国家在边境地区共同划定一定国土范围开展旅游合作,在划定的范围内,以发展旅游产业为主导,实施特殊旅游政策的区域。跨境旅游合作区是党中央国务院从改革发展全局做出的重大决策,是我国最高层面的旅游改革部署之一。2016年7月,国家旅游局会同8部门制定下发《关于加快推动跨境旅游合作区工作的通知》和《跨境旅游合作区建设指南》,启动跨境旅游合作区工作。跨境国际旅游合作区主要侧重于推动沿边地区以旅游为主的服务贸易发展,这有利于实现沿边地区货物贸易和服务贸易的同步发展。推动跨境旅游合作区建设是顺应"一带一路"建设的重要举措,是推动内陆沿边开放的创新之举,更是推进我国与周边国家共同发展的实际需要。

跨境旅游合作区的特点主要有四点:一是跨越国界,通常由两个或两个以上国家在边境相邻地区经过平等协商后共同辟建,按照双方协定的规则进行管理,实质上是国际旅游合作的一种表现形态;二是旅游主导,即以特色边贸购物、边境口岸观光、异国风情体验为主要功能，旅游业是当之无愧的主导产业，也可以将其称为跨国旅游经济特区；三是产业集聚，即餐饮、住宿、游览、娱乐、购物、交通集散等旅游要素类型丰富，数量较多，空间集聚效应明显；四是自由流动，即消除服务贸易壁垒，实行自由贸易政策，旅游者、劳动力、资本等旅游产业要素可以相对自由地流动。上述特征使跨境旅游合作区具有独特的竞争优势，有利于游客付出较少的金钱、时间和精力成本获得涉及两国或多国自然景观与人文风情的丰富旅游体验，但也因此存在一些特殊的制约因素，如不同国家政治制度、经济发展阶段和利益诉求的差异（李庆雷，2015）。

跨境旅游合作区的分类大致有以下两种（幸岭，2015）。

（1）按合作对象分类，可以分为以下两种。

①双边跨境旅游合作区：指由边境双方国家围绕边境确定的跨境旅游合作区，跨境旅游合作区的相关事宜由两国共同确定。中国与俄罗斯、哈萨克斯坦、吉尔吉斯斯坦、塔吉克斯坦、蒙古、朝鲜、越南、老挝、缅甸、印度、不丹、尼泊尔、巴基斯坦、阿富汗14个国家接壤，两国之间达成一致成立的跨境旅游合作区即属于此种类型。

②多边跨境旅游合作区：指由三方以上（含三方）国土相互接壤的多边国家确定的跨境旅游合作区，跨境旅游合作区的相关事宜由多国共同确定。我国东北的"中朝俄""中蒙俄"、西南的"中老越""中老缅"属于三边跨境旅游合作区范畴，GMS次区域、"大图们倡议"相关区域属于多边跨境旅游合作区的范畴。

（2）按照驱动因素分类，可以分为以下四种。

①购物驱动型：购物是跨境旅游合作区的主要吸引力和成长驱动力。购物分为两个层次，一方面是以双方边境城镇居民为对象的层次，主要是日用品，如中俄边境线上最大的互市贸易载体——大黑河岛国际商贸城；另一方面是以进入跨境旅游合作区的游客为对象的层次，主要是旅游商品和免税商品，如在中缅边境设置的交易市场和免税大厦、黑河市内的俄罗斯商品一条街等。在此类型中，购物场所（商场、商品街区、免税店）规划建设、旅游商品生产流通、旅游商品企业培育成为购物驱动型跨境旅游合作区建设的重点工程。

②商贸驱动型：商务贸易是跨境旅游合作区的主要吸引力和成长驱动力，由于商贸的繁荣，带来大量的商务游客聚集，从而产生巨大的旅游消费。商贸驱动型跨境旅游合作区根据贸易范围分为双边、次区域、全球三个层次，不同层次的贸易量、进出口商品种类、商务办公用地规模、商贸设施等规模不同。在此类型中，进出口加工基地、物流基地、商务办公园区、知名商贸企业打造、商贸会展节事培育成为商贸驱动型跨境旅游合作区建设的重点工程。

③城镇建设驱动型：城镇是跨境旅游合作区的主要吸引力，城镇化是跨境旅游合作区的主要成长动力，通过双方城镇的相互影响和拉动，呈现城镇人口的聚

集、城镇品位的提升、城镇产业的发展。在此类型中，构建城镇旅游文化体系、拓展城镇生态游憩空间、培育城镇旅游功能区、塑造旅游城镇形象体系、完善城镇旅游要素产品、提升旅游城镇公共服务水平成为城镇建设驱动型跨境旅游合作区的重点工程。

④景区建设驱动型：景区建设是跨境旅游合作区的主要吸引力和成长驱动力。双边或多边国家共同开发具有国际级意义的旅游资源，为跨境旅游合作区内的居民、商贸客人及进入区域的旅游者服务。通过景区建设，带动其他旅游要素体系、旅游基础设施、旅游公共服务设施在跨境旅游合作区内形成聚集。在此类型中，包括主题策划、形象塑造、功能分区、项目建设、基础设施配套等内容在内的景区内部建设、景区周边旅游要素产业化建设、景区周边基础设施和公共服务设施建设成为景区建设驱动型跨境旅游合作区的重点工程。

二、与边境旅游的区别与联系

跨境旅游合作区是2010年末出现的新概念，同时也是探索中的边境旅游发展新模式，它从跨境经济合作区衍生而来。

目前边境旅游概念存在着一个共性问题，即对"边境"与"跨境"区别的模糊理解。边境指邻近边界线国界的区域范围，现代国际社会中的边境通常指国界附近的地方。如果依据边境定义，边境旅游应该是在邻近国界的一定区域内的旅游活动。那么，在边境地区发生的旅游行为既可能属于国内旅游，如我国旅游者在国内边境地区的旅游；也可能属于国际旅游，如我国旅游者在邻国边境地区（出境）或邻国旅游者在我国边境地区（入境）开展的旅游活动。而目前我国对边境旅游的定义均将其默认为国际旅游，这大大缩小了边境旅游应有的概念内涵。从旅游者活动方面看，国内游客到满洲里市观光、在漠河黑龙江上行船或去珠峰大本营朝圣，这些旅游活动必然属于边境旅游的范畴。而如果按照目前边境旅游的定义来区分，这些旅游活动将被排除在边境旅游之外（李飞，2013）。

因此，边境旅游在之前的定义及应用中更多的强调了它的"跨境性"，相比较而言，跨境旅游的概念则更加的符合定义实际的内涵，即指相邻国家或地区的居民跨越国（边）境进行的旅游活动。跨境旅游是边境旅游的一种主要形式，其范围比边境旅游范围更小，也更加精准。

三、建设跨境旅游合作区的作用

（一）促进沿边地区经济发展

跨境旅游合作区给予了沿边地区一个发展地方经济的绝佳机会，沿边地区由于相对劣势的地缘经济区位，长期以来经济发展落后。跨境旅游的开展创造了一个推动旅游和旅游相关产业在区域内高度聚集，规模化、集群化发展，培育大型旅游企业集团的契机。对改善地方经济实力，解决当地居民的就业问题，提升地区的经济水平，吸引边境居民回乡就业，稳定经济结构有重要的作用。同时，跨境旅游合作区更接近于试验区或特区的理念，一些新的措施和特殊政策都将通过两国政府的协商和批准，地方政府和旅游主管部门的协商和合作也加深了边疆与内地的经济联系。

（二）促进沿边地区社会文明进步

推进跨境旅游合作区建设，对于维护国家主权、安全和领土完整，促进民族团结等方面可以发挥积极的作用，有利于增进与周边国家的长期睦邻友好关系，促进与周边国家在经济、政治、人文交流等方面更加紧密的合作，有利于加强东北亚区域、大湄公河次区域、中巴经济走廊、孟中印缅经济走廊、图们江区域、中亚区域等重要区域的合作与开发。通过跨境旅游合作区建设，促进民众之间的相互来往，增进与周边国家的互信与深入了解，提升在"一带一路"中的主导地位，更好地促进沿边地区经济社会健康可持续发展和长治久安。

（三）作为国际关系的助推器和缓冲器

跨境旅游由于区域的限制，如果前景可靠，其合作模式则可带来国家外交发展的新的可能性，成为国际合作的示范田，而若发展不利，则能在最小的限度上降低风险。由于旅游业的特点，其受政策、环境的影响波动巨大。跨境旅游合作区在和平的国际环境下加深与邻国人民的理解和信任，有利于边境地区的和平稳定，促进两国关系的持续改善与稳定发展；而若两国关系紧张，则跨境旅游也会相应受到重创。由于跨境旅游合作区使两国边境地区的经贸，文化联系加深，依存度较高，所以跨境旅游合作区也成为国际关系的缓冲器，为两国关系的改善寻找契机。

（四）规范跨境旅游模式、提升旅游便利化水平

跨境旅游合作区是边境旅游发展一种新的模式，它不同于以往边境旅游的散乱、无序状态，而强调跨境合作和有序发展。由于其在两国边境线上的特殊地理位置，具有旅游的功能，同时人员能够跨境流动，面向两国游客和国际游客，国际化程度比较高。但双方的旅游活动更多地属于各谋其政式的经营方式，在相关的问题上没有达到共识，沟通效率低，在实际操作中存在隔离感，甚至出现"排他性"的经营行为。跨境旅游合作区的建立意味着双方在一定的程度上达成了共识，易于旅游主管部门掌控，将跨境旅游可能造成的消极影响降到最低。同时在经营管理上双方政府部门出面，取消歧视性、排他性行政法规、制度政策得到了保证，打破了管理经营的壁垒。

边境地区多年来已形成的传统的组织和运营模式（即由沿边地区旅行社组织本国居民以团队形式赴邻国边境地区进行一日到多日旅游活动），传统的旅行社在交涉跨境旅游活动时权力有限，长年来维持固定的线路安排、时间、食宿等，

模式单一，交流互动便利性较低。而跨境合作区内由于其顶层设计的优势，采取包括免签证、免税、车辆自由通行等有效措施，且一些新的措施和特殊政策实现互免旅游签证，提供人员自由来往等便利；体现出跨境旅游合作区的创新优势和存在意义，是提升跨境旅游灵活性的有力手段。

第二节 国外跨境旅游合作区

一、国外跨境旅游合作区的发展历程

20世纪80年代，国外学者对区域旅游发展的研究便已开始，研究多以交叉学科视角（如政治"经济"贸易等）对跨境旅游进行分析。1984年，美国学者Freeman从利益相关者的角度出发，阐述了相关区域旅游合作的基础理论。Jean和Mary（1987）研究了美墨跨境旅游中的汇率和支出，从而发现，1976—1985年，墨西哥政府通过使比索贬值来平衡跨境旅游外汇收支。Neil（1989）对旅游业与博彩业的关系进行了分析，认为博彩旅游通常伴随着跨越国界的行为。20世纪90年代，JaneRobson，Ritchie继承利益相关者理论，探讨了该理论在旅游合作中的应用。Dallen（1999）另撰文以美加边境的国际公园为研究对象，从边境旅游资源管理合作的角度进行阐述。Twan和Benett（2000）分析了澳大利亚部分地区旅游企业之间客源市场的竞争问题和旅游目的地对旅游宣传促销等方面现状，指出：愈演愈烈的旅游目的地之间的竞争势必会导致各个目的地之间跨区域的合作的产生。Ghimire（2001）认为虽然经过十几年的发展，但是业界对区域旅游的重视程度还不够，他界定的区域旅游是指人们离开常住国家而到同一区域内国家的旅游活动，比如东南亚国家、美洲地区或欧洲地区等。并且，他还指出，目前多数的区域合作仅仅是停留在国家政治层面，真正的区域旅游合作还是少数。

进入21世纪，国外学者对跨境旅游合作区的研究集中在跨境旅游本身（如旅游地、旅游者、旅游服务贸易等）。Harald等（2002）回顾了过去30年来德国"意大利"奥地利和瑞士在阿尔卑斯地区的旅游合作，指出当前这一地区旅游管理与营销途径的变化，并引入实证研究对跨境旅游目的地信息网络构建的问题和前景进行了分析。Dallen和Cevat（2003）认为，一般意义上来说，国家边界是旅游的障碍，但他们通过大量的数据和访谈得到结论，对大多数旅游者而言，美加之间跨境旅游并不存在大的障碍。Sofield（2006）从国际关系和国家主权角度对边境旅游进行了研究，并以大湄公河次区域跨境旅游合作为例，来说明国家间政治关系和人口流动对国际合作和区域旅游发展的影响。Tomasz和Tomasz（2007）以波兰、乌克兰和白俄罗斯三国边境地区为例，探讨了属于欧元区的旅游目的地

的发展，并提出了跨境旅游组织模式。Jan等（2010）以波罗的海区域为例对欧盟地区跨境旅游目的地发展问题进行研究，他们认为，区域化和国际化是欧盟跨境旅游地面临的一组矛盾，政治问题已经从属于自由经济理性，即使涉及地区身份的旅游政治问题也不例外。

以欧洲为例。欧洲有26个国家，陆地边境7721公里，1.85亿人生活在边境地区，占总人口的37%，边境地区的合作和发展在欧洲区域发展过程中占举足轻重的地位。从1971年起，欧洲边境地区开始进行相关合作。1985年签署的《申根协定》打开了欧洲各国的边境大门，进一步推动一体化跨境合作进程。1989年欧盟推出了一套旨在促进欧盟地区跨境合作的欧盟区域发展基金项目，由欧洲区域发展基金提供经费支持，其主要目标是通过跨境合作，促进边境双边地区的共同发展。以达到共享整合及改善生活质量的目的。随后世界各地的边境旅游渐渐出现遍地开花的景象，跨境旅游发展越发迅速。

二、国外跨境旅游合作区的案例分析

（一）沃特顿冰川国际和平公园——尊重自然，弱化人的意识

1818年，美国与加拿大划分国界，将界线设定在北纬49度与大陆分水岭之间，在加拿大的西南部亚伯达省在1895年建立沃特顿湖国家公园，而美国西部的蒙大拿州则在1901年建立冰川国家公园，并连同落基山脉地区，一起立法保护国家公园里的野生动物与自然生态。虽然国家不同，但自然景观或动植物都极为相似，两国居民认为不应该因为国界而刻意一分为二，因此在两国议会的大力促成下，将两座公园合而为一，创立了全世界第一座国际和平公园"沃特顿—冰川国际和平公园"。1995年联合国教科文组织将公园作为世界遗产收录到《世界自然遗产名录》。

沃特顿冰川国际和平公园地处落基山脉的最窄处，横跨美、加边境，为证明自然资源是没有国界的信条，两国这一地区没有划定边界线。从此这座国家公园不仅使自然生态得到更加有效的保护，更成了两国长期友好的象征。沃特顿冰川国际和平公园有着独特的管理模式。①共同解决公园周围工业发展所带来的问题：因为公园的生态是没有边界的，所以两个公园一起进行空气、水体监测，共同维护整个区域的环境质量。②互相协调原有的管理策略：美、加在合并前对于公园有自身的管理系统，两个国家公园在合并后在原有的管理体制上进行完善，以适应新的公园的管理要求。③共同进行科学研究：公园具有很多相同的资源，为对公园的生态有一更全面的了解，两个公园的科学研究者进行了很多合作项目，一则可以利用共同的资源、技术，获得更加完整的信息。再则可以避免重复研究，充分利用人力资源，避免不必要的浪费（王爱萍，王连勇，2007）。

（二）尼亚加拉大瀑布——建设与管理过程中的保护意识

连接北美五大湖之中的伊利湖和安大略湖的尼亚加拉河仅长56公里，在加拿大、美国边界倾泻而下，形成世界最大、最著名的跨国瀑布——尼亚加拉大瀑布。瀑布被山羊岛分隔为大中小三部分。大瀑布形状如马蹄，在加拿大境内，称为"加拿大瀑布"或"马蹄瀑布"（Horse-shoe Falls），高达54米，岸长640米；中、小瀑布都在美国境内，中瀑布称为"美国瀑布"（American Falls），高达55米，瀑布的岸长为328米。

三个瀑布的水源自同一处，可是被边境分割，资源分配不均，只有约10%的水从美国瀑布流下，其他90%的水是从马蹄瀑布流下。马蹄瀑布由于水量大，直冲而下，气势有如雷霆万钧。尼亚加拉大瀑布当之无愧地成为世界最著名旅游区之一，甚至被列入"世界七大奇观"。两国政府放弃了收取瀑布门票费用，联合发展。这样的模式对游客更具亲和力和吸引力，在宽松的旅游环境中，其他旅游项目上消费反而更高，达到"失之东隅，收之桑榆"的效果。

尼亚加拉大瀑布在跨国经营的发展中旅游产品和观光旅游项目表现得尤为出色：游客可以选择搭乘"雾中少女"号仰望瀑布；搭乘直升机俯视大瀑布。离瀑布不远处，建有两座高塔，可以观看尼亚加拉大瀑布的全景，里面设有"自由戏院"、娱乐场所和餐厅等。据加拿大尼亚加拉大瀑布城旅游公司公布的数据，每年专门为观看尼亚加拉大瀑布而造访该市的游客达数百万人次。另有一种说法，如果加上从此处过境的游客，更高达2000万人次。每逢周末，车水马龙，停车位非常紧张。5月到9月，是该地区的旅游旺季，游客需要提前预订房间，度假旅游也十分兴旺。现在，美国、加拿大两国的尼亚加拉城形成了手挽手的一对姐妹城市，并建有一座彩虹大桥，横跨河上，以资连接。在桥的中间，画一道线，即为两国国界。美加两国都把尼亚加拉大瀑布区发展成了旅游区，兴建了许多酒店、旅馆、公园、度假村、停车场等服务设施。城市宛如一个大景区，在城市中领略自然奇观，观光与度假咸宜，成为绝大多数到过此地的游客终生难忘的美好回忆（刘思敏，2005）。

三、国外跨境旅游合作区的成功经验

（一）充分的前期准备

在跨境旅游合作区的相关法律条文尚未成立前，双方会花费很长时间做大量的准备工作，斟酌利弊，充分借鉴之前的成功经验。如在波兰的跨界旅游合作中，双方对区域旅游资源进行了摸底调查、组织协会、出版刊物、对外宣传、寻找突破口、游说政府人员和国际组织等，规划新的经济特区和自由贸易地、信息中心网络等，为边境旅游发展和合作奠定了坚实的基础。

（二）统一的协调机制

除去边境地区偏离中心市场的地理劣势，边境地区的旅游发展受边界两侧经济体制、资源、文化、语言、习俗、宗教、货币及交往的历史基础、国家间主权、外交等多种因素的影响，因此跨境旅游合作区的发展依赖于国家间有效的交流及协调机制的保障。国外发展较好的例子中，欧盟的边境旅游对其他国家具备较大的借鉴意义。欧盟的建立意味着欧盟中的国家相较其他的群体来说具备了一个共同利益群体发展的基础，同时其内部成员国的发展也受到相关机构和组织的约束，拥有了高度统一的协调保障机制，跨境旅游合作也得到了快速的发展，实现了双方共赢，加深了成员国之间内部联系。

（三）高效的组织管理

国外跨境旅游合作区在双方国家边境区域和地方当局同时成立议会，常设跨境秘书处，并配套专家和管理人员。例如沃特顿湖国家公园就是在加拿大的西南部亚伯达省和美国西部的蒙大拿州一起立法保护的。在两国议会的促使下，双方成立相关组织管理国家公园里的野生动物与自然生态。进一步开展跨境战略层面合作，规划产品、市场等；平衡两国边缘地区不同的结构和权力；保证公民、机构和社会组织在方案、项目和决策制定过程中的跨境参与等。

（四）系统的产品研发

首先，确定时间，将旅游吸引物的实际情况融入决策制定和旅游项目管理中。其次，瞄准细分目标市场，打造多元化的旅游产品和服务来吸引和留住游客，并提供系统的优质服务。除此之外还适当地开发基础设施，提高地区的可进入性，配套完善的联合营销策略和网络支持平台，推动跨境地区旅游潜力最大化。

第三节　中国跨境旅游合作区

一、中国跨境旅游合作区的发展历程

中国陆地边境线长约2.2万千米，沿线分布着九个省、自治区，国土面积190多万平方公里，共计2200多万人口。在中国边境线上，有34个民族跨境而居，语言文字相通，风俗习惯与宗教信仰相近，通商历史悠久。由于大多沿边地区的发展和开发程度低，国家陆续开放了九个省区的海、陆、空的运输口岸。1992年以来陆续审批通过了15个边境经济合作区，以实现兴边富国的国家战略。由于我国与邻国的政治、法律、发展的多方差异，我国的跨境合作在维护我国政治稳定上有着严格的规定。

有记载的中国边境旅游以1985年中朝两个边境城市丹东与新义州经过协商

开展互访活动为开始。距 2018 年边境旅游已发展 26 年，相对进入成熟状态。而相比国外，中国的大多数跨境旅游合作区都处于初步发展阶段，但由于中国边境邻国众多，建交相对良好，且有跨境经济合作区的合作模式作为铺垫。如中越跨境经济合作区、中蒙跨境经济合作区等。加之世界经济全球化的发展，2013 年，我国提出"一带一路"的战略构想再次将跨地域、跨经济、跨文化的国际合作推上了一个新的平台；旅游业因其独特的经济、文化双重属性，成为区域经济合作中最易实现和推进的领域，因此也成为跨区域经济合作的先行者。

我国最早系统地研究边境旅游的学者是张广瑞，他于 1993 年带领"边境旅游研究课题组"对云南省瑞丽和畹町两市进行实地考察，考察报告发表于《旅游学刊》，这是我国边境旅游学术研究的开山之作。随着我国改革开放的深入发展，边境旅游的概念在国内逐步形成共识，国家颁布的《边境旅游暂行管理办法》对边境旅游做出了明确的定义。吴雄宇（2009）基于广西凭祥综合保税区，强调了边境地区的开放水平。此时跨境合作的旅游功能还未受到重视。夏晨兆（2014）根据云南省旅游电子商务发展的现状，分析了运用 O2O 模式开展面向东盟国家旅游贸易的优势、劣势、机遇和挑战。国务院于 2016 年 1 月印发的《关于支持沿边重点地区开发开放若干政策措施的意见》第十六条明确指出，研究发展跨境旅游合作区，按照提高层级、打造平台、完善机制的原则，深化与周边国家的旅游合作，支持满洲里、绥芬河、二连浩特、黑河、延边、丹东、西双版纳、瑞丽、东兴、崇左、阿勒泰等有条件的地区研究设立跨境旅游合作区。国内关于跨境旅游合作区的相关研究越发精细，文献数量持续升高，旅游的主体地位也越发凸显。

二、中国跨境旅游合作区的案例分析

（一）中越德天—板约跨境旅游合作区

国家 5A 级景区德天跨国大瀑布位于广西壮族自治区崇左市，起源于靖西市归春河，经过大新县德天村处遇断崖跌落而成，流入越南又转回广西，与紧邻的越南板约瀑布（Bản Giốc & Đức Thiên）相连。瀑布被两国边境的大石山区环绕，宽度不足 1000 米，长度约为 3500 米，面积约 3 平方公里，分属两国所有。气势磅礴，水流分三级而下，是亚洲第一、世界第四的跨国大瀑布。

中越两方合作由来已久，2007 年 1 月，越南谅山省与中国广西双方签署《建立中越边境经济合作区备忘录》，两国经济等多方合作越发密切，自 1996 年以来，中国一直是越南最大的旅游客源市场，约占游客总数的 27% 以上，德天瀑布已经成为广西对外旅游宣传的重要品牌。其成功的发展也一定程度上代表了中国跨境旅游合作区为后续的研究提供了宝贵的经验。

现管理德天瀑布跨国旅游合作区的是新成立的德天旅行社有限公司，公司的管理模式是景区所有权、经营权、管理权分离制度。2004 年，该公司率先与越南联手打造一个跨越国界，展现异域风情，提升各自民族文化的国际瀑布城。目前，瀑布城的计划已初见模型，双方的合作越发紧密。

德天—板约瀑布旅游景区已经有一定的交通及其他基础设施。广西境内有边境三级公路和连接南宁的二级公路通过，已经建成的靖西到崇左高速公路距德天—板约瀑布旅游景区不足 30 公里，越南境内已有到达高平的柏油路。旅游景区内部，德天旅游景区已经实现路面硬化，并建有三星级以上的宾馆和旅游购物中心。接着完善归春河走廊的饭店和旅游商店等旅游服务设施建设，把德天景区附近的明仕田园、民族风情园、民俗商品街，以及靖西通灵大峡谷之间的田园规划成一个整体，建立硕龙镇旅游集散中心。对外，开通百色靖西至越南高平边境旅游线路，以有效地对接口岸外的东盟客源市场。成为广西继桂林山水之后推出的又一"中越边境山水画廊"的品牌。

德天—板约瀑布附近的广西大新县和越南高平安乐县，是世界重要的锰矿带。由于经济基础落后，两国的采矿冶炼技术不先进，开采原料矿和初加工对环境污染相当严重。开采工作高耗能、高污染、高排放、低效益。导致当地居民的强烈抗议和因污染源产生的两国政府外交纠纷。但苦于没有能够带动经济增长的新模式，也无足够资金投入污染治理当中，导致地方政府只能采取地方保护污染企业的政策。通过德天—板约跨境旅游区的建设，改变了德天当地的产业结构，使污染较小的旅游业取代了重工业，从根本上解决了污染源的问题。同时旅游业对环境优美的要求程度也在促使地方政府和上级政府投入资金治理污染，同时也更有能力对污染水域进行治理。

但是，旅游业带来的游客增长也使得景区垃圾数量急剧增长。游客观赏瀑布之后到边界线 53 号界碑处拍照或购物，随便丢弃塑料袋、矿泉水瓶、包装盒等，瀑布周围环境开始遭受破坏，垃圾清理已经成为边境环境管理一件棘手的大事。一些垃圾被水冲入归春河，不仅破坏了德天瀑布的景观，也危及附近居民的饮水安全。中越两国对景区瀑布下游河堤的修缮，景区的开发对景区的自然风貌造成了一定影响。环境问题已经引起两国政府的高度关注，两国于 2010 年初达成共识，签订《中越德天—板约瀑布地区旅游资源共同开发和保护的协定》（何有良，2011）。

（二）云南跨境合作区

云南即"彩云之南"，面积 39 万 km^2，下辖 8 个市、8 个少数民族自治州。云南的三个邻国是缅甸、老挝和越南。凭借着优越的地理位置，2009 年 7 月，时任国家主席胡锦涛考察云南后提出把云南建成中国面向西南开放的重要桥头堡。云南的跨境合作初见端倪，它是推进"兴边富民"工程、实现边疆少数民族脱贫致富奔小康的现实需要。此后，国家发改委启动编制指导意见，意味着这一战略正式上升到国家战略层面，加快桥头堡建设，把云南建成中国沿边开放经济区已成为云南发展的重要目标之一。

2016年6月，云南省旅发委表示云南将实施旅游对外开放工程，启动5个跨境旅游合作区和5个边境旅游试验区建设。云南拟先选择中老、中越、中缅方向试点跨境旅游合作区。中老方向跨境旅游合作，将建成滇西南—老挝北部国际无障碍旅游区，促进昆明—曼谷国际旅游走廊建设；中越方向跨境旅游合作，建设昆明—河口国际旅游走廊和滇南—越北国际无障碍旅游区；中缅方向跨境旅游合作，面向缅甸北部，建成滇西—缅北旅游圈，促进孟中印缅旅游圈建设。

云南凭借在泛珠三角地区明显的区位优势，积极拓展泛珠三角与东盟的区域经济合作。凭借政策扶持，加强与湄公河次区域、泛珠三角区域内各省区科技、教育、卫生、文化、环境保护等领域的交流与合作，加大人力资源开发与培训方面的合作力度，开拓周边国家教育市场，扩大云南高等院校招收次区域国家留学生数量，建立面向东盟自由贸易区的人才培训基地。开展云南与次区域国家之间规范化的劳务交流与合作，实现人力资源的互补和流动。

1. 城镇建设驱动型跨境旅游合作区（如中越河口—老街跨境旅游合作区）

河口—老街跨境合作区是云南省最先启动建设的跨境经济合作区，也是当前云南配套设施最完善、条件最成熟的跨境经济合作区。它依托于跨境经济合作区的建设之上的定位。根据跨境经济合作区第一阶段由河口口岸2.58平方公里北山片区与越南老街2.5平方公里的金城商贸区对接而成中越红河商贸区，构成跨境经济的核心区域。第二阶段以中国河口口岸北山片区和红河工业园区、越南老街口岸经济区、腾龙工业区、贵沙矿区作为跨境经济合作区的扩展区域。是一个集中方围网区发展外向型加工、机械及装备制造、商贸物流、金融服务、国际会展、跨境旅游等功能于一体的投资优惠、贸易便利、高度开放的综合性国际经济合作区。在商贸区内实行双方持有效证件出入、车辆与货物流动、货币自由兑换等便利化和投资鼓励、税收优惠等措施。在扩展区实行"计划和规划协调、分工合作、互惠互利"的管理模式，统一规划、统筹协调，利用双方经济上的互补性所形成的比较优势开展分工合作，实现共赢（罗圣荣，2012）。

在中越的旅游规划中，跨境旅游发展跨境观光、生态、休闲度假、康体养生等特色品牌旅游，把合作区建成面向东南亚的重要旅游集散地和目的地。建设河口—老街口岸旅游服务中心，设立旅游信息咨询中心、旅游集散大厅、旅游管理中心、旅游救护中心、餐饮、大众旅游商品购物等设施和场所，创建旅游电子商务服务平台。

存在问题：第一，当前中越关系对跨合区的建设将产生一定影响，特别是涉及两国关系的稳定性；第二，跨合区基础设施建设资金缺口较大，融资平台难以搭建，基础设施建设资金缺乏，地方政府难以负担巨额建设资金；第三，建设用地缺口较大，拆迁工作量大，征地困难；第四，跨合区建设所需的人才奇缺，严重制约了下一步跨合区的发展。

2. 经济合作驱动型跨境旅游合作区（磨憨—磨丁跨境旅游合作区）

磨憨位于云南省最南端，与老挝磨丁口岸接壤，是我国通向老挝唯一的国家级口岸和通往东南亚最便捷的陆路通道。磨憨口岸1992年被批准为国家一类口岸，1993年正式开通。近年来，随着昆曼公路于2007年建成通车，中国—东盟自由贸易区的建成，磨憨口岸的发展日益加快，中老边境贸易迅速增长，这为中老跨境经济合作区的提出建设奠定了坚实的基础。2009年6月23日，云南省政府与老挝有关政府部门正式签订"中国云南—老挝北部合作特别会议暨工作组第四次会议纪要"，同意加快中国磨憨—磨丁跨境经济合作区的建议，并制定和出台了相互配套的跨境经济合作区优惠政策。在两国有关政府部门的大力推动下，磨憨口岸集中开展基础设施的建设。

近年来，各方累计投资近1.6亿元，完成了磨憨口岸大道、货场道路、自来水工程、水库道路等基础设施建设。磨憨口岸的口岸功能在得到不断增强，口岸进出口人员、货物、交通运输工具快速通关的便利化工作在加紧进行。与此相适应，老挝的边境贸易区一直受到老挝政府的高度重视，一直在加快推进建设，其规划建设的商贸区、居住区、高尔夫别墅区、酒店四大功能区初具规模。2010年9月6日，中国西双版纳磨憨经济开发区管理委员会与老挝磨丁经济特区管理委员会在老挝磨丁正式签订了《中国磨憨—老挝磨丁跨境经济合作区框架性协议》。根据协议，中老磨憨—磨丁跨境经济合作区的范围被确定为核心区和支撑区两个部分。中方核心区为国家已批准的磨憨边境经济贸易区，周边支撑区为西双版纳地域范围。老方以磨丁黄金城经济特区为核心区，周边支撑区为南塔省。合作区由口岸旅游贸易区、仓储物流区、保税区、替代产业加工区和综合服务区五个部分组成。

同时，磨憨—磨丁的区域建设中也存在着些许问题。老挝政府的管理制度降低了中曼通道的便利性，老挝政府的管理使得中曼通道上的便利性受到限制，也阻碍了磨憨口岸的发展；中老双方的经济发展存在较大落差，且短时间的发展较为困难，基础设施建设不配套，使旅游者望而却步。尤其老挝政府对磨丁口岸赌场的打压，使得磨中人烟稀少，两口岸发展差距越发扩大。

3. 瑞丽—木姐旅游合作区

瑞丽较早就开展了对外经济合作的探索，早在20世纪80年代云南省德宏州就将缅甸木姐城市对面的瑞丽姐告作为重点开发区域。姐告边境贸易区于1990年建立，是云南省第一个经国家批准的经贸、旅游型的经济开发试验区，是中国第一个实行"境内关外"特殊模式管理的边贸特区。2010年4月，《中共中央国务院关于深入实施西部大开发战略的若干意见》中瑞丽抓住了难得的历史机遇，推动了中缅瑞丽木姐跨境经济合作区的发展建设。目前中缅已建设了特殊的合作机制，以瑞丽约 300 平方公里的坝区和木姐 300 平方公里共计 600 平方公里的范围共同构成合作区。

瑞丽的发展同样离不开"境内关外"的特殊政策。境内关外政策真正吸引人的地方不在于政策减免了关税，货物出关时国家已经统一收取了关税，也就是说，商品在关税上没有任何优惠，过桥以后商品就已经算是出口商品，故而省去了营业所得税。除此之外，瑞丽口岸也简化了各类通关的手续。

（三）延边跨境旅游合作区

延边朝鲜族自治州，位于中国东北吉林省东部中朝边境，通称延边州或延边，是典型的多边跨境旅游合作区。首府为延吉市（县级市），辖区面积 43 474 平方公里。延边地处吉林省东南部，东与俄罗斯接壤，南与朝鲜以图们江为界，边境线长 768.5 公里。位于图们江下游地区，南有世界闻名的长白山风景区，东南有地标性河流图们江，东面临近日本海，地理位置重要，有"东亚金三角"的美称。

延边地区位处边疆，全境贯穿着长白山山脉，山地面积占全州面积的 80%，植被覆盖率高达 78.2%，是著名的 5A 级旅游风景区，是朝鲜族主要的聚居地。中俄朝边境旅游的开展，"一区三国"的模式，繁荣了延边地区的经济，提高当地朝鲜族民众的生活水平。加深了内地对延边地区的了解、对朝鲜族民族文化的了解，对俄罗斯民族的了解，有利于民族、国家间的团结，有利于稳定边疆、巩固国防。

1. 中朝延边—图们江跨境旅游合作区

受我国国内整体的边境旅游发展时间等因素影响，边境旅游开发没有得到高度重视，未能很好地带动吉林省边境旅游业高水平发展。延边的中朝边境地区的旅游资源在省内占据重要地位，但表现平平。没有为延边州的经济增长带来实质性的变化。

2016 年 1 月国务院印发的《关于支持沿边重点地区开发开放若干政策措施的意见》明确提出，支持延边等有条件的地区研究设立跨境旅游合作区。至此，延边跨境旅游合作区设想上升为国家战略，为延边发展跨境旅游合作夯实了基础、创造了机遇，加快推动延边跨境旅游合作区的设立。

从延边去往朝鲜的边境旅游人数是可以得到保证的，但是受朝鲜方面政策影响巨大，本国国内问题和国际问题都会影响朝鲜对边境旅游，政策的活动性太大，导致中朝旅游业一度停滞。例如，2009 年朝方对货币制度进行了改革，加大了外国人进入朝鲜的检查力度，中国游客要想去往朝鲜旅游只能通过到北京或沈阳乘坐飞机前往，而与朝鲜先锋地区接壤的吉林珲春火车旅游项目则被迫全部中断。可进入性受到了极大的限制，中朝跨境旅游受到了极大的挫伤。

而且朝鲜对外开放的旅游区是抱有了朝鲜政府一定的目的性而精心包装出来的旅游区，这些地方是朝鲜政府经过一系列有方向性的规划，以特定的形象向外国展示的旅游区域。主要是在本国内发展较好的罗津、先锋自由贸易区、新义州附近地区和豆满江地区，游览者在包装之下观赏不到朝鲜的真实风情，影响了游客的体验度。

延边朝鲜族自治州所开展的中朝边境旅游目前集中于从延边各开放口岸进入到朝鲜旅游，而忽略了延边当地的边境地区的观光。延边对朝鲜旅游的开放口岸数目较多，可供选择的旅游线路也比较多，旅游行程的安排逐渐丰富起来，由过去的短期一日游发展成形式多样三日游、四日游、八日游、十一日游等。

2. 中俄珲春市跨境旅游合作区

珲春市位于吉林省最东端，图们江下游，隶属于延边朝鲜族自治州，是中国唯一地处中俄朝三国交界的边境窗口城市，与俄罗斯、朝鲜山水相连，与韩国、日本隔海相望，是国家4A级风景区。

由于特殊的地理位置，突出的跨境旅游区位优势，珲春市的中俄跨境旅游极为重视。通过珲春市不断增强我国参与图们江区域合作的综合实力，提升合作开发的层次。建立中俄朝跨境旅游合作区，使得东北亚各国在该区域利益高度一致，破解国际合作中的难题，进一步厘清完善现有政策和各类法规，简化出入境手续，加快建立通关顺畅、高效便捷的出入境管理机制；有利于进一步完善区域综合交通基础设施，增进区域各国间的互信，降低合作风险。

珲春边境区域开发至今已有20年，在区域经济国际合作领域也有很多成功案例，其中包括边境贸易和旅游等，已初步形成中俄三日游、四日游，中朝一日游、二日游等成熟的旅游品牌。珲春和相邻的俄、朝区域具备了一定的旅游接待能力，基础设施日臻完善，城市化水平不断提高。近年来，珲春市基本实现了开边通海的战略目标，其中表现为重点建设通信、能源等基础设施，先后投入50多亿元人民币，开辟了4个边境口岸，初步形成了航空、铁路、公路的对外交通网络。俄、朝口岸基础设施相对完善，俄朝间具有成型的铁路和水路交通体系。人民币在中俄朝区域相对流通，贸易旅游结算便捷。

通关政策：通过旅游产业，保护珲春市生态优势。联合东北亚国家资源丰富，环境承载能力强的特点，提升我国景区涵养能力，加强生态保护屏障。珲春市在签证政策上反应积极，争取各种便利。赋予珲春出境游客异地办证和境外游客落地签证政策。积极与朝、俄交涉，通过协商对话，在简化通关手续上达成协议，进一步减少手续费和障碍，构建快捷的边境、跨境旅游通道。跨境旅游合作区内实行免签证的有组织旅游团队制度，适度扩大边境通行证的使用范围，届时游客可享受在该区域内进行免签证跨国游等待遇。在国家层面，协调各方政策一致，对交通工具实行开放、便利的出入境管理措施，积极协调俄罗斯争取珲春口岸小型车辆过境政策；在口岸实行 24 小时全天候通关服务。积极引进国内外大型旅游企业，逐步培育一批旅游骨干企业和知名品牌。建议开辟对朝铁路客货口岸，积极辟建春化分水岭口岸，构筑独具特色的珲春口岸群。在珲春敬信与俄罗斯厄克斯别的青海湾衔接区域，开辟一条旅游专用通道（董琦，2013）。

财税政策：中央财政加大对珲春的转移支付力度，特别是边境地区的支付转移加大力度，研究在珲春试行境外旅客购物离境退税的具体办法。在旅游区范围内对国内外旅游者及区域居民实行日用消费品免关税、消费税和增值税的政策。参照国家规定的出口退税率，对在旅游区出售的国产日用消费品视同出口，给予税收优惠。在条件成熟时，可以由旅游相关的日用消费品免税政策扩大到相关的生活资料，范围由口岸、边境向内陆腹地转移。

第十一章

国际旅游度假地

第一节 马尔代夫

一、概况

马尔代夫共和国（原名马尔代夫群岛，1968年11月改为现名）位于南亚，是印度洋上的一个群岛国，也是世界上最大的珊瑚岛国，面积300平方公里（不计算领海），是亚洲最小的国家。马尔代夫东北与斯里兰卡相距675千米，北部与印度的米尼科伊岛相距约113千米，南部的赤道海峡和一度半海峡为海上交通要道。马尔代夫由1200余个小珊瑚岛屿组成，其中202个岛屿有人居住，从空中鸟瞰就像一串珍珠撒在印度洋上。

1. 地理位置

马尔代夫位于北纬4度，东经73度，总面积9万平方公里（含领海面积），其中陆地面积298平方公里。平均海拔1.8米。距离印度南部约600千米，距离斯里兰卡南部约750千米。南北长800千米，东西宽130千米。由26组自然环礁、1192个珊瑚岛组成，构成20个环礁，分布在9万平方公里的海域内，其中有人定居岛屿有199座。

2. 地形地貌

马尔代夫的最高点是全世界所有国家中最低的，并且是最平坦的印度洋上的群岛国家，由26组自然环礁、1192个珊瑚岛组成，分成19个行政组，分布在9万平方公里的海域内，其中199个岛屿有人居住，993个荒岛，岛屿平均面积为1~2平方千米，地势低平，平均海拔1.2米。

3. 自然资源

马尔代夫拥有丰富的海洋资源，周围水域拥有鲣鱼、金枪鱼、龙虾、海参、石斑鱼、鲨鱼等700多种热带鱼类及海龟、玳瑁、珊瑚、贝壳之类的海产品。尤以颜色、形状、大小各不相同的各种珊瑚鱼最多。

4. 社会经济发展

旅游业、船运业和渔业是马尔代夫经济的三大支柱。马尔代夫全国可耕地面积 6900 公顷，土地贫瘠，农业十分落后。工业仅有小型船舶修造，以及海鱼和水果加工、编织、服装加工等手工业。境内无铁路，民航事业也不发达，主要交通工具为船舶。马尔代夫渔业资源丰富，盛产金枪鱼、鲣鱼、鲛鱼、龙虾、海参、石斑鱼、鲨鱼、海龟和玳瑁等。鱼类主要出口中国香港、中国台湾，以及日本、斯里兰卡、新加坡。2013 年渔业产值为 3.25 亿拉菲亚，占 GDP 1.5%，是马尔代夫第二大经济支柱。[①]

20 世纪 70 年代初期，马尔代夫开始发展旅游业，经过 40 多年的快速发展，旅游业已超过渔业，成为马尔代夫第一大支柱产业。旅游收入对 GDP 贡献率多年保持在 30% 左右。现有 97 个旅游岛，2.5 万张床位，入住率达 70.4%，游客人均停留时间 6.7 天。2012 年赴马尔代夫游客 112.5 万人次，旅游收入 61.39 亿拉菲亚，占 GDP 28.7%，同比增长 17.4%。2013 年赴马尔代夫旅游的中国游客约达 33 万人次。2014 年赴马尔代夫游客为 36.3 万人次，中国游客占马国游客总人数的比例接近 1/3，成为马尔代表最大的单一旅游市场来源。2015 年马尔代夫累计接待中国游客超过 35.9 万人次。出口商品主要为海产品，进口商品主要为食品、家具、石油产品、电子产品、纺织品和生活用品。主要贸易伙伴有阿联酋、新加坡、印度、斯里兰卡、泰国和马来西亚等。近几年外贸情况如表 11-1 所示。

表 11-1 马尔代夫对外贸易额变化情况

单位：亿美元

统计年度	2011	2012	2013	2014
外贸出口额	3.46	3.14	3.29	3.01
外贸进口额	14.65	15.54	17.33	19.92
贸易差额	−11.19	−12.4	−14.04	−16.91

二、旅游发展现状

从 1972 年开始的马尔代夫旅游业，在其政府、旅游管理部门和旅游企业的努力下，呈现了持续上升的趋势（除因受 2004 年年底海啸的影响，2005 年出现低迷外）。目前，国际上对一个国家旅游业的发展衡量指标主要是旅游人数、旅游收入及支出和旅游者平均逗留时间。还有一些国家也统计旅游者的过夜情况。

---

① 资料来源：马尔代夫百度百科 http://baike.baidu.com/link?url=bCJYmo-kIUcxmR_7LXiYMy1WcwBrsilxwUIaLRyulf7bpnGxhZxGCWdID2r-xy0ZeGoboX2s4VW-4J4pLk66A0gF2VgUD1MXYtni3Xh96ansnua9MJmGn7N6seVTPCAa。

因此，笔者也从旅游人数、游客逗留时间及过夜情况和酒店数量及酒店入住率及主要客源国家和地区几个方面来分析马尔代夫旅游业的发展现状。

1. 游客数量

从游客数量来看，马尔代夫的游客数量基本上是逐年增加，呈现不断上升的趋势。到马尔代夫的游客从 1972 年的 1100 人次增至 2000 年的 46.7154 万人次，2004 年的 61.672 万人次。由于受 2004 年年底海啸的影响，2005 年游客只有 39.532 万人次，2008 年游客总量为 68.301 万人次，2013 年游客总量为 109 万人次，游客的平均增长率为 7.2%（见表 11-2）。

表 11-2 2004—2017 年马尔代夫游客数量统计表及游客增长比例

年度	2004	2005	2006	2007	2008	2009	2010	2011	2012	2013	2014	2015	2016	2017
游客量（万人次）	61.7	39.5	60.2	67.6	68.3	65.4	72.6	81.2	82.6	109	120.5	123.4	128.6	139
增长比例（%）	9.4	-35.9	52.3	12.3	1.1	-4.3	11	11.8	1.7	31	10.6	2.4	4.2	8.1

资料来源：Statistical Yearbook 2009, 2017, 2018, Department of National Planning of Maldives

2. 游客逗留时间

从游客的平均逗留时间及在旅游岛过夜的比例来看，从 2004 年至今游客在马尔代夫的平均停留时间是 6.7 天，2013 年是 6.5 天。总的来说，比较稳定。其中 2008 年后出现逐步下降趋势，主要原因是 2008 年金融危机，导致游客减少，同时 2008 年以后，中国游客的比重加大，由于中国旅客的旅游习惯跟欧美国家不同，大约停留 4~5 天，因此拉低了游客的平均逗留时间。但是，过夜游客的比例却在逐年增长，2004 年到为 -6%，2013 年已经达到了 6.5%（见表 11-3）。

表 11-3 2004—2017 年马尔代夫游客平均逗留天数和在旅游岛过夜增长比例

年度	2004	2005	2006	2007	2008	2009	2010	2011	2012	2013	2014	2015	2016	2017
平均逗留天数	8.3	7.8	8.4	8.5	8.7	8.4	7.8	7	6.5	6.2	6.1	5.7	6.0	6.2
过夜增长比例（%）	-6	7.7	1.2	2.4	3.4	-7.1	-10.3	-7.1	-4.6	6.5	-4.3	2.4	10.6	8

资料来源：Statistical Yearbook 2009, 2016, 2018, Department of National Planning of Maldives

3. 旅游酒店

从酒店的供求情况看，马尔代夫自 1972 年建立第一个度假胜地，到 2007 年有 87 个岛屿被列为旅游度假区。目前这些度假酒店，从当地人经营的小规模度假村到国际管理集团旗下的知名品牌酒店一应俱全,主要包括度假村、酒店、码头、民宿和船只。而这里与其他地方所不同的是,每个岛屿只有一家酒店。大部分酒店房间都配有空调、国际长途、冷热水淋浴、冰箱等设施,并且还有2~3家餐厅、酒吧、健身房等服务设施。随着旅游业发展,为满足游客需求,酒店床位数量不断增加。从1991年9046张增加到2000年18 730张、2001年18 765张,2004年增长到19 595张,4年间其增长率仅为4.4%,而游客却增长33.3%,因此床位显得更加紧张。于是,马尔代夫"第二次旅游权威计划"提出,35个岛屿在未来2~5年时间增加5000~7000张床位,以缓解床位的压力。2007年床位数为22 187张,2008年达到23 464张。根据2009年统计报告,从1991年至2008年酒店平均入住率为71.6%,其中2004年为83.9%,2005年为64.5%,2007年上升为82.8%(见表11-4)。2000—2008年酒店入住率基本保持在77%。2005年出现大幅下降,只有64.5%,2006年出现回暖,上升为81.4%,并在2007年恢复到海啸以前水平。2008年酒店入住率只78%,其原因一方面可能是因为酒店数量的增加,另一方面可能是受金融危机的影响。总的来说,酒店入住率保持了稳中逐步增长的态势。

表11-4 马尔代夫酒店入住率统计

年度	2000	2001	2002	2003	2004	2005	2006	2007	2008	2009	2010	2011	2012	2013	2014	2015	2016	2017
入住率(%)	68.2	65.6	69	77.2	83.9	64.5	81.4	82.8	78	80	82.6	81.2	78.7	79.7	69.7	63.9	62.9	61.1

资料来源:Statistical Yearbook 2009,2013,Department of National Planning

4. 旅游客源

从游客来源国家或地区来看,马尔代夫的游客客源比较稳定,主要来自欧洲国家,1999年欧洲游客占了马尔代夫游客的80%。2008年有49.756万人次来自欧洲,占77.6%,其主要以英国、意大利、德国、俄罗斯、法国等国家为主。其次是亚洲,共计14.556万人次,主要是中国、日本和韩国三个国家。从上可见,欧洲仍然是马尔代夫主要客源市场,然而,市场份额从2005年77.6%下降2008年72.8%。亚洲是马尔代夫第二大客源市场,从2005年到2008年一直出现持续增长态势。另外,中国也是马尔代夫一个逐渐成长的客源市场,2005年只占客源市场的2.9%,到2008年上升到6.1%。2008年前往马尔代夫的中国游客达4.151万人次,同2007年去马尔代夫的中国游客人次相比增长了15.4%。

总之,尽管旅游业是受外界影响很大的脆弱性行业,在2005年马尔代夫的旅游业就出现了严重下滑。但是,从整个行业来看,马尔代夫的旅游业取得了很大成功。主要表现在:第一,旅游人数呈现逐年上升的趋势,并在2004年首次突破60万人次，2012年达到112.5万人次；第二，马尔代夫的国际客源同世界的客源格局一样，仍然是欧洲占据首要位置，但随着亚太地区经济的发展，亚洲也出现了强劲的势头；第三，酒店数量及酒店入住率保持持续增长，虽然在2008年酒店的入住率从2007的82.8%下降为78%，可是平均过夜数量却同比增长3%；第四，马尔代夫的旅游业成为其第一大经济支柱，2015年旅游收入61.39亿拉菲亚，对GDP贡献率多年保持在30%左右，同比增长17.4%。

三、旅游规划与开发特点

马尔代夫是位于印度洋上的一个岛屿国家，人口只有40多万。近几年来，马尔代夫海岛旅游业开发得到了巨大的成功，该国立足于自身的实际特点，因地制宜地开发其丰富的旅游资源，逐渐形成了"马尔代夫模式"，为海岛开发提供了借鉴意义。

1. 整岛出让，差异发展

马尔代夫在开发海岛的过程中，始终采取"四个一"的模式，即一座海岛及周边海域只允许一个投资开发公司租赁使用；一座海岛只建设一个酒店（或度假村）；一座海岛突出一种建筑风格和文化内涵；一座海岛配套一系列功能齐备的休闲娱乐及后勤服务等设施，形成一个独立、封闭、完整的度假区（杨洁，李悦铮，2009）。由于开发所需要的资金多，据有关方面统计，从事海岛开发少则几千万美元，多则几亿美元。因此，政府对海岛开发实行国际招标，以争取那些有雄厚经济实力的集团来开发建设。各个岛屿上的建筑物均是风格迥异，绝不雷同，在建筑材料上力求自然，体现地方特色。

2. 海岛开发，规划先行

马尔代夫在海岛开发过程中特别重视海岛规划。从海岛开发之初至今，马尔代夫已制订了三个十年海岛开发计划，第二个海岛十年开发计划正在实施。对每一个待开发的海岛都会委托国际著名的规划公司对海岛的开发进行规划设计，经过其严格论证后，再报国家批准建设。在建设的过程中，对原有制订的规划进行严格的执行，不能随便脱离。

3. 环保意识，无处不在

在马尔代夫，无论是政府官员还是普通民众都具有强烈的环保意识，与此同时，马尔代夫政府对投资经营者和游客都相应地提出了环境保护方面的要求。在海岛开发、环境承载力确定上都要服从环境保护。马尔代夫海岛开发采用"三低一高"原则，即低层建筑、低密度开发、低容量利用、高绿化率。另外，马尔代夫当局还为每一个度假岛屿制定了严格的、详细的环境控制措施，严禁砍伐树木，设置废物处理系统，禁止游客采集珊瑚、贝壳甚至岩石，以及用鱼叉或枪支捕鱼等。同时为了营造静谧的气息，要求游客不能在岛上喧哗吵闹等。由于岛上的环保政策执行得非常严格,各度假区的环境优美、宁静,海水、沙滩一点儿也没污染,海洋生态环境得到了很好的保护。

4. 统一管理,加强监督

在管理方面,马尔代夫于1982年建立专门的海岛旅游管理机构,1988年发展成为旅游部,1984年又成立了旅游咨询机构,以加强海岛开发的管理。在马尔代夫,旅游部的权利极大,其在海岛的开发方面上实行极为严格的审查制度。旅游部既可以制定旅游法规,又可以代表政府对外出租海岛,同时还负责组织审查海岛开发规划。旅游部门每年进行两次的监督检查,对不达标的度假区进行罚款或者关闭,以维护整个海岛地区的信誉和秩序。

5. 特色经营,优质服务

马尔代夫的海岛经营管理由国际著名的经营管理公司负责。度假区实施封闭式的管理,非旅游人士包括本国公民未经允许不得进入旅游度假村和旅游海域。岛上除旅游服务人员外,其他全部为游客,既节约了经营管理的成本,同时也使游客处于一个相对安全、宁静、宽松的环境之中。海岛开发项目种类繁多,如酒吧、舞厅、帆船、潜水等项目。此外,自助餐厅食品丰富,以满足游客不同需求。另外,政府鼓励海岛开发,主要通过四种途径来提供服务完善政策:鼓励外来投资,降低税费;加强海岛基础设施建设;加强从业人员培训;定期或不定期地在主要客源地举行推介会。政府的积极参与,为海岛开发提供了良好的发展条件(邢晓军,2005)。

四、经验借鉴与讨论

我国海岛众多陆域面积在 500 m² 以上的海岛大约有 6500 多个,海岛总面积有 8 万 km²,岛屿海岸线总长有 1.4 万 km。港湾众多,海岛开发前景广阔。目前我国海岛开发尤其是无居民海岛的开发刚刚起步。马尔代夫在开发海岛发展滨海旅游业的过程中,根据其自身特点,积极探索海岛开发行政管理和经营管理模式的一些经验值得我们借鉴(郭惠丽等,2009)。

1. 以科学发展观指导海岛开发

开发海岛及周围海域必须采取严格的生态保护措施,防止海域生态环境因岛屿的旅游开发而遭到破坏。要正确处理好开发与保护的关系,妥善处理开发与传统渔民和当地居民的关系,努力提高当地居民以及游客的环保意识。以期通过海岛旅游开发带动相关行业和地区的可持续发展。

2. 全面开展海岛资源调查

通过对海岛系统科学地调查,做到准确掌握每一个海岛及其周边海域的基础数据,包括海岛地理位置、面积、地质地貌、气候、环流、植被及其他生物资源等方面的具体状况,为海岛开发规划打下基础。在开发时,要做到岛屿与海域相结合，相得益彰，使资源利用在可持续的范围内达到最大化，不能只注重岛屿开发，而忽视了海域的开发利用，顾此失彼。

3. 科学制订海岛开发规划

对具备开发条件的海岛进行开发，同时加强海岛开发的科学论证，明确被开发海岛的开发规模、方式、期限及完善生态环境保护的措施。那些尚不具备开发条件的海岛不能盲目开发，而是要采取切实可行的保护措施，加以保护，等将来客观条件充足时，再考虑开发的问题。对需要整岛必须统一开发的小岛屿应该制定政策措施，鼓励国内外具有环保实力以及经济实力的资本实体进行投资，明确政府在海岛开发上的职责，加强对海岛开发的规范和管理。对于无居民岛屿，由于其本身生态系统脆弱等特点，在开发时应该像塞舌尔那样以高档旅游市场为目标，突出特色，严格控制旅游人数，切实保护好当地的脆弱生态环境。对于分布比较集中、距离较近的岛群，旅游开发也讲求规模效应，建议选择实力较强的投资商进行整体规划开发。

4. 因地制宜打造当地特色旅游

岛屿旅游业的发展要与当地资源很好地结合，做到因地制宜。要充分利用现有的资源打造独特的风格和功能定位，做到旅游资源的合理充分利用。旅游开发与当地民风紧密结合，开展富于本土特色的活动，增加参与性和娱乐性的内容。在开发中注重当地传统文化与现代文化相结合、当地传统与休闲娱乐、餐饮等发展相结合、当地传统与现代新型海岛渔村的建设相结合，向产业化、规模化、效益化发展。

5. 加快海岛开发立法

借鉴各国海岛开发立法的经验，加快我国海岛开发立法步伐，依法规范海岛开发行为，完善海岛开发的制度措施。同时，要加强对海岛开发监督，提高政府管理和服务水平。切实保护好海岛环境及海岛资源的永续利用。

第二节　巴厘岛

一、概况[①]

巴厘岛（Bali Island），世界著名旅游岛，印度尼西亚33个一级行政区之一。沙努尔、努沙—杜尔和库达等处的海滩，是岛上景色最美的海滨浴场，这里沙细滩阔、海水湛蓝清澈。每年来此游览的各国游客络绎不绝。由于巴厘岛万种风情，景物甚为绮丽。因此，它还享有多种别称，如"神明之岛""恶魔之岛""罗

---

① 资料来源：百度百科 https://baike.baidu.com/item/巴厘岛/639601?fr=aladdin。

曼斯岛""绮丽之岛""天堂之岛""魔幻之岛""花之岛"等。2015年由美国著名旅游杂志《旅游+休闲》一项调查结果把印尼巴厘岛评为世界最佳岛屿之一。

1. 地理位置

巴厘岛是印尼13 600多个岛屿中最耀眼的一个岛，位于印度洋赤道南方8度，爪哇岛东部，岛上东西宽140公里，南北相距80公里，全岛总面积为5620 km²，人口约315万。巴厘岛上大部分为山地，全岛山脉纵横，地势东高西低。岛上的最高峰是阿贡火山海拔3142米。巴厘岛位于小巽他群岛西端，大致呈菱形，主轴为东西走向。日照充足，大部分地区年降水量约1500毫米，干季约6个月。

2. 地势地貌

巴厘岛北部有一火山带贯穿东西，其中最高为阿贡火山（Gunung Agung），海拔高达3142米。火山带从南向北延伸，为岛上主要生产农作物的肥沃稻田。巴厘岛西部人口稀少，是岛上唯一的非耕种区域，也是巴厘岛国家公园所在地，这里为茂密的树木丛生区域，内有丰富罕见的植物和鸟类以及壮观的海底世界。该岛由于地处热带，且受海洋的影响，气候温和多雨，土壤十分肥沃，四季绿水青山，万花烂漫，林木参天。巴厘人生性爱花，处处用花来装饰，因此，该岛有"花之岛"之称，并享有"南海乐园""神仙岛"的美誉。

3. 自然资源

巴厘岛的经济以农业为主，农业生产多以集体合作形式进行。土地垦殖率65%以上，盛产稻米、玉米、木薯、椰子、咖啡、烟叶、花生、甘蓝、洋葱、水果与棕油等。牛奶、咖啡与椰干为主要出口产品。巴厘岛东侧的龙目海峡是亚澳两大陆一部分典型动物的分界线，在生物学上有特殊意义。

4. 社会经济发展

巴厘岛经济发达，人口密度仅次于爪哇，居全国第二位。居民主要是巴厘人，信奉印度教，以庙宇建筑、雕刻、绘画、音乐、纺织、歌舞和风景闻名于世，为世界旅游胜地之一。巴厘岛是印度尼西亚唯一信奉印度教的地区。80%的人信奉印度教。主要通行的语言是印尼语和英语。

巴厘岛因历史上受印度文化宗教的影响，但这里的印度教同印度本土的印度教不大相同，是印度教的教义和巴厘岛风俗习惯的结合，称为巴厘印度教。居民主要供奉三大天神（梵天、毗湿奴、湿婆神）和佛教的释迦牟尼，还祭拜太阳神、水神、火神、风神等。教徒家里都设有家庙，家族组成的社区有神庙，村有村庙，全岛有庙宇12.5万多座，因此，该岛又有"千寺之岛"之美称。神庙中最为著名的当数拥有千年历史的百沙基陵庙，陵庙建在称为"世界肚脐"的阿贡火山山坡上，以专祀这座间歇喷发的火山之神。陵庙的层级石雕建筑，与柬埔寨吴哥窟相似。[①]

二、旅游发展现状[②]

巴厘岛是世界著名的旅游胜地，也是印尼旅游业的领头羊。旅游业是巴厘岛的支柱产业，每年创造的产值连续多年占印尼旅游收入的45%以上，GDP的2%~3%。2002年10月巴厘岛发生大爆炸，导致200多人死亡。使巴厘岛旅游业遭受重创。如今的巴厘岛旅游业正在复苏，据资料统计，近年来，每年到巴厘岛的外国游客人数比较稳定，总数基本保持在500万人次左右。巴厘岛当地居民的80%都从事旅游业。酒店的住房率平均达到90%。从市场结构看，巴厘岛的旅游市场一直以国际客源为主，入境旅游者平均占到旅游市场的60%多。从游客来源看，巴厘岛的外国游客曾经以澳大利亚、东南亚地区、日本、韩国和欧美地区客源为主。但自2006年起，中国游客数量已占据外国游客总数的四分之一。北京、上海等经济发达城市到巴厘岛的游客逐渐增多，每逢春节以及"五一""十一"，甚至有京、沪两地游客包机到巴厘岛旅游。为此，巴厘岛旅游业现在把中国作为最重要的旅游客源市场加以开发。

三、旅游规划与开发特点

1. 区域经营与分层次旅游

岛内较为明显的区域划分显示了巴厘岛发展的历史脉络，库塔区是20世纪70年代最早开发的旅游区域，至今也是最热闹的旅游区域，旅游团队、观光旅游和散客多会聚于此；努沙杜区作为过渡型的旅游区域兴起于20世纪80年代；沙努尔酒店特别区作为当地政府重点推出的大型度假酒店聚集地，则是针对高端消费群体。

区域经营是巴厘岛旅游产业定位上的一个特点，区分高中低消费群体的消费能力。这也是巴厘岛经过了多年经营和针对长期性游人形成的数据统计进行的区分式经营，避免了休闲娱乐设施因为消费者满足感的不同而产生布局上的杂乱。

这种分层次旅游的战略思想其实源于巴厘岛旅游发展的平民化战略。巴厘岛的住宿、租车、用餐、兑换等都非常方便，此外，巴厘岛工艺品的生产和销售也是以家族和家庭式为主，并以合作社的形式形成产业化。

在巴厘岛，游客可以真正感受到什么是享受服务。在巴厘岛的服务人员，每个人脸上都带着发自内心的笑容，无论谁提什么要求都会耐心一一解决，不会流

[①] 资料来源：巴厘岛百度百科http：//baike.baidu.com/link?url=SUNdw8hhiarbaXQFUqstFSnN6IpWIirW1 2BjBOI8mg2ITfe9sxN37x2L7rT_WqONVTTdYRLn3lHvB6KI3Ohnr8YkcjaWlA_xh_6KGPhaLnvcMKzTAD_ orRGCspIJR_DG。

[②] 资料来源：https：//baike.baidu.com/item/巴厘岛/639601。

露出丝毫不满。同时，巴厘岛正力推电子信息服务便利化，无论在酒店、别墅、家庭旅馆或餐馆，到处都可以享受到免费的 Wi-Fi。巴厘岛在发展旅游的同时，还注意保护当地百姓的生活。巴厘岛为当地百姓平衡物价的具体做法：游客的消费与岛民的消费截然分开，岛民有自己当地的平价集市，而这些集市往往是游客不去的地方；同时，巴厘岛限制外国人买房买地，至今登巴萨市中心的黄金位置房价才 6000 元人民币/平方米左右。

2. 有底线有特色的开发

巴厘岛是印度尼西亚群岛的众多岛屿之一，位于印度洋以南，气候炎热而潮湿，是典型热带雨林气候。巴厘岛明媚的阳光、广阔的沙滩、静谧的山谷和绚烂的朝霞晚霞构成了丰富的自然旅游资源。

巴厘岛旅游业创造了一个世界旅游业发展值得借鉴的蓝本。早在 20 世纪 30 年代，巴厘岛就开始进行规划和开发。巴厘岛能够始终如一地维持全岛生态环境和有底线的开发，对外开拓旅游市场时找准定位，是巴厘岛能够长期保有旅游热度和魅力的关键。巴厘岛成为全球性旅游热点始于 20 世纪 80—90 年代，投资者对巴厘岛的旅游开发也达到了极致。岛的南端形成了金巴兰、努沙杜瓦、库塔等 10 个度假区，大量的旅游休闲度假建筑相继建成。但是，早在 1971 年，巴厘省政府就已明文规定：岛上所有新建建筑必须具有巴厘岛特征。巴厘人的长远目光使得巴厘岛的传统文化以一种完美的形式传承下去，并得以弘扬。

由此，具有巴厘岛特色的旅游休闲度假建筑应运而生，融合宗教和艺术于一体的巴厘岛建筑艺术，不论结构、工艺、外观和内部布置，都具有相当独特的整体美。巴厘岛丰富多彩的文化和独特的风俗习惯闻名于世，使该岛拥有了"花之岛""艺术之岛"等诸多美誉，所获美称之多可以说世界上罕有与之齐肩者。

3. 深度开发旅游产品，体现文化内涵

椰子树、海滩、美食，这些在世界各地的旅游胜地并不少见，但巴厘岛却能够打出自己的品牌和亮点。一片椰子林和一角海滩不可能打造成热带旅游海岛的成功典型，巴厘岛注重将自然风光引向巴厘岛独特的本土艺术和本土生活方式，人文景观才是巴厘岛驰名不衰的王牌。往往越是民族性的旅游产品就越具有国际竞争力。巴厘岛的旅游产品开发以文化内涵为中心环节，突出传统文化、民族文化和宗教文化，形成了和谐、统一、完整的传统旅游文化产品体系，吸引着世界各地的游客。如以寺庙、节日为内容的宗教之旅，以木雕、绘画等本土艺术为内容的艺术之旅，以香薰、SPA 等为内容的芳香之旅，以巴厘岛传统婚礼礼仪为内容的梦幻之旅，以当地特色手工艺品为内容的购物之旅等。

4. 保持本地特色，吸收现代文化

在旅游开发的过程中一味地保留本地特色，忽视现代旅游者的特点和需求会使得旅游目的地失去吸引力，而盲目引入现代文明因素又容易侵蚀本地文化、丧失文化特色。因此，旅游开发既要保持本地特色，又要适当顾及现代旅游者的文化心理特点，将本地文化与现代文化进行有机结合。巴厘岛的旅游开发就是传统与现代、历史与现实的高度结合。在岛上既可以看到茅草屋顶的巴厘木亭掩映在热带雨林丛中，也可以看到街道上现代霓虹灯广告与古老土著图案文字相得益彰。岛上保留了被称作"文化艺术村"的乌布绘画中心、马斯木雕中心等土著村落，也引入了四季酒店、希尔顿、凯悦等国际知名饭店，并将巴厘岛的传统建筑风格和文化艺术特色融入这些高星级饭店中。

5. 通达的交通

交通物流强大的硬件保证是一个成熟的旅游区域拥有广大市场的必要条件，巴厘岛建设了能应对巨大客流量的航空港，并与知名航空公司成为战略合作伙伴；吞吐量巨大的海港能够为旅游区域的各类物资需求提供保证。巴厘岛有着比较精巧的交通网络模式。巴厘岛的交通网络建设分为两个部分：岛外针对海外游客的交通异常发达；岛内交通则有着令人轻松的自由程度和浪漫色彩。靠左设置的车道、各式品牌的汽车、独具特色的三轮车……这种具有浓郁东南亚风情的繁乱和自由，也让游客感觉到放松。

6. 借助多种手段，多元化营销

营销活动对于旅游目的地形象的建设至关重要，因此巴厘政府把宣传促销当作旅游发展的重要手段。旅游者一到巴厘岛就会被大量的旅游信息包围，从建筑式样装饰壁画到精美的旅游宣传册和热情洋溢的旅游咨询人员，都让人体会到浓郁的巴厘岛文化气息。同时，巴厘地方政府会通过电视、广告和网络对巴厘岛的人文和自然风光进行宣传，提升巴厘岛的影响力和知名度。巴厘岛官方旅游网站则为旅游者提供了全面丰富的旅游信息，游客还可进行旅游产品的预订和购买。而国际会议的召开、电视剧的拍摄等公关手段，也对巴厘岛的形象宣传起到了很好的作用。

巴厘岛旅游推广的一个最大特点就是多元化营销，通过采取多种营销策略优化组合的市场营销策略，开展有计划、有重点、有主题的整体宣传促销，实施以政府引导、企业主导的营销策略。巴厘岛的发展在一定意义上可以用离散型发展模式来概括，当然这只是从一个侧面来透析的。巴厘岛的发展，在我们看来是通过一种较为松散的结构来实现的，不同于济州岛集中而扩散的发展视角，巴厘岛有的是几个大型的可归纳的区域，但是没有一个明显的可称之为核心的点。但巴厘岛处处以人为本的设计理念在全岛达成了共识，在这个共识之下虽然没有特定的扩散点，但是巴厘岛发展的持续性在巴厘岛近一个世纪的发展没有间断和停止，能够随时面对市场的波折和新的需求，不断地完善和改进是巴厘岛全岛自由经营体默认的发展生存法则。巴厘岛旅游市场的时时需要可以作为巴厘岛发展的内在机制和蓝本，直接面对市场，经受市场的考验和旅游消费者的检验，不断地优胜劣汰是巴厘岛可以在世界同类型热带海岛旅游胜地的竞争中常葆青春的灵丹妙药。

四、经验借鉴与讨论[①]

巴厘岛，一个南半球热带小岛，虽然基础设施远不如海南，但却成为了一个全球人向往的旅游胜地。它有很多经验值得我们学习。

1. 旅游定位

巴厘岛有非常准确的定位，即把目光主要集中在发展国际休假旅游和观光旅游胜地的建设上，同时依托热带海岛来设计自身的旅游模式。将度假旅游和观光旅游并举，通过合理的布局分区、旅游消费结构细化，让度假旅游区、观光集中景观区、商圈综合区等相互结合。

2. 人文景观与自然景观的统一

巴厘岛最令人印象深刻的是对旅游文化和人文景观的培养。自然景观可以悦目，而人文景观则可以赏心，这是在自然景观基础上叠加了文化特质而构成的景观。巴厘岛人深知椰树、海滩没有独特性，而地域文化才可以在人们心中留下深远的记忆，才能构筑游客的心灵港湾，吸引回头客。巴厘岛的人文景观建设都是因时制宜、因地制宜，没有生硬移植，并取得了巨大成功。

3. 便捷的交通

交通物流强大的硬件保证，是一个成熟的旅游区域拥有广大市场的必要条件。巴厘岛四通八达的航空网络令人赞叹。

4. 和谐旅游

旅游区开发要注重与当地民众的和谐，旅游开发对当地原住民生活方式的影响虽然不可避免，但巴厘岛很好地将游客与当地居民区分开来，旅游开发过程中不仅没有侵犯旅游区内居民的利益，反而为当地百姓带来了更多的发展机会。

5. 旅游情怀

旅游目的地的最高目标是要让旅游者感到放松和带来心灵上的慰藉。旅游不能仅停留在美景、美食这样视觉和感官层面的建设，而是应该打造能够承载起现代人心灵港湾的支点，要建立足够的人文情怀和景观底蕴。

6. 贴心的旅游服务

完善温馨的旅游服务，是留住游客的关键。在巴厘岛，随处都可以享受到温馨的服务和方便的 Wi-Fi。只有做到这些，旅游形象才能树起，游客才能"回头"。

---

① 资料来源：海南日报数字报 http://hnrb.hinews.cn/html/2015-08/18/content_6_2.htm。

第三节　毛里求斯

一、概况

1. 地理与历史

毛里求斯共和国（The Republic of Mauritius）为非洲东部、印度洋西南方向的一袖珍海岛国，由本岛毛里求斯岛和罗德里格斯岛、圣布兰群岛、阿加莱加群岛、查戈斯群岛（英国代管）和特罗姆兰岛（法国代管）等其他小群岛组成。西距马达加斯加约 800 公里，距肯尼亚的蒙巴萨港 1800 公里，与非洲大陆相距 2200 公里。南距留尼汪 160 公里，东离澳大利亚 4827 公里。作为火山岛国，毛里求斯四周被珊瑚礁环绕，岛上地貌千姿百态，沿海多狭长平原，内陆是高原和山地，有多座山脉和孤立的山峰。高原地貌复杂，大片森林覆盖其上，景色蔚为壮观。

2. 人民与文化

毛里求斯由从 18 世纪起，先后沦为荷兰、法国和英国的殖民地，直到 1968 年 3 月 12 日才脱离英国殖民获得独立，但仍属英联邦国家。其居民约 126 万（2015 年），多是印度人、巴基斯坦人，其次是欧洲人、克里奥尔人和华人。主要宗教为印度教、基督教、伊斯兰教和佛教。

毛里求斯是一个多种族、多宗教、多语言的国家。由于历史的原因，受英、法等西方国家影响较大，其政治制度、经济模式、意识形态、新闻舆论，多属西方范畴。其居民多是印、巴族后裔，约占全国人口的 70%，因此印度半岛上的文化在这里也有较大影响，故毛里求斯又有"小印度"之称。毛里求斯的官方语言是英语，所有政府文件都以英文书写。法语亦普遍使用，克里奥尔语为当地人最普遍使用的口语。毛里求斯华人约有 3 万，他们多来自广东梅县，主要以经商为业。目前生活在这里的华人都是第二、第三和第四代华裔。尽管华人占人口比例最小，在当地属少数民族，但华人普遍重视教育，所取得的成绩、做出的贡献都远远超过其他民族，华人在毛里求斯被公认是最能干的民族。

3. 社会经济发展

毛里求斯面积只有 2040 多平方公里，南北长 50 公里，东西长 40 公里，若驱车环岛行驶，不到一天就可转完一圈。这个坐落于印度洋西南珊瑚礁上的袖珍岛国，靠近赤道，太阳几乎直射，但由于气候湿润，阳光明媚可爱，它照耀着汹涌的大海、银白的沙滩和郁郁苍苍的山川河流，万物呈现一派生机勃勃的景象。毛里求斯的城市具有浓厚的东方色彩，这与毛里求斯人口中三分之二以上是印度、巴基斯坦人后裔有关，还有为数不少的华人。城市街道宽阔，两旁都是现代化的建筑及伊斯兰式房屋和古典欧洲式楼房。幢幢房屋都掩映在林木和花圃中。农村的房屋一般是用砖和水泥建造的小平房，不仅美观而且十分坚固，毛里求斯人由于受西方文化的影响，城市和农村的很多人都穿西装。

毛里求斯国家不大，但经济比较发达，特别是自20世纪80年代以来，实行改革开放，经济发展更加迅速，现已成为非洲发展中国家的楷模。毛里求斯经济有四大支柱产业：旅游业、制糖业、纺织品加工业和金融服务业。毛里求斯的工作环境和生活环境良好，其生活质量在世界上排名第54位。2015年人均GDP 9117美元，在非洲和印度洋国家名列第一。[①]

二、旅游发展现状

1.旅游资源

美国大文豪马克·吐温曾经这样赞叹毛里求斯"上帝先创造了毛里求斯，再创造了伊甸园"，因此毛里求斯被誉为"原版伊甸园"和"天堂之岛"。因为曾为英国和法国的殖民地，文化遗存较多，游客在毛里求斯可以接触到来自亚、非、欧的多种文化，再加上其景色优美、风光绮丽的海滩和明媚的阳光，吸引着大批来自世界各地的旅游者，能够让游客享受到非同一般的度假体验。

毛里求斯骨子里透着法国的浪漫、英国的优雅和印度的妩媚，而毛里求斯民族富有传奇色彩的微笑与好客更增添了一分魅力，其罕见的全貌美景和千变万化的社会文化结构，再配上独特风味的异国食品和名为Sega的民间音乐节奏的曲调，所有这些使毛里求斯成为一个完美的"人间天堂"，作为绝顶优越的旅游胜地在国际上享有"彩虹之国""印度洋的明珠和钥匙""印度洋上的新加坡""非洲经济雄狮""联合国缩影"等美誉。

毛里求斯的旅游资源十分丰富，包括26个绿色旅游地点（自然公园、植物园、动物园、野生动物园、森林、探险乐园）、17家温泉、91家推荐注册饭店、13家夜店、26家博物馆、12家高尔夫球场、60家潜水俱乐部、12处深海捕鱼点、12家电影院、6个赌场、14家艺术画廊、14个风筝冲浪地点和96个购物中心。这其中最有代表性的旅游景区包括：充满法国情调的首都路易港市（Port Louis）、在阳光照耀下五彩缤纷的七色土（Colored Earth）景区、享受各种海上运动和风味海鲜的鹿岛（L'Ile Aux Cerfs）景区，以及完美的火山口（Trou Aux Cerfs）景区。

毛里求斯作为典型的海岛旅游目的地，为充分挖掘利用其旖旎的自然风光资源和多元的人文旅游资源，从海、陆、空多层次地开发了许多独具特色的游乐项目，主要包括：设施完备的高尔夫球场、娱乐赌场、赛马、水上活动、深海钓

[①] 资料来源：毛里求斯百度百科 http://baike.baidu.com/link?url=dY8nCjZGW6zojVIIcDgiHULiviB4k 6Nff1ce84LUNjPI0TdyE_edIUOtGpDiFwzCUJDzdNR-gtD1OtnxdwK6kGkZ6cLNFPMmH2r-sRxSOqNR4-cxwiwq5ErkqXdAFpPr。

鱼、海底漫步、潜水,以及空中滑翔等。作为新兴的旅行目的地,毛里求斯以独具魅力的4S海景旅游资源,即Sun(阳光)、Sand(沙滩)、Sea(大海)和Seafood(海鲜)吸引游客纷至沓来。在它的内陆也有森林、高原、湖泊、峡谷、瀑布。而毛里求斯也是动物的乐园,不乏一些珍禽异兽:粉红色的鸽子、巨龟、蜥蜴。骑巨龟去漫步,去夏马尔看七色土,品尝非洲克里欧(Creole)式大餐、印度咖喱、法国大餐,带给游客与众不同的体验。还有印有渡渡鸟(Dodo)标识的纪念品、T恤、藤器、手工精制的模型船、毛衣、茶叶、贝雕、香料等旅游特色产品供游客选购。

2. 旅游经济

旅游业是毛里求斯的一项新兴产业,为其第三大创汇产业,旅游业产值占国内生产总值的十分之一左右。国家设有旅游部,加大旅游业的宣传和招商引资力度,推出"综合休闲计划";努力发展将环境列于首位的生态旅游,每年为国家创汇3亿多美元,已超过蔗糖出口的收入。

根据毛里求斯统计局公布的数据显示:2014年,毛里求斯接待国外游客1 038 968人次,同比增长4.6%;旅游收入为443.04亿毛里求斯卢比(12.4亿美元),同比增长9.2%;游客过夜数量同比增加5.6%,平均居留时间从10.9夜增加到11.0夜。[1]

2015年毛里求斯累计接待外国游客115.17万人次,同比增长10.9%,当年旅游收入为500亿卢比,同比增长12.9%。同年,马尔代夫游客数量增长2.4%,塞舌尔游客数量增长18.7%。欧洲是毛里求斯传统游客市场,2015年,毛接待欧洲游客63.18万人次,同比增长10.7%。其中法国游客为25.44万人次,同比增长4.4%;英国游客为12.98万人次,同比增长12.5%。中国内地游客增长41.4%,达到8.96万人次。截至2015年年底,毛里求斯一共有115家酒店,房间总数达13 617间,其中,拥有80个房间以上的大型酒店共计55家。

2016年毛里求斯累计接待外国游客127.52万人次,同比增长10.8%,当年旅游收入为559亿卢比,同比增长11.3%。欧洲是毛里求斯传统游客市场,2016年,欧洲游客为73.45万人次,同比增长16.3%。其中法国游客为27.19万人次,同比增长6.9%;英国游客为14.19万人次,同比增长9.4%。中国内地游客减少11.4%,回落至7.94万人次。截至2016年年底,毛里求斯一共有111家酒店,房间总数达13 547间,其中,拥有80个房间以上的大型酒店共计56家。酒店业知名企业有Beachcomber集团和Sun Resorts集团等。[2]

---

[1] 资料来源:中华人民共和国商务部http://www.mofcom.gov.cn/article/i/jyjl/k/201504/20150400941465.shtml。

[2] 资料来源:中华人民共和国驻毛里求斯共和国大使馆经济商务参赞处http://mu.mofcom.gov.cn/article/ztdy/201704/20170402557091.shtml。

三、旅游规划与开发特点

1. 旅游资源定位

毛里求斯作为享誉全球的、典型的海岛旅游目的地,其旅游开发遵循了海岛旅游资源开发的一般规律,这就是准确定位于其独特的自然资源和人文资源。对于像毛里求斯共和国这样的岛屿目的地来说,其旅游资源最基本的组成部分通常是阳光、沙滩和海洋。为游客设置的海洋运动设施的范围是非常广的,包租游艇、冒风险垂钓、佩戴水下呼吸器的潜水、用通气管潜游、乘风冲浪、保护性航海等。除海洋活动之外,毛里求斯多种文化交织的内陆吸引力令人印象深刻,足以使该岛国成为世界上少有的世界性旅游目的地。

毛里求斯内陆吸引力大多数是面向环境的,该岛国北部的仙树植物园是一座少有的"植物避难所",这使世界各地的研究学者、游客和大自然热爱者们为之向往。著名的卡塞拉鸟类公园位于该岛国西部,是另一处令人向往的地方,进一步提高了该岛国的国际声誉。此外,为鼓励造就更多的内陆吸引力,政府提供刺激以促使推销商建造对环境质量敏感并与其鼓励高品位旅游的政策相一致的新型旅游设施。

2. 旅游业发展政策

毛里求斯作为一个岛屿的空间局限性以及毛里求斯多种族社会的脆弱社会文化结构,使其必须采取一种在良好规划战略和长远观点基础上合理的旅游业发展途径。因此,毛里求斯共和国政府极为重视选择性的旅游政策,其基本目标是来自高消费型的富足长距离市场的游客。在这个发展过程中,大力抵制包机飞行经营和避免大批游客拥入,随着日益意识到毛里求斯是一个市场需求旺盛的旅游目的地,岛屿旅游容量的定义常常成为贸易专家、规划人员和研究人员之间争论的问题。因此,探讨可接受游客到达人数最高值,对于在日益膨胀且显然需求日益增多的当地居民中间促进旅游业和谐发展,有着极其重要的意义。所接受的游客/东道主比例为 1:3,迄今为止已证明是相当令人满意的,丝毫没有排斥的迹象或明显侵扰的感觉。任何一天中平均 1 万名游客,当地居民对游客的感觉是可接受的或者是友好相处的(Sen Ramsamy,刘颖,1993)。

毛里求斯的主要旅游设施基本上都面向海洋。因此沿海地区游客稠密是一种常见现象,显然如果不加以限制,会导致该地区恶化,甚至可能造成破坏。为了减轻沿海周边地区的压力,正在认真考虑发展以内地为中心的与其他旅游相关的活动。这些措施对于减轻海滩旅游点的拥挤程度相当有效,从而长期保持旅游区的娱乐声誉。达到这一目标的一个重要步骤是避免修建直通旅游区的大道,从而抑制交通拥挤和沿干道两侧发展商业带。所以,在这样的区域优先修建那些不过分干扰该地区宁静和魅力、景色更加优美的道路。

3. 旅馆业发展规划

毛里求斯旅游部与其他有关的部门协同对旅馆项目的批准，很大程度上取决于项目发起人遵守规定条件的意愿。要求参与沿海旅游区开发的旅馆联合企业、宾馆、购物中心、有游廊的私人住宅的建设都要严格遵守旅馆规模、房屋高度、配套污水处理系统、景观塑造规划、建筑材料标准、室内外装饰等一系列严格的政府规定。

4. 旅游区的环境强化战略

旅游业本身不会干扰一个地区的环境稳定性。然而，在没有良好的规划战略和必要的控制机制的情况下，应用不同的旅游业发展方法可能会成为环境破坏的根源。制定政策和采用适当的旅游业规划技术，同时更加强调环境保护而不是获取短期经济效益，必将构成旅游业持续发展的诀窍。毛里求斯对旅游业发展精细化的选择（选择性的客户、高档设施和优质服务）证实一贯先入为主和在所有经营层次保持同一种优异标准是合乎情理的。旅游目的地或旅游点的承载能力是一个可靠的量度手段，可用来重新调整给定的环境情况并检查是否存在资源的过度开发。

位于毛里求斯北部的大港湾区是一个游客云集的地方，就旅游发展而言，已表现出饱和的征兆。大港湾虽然仍是大多数游客的娱乐场所，但已成为其他旅游业增长潜力高的地区应当避免的模式。然而，毛里求斯政府有信心扭转大港湾目前这种由于独立后形成的无计划发展所造成的局面。虽然这种局面远未达到令人惊恐的程度，但将采取补救行动以设法恢复该旅游点原有的魅力。正在进行的北部旅游区自然发展计划的深入研究也包括对目前局面的评价以及制定减轻该地区发展压力的矫正措施的战略。

保护海洋生态系统正是岛屿旅游业的命脉，同时也是一项需要不断监测和控制的基本要素。毛里求斯禁止采集贝壳和鱼叉捕鱼是为保护海洋生物和形成岛屿周围富饶但脆弱的海岸意识而采取的两项限制性措施。保护海洋生物的稀有物种不仅有益于实现旅游业的目的，而且也可以认为是该岛国在保护部分世界遗产方面义不容辞的责任。为保持毛里求斯成为独一无二的、市场需求旺盛的旅游目的地，确保使环境污染达到最低限度的环境质量控制机制已经变得十分必要。除上述总体环境政策之外，还应该实施具体的环境影响控制来减轻旅游业发展可能产生的不利影响。

四、经验借鉴与讨论

1. 高水平的环境质量是吸引游客的关键因素

通过适当立法及应用合适的多学科综合规划技术来维持高水平的环境质量，对于全世界旅游业的生存极其重要。然而，这种活动也应该考虑到对方法上相当大灵活性的需要，以避免从长远观点来看一种产品会从此消亡。在游客的品位和喜好变得更加精细的时候，旅游经营者一定要有更高的环境意识以保证旅游业的健康增长，而不是一味注重提供自动化服务和上等设施来获取短期效益和短暂的愉快感受。旅游目的地娱乐价值的保持不应该只是主管部门的责任。环境保护是每一个人任何时候都应该关心的问题。

2. 适当的环境承载力是舒适旅游的保证

岛屿旅游目的地的形势仍是相当紧迫的，这是由于娱乐空间有限，而且在开发过程中需要保护社区利益。因此，确定游客到达人数最高限度对于检查可用的有限资源是否会有所恶化以及避免对旅游目的地发展潜力产生可能的压力都是至关重要的。那些以获取最大效益为明智目标的岛国采取选择性的旅游政策，被认为从更长远的前景来确保旅游业的生存是相当恰当的。因此，那种只用巨额的游客到达数字衡量旅游业成功与否的趋势，只会使人们的注意力偏离预期的最终结果——净利润。

3. 旅游目的地的建设必须考虑环境影响

更让人担忧的是沿海地区的建筑规模，因为需要接待游客，几乎所有的海滩都被开发。但是，毛里求斯人坚持将环境问题放在第一位。比如，一份在蓝色海湾的双科科斯岛上建酒店的计划书因遭到当地人的强烈抵制而不得不作废。自然资源保护论者对建设穿过东南地区原始森林的高速公路计划表示了强烈的反对，并成功阻止这一计划的进行。

如今，政府要求建设新项目时要将环境影响作为考量，比如建设海滨酒店、码头和高尔夫球场，甚至开发海底步行之类的活动。对罗德里格斯岛上酒店开发的管理特别严格：酒店必须体积小、单层，而且必须是以传统风格建成的，远离潮水最高点记号至少 30 米。在罗德里格斯岛上，淡水短缺是个问题，所以新建的酒店必须能够进行自主水循环。

第四节　塞舌尔

一、概况

1. 地理与历史

在超过一百万平方公里绿宝石般的浩瀚印度洋上，珍珠般散落着 115 个花岗岩和珊瑚礁岛屿，一个拥有这个星球上最原始、最优美的自然环境，同时又以现代化的设施保障文明生活的国家。阳光、沙滩、碧海、蓝天；种种珍禽异兽、棵棵参天古树，让人仿佛置身伊甸园；纯朴的民风、悠闲的生活、拉迪格岛上的牛车，又把人们拉回到 20 世纪初，岁月在这里似乎没有留下任何痕迹。这就是塞舌尔共和国（Republic of Seychelles）——塞舌尔群岛。

塞舌尔地处西印度洋，由115个大小岛屿组成，陆地面积455.8平方公里，领海面积约40万平方公里，专属海洋经济区面积约140万平方公里。西距肯尼亚蒙巴萨港1593公里，西南距马达加斯加925公里，南与毛里求斯隔海相望，距印度2813公里。

塞舌尔群岛一年只有两个季节——热季和凉季，没有冬天。这里是一座庞大的天然植物园，有500多种植物，其中的80多种在世界上其他地方根本找不到。每一个小岛都有自己的特点：阿尔达布拉岛是著名的龟岛，岛上生活着数以万计的大海龟；弗雷加特岛是一个"昆虫的世界"；孔森岛是"鸟雀天堂"；伊格小岛盛产各种色彩斑斓的贝壳。

塞舌尔第一次被写入航海日记是在1502年，葡萄牙人曾到此地，取名"七姊妹岛"。从1685年开始，大量海盗船以塞舌尔为据点，频繁攻击非洲东海岸的商站和中东地区的重要港口。面对财物的大量损失和一些商站有可能关闭的威胁，英、法两国派出海军进入这片海域追剿海盗。从1718年开始，海盗逐渐减少，并于1730年彻底绝迹。海盗被消灭以后，法国开始看重塞舌尔群岛的战略意义，因为从毛里求斯出发，经塞舌尔群岛去往印度的航程更短并且更为安全。1756年塞舌尔被正式宣布为法国领土，并以当时法国财政部长的名字命名为"塞舌尔"。1794年5月16日，塞舌尔被英国海军占领。从宣布主权到失去主权，法国对塞舌尔的控制仅仅持续了38年，但其影响却极其深远。1903年8月31日，英国国王爱德华七世正式宣布塞舌尔英国殖民地的地位。1970年实行内部自治。1976年6月29日宣告独立，成立塞舌尔共和国，仍留在英联邦内。

2. 人民与文化

塞舌尔人是肤色各异的克里奥尔人，白、黑、棕、黄、红，什么人种都有。不管什么颜色，他们都自称为一个民族——克里奥尔（Creole），克里奥尔一词原意是"混合"，泛指世界上那些由葡萄牙语、英语、法语以及非洲语言混合并简化而生的语言，美国南部、加勒比地区以及西非的一些地方所说的语言也都统称为克里奥尔语。说这些语言的克里奥尔人，通常也是经过多代混血的，他们可能同时拥有来自非、欧、亚三大陆的血统。

塞舌尔人是典型的克里奥尔人，维多利亚市独立大厦前圆形广场上矗立着一座三只飞翔的海鸥雕塑，象征着塞舌尔人民来自欧、亚、非三大洲。在塞舌尔，不同肤色、不同宗教信仰的人和睦相处，人民生活悠闲自在。2015年塞舌尔人口为95 000人，其中25 000人居住在首都维多利亚。塞舌尔是多民族国家。居民主要由班图人（非洲移民）、克里奥人（欧非等混血）、印巴后裔（亚洲移民）、英法后裔（欧洲移民）和华人后裔（亚洲移民）等组成。克里奥尔语为国语，通用英语和法语。居民信奉罗马天主教、英国圣公会教、伊斯兰教、印度教或其他宗教。

塞舌尔人热爱音乐，几乎人人能歌善舞。当地音乐风格叫作 Sega，据称是非洲部落音乐在印度洋岛国的"海洋版"，节奏欢快，让人忍不住会跟着音乐轻轻摇摆。热情好客更是塞舌尔人引以为自豪的民族习性。

3. 社会经济发展

塞舌尔经济不发达，工农业基础非常薄弱，以旅游、渔业和少量手工业为主。农业基础薄弱，可耕地仅约1万公顷，主要种植椰子、肉桂、华尼拉、茶叶、薄荷等经济作物。粮食、肉类、蔬菜、生活用品和生产资料大都依赖进口，价格昂贵。渔业为经济第二大支柱，渔业资源丰富，鱼类产品位居出口商品首位，金枪鱼罐头和对虾分别为塞第一、第二大出口商品。国家收入大部分依赖入境观光客的消费，旅游业为塞舌尔经济第一支柱，创造七成以上的国内生产总值。国家实行免费教育、医疗、终身保健制度等高福利政策。根据联合国开发计划署2009年度人类发展报告，塞舌尔在世界182国中排名第57位，在非洲排名第一，属最适合人类居住的国家之一。[①]

二、旅游发展现状

1. 旅游资源

塞舌尔风景秀丽，全境50%以上地区被辟为自然保护区，享有"旅游者天堂"的美誉，1993年在世界十大旅游点评选中名列第三。主要景点有马埃岛、普拉兰岛、拉迪格岛和伯德岛等。其中马埃岛上的拉塞尔自然保护区占地65公顷，拥有种类齐全的热带水果树木和成群的象龟。拉塞尔是马埃岛上最大的自然保护区。

踏上塞舌尔第一大岛马埃岛，眼前便呈现出这样一副景色：奇峰幽谷，巍峨多姿。云遮雾罩的群峰之上，林木扶疏，葱茏碧透，千藤万蔓，铺天盖地，景色清幽而绚丽。还有遍布海滨、山坡、高地的一块块奇岸异石，有的似睡狮，有的像苍鹰，有的如奔马，有的类仙鹤，好一个巧夺天工的天然雕塑场。

旅游业为塞舌尔第一大经济支柱，直接或间接创造了约72%的国内生产总值，每年给塞舌尔带来1亿多美元外汇收入，约占外汇总收入的70%，并创造了30%的就业。根据塞舌尔国家统计局公布的数据，2017年，塞舌尔旅游业再创新高，入境塞舌尔的旅游人数将近35万人，同比增长15.4%。旅游者主要来自法国、意大利、德国、英国、南非、俄罗斯、阿联酋和中国等。

---

① 资料来源：塞舌尔百度百科http://baike.baidu.com/link?url=VjiZtO7wHXKR5_-f8tRHnlxBG3c4PG5c MyGRORgtE5q-C1RFBLibCsKRB0zjARe1JTWTDn_AX1f49-RHbn3cdS7GRbuQSv3_Kj9xSvlW1OC- FcCWDDh9_x6UYsnw-S1G。

2. 主要旅游景区

塞舌尔本土文明较为明显，在各处都可见到克里奥的古朴传统与现代的豪华设施共同存在的现象，富有独特的旅游魅力。主要旅游景区包括坐落在普拉兰岛中心的世界上最小的自然遗产五月谷（Vallee de Mai）；每年吸引着10多万欧洲旅游者的圣地、长达4公里的世界排名第三的博瓦隆白沙滩（Beau Vallon Bay）；犹如巧夺天工的天然雕塑场的第一大岛——马埃岛；塞舌尔唯一的城市和港口首都维多利亚；位于普拉兰岛东北、长约1公里的拉齐奥海滩；仿制伦敦大本钟、高约5米的"小本钟"；以及塞舌尔植物园、海洋公园、凤凰岭、唐僧石与八戒石等。

除了马埃和普拉兰以外，还有一些世界上独一无二的小岛，如拉迪格岛、朦胧岛、鸟岛、圣丹尼斯岛、达罗什岛、阿方索岛、北岛和弗莱格特岛等小岛上都有酒店，都是喜爱安静的游客最中意的地方。具有东南亚美食风格的克里奥尔（Creole）美食、价格便宜的龙虾和石斑鱼，以及老店"玛丽安东耐特"餐馆的鹦鹉鱼糊、茄子咖喱鸡等塞舌尔美食深受游客喜爱。海椰子、大旱龟、鲨鱼牙齿、各种木雕、贝壳饰品、香料等都是游客喜爱的特色旅游产品（董建博等，2010）。

三、旅游规划与开发特点

1. 旅游资源定位

塞舌尔群岛当地政府规定的一个独特旅游发展方针——只吸引消费能力高的旅客，所以塞舌尔群岛上的种种旅游消费均较高。各种环保税和机场税等税收也都很高。供游客使用的建筑也都极其奢华，塞舌尔北岛酒店和弗雷格特岛（Fregate）酒店，曾在《福布斯》评出的世界最贵十大酒店中分别排名第二和第三。它们是世界各地的富豪和明星首选的旅行下榻地。塞舌尔营造了高档旅游目的地的形象，令一般游客望洋兴叹。不过，最近塞舌尔国民议会一致通过一项动议，允许具备适当条件的塞舌尔家庭接待游客，并向游客提供真正的克里奥特色款待服务。这样或许可以大大节省一些游客的旅行成本。

2. 旅游产业发展规划

旅游业为塞舌尔第一大经济支柱产业，在创造外汇和增加就业率方面做出了突出贡献。目前塞舌尔每年接待外国游客约14万，主要来自法国、英国、德国、意大利、瑞士、美国和南非等发达国家。其旅游规划也以高端人群为主，具有以下产业规划特点。

（1）旅游资源以典型的Sun（阳光）、Sand（沙滩）、Sea（大海）和Seafood（海鲜）等海岛资源及独特的生物资源见长。

（2）环保意识较浓，环境保护工作到位，使优美的旅游环境得以永续。

（3）旅游服务主要面向高端顾客，是世界名流的旅行目的地。

（4）旅游业经营模式以政府主导，体现浓厚本土风情。
（5）旅游业收入占本国的 GDP 比例极高，是代表性的旅游支柱型国民经济。

3. 旅游区的环境强化战略

塞舌尔环保机制非常完备。首先，塞舌尔全境 50% 以上地区被辟为自然保护区，在这些自然保护区内都长期严格执行环保法规。这得以使塞舌尔保存了被发现之初的原貌，使得自然生态环境免遭破坏。

其次，塞舌尔共有两个联合国教科文组织的世界遗产地。一个是阿尔达布拉环礁，那里有世界上最高的珊瑚礁与大约 15 万只成群的象龟。另一个是在普拉斯林岛上的玛依谷地自然保护区，在那里保存着一片世界上独一无二的海椰子树，政府一直加以大力保护。

另外，塞舌尔还对每个到访的游客开征一定数额的旅游税收，以资助当地环境保护事业。塞舌尔还完善废物管理规划，开展了清洁发展机制、碳排放权交易方面的研究工作。

为控制环境容量和保护海岛生态环境，塞舌尔政府在决定具体海岛是否开发时，就已充分考虑对生态环境保护进行规划，如果条件不允许宁可不开发也不去危及海岛生态环境。塞舌尔政府为每个度假岛屿制定了严格的环境控制措施，如严格控制树木砍伐，每砍一棵树都要报环境部审批。要有适当的废物处理系统等（董建博等，2010）。

四、经验借鉴与讨论

1. 岛屿旅游业的发展要与当地资源很好地结合，做到因地制宜

要充分利用现有的资源打造独特的风格和功能定位，做到旅游资源的合理充分利用。比如，热带岛屿由于水温较高，海域内生物量较多，可以借鉴毛里求斯和塞舌尔群岛经验，推广潜水运动和海底观光等旅游项目，用海钓及冲浪等其他配套服务来吸引顾客。而在靠北的温带一些渔港岛屿则可以突出渔港文化，加快渔港的景观改造，深度开发渔港观光休闲，像塞舌尔那样旅游开发与当地民风紧密结合，开展富于本土特色的活动，增加参与性和娱乐性的内容。在开发中注重当地传统文化与现代文化相结合、当地传统与休闲娱乐、餐饮等发展相结合、当地传统与现代新型海岛渔村的建设相结合，向产业化、规模化、效益化发展。

2. 全面开展海岛资源调查，实现岛与海和谐共同开发

要像塞舌尔、马尔代夫、毛里求斯旅游规划一样，首先通过对海岛系统科学地调查，做到准确掌握每一个海岛的及其周边海域的基础数据，包括海岛地理位置、面积、地质地貌、气候、环流、植被及其他生物资源等方面的具体状况，为海岛开发规划打下基础。在开发时，要做到岛与海域相结合，相得益彰，使资源利用在可持续的范围内达到最大化，而不能只注重岛屿开发，而忽视了海域的开

发利用，顾此失彼。其实很多海域富有挑战性、刺激性的运动，如海钓、冲浪等参与性强的项目在开发旅游项目时一定要很好地开发利用，只有更大程度地开发这些参与性强的旅游项目，顺应旅游市场发展趋势，才能提高旅游产品的吸引力，增加旅游地的含金量。

3. 以科学发展观指导海岛开发，环保先行，实现可持续发展

在开发海岛及周围海域也应该采取严格的生态保护措施，防止海域生态环境因岛屿的旅游开发而遭到破坏。要正确处理好开发与保护的关系，妥善处理开发与传统渔民和当地居民的关系，努力提高当地居民以及游客的环保意识，以期实现可持续发展。另外，环境与客流量是相辅相成的关系。环境优美是吸引更多游客的一个重要因素。

4. 科学制订海岛开发规划，完善海岛开发保护政策措施

根据海岛开发的自身特点，积极探索海岛开发行政管理和经营管理模式：对具备开发的海岛进行开发，同时加强海岛开发的科学论证，明确被开发海岛的开发规模、方式，以及完善生态环境保护的措施。要积极引导，加强规范和管理，开发出一批上规模、上档次的休闲渔业项目，这样既可以尽可能避免开发项目的近距离重复，充分利用岛屿之间的海域，突出海岛特色，又有助于提高景区开发的实力，提高旅游产品的竞争力，从而提高旅游产品的经济效益。

5. 加快海岛开发立法

塞舌尔、马尔代夫、毛里求斯等海岛旅游胜地都有有关海岛开发方面的立法。借鉴各国海岛开发立法的经验，加快我国海岛开发立法步伐，依法规范海岛开发行为，完善海岛开发的制度措施。同时，要加强对海岛开发监督，提高政府管理和服务水平。切实保护好海岛环境及海岛资源的永续利用（董建博等，2010）。

第五节　万达长白山

一、概况[①]

1. 区域位置

长白山国际度假区位于吉林省抚松市境内，总占地21平方千米，其中建设用地11.5平方千米。度假区紧邻营抚高速和松江河镇火车站，距长白山机场10千米，距天池20千米，地理位置优越。项目总投资200亿元，由万达集团等六

[①] 资料来源：万达长白山国际度假区考察报告 https://wenku.baidu.com/view/1856440259eef8c75fbfb351.html。

家企业联合投资，是中国目前投资额最大的旅游项目之一。该项目已被吉林省政府批准成为长白山旅游接待中心的重点建设项目，是全省集中力量建设的旅游接待基地之一，享受省级经济开发区的特惠待遇。

2. 定位及目标

长白山国际旅游度假区以冰雪运动为品牌，以体育休闲、度假疗养、商务会议和自然观光为主导，突出长白山森林生态魅力和北国冰雪风光。度假区以体育娱乐服务业、生态休闲度假产业、商务度假服务业、旅游地产为核心，发展具有持续创新力、高科技设施和综合服务功能的现代化度假区。度假区通过重点开展滑雪、高尔夫等旅游度假项目，突出体育休闲与长白山森林风光的特色，将建设成为亚洲顶级的示范线冰雪运动基地和滑雪爱好者的天堂，将于长白山风景名胜区旅游事业联动发展，提高旅游业综合服务等级，打造世界级水平的生态、文化、时尚、创新高度融合的旅游目的地。

3. 功能分区

项目由南区和北区共同构成。南区为旅游度假区，包括国际一流滑雪场、星级酒店群、旅游小镇等运动、休闲配套。北区为松江新城，建设可容纳30万人居住生活的旅游服务新城。

二、旅游发展现状[①]

滑雪场：总面积达到约7平方千米，包括43条各类型滑雪道，落差约438米。滑雪场可以同时容纳8000位滑雪者。达到冬奥会等国际赛事要求。2011年11月滑雪场开业，至2013年雪期完毕，第一年共计接待游客约80万人。

高尔夫：长白山度假区建成54洞锦标赛高尔夫球场，其中36洞由罗伯特琼斯二世设计，另18洞由尼克劳斯设计，两个球场的规划设计和建设投资均达到世界顶级水平，成为高尔夫球手们心中向往的圣地。

酒店：长白山国际旅游度假区共规划有9个顶级度假酒店，客房总数超过3000套。根据调研，进入旺季时，其酒店的入住率约为85%。

旅游商业小镇：度假小镇是由四大业态构成，共有商铺60余家。包括餐饮业态、精品业态、服装业态、娱乐业态。

长白山大剧院：大剧院采用世界最先进的音响及舞台设备，共计可容纳观众600余人。目前吉林省青年歌舞团长年驻场演出。

雪山山顶餐厅：山顶餐厅位于1200米的雪峰制高点，为中国海拔最高的餐厅。由吊箱索道及吊椅直达餐厅，餐厅为山地原木建筑，可俯瞰滑雪场，远眺长白山，为度假区地标性建筑。

---

① 资料来源：旅游地产案例分析 https://wenku.baidu.com/view/4fadfa67f78a6529647d53c7.html。

温泉洗浴中心：洗浴中心引入长白山独特的富含多种矿物质的温泉水，其温泉素有"神水"之称，具有较高医疗价值。

萨满文化中心：长白山是满族萨满文化的起源地之一，以萨满文化为文化载体，体现长白山度假区的文化内蕴。

三、旅游规划与开发特点[①]

长白山丰厚的景观资源、优越的地理和人文历史条件蕴含着巨大的开发潜能。而我国正处于观光旅游向休闲体验旅游发展的过渡期，以高山滑雪为主的"白色旅游"浪潮悄然兴起；恰逢国家正在实施的财政政策和适当宽松的货币政策，以扩大投资、拉动内需应对全球性经济危机，这些都为长白山旅游业带来了难得的发展机遇。省、市、县领导高度重视长白山旅游开发，并达成共识：加强长白山旅游开发的时机到了，长白山旅游已进入高层次的开发阶段。三级政府将为长白山开发提供全方位、高质量的服务与支持，共同把长白山旅游资源打造成精品。

长白山国际度假区是一个集旅游、会议、休闲、商业、娱乐等功能于一体的山地度假综合体，被规划为滑雪场、高端度假酒店群、旅游小镇等3个主要功能区。也只有这样的旅游目的地，才可以产生巨大的影响力和消费能力。旅游休闲离不开娱乐，更离不开商业服务。长白山国际度假区建设了由运动服务、休闲体验、生活服务、应急服务以及特色商品五类商业功能组成的欧洲小镇，与滑雪服务中心、星级酒店群有机结合，同时根据不同的项目，再配合以文化商业和旅游的要素，如商业街、美术馆、博物馆、医疗、教育中心等，形成了集"主题项目＋商业地产＋酒店＋住宅＋文化产业＋百货业"于一体的复合旅游地产模式。

四、经验借鉴与讨论

1. 旅游地产整合旅游要素

中国是旅游资源最丰富的国家，伴随着旅游业的快速发展，旅游地产作为房地产行业中的一个新兴市场，是市场细分与深化的结果。旅游天然就是体验，谈到旅游地产的营销，旅游地产体验营销为企业提供了一种全新的营销模式，体验营销的最新模式即为品牌化。许多消费者认可品牌，许多商家，包括旅游地产，更是全面推动和实现品牌化效应。长白山国际旅游度假区，是万达集团投资200多亿元在东北地区开发的第一个旅游地产项目，万达集团对旅游投资地的选择最重要的前提，是要看这个地方是否具备把简单的旅游要素用更强有力的手段组织在一起，并形成一个更加有影响力整体的旅游地。

---

① 资料来源：百度百科 https://baike.baidu.com/item/长白山国际旅游度假区/9924579?fr=aladdin。

2. 旅游地产投资回报率

旅游地产沉淀资金量大，投资回报周期长。长白山项目的建设成本之高，出乎万达的预料。"谁都没有料到这儿的资源这么匮乏。"虽然通过与政府运作，地价十分便宜，但是当地劳动力短缺，当地没有建筑材料，当地交通不方便，运输成本高，整体建设成本并不低。巨量资金的旅游地产投资，势必要求强有力的营销，吸引顾客，回收资本，创造利润。

3. 期待旅游业出现奇迹

万达希望依赖长白山的旅游资源创造旅游奇迹，抚松县亦提出"北有长白山，南有海南岛"，但是，长白山旅游分北坡、西坡，两坡相距300多公里，万达项目临近西坡。两边各有特色，过去从北坡上山的居多，2013年从西坡上山的占一半，约75万人。现在的游客数量还是太少，要想让这个项目火起来需要培育5年，投资回报则起码要10年，甚至20年。

4. 未可估量的发展前景

万达携手中国泛海、联想控股、辽宁一方集团等投资联盟，与福州马尾区、南平武夷山市、大连金石滩、云南西双版纳分别签署国际旅游度假区项目投资框架协议，计划在琅岐、武夷山、大连、西双版纳等地投资开发大型综合旅游地产项目。万达还准备成立酒店管理公司，将酒店资产从万达商业地产公司剥离到酒店管理公司，以后酒店管理公司既是管理方，又是业主方。万达最初做商业地产时，并没有太多开发商做。而后来金融危机之后，开发商才逐步认识到收租型物业的重要性。现在大连万达集团股份有限公司董事长王健林无疑也是嗅到旅游地产的商机。因为旅游地产相对住宅竞争比较少，而旅游消费正在成为新的亮点。以疯狂的速度，万达在旅游地产之路上急行。

附录A

《中华人民共和国旅游法》中涉及旅游规划的部分内容

2013年4月25日，第十二届全国人民代表大会常务委员会第二次会议通过；2013年4月25日中华人民共和国主席令第3号公布；根据2016年11月7日第十二届全国人民代表大会常务委员会第二十四次会议通过；2016年11月7日中华人民共和国主席令第57号公布，自公布之日起施行的《全国人民代表大会常务委员会关于修改〈中华人民共和国对外贸易法〉等十二部法律的决定》修订。

第三章 旅游规划和促进

第十七条 国务院和县级以上地方人民政府应当将旅游业发展纳入国民经济和社会发展规划。

国务院和省、自治区、直辖市人民政府以及旅游资源丰富的设区的市和县级人民政府，应当按照国民经济和社会发展规划的要求，组织编制旅游发展规划。对跨行政区域且适宜进行整体利用的旅游资源进行利用时，应当由上级人民政府组织编制或者由相关地方人民政府协商编制统一的旅游发展规划。

第十八条 旅游发展规划应当包括旅游业发展的总体要求和发展目标，旅游资源保护和利用的要求和措施，以及旅游产品开发、旅游服务质量提升、旅游文化建设、旅游形象推广、旅游基础设施和公共服务设施建设的要求和促进措施等内容。

根据旅游发展规划，县级以上地方人民政府可以编制重点旅游资源开发利用的专项规划，对特定区域内的旅游项目、设施和服务功能配套提出专门要求。

第十九条 旅游发展规划应当与土地利用总体规划、城乡规划、环境保护规划以及其他自然资源和文物等人文资源的保护和利用规划相衔接。

第二十条 各级人民政府编制土地利用总体规划、城乡规划，应当充分考虑相关旅游项目、设施的空间布局和建设用地要求。规划和建设交通、通信、供水、供电、环保等基础设施和公共服务设施，应当兼顾旅游业发展的需要。

第二十一条　对自然资源和文物等人文资源进行旅游利用，必须严格遵守有关法律、法规的规定，符合资源、生态保护和文物安全的要求，尊重和维护当地传统文化和习俗，维护资源的区域整体性、文化代表性和地域特殊性，并考虑军事设施保护的需要。有关主管部门应当加强对资源保护和旅游利用状况的监督检查。

第二十二条　各级人民政府应当组织对本级政府编制的旅游发展规划的执行情况进行评估，并向社会公布。

第二十三条　国务院和县级以上地方人民政府应当制定并组织实施有利于旅游业持续健康发展的产业政策，推进旅游休闲体系建设，采取措施推动区域旅游合作，鼓励跨区域旅游线路和产品开发，促进旅游与工业、农业、商业、文化、卫生、体育、科教等领域的融合，扶持少数民族地区、革命老区、边远地区和贫困地区旅游业发展。

第二十四条　国务院和县级以上地方人民政府应当根据实际情况安排资金，加强旅游基础设施建设、旅游公共服务和旅游形象推广。

第二十五条　国家制定并实施旅游形象推广战略。国务院旅游主管部门统筹组织国家旅游形象的境外推广工作，建立旅游形象推广机构和网络，开展旅游国际合作与交流。

县级以上地方人民政府统筹组织本地的旅游形象推广工作。

第二十六条　国务院旅游主管部门和县级以上地方人民政府应当根据需要建立旅游公共信息和咨询平台，无偿向旅游者提供旅游景区、线路、交通、气象、住宿、安全、医疗急救等必要信息和咨询服务。设区的市和县级人民政府有关部门应当根据需要在交通枢纽、商业中心和旅游者集中场所设置旅游咨询中心，在景区和通往主要景区的道路设置旅游指示标识。

旅游资源丰富的设区的市和县级人民政府可以根据本地的实际情况，建立旅游客运专线或者游客中转站，为旅游者在城市及周边旅游提供服务。

第二十七条　国家鼓励和支持发展旅游职业教育和培训，提高旅游从业人员素质。

附录 B

《旅游资源分类、调查与评价》
（GB/T 18972—2017）

前　言

本标准按照 GB/T1.1—2009 给出的规则起草。

本标准代替 GB/T 18972—2003《旅游资源分类、调查与评价》。

本标准与 GB/T 18972—2003 相比，除编辑性修改外主要技术差异如下。

——旅游资源分类表做了继承性修编，分类层次和类型上进行了简化。

——旅游资源主类的排序和名称做了调整，将原主类的第五类"遗址遗迹"和原主类的第六类"建筑与设施"前后移位，分别改为第六类和五类；"水域风光""遗址遗迹""旅游商品"分别修改为"水域景观""历史遗迹""旅游购品"。

——旅游资源亚类设置了 23 个，比原亚类总数减少 8 个，主要改变为取消重复类型、同类归并，名称也随之做了相应调整。

——旅游资源基本类型设置了 110 个，比原基本类型总数减少了 45 个，主要改变为同类归并，科学吸纳和整合相关物质和非物质遗产类资源，名称也随之做了相应调整。

本标准由国家旅游局提出。

本标准由全国旅游标准化技术委员会（SAC/TC210）归口。

本标准起草单位：国家旅游局规划财务司、中国科学院地理科学与资源研究所。

本标准主要起草人：彭德成、张树民、方言、尹泽生、陈田、牛亚菲、钟林生、何燕、虞虎、张飞。

本标准所代替标准的历次版本发布情况为：GB/T 18972—2003。

引　言

旅游资源是旅游业发展的基础。我国旅游资源非常丰富，具有广阔的开发前景，在旅游研究、区域开发、资源保护等各方面应用广泛。

本标准充分考虑了 GB/T 18972—2003 颁布以来，旅游界对旅游资源的含义、价值、应用等多方面的研究和实践成果，重点对旅游资源的类型划分进行了修订，使标准更加突出实际操作、突出资源与市场的有机对接以及对旅游资源及其开发利用的综合评价，更加适用于旅游资源开发与保护、旅游规划与项目建设、旅游行业管理与旅游法规建设、旅游资源信息管理与开发利用等方面的工作。

旅游资源分类、调查与评价

1　范围

本标准规定了旅游资源分类、旅游资源调查、旅游资源评价和提交文（图）件。本标准适用于旅游资源开发，其他行业和部门也可参考。

2　规范性引用文件

下列文件对于本文件的应用是必不可少的。凡是注日期的引用文件，仅注日期的版本适用于本文件。凡是不注日期的引用文件，其最新版本（包括所有的修改单）适用于本文件。

GB/T 2260　中华人民共和国行政区代码。

3　术语和定义

下列术语和定义适用于本文件。

3.1　旅游资源 tourism resources

自然界和人类社会凡能对旅游者产生吸引力，可以为旅游业开发利用，并可产生经济效益、社会效益和环境效益的各种事物和现象。

3.2　旅游资源基本类型 fundamental type of tourism resources

按照旅游资源分类标准所划分出的基本单位。

3.3 旅游资源单体 object of tourism resources

可作为独立观赏或利用的旅游资源基本类型的单独个体,包括"独立型旅游资源单体"和由同一类型的独立单体结合在一起的"集合型旅游资源单体"。

3.4 旅游资源调查 investigation of tourism resources

按照旅游资源分类标准,对旅游资源单体进行的研究和记录。

3.5 旅游资源共有因子评价 community factor evaluation of tourism resources

按照旅游资源基本类型所共同拥有的因子对旅游资源单体进行的价值和程度评价。

4 旅游资源分类

4.1 分类原则

依据旅游资源的性状,即现存状况、形态、特性、特征划分。

4.2 分类对象

分为两类:
a)稳定的、客观存在的实体旅游资源;
b)不稳定的、客观存在的事物和现象。

4.3 分类结构

分为"主类""亚类""基本类型"3个层次,每个层次的旅游资源类型有相应的英文字母代号,旅游资源基本类型分类表见附录A。

5 旅游资源调查

5.1 基本要求

5.1.1 应保证成果质量,强调整个运作过程的科学性、客观性、准确性,做到内容简洁和量化。

5.1.2 应充分利用与旅游资源有关的各种资料和研究成果,完成统计、填表和编写调查文件等工作。调查方式以收集、分析、转化、利用这些资料和研究成果为主,并逐个对旅游资源单体进行现场调查核实,包括访问、实地观察、测试、记录、绘图、摄影,必要时进行采样和室内分析。

5.1.3 旅游资源调查分为"旅游资源详查"和"旅游资源概查"两个档次,其调查方式和精度要求不同。

5.2 旅游资源详查

5.2.1 适合范围和要求

适用于了解和掌握整个区域旅游资源全面情况的旅游资源调查。

应完成全部旅游资源调查程序,包括调查准备、实地调查。

应对全部旅游资源单体进行调查,提交全部"旅游资源单体调查表"。

5.2.2 调查准备

调查组成员应具备与该调查区旅游环境、旅游资源、旅游开发有关的专业知识，一般应吸收旅游、环境保护、地学、生物学、建筑园林、历史文化等方面的专业人员参与。

根据本标准的要求，进行技术培训。

准备实地调查所需的设备，如定位仪器、简易测量仪器、影像设备等。

准备多份"旅游资源单体调查表"。

5.2.3 资料收集范围

与旅游资源单体及其赋存环境有关的各类文字描述资料，包括地方志、乡土教材、旅游区与旅游点介绍、规划与专题报告等。

与旅游资源调查区有关的各类图形资料，重点是反映旅游环境与旅游资源的专题地图。

与旅游资源调查区和旅游资源单体有关的各种照片、影像资料。

5.2.4 实地调查程序和方法

确定调查区内的调查小区和调查线路

a）可将整个调查区分为"调查小区"。调查小区一般按行政区划分（如省级一级的调查区，可将地区一级的行政区划分为调查小区；地区一级的调查区，可将县级一级的行政区划分为调查小区；县级一级的调查区，可将乡镇一级的行政区划分为调查小区），也可按现有或规划中的旅游区域划分；

b）调查线路按实际要求设置，应贯穿调查区内所有调查小区和主要旅游资源单体所在的地点。

选定调查对象

a）宜选定下述单体进行重点调查：具有旅游开发前景，有明显经济、社会、文化价值的旅游资源单体；集合型旅游资源单体中具有代表性的部分；代表调查区形象的旅游资源单体；

b）对下列旅游资源单体暂时不宜进行调查：明显品位较低，不具有开发利用价值的；与国家现行法律、法规相违背的；开发后有损于社会形象的或可能造成环境问题的；影响国计民生的；某些位于特定区域内的。

填写《旅游资源单体调查表》

应对每一调查单体分别填写一份《旅游资源单体调查表》（见附录B）。

5.3 旅游资源概查

5.3.1 适用范围和要求

适用于了解和掌握特定区域或专门类型的旅游资源调查。

应对涉及的旅游资源单体进行调查。

5.3.2 调查技术要点

参照 5.2 的要求。

简化工作程序，如不需要成立调查组，调查人员应由其参与的项目组织协调委派；资料收集限定在与专门目的所需要的范围；可不填写或择要填写"旅游资源单体调查表"。

6 旅游资源评价

6.1 总体要求

6.1.1 应按照本标准的旅游资源分类体系对旅游资源单体进行评价。

6.1.2 应采用打分评价方法。

6.1.3 评价应由调查组完成。

6.2 评价体系

6.2.1 根据"旅游资源共有因子综合评价系统"赋分。

6.2.2 本系统设"评价项目"和"评价因子"两个档次。

6.2.3 评价项目为"资源要素价值""资源影响力""附加值"。

6.3 计分方法

6.3.1 基本分值

旅游资源评价项目和评价因子用量值表示（见表1）。资源要素价值和资源影响力总分值为 100 分。

"附加值"中"环境保护与环境安全"，分正分和负分。

每一评价因子分为 4 个档次，其因子分值相应分为 4 档。

表 1 旅游资源评价赋分标准

评价项目	评价因子	评价依据	赋值
资源要素价值（85分）	观赏游憩使用价值（30分）	全部或其中一项具有极高的观赏价值、游憩价值、使用价值。	30-22
		全部或其中一项具有很高的观赏价值、游憩价值、使用价值。	21-13
		全部或其中一项具有较高的观赏价值、游憩价值、使用价值。	12-6
		全部或其中一项具有一般观赏价值、游憩价值、使用价值。	5-1
	历史文化科学艺术价值（25分）	同时或其中一项具有世界意义的历史价值、文化价值、科学价值、艺术价值。	25-20
		同时或其中一项具有全国意义的历史价值、文化价值、科学价值、艺术价值。	19-13
		同时或其中一项具有省级意义的历史价值、文化价值、科学价值、艺术价值。	12-6
		历史价值，或文化价值，或科学价值，或艺术价值具有地区意义。	5-1

续表

评价项目	评价因子	评价依据	赋值
资源要素价值（85分）	珍稀奇特程度（15分）	有大量珍稀物种，或景观异常奇特，或此类现象在其他地区罕见。	15–13
		有较多珍稀物种，或景观奇特，或此类现象在其他地区很少见。	12–9
		有少量珍稀物种，或景观突出，或此类现象在其他地区少见。	8–4
		有个别珍稀物种，或景观比较突出，或此类现象在其他地区较多见。	3–1
	规模、丰度与几率（10分）	独立型旅游资源单体规模、体量巨大；集合型旅游资源单体结构完美、疏密度优良；自然景象和人文活动周期性发生或频率极高。	10–8
		独立型旅游资源单体规模、体量较大；集合型旅游资源单体结构很和谐、疏密度良好；自然景象和人文活动周期性发生或频率很高。	7–5
		独立型旅游资源单体规模、体量中等；集合型旅游资源单体结构和谐、疏密度较好；自然景象和人文活动周期性发生或频率较高。	4–3
		独立型旅游资源单体规模、体量较小；集合型旅游资源单体结构较和谐、疏密度一般；自然景象和人文活动周期性发生或频率较小。	2–1
	完整性（5分）	形态与结构保持完整。	5–4
		形态与结构有少量变化，但不明显。	3
		形态与结构有明显变化。	2
		形态与结构有重大变化。	1
资源影响力（15分）	知名度和影响力（10分）	在世界范围内知名，或构成世界承认的名牌。	10–8
		在全国范围内知名，或构成全国性的名牌。	7–5
		在本省范围内知名，或构成省内的名牌。	4–3
		在本地区范围内知名，或构成本地区名牌。	2–1
	适游期或使用范围（5分）	适宜游览的日期每年超过300天，或适宜于所有游客使用和参与。	5–4
		适宜游览的日期每年超过250天，或适宜于80%左右游客使用和参与。	3
		适宜游览的日期超过150天，或适宜于60%左右游客使用和参与。	2
		适宜游览的日期每年超过100天，或适宜于40%左右游客使用和参与。	1
附加值	环境保护与环境安全	已受到严重污染，或存在严重安全隐患。	−5
		已受到中度污染，或存在明显安全隐患。	−4
		已受到轻度污染，或存在一定安全隐患。	−3
		已有工程保护措施，环境安全得到保证。	3

注："资源要素价值"项目中含"观赏游憩使用价值""历史文化科学艺术价值""珍稀奇特程度""规模、丰度与几率""完整性"等5项评价因子。"资源影响力"项目中含"知名度和影响力""适游期或使用范围"等2项评价因子。"附加值"含"环境保护与环境安全"1项评价因子。

6.3.2 计分与等级划分

根据对旅游资源单体的评价，得出该单体旅游资源共有综合因子评价赋分值（见表2）。

依据旅游资源单体评价总分，将旅游资源评价划分为五个等级。

未获等级旅游资源得分小于等于29分。

表2　旅游资源评价等级与图例

旅游资源等级	得分区间	图例	使用说明
五级旅游资源	≥90分	★	1. 图例大小根据图面大小而定，形状不变。
四级旅游资源	75~89分	■	2. 自然旅游资源（表A.1中主类A、B、C、D）使用蓝色图例；人文旅游资源（表A.1中主类E、F、G、H）使用红色图例。
三级旅游资源	60~74分	◆	
二级旅游资源	45~59分	▲	
一级旅游资源	30~44分	●	
注：五级旅游资源称为"特品级旅游资源"；五级、四级、三级旅游资源通称为"优良级旅游资源"；二级、一级旅游资源通称为"普通级旅游资源"。			

7　提交文（图）件

7.1　文（图）件内容和编写要求

7.1.1　全部文（图）件应包括《旅游资源调查区实际资料表》《旅游资源图》《旅游资源调查报告》。

7.1.2　旅游资源详查和旅游资源概查的文（图）件类型和精度不同，旅游资源详查应完成全部文（图）件，包括填写《旅游资源调查区实际资料表》，编绘《旅游资源地图》，编写《旅游资源调查报告》。旅游资源概查应编绘《旅游资源地图》，其他文件应根据需要选择编写。

7.2　文（图）件产生方式

7.2.1　《旅游资源调查区实际资料表》的填写

调查区旅游资源调查、评价结束后，应由调查组填写。

按照附录C规定的栏目填写，栏目内容包括：

a）调查区基本资料；

b）各层次旅游资源数量统计；

c）各主类、亚类旅游资源基本类型数量统计；

d）各级旅游资源单体数量统计；

e）优良级旅游资源单体名录；

f）调查组主要成员；

g）主要技术存档材料。

本表同样适用于调查小区实际资料的填写。

7.2.2　《旅游资源图》的编绘

《旅游资源图》分"旅游资源图"和"优良级旅游资源图"。

"旅游资源图"，表现五级、四级、三级、二级、一级旅游资源单体。

"优良级旅游资源图",表现五级、四级、三级旅游资源单体。

编绘程序与方法

准备等高线地形图和调查区政区地图等工作底图：

a）等高线地形图：比例尺视调查区的面积大小而定，较大面积的调查区为（1:50 000）—（1:200 000），较小面积的调查区为（1:5000）—（1:25 000），特殊情况下为更大比例尺；

b）调查区政区地图。

在工作底图的实际位置上标注旅游资源单体（部分集合型单体可将范围绘出）。各级旅游资源应用表2中的图例。

单体符号一侧加注旅游资源单体代号或单体序号。

7.2.3 《旅游资源调查报告》的编写

各调查区编写的旅游资源调查报告，基本篇目如下：

a）前言；
b）第一章 调查区旅游环境；
c）第二章 旅游资源开发历史和现状；
d）第三章 旅游资源基本类型；
e）第四章 旅游资源评价；
f）第五章 旅游资源保护与开发建议；
g）主要参考文献；
h）附图：《旅游资源图》或《优良级旅游资源图》。

附录 A
（规范性附录）
旅游资源基本类型释义

基本类型释义见表 A.1。

A.1 旅游资源基本类型释义

主类	亚类	基本类型	简要说明
A 地文景观	AA 自然景观综合体	AAA 山丘型景观	山地丘陵内可供观光游览的整体景观或个别景观。
		AAB 台地型景观	山地边缘或山间台状可供观光游览的整体景观或个别景观。
		AAC 沟谷型景观	沟谷内可供观光游览的整体景观或个体景观。
		AAD 滩地型景观	缓平滩地内可供观光游览的整体景观或个别景观。

续表

主类	亚类	基本类型	简要说明
A 地文景观	AB 地质与构造形迹	ABA 断裂景观	地层断裂在地表面形成的景观。
		ABB 褶曲景观	地层在各种内力作用下形成的扭曲变形。
		ABC 地层剖面	地层中具有科学意义的典型剖面。
		ABD 生物化石点	保存在地层中的地质时期的生物遗体、遗骸及活动遗迹的发掘地点。
	AC 地表形态	ACA 台丘状地景	台地和丘陵形状的地貌景观。
		ACB 峰柱状地景	在山地、丘陵或平地上突起的峰状石体。
		ACC 垄岗状地景	构造形迹的控制下长期受溶蚀作用形成的岩溶地貌。
		ACD 沟壑与洞穴	由内营力塑造或外营力侵蚀形成的沟谷、劣地,以及位于基岩内和岩石表面的天然洞穴。
		ACE 奇特与象形山石	形状奇异、拟人状物的山体或石体。
		ACF 岩土圈灾变遗迹	岩石圈自然灾害变动所留下的表面痕迹。
	AD 自然标记与自然现象	ADA 奇异自然现象	发生在地表一般还没有合理解释的自然界奇特现象。
		ADB 自然标志地	标志特殊地理、自然区域的地点。
		ADC 垂直自然带	山地自然景观及其自然要素(主要是地貌、气候、植被、土壤)随海拔呈递变规律的现象。
B 水域景观	BA 河系	BAA 游憩河段	可供观光游览的河流段落。
		BAB 瀑布	河水在流经断层、凹陷等地区时垂直从高空跌落的跌水。
		BAC 古河道段落	已经消失的历史河道现存段落。
	BB 湖沼	BBA 游憩湖区	湖泊水体的观光游览区与段落。
		BBB 潭池	四周有岸的小片水域。
		BBC 湿地	天然或人工形成的沼泽地等带有静止或流动水体的成片浅水区。
	BC 地下水	BCA 泉	地下水的天然露头。
		BCB 埋藏水体	埋藏于地下的温度适宜、具有矿物元素的地下热水、热汽。
	BD 冰雪地	BDA 积雪地	长时间不融化的降雪堆积面。
		BDB 现代冰川	现代冰川存留区域。
	BE 海面	BEA 游憩海域	可供观光游憩的海上区域。
		BEB 涌潮与击浪现象	海水大潮时潮水涌进景象,以及海浪推进时的击岸现象。
		BEC 小型岛礁	出现在江海中的小型明礁或暗礁。

续表

主类	亚类	基本类型	简要说明
C 生物景观	CA 植被景观	CAA 林地	生长在一起的大片树木组成的植物群体。
		CAB 独树与丛树	单株或生长在一起的小片树林组成的植物群体。
		CAC 草地	以多年生草本植物或小半灌木组成的植物群落构成的地区。
		CCD 花卉地	一种或多种花卉组成的群体。
	CB 野生动物栖息地	CBA 水生动物栖息地	一种或多种水生动物常年或季节性栖息的地方。
		CBB 陆地动物栖息地	一种或多种陆地野生哺乳动物、两栖动物、爬行动物等常年或季节性栖息的地方。
		CBC 鸟类栖息地	一种或多种鸟类常年或季节性栖息的地方。
		CBD 蝶类栖息地	一种或多种蝶类常年或季节性栖息的地方。
D 天象与气候景观	DA 天象景观	DAA 太空景象观赏地	观察各种日、月、星辰、极光等太空现象的地方。
		DAB 地表光现象	发生在地面上的天然或人工光现象。
	DB 天气与气候现象	DBA 云雾多发区	云雾及雾凇、雨凇出现频率较高的地方。
		DBB 极端与特殊气候显示地	易出现极端与特殊气候的地区或地点,如风区、雨区、热区、寒区、旱区等典型地点。
		DBC 物候景象	各种植物的发芽、展叶、开花、结实、叶变色、落叶等季变现象。
E 建筑与设施	EA 人文景观综合体	EAA 社会与商贸活动场所	进行社会交往活动、商业贸易活动的场所。
		EAB 军事遗址与古战场	古时用于战事的场所、建筑物和设施遗存。
		EAC 教学科研实验场所	各类学校和教育单位、开展科学研究的机构和从事工程技术试验场所的观光、研究、实习的地方。
		EAD 建设工程与生产地	经济开发工程和实体单位,如工厂、矿区、农田、牧场、林场、茶园、养殖场、加工企业以及各类生产部门的生产区域和生产线。
		EAE 文化活动场所	进行文化活动、展览、科学技术普及的场所。
		EAF 康体游乐休闲度假地	具有康乐、健身、休闲、疗养、度假条件的地方。
		EAG 宗教与祭祀活动场所	进行宗教、祭祀、礼仪活动场所的地方。
		EAH 交通运输场站	用于运输通行的地面场站等。
		EAI 纪念地与纪念活动场所	为纪念故人或开展各种宗教祭祀、礼仪活动的馆室或场地。

续表

主类	亚类	基本类型	简要说明
E 建筑与设施	EB 实用建筑与核心设施	EBA 特色街区	反映某一时代建筑风貌，或经营专门特色商品和商业服务的街道。
		EBB 特性屋舍	具有观赏游览功能的房屋。
		EBC 独立厅、室、馆	具有观赏游览功能的景观建筑。
		EBD 独立场、所	具有观赏游览功能的文化、体育场馆等空间场所。
		EBE 桥梁	跨越河流、山谷、障碍物或其他交通线而修建的架空通道。
		EBF 渠道、运河段落	正在运行的人工开凿的水道段落。
		EBG 堤坝段落	防水、挡水的构筑物段落。
		EBH 港口、渡口与码头	位于江、河、湖、海沿岸进行航运、过渡、商贸、渔业活动的地方。
		EBI 洞窟	由水的溶蚀、侵蚀和风蚀作用形成的可进入的地下空洞。
		EBJ 陵墓	帝王、诸侯陵寝及领袖先烈的坟墓。
		EBK 景观农田	具有一定观赏游览功能的农田。
		EBL 景观牧场	具有一定观赏游览功能的牧场。
		EBM 景观林场	具有一定观赏游览功能的林场。
		EBN 景观养殖场	具有一定观赏、游览功能的养殖场。
		EBO 特色店铺	具有一定观光游览功能的店铺。
		EBP 特色市场	具有一定观光游览功能的市场。
E 建筑与设施	EC 景观与小品建筑	ECA 形象标志物	能反映某处旅游形象的标志物。
		ECB 观景点	用于景观观赏的场所。
		ECC 亭、台、楼、阁	供游客休息、乘凉或观景用的建筑。
		ECD 书画作品	具有一定知名度的书画作品。
		ECE 雕塑	用于美化或纪念而雕刻塑造、具有一定寓意、象征或象形的观赏物和纪念物。
		ECF 碑碣、碑林、经幢	雕刻记录文字、经文的群体刻石或多角形石柱。
		ECG 牌坊牌楼、影壁	为表彰功勋、科第、德政以及忠孝节义所立的建筑物，以及中国传统建筑中用于遮挡视线的墙壁。
		ECH 门廊、廊道	门头廊形装饰物，不同于两侧基质的狭长地带。

续表

主类	亚类	基本类型	简要说明
E 建筑与设施	EC 景观与小品建筑	ECI 塔形建筑	具有纪念、镇物、标明风水和某些实用目的的直立建筑物。
		ECJ 景观步道、甬路	用于观光游览行走而砌成的小路。
		ECK 花草坪	天然或人造的种满花草的地面。
		ECL 水井	用于生活、灌溉用的取水设施。
		ECM 喷泉	人造的由地下喷射水至地面的喷水设备。
		ECN 堆石	由石头堆砌或填筑形成的景观。
F 历史遗迹	FA 物质类文化遗存	FAA 建筑遗迹	具有地方风格和历史色彩的历史建筑遗存。
		FAB 可移动文物	历史上各时代重要实物、艺术品、文献、手稿、图书资料、代表性实物等,分为珍贵文物和一般文物。
	FB 非物质类文化遗存	FBA 民间文学艺术	民间对社会生活进行形象的概括而创作的文学艺术作品。
		FBB 地方习俗	社会文化中长期形成的风尚、礼节、习惯及禁忌等。
		FBC 传统服饰装饰	具有地方和民族特色的衣饰。
		FBD 传统演艺	民间各种传统表演方式。
		FBE 传统医药	当地传统留存的医药制品和治疗方式。
		FBF 传统体育赛事	当地定期举行的体育比赛活动。
G 旅游购品	GA 农业产品	GAA 种植业产品及制品	具有跨地区声望的当地生产的种植业产品及制品。
		GAB 林业产品与制品	具有跨地区声望的当地生产的林业产品及制品。
		GAC 畜牧业产品与制品	具有跨地区声望的当地生产的畜牧产品及制品。
		GAD 水产品及制品	具有跨地区声望的当地生产的水产品及制品。
		GAE 养殖业产品与制品	具有跨地区声望的养殖业产品及制品。
	GB 工业产品	GBA 日用工业品	具有跨地区声望的当地生产的日用工业品。
		GBB 旅游装备产品	具有跨地区声望的当地生产的户外旅游装备和物品。

续表

主类	亚类	基本类型	简要说明
G 旅游购品	GC 手工工艺品	GCA 文房用品	文房书斋的主要文具。
		GCB 织品、染织	纺织及用染色印花织物。
		GCC 家具	生活、工作或社会实践中供人们坐、卧或支撑与贮存物品的器具。
		GCD 陶瓷	由瓷石、高岭土、石英石、莫来石等烧制而成,外表施有玻璃质釉或彩绘的物器。
		GCE 金石雕刻、雕塑制品	用金属、石料或木头等材料雕刻的工艺品。
		GCF 金石器	用金属、石料制成的具有观赏价值的器物。
		GCG 纸艺与灯艺	以纸材质和灯饰材料为主要材料制成的平面或立体的艺术品。
		GCH 画作	具有一定观赏价值的手工画成作品。
H 人文活动	HA 人事活动记录	HAA 地方人物	当地历史和现代名人。
		HAB 地方事件	当地发生过的历史和现代事件。
	HB 岁时节令	HBA 宗教活动与庙会	宗教信徒举办的礼仪活动,以及节日或规定日子里在寺庙附近或既定地点举行的聚会。
		HBB 农时节日	当地与农业生产息息相关的传统节日。
		HBC 现代节庆	当地定期或不定期的文化、商贸、体育活动等。
8	23	110	

注:如果发现本分类没有包括的基本类型时,使用者可自行增加。增加的基本类型可归入相应亚类,置于最后,最多可增加2个。编号方式为:增加第1个基本类型时,该亚类2位汉语拼音字母+Z、增加第2个基本类型时,该亚类2位汉语拼音字母+Y。

附录 B
（规范性附录）
旅游资源单体调查表格式

旅游资源单体调查表格式见表 B.1。

表 B.1 （单体序号单体名称）旅游资源单体调查表

基本类型：

代号	：其他代号：①；②
行政位置	
地理位置	东经　°　′　″，北纬　°　′　″
性质与特征（单体性质、形态、结构、组成成分的外在表现和内在因素，以及单体生成过程、演化历史、人事影响等主要环境因素）	
旅游区域及进出条件［单体所在地区的具体部位、进出交通、与周边旅游集散地和主要旅游区（点）之间关系］：	

续表

保护与开发现状（单体保存现状、保护措施、开发情况）：

共有因子评价问题（你认为本单体属于下列评价项目中的哪个档次，应该得多少分，在最后的一列内写上分数）

评价项目	档次	本档次规定得分	你认为应得的分数
单体为游客提供的观赏价值，或游憩价值，或使用价值	全部或其中一项具有极高的观赏价值、游憩价值、使用价值。	30-22	
	全部或其中一项具有很高的观赏价值、游憩价值、使用价值。	21-13	
	全部或其中一项具有较高的观赏价值、游憩价值、使用价值。	12-6	
	全部或其中一项具有一般观赏价值、游憩价值、使用价值。	5-1	
单体蕴含的历史价值，或文化价值，或科学价值，或艺术价值	同时或其中一项具有世界意义的历史价值、文化价值、科学价值、艺术价值。	25-20	
	同时或其中一项具有全国意义的历史价值、文化价值、科学价值、艺术价值。	19-23	
	同时或其中一项具有省级意义的历史价值、文化价值、科学价值、艺术价值。	12-6	
	历史价值，或文化价值，或科学价值，或艺术价值具有地区意义。	5-1	
物种珍稀性，景观奇特性，现象遍在性在各地的常见性	有大量珍稀物种，或景观异常奇特，或此类现象在其他地区罕见。	15-13	
	有较多珍稀物种，或景观奇特，或此类现象在其他地区很少见。	12-9	
	有少量珍稀物种，或景观突出，或此类现象在其他地区少见。	8-4	
	有个别珍稀物种，或景观比较突出，或此类现象在其他地区较多见。	3-1	

续表

评价项目	档次	本档次规定得分	你认为应得的分数
个体规模大小，群体结构丰满性和疏密度，现象常见性	独立型单体规模、体量巨大；组合型旅游资源单体结构完美、疏密度优良级；自然景象和人文活动周期性发生或频率极高。	10-8	
	独立型单体规模、体量较大；组合型旅游资源单体结构很和谐、疏密度良好；自然景象和人文活动周期性发生或频率很高。	7-5	
	独立型单体规模、体量中等；组合型旅游资源单体结构和谐、疏密度较好；自然景象和人文活动周期性发生或频率较高。	4-3	
	独立型单体规模、体量较小；组合型旅游资源单体结构较和谐、疏密度一般；自然景象和人文活动周期性发生或频率较小。	21	
自然或人为干扰和破坏情况，保存完整情况	保持原来形态和结构。	5-4	
	形态与结构有少量变化，但不明显。	3	
	形态与结构有明显变化。	2	
	形态与结构有重大变化。	1	
知名度和品牌度	在世界范围内知名，或构成世界承认的名牌。	10-8	
	在全国范围内知名，或构成全国性的名牌。	7-5	
	在本省范围内知名，或构成省内的名牌。	4-3	
	在本地区范围内知名，或构成本地区名牌。	2-1	
适游时间或服务游客情况	适宜游览的日期每年超过300天，或适宜于所有游客使用和参与。	5-4	
	适宜游览的日期每年超过250天，或适宜于80%左右游客使用和参与。	3	
	适宜游览的日期超过150天，或适宜于60%左右游客使用和参与。	2	
	适宜游览的日期每年超过100天，或适宜于40%左右游客使用和参与。	1	
受污染情况，环境条件及保护措施	已受到严重污染，或存在严重安全隐患。	-5	
	已受到重度污染，或存在明显安全隐患。	-4	
	已受到轻度污染，或存在一定安全隐患。	-3	
	已有工程保护措施，环境安全得到保证。	3	
本单体得分	本单体可能的等级	级	填表人	调查日期	年 月 日

续表

注1：单体序号：由调查组确定的旅游资源单体顺序号码。

注2：单体名称：旅游资源单体的常用名称。

注3："代号"项：代号用汉语拼音字母和阿拉伯数字表示，即"表示单体所处位置的汉语拼音字母－表示单体所属类型的汉语拼音字母－表示单体在调查区内次序的阿拉伯数字"。

如果单体所处的调查区是县级和县级以上行政区，则单体代号按"国家标准行政代码（省代号2位－地区代号3位－县代号3位，参见GB/T 2260）－旅游资源基本类型代号3位－旅游资源单体序号2位"的方式设置，共5组13位数，每组之间用短线"－"连接。

如果单体所处的调查区是县级以下的行政区，则旅游资源单体代号按"国家标准行政代码（省代号2位－地区代号3位－县代号3位，参见GB/T 2260）－乡镇代号（由调查组自定2位）－旅游资源基本类型代号3位－旅游资源单体序号2位"的方式设置，共6组15位数，每组之间用短线"－"连接。

如果遇到同一单体可归入不同基本类型的情况，在确定其为某一类型的同时，可在"其他代号"后按另外的类型填写。操作时只需改动其中"旅游资源基本类型代号"，其他代号项目不变。

填表时，一般可省略本行政区及本行政区以上的行政代码。

注4："行政位置"项：填写单体所在地的行政归属，从高到低填写政区单位名称。

注5："地理位置"项：填写旅游资源单体主体部分的经纬度（精度到秒）。

注6："性质与特征"项：填写旅游资源单体本身个性，包括单体性质、形态、结构、组成成分的外在表现和内在因素，以及单体生成过程、演化历史、人事影响等主要环境因素，提示如下.

1）外观形态与结构类：旅游资源单体的整体状况、形态和突出（醒目）点；代表形象部分的细节变化；整体色彩和色彩变化、奇异华美现象，装饰艺术特色等；组成单体整体各部分的搭配关系和安排情况，构成单体主体部分的构造细节、构景要素等。

2）内在性质类：旅游资源单体的特质，如功能特性、历史文化内涵与格调、科学价值、艺术价值、经济背景、实际用途等。

3）组成成分类：构成旅游资源单体的组成物质、建筑材料、原料等。

4）成因机制与演化过程类：表现旅游资源单体发生、演化过程、演变的时序数值；生成和运行方式，如形成机制、形成年龄和初建时代、废弃时代、发现或制造时间、盛衰变化、历史演变、现代运动过程、生长情况、存在方式、展示演示及活动内容、开放时间等。

5）规模与体量类：表现旅游资源单体的空间数值，如占地面积、建筑面积、体积、容积等；个性数值，如长度、宽度、高度、深度、直径、周长、进深、面宽、海拔、高差、产量、数量、生长期等；比率关系数值，如矿化度、曲度、比降、覆盖度、圆度等。

6）环境背景类：旅游资源单体周围的境况，包括所处具体位置及外部环境，如目前与其共存并成为单体不可分离的自然要素和人文要素，如气候、水文、生物、文物、民族等；影响单体存在与发展的外在条件，如特殊功能、雪线高度、重要战事、主要矿物质等；单体的旅游价值和社会地位、级别、知名度等。

7）关联事物类：与旅游资源单体形成、演化、存在有密切关系的典型的历史人物与事件等。

注7："旅游区域及进出条件"项：包括旅游资源单体所在地区的具体部位、进出交通、与周边旅游集散地和主要旅游区（点）之间的关系等。

注8："保护与开发现状"项：旅游资源单体保存现状、保护措施、开发情况等。

注9："共有因子评价问答"项：旅游资源单体的观赏游憩价值、历史文化科学艺术价值、珍稀或奇特程度、规模丰度与几率、完整性、知名度和影响力、适游期和使用范围、污染状况与环境安全。

附录 C
（规范性附录）
旅游资源调查区实际资料表格式

旅游资源调查区实际资料表格式见表 C.1。

表 C.1 （单体名称）调查区实际资料表

调查区名称		调查时间	年 月 日至 年 月 日	
行政位置				
A. 调查区基本资料					
调查区概况（面积、行政区划、人口、所处的旅游区域）				
调查工作过程（工作程序和调查重点，提交主要文件、图件）				
调查区旅游开发现状和前景（总体情况、产业地位、旅游开发潜力、旅游开发）				
B. 各层次旅游资源数量统计				

系列	标准数目	调查区	
		数目	占全国比例（%）
主类	8		
亚类	23		
基本类型	110		

续表

C.各主类、亚类旅游资源基本类型数量统计			
地文景观	17		
自然景观综合体	4		
地质与构造形迹	4		
地表形态	6		
自然标记与自然现象	3		
水域景观	13		
河系	3		
湖沼	3		
地下水	2		
冰雪地	2		
海面	3		
生物景观	8		
植被景观	4		
野生动物	4		
天象与气候景观	5		
天象景观	2		
天气与气候现象	3		
建筑与设施	39		
人文景观综合体	9		
实用建筑与核心设施	16		
景观与小品建筑	14		
历史遗迹	8		
物质类文化遗存	2		
非物质类文化遗存	6		
旅游购品	15		
农业产品	5		
工业产品	2		
手工工艺品	8		
人文活动	5		
人事活动记录	2		
岁时节令	3		

续表

\multicolumn{2}{c}{D. 各级旅游资源单体数量统计}					
等级	优良级旅游资源			普通级旅游资源		未获等级
	五级	四级	三级	二级	一级	
数量						

E. 优良级旅游资源单体名录（不敷需要时请另加纸）	
五级	
四级	
三级	

\multicolumn{10}{c}{F. 调查组主要成员}								
责任	姓名	专业	职称	分工	责任	姓名	专业	职称	分工
组长					成员				
副组长					成员				
成员					成员				
成员					成员				
成员					成员				
成员					成员				

G. 主要技术存档材料（不敷需要时请另加纸）	
类别	
文字资料（出版物、内部资料）	
调查记录（采访记录、测试数据）	

附录 B 《旅游资源分类、调查与评价》（GB/T 18972—2017）

续表

调查图件（原始地图、实际资料图）				
影像资料				
填表人		联系方式	单位： 电话： 电子信箱：	填表日期： 　　年　月　日

附录 C

中华人民共和国国家标准《旅游规划通则》
（GB/T 18971—2003）

2003-02-24 发布 2003-05-01 实施
中华人民共和国国家质量监督检验检疫总局发布

前　言

本标准由国家旅游局提出。

本标准由全国旅游标准化技术委员会归口并解释。

本标准主要起草单位：国家旅游局规划发展与财务司、清华大学建筑学院

本标准主要起草人：魏小安、张吉林、郑光中、杨锐、邓卫、汪黎明、彭德成、潘肖澎、周梅。

引　言

为规范旅游规划编制工作，提高我国旅游规划工作总体水平，达到旅游规划的科学性、前瞻性和可操作性，促进旅游业可持续性发展，特制定本标准。

本标准是编制各级旅游发展规划及各类旅游区规划的规范。

本标准的制定，总结了国内并借鉴了国外旅游规划编制工作的经验和教训，在体现中国旅游规划特色的同时，在技术和方法上努力实现与国际接轨。

旅游规划通则

1　范围

本标准规定了旅游规划（包括旅游发展规划和旅游区规划）的编制的原则、程序和内容以及评审的方式，提出了旅游规划编制人员和评审人员的组成与素质要求。

本标准适用于编制各级旅游发展规划及各类旅游区规划。

2 规范性引用文件

下列标准的条款通过本标准的引用而成为本标准的条款。凡是注日期的引用文件，其随后所有的修改单（不包括勘误的内容）或修订版均不适用于本标准，然而，鼓励根据本标准达成协议的各方研究是否可使用这些文件的最新版本。凡是不注日期的引用文件，其最新版本适用于本标准。

GB 3095—1996 环境空气质量标准
GB 3096—1993 城市区域环境噪声标准
GB 3838 地面水环境质量标准
GB 5749 生活饮用水卫生标准
GB 9663 旅游业卫生标准
GB 9664 文化娱乐场所卫生标准
GB 9665 公共浴室卫生标准
GB 9666 理发店、美容店卫生标准
GB 9667 游泳场所卫生标准
GB 9668 体育馆卫生标准
GB 9669 图书馆、博物馆、美术馆、展览馆卫生标准
GB 9670 商场（店）、书店卫生标准
GB 9671 医院候诊室卫生标准
GB 9672 公共交通等候室卫生标准
GB 9673 公共交通工具卫生标准
GB 12941—1991 景观娱乐用水水质标准
GB 16153 饭馆（餐厅）卫生标准
GB/T 18972—2003 旅游资源分类、调查与评价

3 术语和定义

下列术语和定义适用于本标准。

3.1 旅游发展规划 tourism development plan

旅游发展规划是根据旅游业的历史、现状和市场要素的变化所制定的目标体系，以及为实现目标体系在特定的发展条件下对旅游发展的要素所做的安排。

3.2 旅游区 tourism area

旅游区是以旅游及其相关活动为主要功能或主要功能之一的空间或地域。

3.3 旅游区规划 tourism area plan

旅游区规划是指为了保护、开发、利用和经营管理旅游区，使其发挥多种功能和作用而进行的各项旅游要素的统筹部署和具体安排。

3.4 旅游客源市场 tourist source market

旅游者是旅游活动的主体，旅游客源市场是指旅游区内某一特定旅游产品的现实购买者与潜在购买者。

3.5 旅游资源 tourism resources

自然界和人类社会凡能对旅游者产生吸引力，可以为旅游业开发利用，并可产生经济效益、社会效益和环境效益的各种事物和因素，均称为旅游资源。

3.6 旅游产品 tourism product

旅游资源经过规划、开发建设形成旅游产品。旅游产品是旅游活动的客体与对象，可分为自然、人文和综合三大类。

3.7 旅游容量 tourism carrying capacity

旅游容量是指在可持续发展前提下，旅游区在某一时间段内，其自然环境、人工环境和社会经济环境所能承受的旅游及其相关活动在规模和强度上极限值的最小值。

4 旅游规划编制的要求

4.1 旅游规划编制要以国家和地区社会经济发展战略为依据，以旅游业发展方针、政策及法规为基础，与城市总体规划、土地利用规划相适应，与其他相关规划相协调；根据国民经济形势，对上述规划提出改进的要求。

4.2 旅游规划编制要坚持以旅游市场为导向，以旅游资源为基础，以旅游产品为主体，经济、社会和环境效益可持续发展的指导方针。

4.3 旅游规划编制要突出地方特色，注重区域协同，强调空间一体化发展，避免近距离不合理重复建设，加强对旅游资源的保护，减少对旅游资源的浪费。

4.4 旅游规划编制鼓励采用先进方法和技术。编制过程中应当进行多方案的比较，并征求各有关行政管理部门的意见，尤其是当地居民的意见。

4.5 旅游规划编制工作所采用的勘察、测量方法与图件、资料，要符合相关国家标准和技术规范。

4.6 旅游规划技术指标，应当适应旅游业发展的长远需要，具有适度超前性。技术指标参照本标准的附录A（资料性附录）选择和确立。

4.7 旅游规划编制人员应有比较广泛的专业构成，如旅游、经济、资源、环境、城市规划、建筑等方面。

5 旅游规划的编制程序

5.1 任务确定阶段

5.1.1 委托方确定编制单位

委托方应根据国家旅游行政主管部门对旅游规划设计单位资质认定的有关规

定确定旅游规划编制单位。通常有公开招标、邀请招标、直接委托等形式。

公开招标：委托方以招标公告的方式邀请不特定的旅游规划设计单位投标。

邀请招标：委托方以投标邀请书的方式邀请特定的旅游规划设计单位投标。

直接委托：委托方直接委托某一特定规划设计单位进行旅游规划的编制工作。

5.1.2 制订项目计划书并签订旅游规划编制合同

委托方应制订项目计划书并与规划编制单位签订旅游规划编制合同。

5.2 前期准备阶段

5.2.1 政策法规研究

对国家和本地区旅游及相关政策、法规进行系统研究，全面评估规划所需要的社会、经济、文化、环境及政府行为等方面的影响。

5.2.2 旅游资源调查

对规划区内旅游资源的类别、品位进行全面调查，编制规划区内旅游资源分类明细表，绘制旅游资源分析图，具备条件时可根据需要建立旅游资源数据库，确定其旅游容量，调查方法可参照《旅游资源分类、调查与评价》（GB/T 18972—2003）。

5.2.3 旅游客源市场分析

在对规划区的旅游者数量和结构、地理和季节性分布、旅游方式、旅游目的、旅游偏好、停留时间、消费水平进行全面调查分析的基础上，研究并提出规划区旅游客源市场未来的总量、结构和水平。

5.2.4 对规划区旅游业发展进行竞争性分析，确立规划区在交通可进入性、基础设施、景点现状、服务设施、广告宣传等各方面的区域比较优势，综合分析和评价各种制约因素及机遇。

5.3 规划编制阶段

5.3.1 规划区主题确定

在前期准备工作的基础上，确立规划区旅游主题，包括主要功能、主打产品和主题形象。

5.3.2 确立规划分期及各分期目标。

5.3.3 提出旅游产品及设施的开发思路和空间布局。

5.3.4 确立重点旅游开发项目，确定投资规模，进行经济、社会和环境评价。

5.3.5 形成规划区的旅游发展战略，提出规划实施的措施、方案和步骤，包括政策支持、经营管理体制、宣传促销、融资方式、教育培训等。

5.3.6 撰写规划文本、说明和附件的草案。

5.4 征求意见阶段

规划草案形成后，原则上应广泛征求各方意见，并在此基础上，对规划草案进行修改、充实和完善。

6 旅游发展规划

6.1 旅游发展规划按规划的范围和政府管理层次分为全国旅游业发展规划、区域旅游业发展规划和地方旅游业发展规划。地方旅游业发展规划又可分为省级旅游业发展规划、地市级旅游业发展规划和县级旅游业发展规划等。

地方各级旅游业发展规划均依据上一级旅游业发展规划、并结合本地区的实际情况进行编制。

6.2 旅游发展规划包括近期发展规划（3~5年）、中期发展规划（5~10年）或远期发展规划（10~20年）。

6.3 旅游发展规划的主要任务是明确旅游业在国民经济和社会发展中的地位与作用，提出旅游业发展目标，优化旅游业发展的要素结构与空间布局，安排旅游业发展优先项目，促进旅游业持续、健康、稳定发展。

6.4 旅游发展规划的主要内容。

6.4.1 全面分析规划区旅游业发展历史与现状、优势与制约因素，及与相关规划的衔接。

6.4.2 分析规划区的客源市场需求总量、地域结构、消费结构及其他结构，预测规划期内客源市场需求总量、地域结构、消费结构及其他结构。

6.4.3 提出规划区的旅游主题形象和发展战略。

6.4.4 提出旅游业发展目标及其依据。

6.4.5 明确旅游产品开发的方向、特色与主要内容。

6.4.6 提出旅游发展重点项目，对其空间及时序做出安排。

6.4.7 提出要素结构、空间布局及供给要素的原则和办法。

6.4.8 按照可持续发展原则，注重保护开发利用的关系，提出合理的措施。

6.4.9 提出规划实施的保障措施。

6.4.10 对规划实施的总体投资分析，主要包括旅游设施建设、配套基础设施建设、旅游市场开发、人力资源开发等方面的投入与产出方面的分析。

6.5 旅游发展规划成果包括规划文本、规划图表及附件。规划图表包括区位分析图、旅游资源分析图、旅游客源市场分析图、旅游业发展目标图表、旅游产业发展规划图等。附件包括规划说明和基础资料等。

7 旅游区规划

7.1 旅游区规划按规划层次分总体规划、控制性详细规划、修建性详细规划等。

7.2 旅游区总体规划

7.2.1 旅游区在开发、建设之前，原则上应当编制总体规划。小型旅游区可直接编制控制性详细规划。

7.2.2 旅游区总体规划的期限一般为 10 至 20 年，同时可根据需要对旅游区的远景发展做出轮廓性的规划安排。对于旅游区近期的发展布局和主要建设项目，亦应做出近期规划，期限一般为 3 至 5 年。

7.2.3 旅游区总体规划的任务，是分析旅游区客源市场，确定旅游区的主题形象，划定旅游区的用地范围及空间布局，安排旅游区基础设施建设内容，提出开发措施。

7.2.4 旅游区总体规划内容。

7.2.4.1 对旅游区的客源市场的需求总量、地域结构、消费结构等进行全面分析与预测。

7.2.4.2 界定旅游区范围，进行现状调查和分析，对旅游资源进行科学评价。

7.2.4.3 确定旅游区的性质和主题形象。

7.2.4.4 确定规划旅游区的功能分区和土地利用，提出规划期内的旅游容量。

7.2.4.5 规划旅游区的对外交通系统的布局和主要交通设施的规模、位置；规划旅游区内部的其他道路系统的走向、断面和交叉形式。

7.2.4.6 规划旅游区的景观系统和绿地系统的总体布局。

7.2.4.7 规划旅游区其他基础设施、服务设施和附属设施的总体布局。

7.2.4.8 规划旅游区的防灾系统和安全系统的总体布局。

7.2.4.9 研究并确定旅游区资源的保护范围和保护措施。

7.2.4.10 规划旅游区的环境卫生系统布局，提出防止和治理污染的措施。

7.2.4.11 提出旅游区近期建设规划，进行重点项目策划。

7.2.4.12 提出总体规划的实施步骤、措施和方法，以及规划、建设、运营中的管理意见。

7.2.4.13 对旅游区开发建设进行总体投资分析。

7.2.5 旅游区总体规划的成果要求。

7.2.5.1 规划文本。

7.2.5.2 图件，包括旅游区区位图、综合现状图、旅游市场分析图、旅游资源评价图、总体规划图、道路交通规划图、功能分区图等其他专业规划图、近期建设规划图等。

7.2.5.3 附件，包括规划说明和其他基础资料等。

7.2.5.4 图纸比例，可根据功能需要与可能确定。

7.3 旅游区控制性详细规划。

7.3.1 在旅游区总体规划的指导下，为了近期建设的需要，可编制旅游区控制性详细规划。

7.3.2 旅游区控制性详细规划的任务是，以总体规划为依据，详细规定区内建设用地的各项控制指标和其他规划管理要求，为区内一切开发建设活动提供指导。

7.3.3 旅游区控制性详细规划的主要内容。

7.3.3.1 详细划定所规划范围内各类不同性质用地的界线。规定各类用地内适建、不适建或者有条件地允许建设的建筑类型。

7.3.3.2 规划分地块，规定建筑高度、建筑密度、容积率、绿地率等控制指标，并根据各类用地的性质增加其他必要的控制指标。

7.3.3.3 规定交通出入口方位、停车泊位、建筑后退红线、建筑间距等要求。

7.3.3.4 提出对各地块的建筑体量、尺度、色彩、风格等要求。

7.3.3.5 确定各级道路的红线位置、控制点坐标和标高。

7.3.4 旅游区控制性详细规划的成果要求。

7.3.4.1 规划文本。

7.3.4.2 图件，包括旅游区综合现状图，各地块的控制性详细规划图，各项工程管线规划图等。

7.3.4.3 附件，包括规划说明及基础资料。

7.3.4.4 图纸比例一般为 1/1000~1/2000。

7.4 旅游区修建性详细规划。

7.4.1 对于旅游区当前要建设的地段，应编制修建性详细规划。

7.4.2 旅游区修建性详细规划的任务是，在总体规划或控制性详细规划的基础上，进一步深化和细化，用以指导各项建筑和工程设施的设计和施工。

7.4.3 旅游区修建性详细规划的主要内容。

7.4.3.1 综合现状与建设条件分析。

7.4.3.2 用地布局。

7.4.3.3 景观系统规划设计。

7.4.3.4 道路交通系统规划设计。

7.4.3.5 绿地系统规划设计。

7.4.3.6 旅游服务设施及附属设施系统规划设计。

7.4.3.7 工程管线系统规划设计。

7.4.3.8 竖向规划设计。

7.4.3.9 环境保护和环境卫生系统规划设计。

7.4.4 旅游区修建性详细规划的成果要求。

7.4.4.1 规划设计说明书。

7.4.4.2 图件，包括综合现状图、修建性详细规划总图、道路及绿地系统规划设计图、工程管网综合规划设计图、竖向规划设计图、鸟瞰或透视等效果图等。图纸比例一般为 1/500~1/2000。

7.5 旅游区可根据实际需要，编制项目开发规划、旅游线路规划和旅游地建设规划、旅游营销规划、旅游区保护规划等功能性专项规划。

8 旅游规划的评审、报批与修编

8.1 旅游规划的评审。

8.1.1 评审方式。

8.1.1.1 旅游规划文本、图件及附件的草案完成后，由规划委托方提出申请，上一级旅游行政主管部门组织评审。

8.1.1.2 旅游规划的评审采用会议审查方式。规划成果应在会议召开五日前送达评审人员审阅。

8.1.1.3 旅游规划的评审，需经全体评审人员讨论、表决，并有四分之三以上评审人员同意，方为通过。评审意见应形成文字性结论，并经评审小组全体成员签字，评定意见方为有效。

8.1.2 规划评审人员的组成

8.1.2.1 旅游发展规划的评审人员由规划委托方与上一级旅游行政主管部门商定；旅游区规划的评审人员由规划委托方商当地旅游行政主管部门确定。旅游规划评审组由7人以上组成。其中行政管理部门代表不超过1/3，本地专家不少于1/3。规划评审小组设组长1人，根据需要可设副组长1~2人。组长、副组长人选由委托方与规划评审小组协商产生。

8.1.2.2 旅游规划评审人员应由经济分析专家、市场开发专家、旅游资源专家、环境保护专家、城市规划专家、工程建筑专家、旅游规划管理官员、相关部门管理官员等组成。

8.1.3 规划评审重点

旅游规划评审应围绕规划的目标、定位、内容、结构和深度等方面进行重点审议，包括：①旅游产业定位和形象定位的科学性、准确性和客观性；②规划目标体系的科学性、前瞻性和可行性；③旅游产业开发、项目策划的可行性和创新性；④旅游产业要素结构与空间布局的科学性、可行性；⑤旅游设施、交通线路空间布局的科学合理性；⑥旅游开发项目投资的经济合理性；⑦规划项目对环境影响评价的客观可靠性；⑧各项技术指标的合理性；⑨规划文本、附件和图件的规范性；⑩规划实施的操作性和充分性。

8.2 规划的报批

旅游规划文本、图件及附件，经规划评审会议讨论通过并根据评审意见修改后，由委托方按有关规定程序报批实施。

8.3 规划的修编

在规划执行过程中，要根据市场环境等各个方面的变化对规划进行进一步的修订和完善。

附录 D

旅游发展规划管理办法

索引号：000014348/2006-00857　　　分类：法律法规规章；其他
发布机构：国家旅游局　　　　　　　　发文日期：2000 年 11 月 08 日
名　　称：旅游发展规划管理办法　　　时间有效性：
文　　号：国家旅游局令第 12 号　　　主 题 词

第一章　总则

第一条　为促进我国旅游产业的健康、持续发展，加强旅游规划管理，提高旅游规划水平，制定本办法。

第二条　编制和实施旅游发展规划，应当遵守本办法。

第三条　编制旅游开发建设规划应当服从旅游发展规划。旅游资源的开发和旅游项目建设，应当符合旅游发展规划的要求。

第四条　旅游发展规划应当坚持可持续发展和市场导向的原则，注重对资源和环境的保护，防止污染和其他公害，因地制宜、突出特点、合理利用，提高旅游业发展的社会、经济和环境效益。

第五条　国家旅游局负责全国的旅游发展规划管理工作；地方各级旅游局负责本行政区域内的旅游发展规划管理工作。

第二章　旅游发展规划的范围

第六条　旅游发展规划是根据旅游业的历史、现状和市场要素的变化所制定的目标体系，以及为实现目标体系在特定的发展条件下对旅游发展的要素所做的安排。

第七条　旅游发展规划应当确定旅游业在国民经济中的地位、作用，提出旅游业发展目标，拟定旅游业的发展规模、要素结构与空间布局，安排旅游业发展速度，指导和协调旅游业健康发展。

第八条　旅游发展规划一般为期限五年以上的中长期规划。

第九条　旅游发展规划按照范围划分为全国旅游发展规划。跨省级区域旅游发展规划和地方旅游发展规划。

第十条　不同层次和不同范围的旅游发展规划应当相互衔接，相互协调，并遵循下级服从上级、局部服从全局的原则。

第三章　旅游发展规划的编制

第十一条　旅游发展规划的编制应当以国民经济和社会发展计划为依据，与经济增长和相关产业的发展相适应。

第十二条　旅游发展规划应当与国土规划、土地利用总体规划、城市总体规划等有关区域规划相协调，应当遵守国家基本建设计划的有关规定。

第十三条　旅游发展规划应当与风景名胜区、自然保护区、文化宗教场所、文物保护单位等专业规划相协调。

第十四条　国家旅游局负责组织编制全国旅游发展规划、跨省级区域旅游发展规划和国家确定的重点旅游线路、旅游区的发展规划；地方旅游局负责编制本行政区域的旅游发展规划。

第十五条　国家旅游局对编制旅游发展规划的单位进行资质认定，并予以公告。

第十六条　编制旅游发展规划应当对国民经济与社会发展、市场前景、资源条件、环境因素进行深入调查，取得准确的基础资料，从市场需求出发，注意生态环境和文化历史遗产的保护和延续，积极采用先进的规划方法与技术手段。

第十七条　旅游发展规划编制的内容、方法和程序，应当遵守国家关于旅游规划技术标准的要求。

第十八条　旅游发展规划应当包括如下基本内容：

（一）综合评价旅游业发展的资源条件与基础条件；

（二）全面分析市场需求，科学测定市场规模，合理确定旅游业发展目标；

（三）确定旅游业发展战略，明确旅游区域与旅游产品重点开发的时间序列与空间布局；

（四）综合平衡旅游产业要素结构的功能组合，统筹安排资源开发与设施建设的关系；

（五）确定环境保护的原则，提出科学保护利用人文景观、自然景观的措施；

（六）根据旅游业的投入产出关系和市场开发力度，确定旅游业的发展规模和速度；

（七）提出实施规划的政策和措施。

第十九条　旅游发展规划成果应包括规划文本、规划图表和附件。规划说明和基础资料收入附件。

第四章　旅游发展规划的审批和实施

第二十条　旅游发展规划实行分级制定和审批。

全国旅游发展规划，由国家旅游局制订。

跨省级区域旅游发展规划，由国家旅游局组织有关地方旅游局编制，征求有关地方人民政府意见后，由国家旅游局审批。

地方旅游发展规划由地方各级旅游局编制，在征求上一级旅游局意见后，报同级人民政府批复实施。

第二十一条　国家确定的重点旅游城市的旅游发展规划，在征求国家旅游局和本省（自治区、直辖市）旅游局意见后，由当地人民政府批复实施。

国家确定的重点旅游线路、旅游区发展规划由国家旅游局征求地方旅游局意见后批复实施。

第二十二条　旅游发展规划上报审批前应进行经济、社会、环境可行性论证，由各级旅游局组织专家评审，并征求有关部门意见。

第二十三条　地方各级旅游局可以根据市场需求的变化对旅游规划进行调整，报同级人民政府和上一级旅游局备案，但涉及旅游产业地位、发展方向、发展目标和产品格局的重大变更，须报原批复单位审批。

第二十四条　旅游发展规划经批复后，由各级旅游局负责协调有关部门纳入国土规划、土地利用总体规划和城市总体规划等相关规划。旅游发展规划所确定的旅游开发建设项目，应当按照国家基本建设程序的规定纳入国民经济和社会发展计划。

第二十五条　旅游规划的培训教材、宣传材料等必须符合国家旅游局制定的旅游规划技术规范的要求。

第五章　附则

第二十六条　本办法由国家旅游局负责解释。

第二十七条　本办法自发布之日起施行。

参考文献

[1] 刘文海.世界旅游业的发展现状、趋势及启迪[J].中国市场,2012(33):62-65.

[2] 曲琳娜.从职业适应性角度论旅游英语专业人才培养模式[J].现代商业,2014(27):264-265.

[3] 刘燕.北京新大都国际旅行社发展战略研究[D].呼和浩特:内蒙古财经大学,2016.

[4] 张建华.中国国际旅游业的发展现状及努力方向[J].国际经贸探索,1997(6):44-47.

[5] 徐正林.我国入境旅游的特点和发展趋势分析[J].世界地理研究,2003(3):98-105.

[6] 张华.我国入境旅游发展策略研究[J].生态经济,2013(2):125-130.

[7] 潘潘.30年来我国旅游业发展与产业政策的耦合关系[D].西安:陕西师范大学,2014.

[8] 国家旅游局.邓小平与旅游[M].北京:中国旅游出版社,2001.

[9] 霞客张.中国旅游业改革开放30年发展报告(上)(2008)[EB/OL].http://blog.sina.com.

[10] 张红升,胡顺利.我国国内旅游业发展现状和趋势研究[J].科技经济市场,2010(7):117.

[11] 阿迎萍.我国国内旅游业发展的现状、趋势及对策[J].河北职业技术学院学报,2008(1):64-66.

[12] 吕俊芳,翟孝娜.20多年来国外旅游目的地研究综述[J].安阳师范学院学报,2016(2):54-60.

[13] 郭亚琼,孙虎.国内旅游目的地形象建设研究综述[J].考试周刊,2009(13):232-233.

[14] 陈锋仪,赵建昌,高万辉.基于创新旅游思想下的现代旅游目的地建设构想[J].人文地理,2010(4):1003-2398.

[15] 马平.旅游目的地品牌研究[D].北京：北京林业大学，2006.

[16] 郭亚琼，孙虎.山西省晋城市非物质文化遗产的保护与旅游开发研究[J].经济师，2009（9）：270-271.

[17] 甘志凯.政府主导下派潭镇乡村旅游发展对策研究[D].成都：西南交通大学，2013.

[18] 刘蕊.清江流域旅游扶贫可持续发展战略与评价研究[D].北海：中国地质大学，2010.

[19] 李宁.北海市旅游发展体规划中的规划衔接实施研究[D].广州：华南理工大学，2015.

[20] 范业正，胡清平.中国旅游规划发展历程与研究进展[J].旅游学刊，2003，18（6）：25-30.

[21] 邹统钎，万志勇.中国旅游规划思想的演变（下）：中国旅游规划30年回顾与反思[J].北京第二外国语学院学报，2009，31（7）：13-22.

[22] 邹统钎，万志勇.中国旅游规划思想的演变（上）：中国旅游规划30年回顾与反思[J].北京第二外国语学院学报，2009，31（5）：1-7.

[23] 范保宁.国际旅游业发展的格局与趋势[J].湖南商学院学报，2006，13（5）：45-48.

[24] 席建超.新阶段中国区域旅游业发展新趋势[N].中国旅游报（14版），2015-06-24.

[25] 田定湘.旅游规划的发展趋势[J].学术界，2006（3）：269-272.

[26] 杨艳蓉.3G技术对个性旅游发展的积极影响[J].开发研究，2013（5）：71-74.

[27] 李南.地理信息系统在旅游管理中的应用价值[J].旅游纵览（下半月），2015（6）：33-34.

[28] 杨宏，王瑞萍，李世熙.3S（RS，GPS，GIS）空间技术在旅游开发和管理中的应用[J].测绘与空间地理信息，2014（12）：4-5.

[29] 陈玲玲，霍斯佳，范文静.世界文化遗产地可持续发展研究：以北京明十三陵为例[J].资源开发与市场，2011，27（3）：228-231，270.

[30] 崔剑生，张余仁.新常态下以系统论架构为指导的沈阳市乡村旅游发展对策[J].辽宁农业科学，2006（3）：54-57.

[31] 曹艺民.初论旅游规划的理论与方法[C].全国第11届旅游地学年会暨东北地区旅游资源开发研讨会论文集，1996：90-96.

[32] 黄羊山，王建萍.旅游规划[M].福州：福建人民出版社，1999.

[33] 李毓强.区位论的理论与应用[J].化工设计，1998（5）：4.

[34] 李龙熙.对可持续发展理论的诠释与解析[J].行政与法（吉林省行政

学院学报),2005(1):3-7.

[35] 刘亮亮.论可持续发展理论在旅游景区规划中的作用[J].旅游纵览(下半月),2014(8):21.

[36] 毛润泽.旅游综合体:概念、类型与模式[A].第十五届全国区域旅游学术开发研讨会暨度假旅游论坛论文册,2010:73-78

[37] 南宇.区域合作视角下的西北五省区旅游空间结构研究[D].兰州:兰州大学,2013.

[38] 牛亚菲,王文彤.可持续旅游概念与理论研究[J].国外城市规划.2000(3):17-21,43.

[39] 孙根年.论旅游业的区位开发与区域联合开发[J].人文地理,2001(04):1-5.

[40] 宋家泰,顾朝林.论地理学现代区位研究[J].地域研究与开发,1987(02):1-9.

[41] 涂妍,陈文福.古典区位论到新古典区位论:一个综述[J].河南师范大学学报(哲学社会科学版),2003(05):38-42.

[42] 魏宏森,曾国屏.系统论的基本规律[J].自然辩证法研究.1995(04):6.

[43] 魏宏森,曾国屏.系统论的一个基本规律:信息反馈律[J].清华大学学报(哲学社会科学版),1995(02):7.

[44] 万幼清.旅游业可持续发展的理论与实践[D].武汉:华中科技大学,2004.

[45] 王瑛,王铮.旅游业区位分析:以云南为例[J].地理学报.2000(03):346-353.

[46] 王铮,王莹,李山,等.贵州省旅游业区位重构研究[J].地理研究,2003(03):313-323.

[47] 肖飞,沈雪梅,张骏,等.江苏省台湾客源核心细分市场筛选及旅游资源吸引力相应分析[J].旅游学刊,2010,25(6):45-50.

[48] 严春燕.增长极理论与区域旅游规划:以渭南市为例[J].价值工程,2011(01):132-133.

[49] 张凌云,刘威.旅游规划理论与实践[M].北京:清华大学出版社,2012.

[50] 张艺.旅游区位论视角下的广州历史文化旅游资源开发策略探论[J].广州大学学报,2016(07):62-65.

[51] 邓爱民,张大鹏.旅游资源开发与管理[M].北京:中国旅游出版社,2016:5-7

[52] 王艳辉.城市旅游吸引物系统优化及其应用研究[D].福州:福建师范

大学，2010.

[53] 谢彦君. 基础旅游学. 4版 [M]. 北京：商务印书馆，2015：109-110.

[54] 李享. 旅游市场调查与预测 [M]. 北京：清华大学出版社，2013.

[55] 谢雅秋. 旅游资源评价指标体系优化研究 [D]. 合肥：合肥工业大学，2016.

[56] 邓运员，刘沛林. GIS与RS技术在区域旅游规划制图中的应用：以衡阳市旅游发展总体规划为例 [J]. 衡阳师范学院学报（自然科学版），2004（03）：89-93.

[57] 杨传明. 广西旅游资源遥感调查的影像特征作用及意义 [J]. 广西地质，2002（4）：28-32.

[58] 张洁，张晶. RS和GIS在旅游资源调查研究中的应用 [J]. 首都师范大学学报（自然科学版），2006（06）：99-103，108.

[59] 杨桂芳，姚长宏，殷鸿福，等. GIS在生态旅游中的应用及展望 [J]. 自然杂志，2002，24（4）：231-233.

[60] Williams, P.W., Paul, J. and Hainsworth, D. (1996) Keeping track of what really counts: Tourism resource inventory system in British Columbia, Canada. In L.C. Harrison and W. Husbands (eds) Practising Responsible Tourism: International Case Studies in Tourism Planning, Policy & Development (pp. 404-421). New York: J. Wiley & Sons.

[61] 张志华，章锦河，刘泽华，等. 旅游研究中的问卷调查法应用规范 [J]. 地理科学进展，2016，35（03）：368-375.

[62] 黄辉. 海岛型旅游目的地环境容量计算：以南麂列岛为例 [J]. 安徽农业科学，2007（32）：10433-10434.

[63] 石磊，李陇堂，张冠乐，等. 基于LAC理论的沙漠型景区旅游环境容量研究：以宁夏沙湖旅游区为例 [J]. 中国沙漠，2016，36（06）：1739-1747.

[64] 国家旅游局. 景区最大承载量核定导则 [Z]. 2014.

[65] 罗明义. 国际旅游发展导论 [M]. 天津：南开大学出版社，2002.

[66] Medlik S. Managing tourism [M]. Oxford: Butterworth-Heinemann, 1991.

[67] 林南枝，陶汉军. 旅游经济学（修订版）[M]. 天津：南开大学出版社，2000.

[68] Seaton A V, Bennett M M. The marketing of tourism products: concepts, issues, and cases [M]. London: International Thomson Business, 1996.

[69] Jefferson A, Lickorish L. Marketing tourism: a practical guide [M]. London: Longman, 1991.

［70］罗明义.国际旅游发展导论［M］.天津：南开大学出版社，2002.

［71］冈恩·瓦尔.旅游规划：理论与案例［M］.4版.吴必虎，吴冬青，党宁，译.大连：东北财经大学出版社，2005.

［72］Smith S L J. The tourism product［J］. Annals of Tourism Research，1994，20（1）：582-595.

［73］李经龙，郑淑婧.旅游规划核心内容动态分析［J］.地理与地理信息科学，1998，21（1）：83-87.

［74］黄洁.针对国际入境市场的山东省旅游产品开发研究［D］.济南：山东大学，2005.

［75］朱孔山.论旅游产品设计与开发的原则［J］.商业研究，2002，14：116-118.

［76］张培.旅游学概论［M］.北京：现代教育出版社，2011.

［77］品牌策划三十六计，http：//www.gchjs.com.

［78］唐德鹏.开发区域文化，发展地方旅游业［J］.旅游学刊，1993，8（5）：7.

［79］沈祖祥.旅游策划学［M］.福州：福建人民出版社，2000.

［80］王庆生.旅游项目策划教程［M］.北京：清华大学出版社，2013.

［81］张胜男，钱子晗.新兴旅游方式的特征及发展趋势［N］.中国旅游报，2015-12-16（14）.

［82］国家旅游局人事劳动教育司.旅游规划原理［M］.北京：旅游教育出版社，1999.

［83］吴必虎.区域旅游规划原理［M］.北京：中国旅游出版社，2001.

［84］徐菊凤.中国休闲度假旅游研究［M］.大连：东北财经大学出版社，2008.

［85］董观志.主题公园：城市的商业集群与文化游戏：解读发展历程和战略趋势［J］.现代城市研究，2010，25（03）：7-13.

［86］保继刚.主题公园，路在何方？［N］.中国旅游报，2005-07-18（004）.

［87］吴必虎，俞曦.旅游规划原理［M］.北京：中国旅游出版社，2010.

［88］郭建英.旅游景区旅游解说系统评价研究［M］.合肥：合肥工业大学出版社，2011.

［89］张立明，胡道华.旅游景区解说系统规划与设计［M］.北京：中国旅游出版社，2006.

［90］万剑敏，熊模辉，纪文静，等.旅游景区规划与设计［M］.北京：旅游教育出版社，2012.

［91］克莱尔·A.冈恩，特哥特·瓦尔.旅游规划：理论与案例［M］.吴必虎，

吴冬青，党宁，译．大连：东北财经大学出版社，2005．

[92] 曼纽尔·鲍德博拉，弗雷德·劳森．旅游与游憩规划设计手册[M]．唐子颖，吴必虎，等译．北京：中国建筑工业出版社，2004．

[93] 北京大学旅游研究与规划中心．旅游规划与设计：旅游移动性[G]．北京：中国建筑工业出版社，2012．

[94] 李景．房车营地规划设计研究[D]．北京：北京林业大学，2011．

[95] 李晶．我国房车旅游的发展态势研究[D]．长春：东北师范大学，2011．

[96] 李扬．基于可持续发展理论的我国公路交通发展模式研究[D]．大连：大连海事大学，2013．

[97] 董浩，陈天瑞．世界主要国家公路交通发展与比较[J]．山西建筑，2011，21：142-143．

[98] 王洁，刘亚萍．高速铁路与城市旅游发展研究：以武汉市武广高铁旅游发展为例[J]．资源开发与市场，2011，12：1146-1149．

[99] 张晓燕．我国自驾车旅游及其发展研究[D]．济南：山东师范大学，2006．

[100] 翟向坤．中国发展自驾车旅游的战略思考[J]．北京第二外国语学院学报，2003，5：54-60．

[101] 耿冬迪．浅谈廉价航空对提升区域旅游积极影响[J]．现代妇女（下旬），2014，11：32．

[102] 汪德根，陈田，陆林，等．区域旅游流空间结构的高铁效应及机理：以中国京沪高铁为例[J]．地理学报，2015，2：214-233．

[103] 舒肖明．国外著名滨水城市水上旅游开发的实践与经验[J]．宁波大学学报（人文科学版），2008，3：94-96．

[104] 李志强，郑琴琴．透视廉价航空战略[J]．价格理论与实践，2008，8：66-67．

[105] 刘爱丽．景区智慧旅游体系构建研究[D]．泉州：华侨大学，2013．

[106] 马骁．中国廉价航空的发展对策研究[D]．济南：山东师范大学，2014．

[107] 宫连虎，余青．旅游交通研究现状与趋势探析[J]．旅游论坛，2010，3：330-334．

[108] 蔡晓霞，牛亚菲．中国邮轮旅游竞争潜力测度[J]．地理科学进展，2010，10：1273-1278．

[109] 杨青松．城市水上旅游规划研究[D]．苏州科技学院，2008．

[110] 张树民，程爵浩．我国邮轮旅游产业发展对策研究[J]．旅游学刊，2012，6：79-83．

[111] 汪德根. 京沪高铁对主要站点旅游流时空分布影响 [J]. 旅游学刊, 2014, 1: 75-82.

[112] 张东祥. 旅游信息服务系统构建研究 [D]. 秦皇岛: 燕山大学, 2014.

[113] 刘浩. 旅游景区游客中心交通组织模式的设计研究 [D]. 天津: 河北工业大学, 2015.

[114] 黄薇. 苏州市吴中区旅游住宿业空间分布研究 [D]. 金华: 浙江师范大学, 2013.

[115] 闫丽英. 北京市住宿业空间结构与演化研究 [D]. 北京: 北京师范大学, 2014.

[116] 裘亦书. 基于GIS技术的旅游住宿设施选址评价研究 [D]. 上海: 上海师范大学, 2009.

[117] 王华余, 田利. 旅馆建筑布局的地区性研究 [J]. 安徽建筑工业学院学报（自然科学版）, 2000 (3): 26-32.

[118] 荣明芹. 旅游旅馆设计的地域性研究 [D]. 南京: 南京林业大学, 2009.

[119] 孙王虎. 旅馆空间的多用性研究 [D]. 合肥: 合肥工业大学, 2006.

[120] 陈晓艳, 焦黎, 袁洪渝. 新疆叶城县旅游接待设施的规划研究 [J]. 重庆科技学院学报（社会科学版）, 2010 (6): 90-92.

[121] 邓洁. 现代城市旅馆主要功能空间面积指标体系研究 [D]. 北京: 北京工业大学, 2003.

[122] 龚欣. 现代城市旅馆的功能空间关系研究 [D]. 北京: 北京工业大学, 2003.

[123] 徐鑫. 信息时代旅馆建筑功能的演变与设计理论研究 [D]. 天津: 天津大学, 2006.

[124] 郑志来. 共享经济的成因、内涵与商业模式研究 [J]. 现代经济探讨, 2016, 3: 32-36.

[125] 王杰夫, 崔绮雯. Airbnb如何从一个卖麦片的变成全球最大的酒店 [J]. 服务外包, 2016 (2).

[126] 赵春芳. Airbnb运营模式分析及对中国在线短租行业的启示 [J]. 江苏商论, 2016, (8): 20-22.

[127] 杨宏浩. 度假租赁对旅游住宿业的影响值得关注 [N]. 中国旅游报, 2015-11-11 (A04).

[128] 张莉春. OTA模式下酒店的运行之道 [J]. 商场现代化, 2016 (9): 35-36.

[129] 邓芳. 新形势下酒店的发展之路 [J]. 价值工程, 2016 (3): 175-177.

[130][英]曼纽尔·鲍德-博拉,[英]弗雷德·劳森.旅游与游憩规划设计手册[M].2004.

[131]许春晓,黄玲娟,何俊阳.旅游度假村几个问题探讨[J].湘潭师范学院学报(社会科学版),1998(6):114-117.

[132]任磊,陈晓恬.旅游度假村建筑空间环境设计[J].华中建筑,2007(9):71-74.

[133]张仲伍,孙桂平,赵志超.我国第二住宅空间分布特征的初步研究[J].河北师范大学学报,2005(3):309-312.

[134]李穗菡.基于度假旅游需求的第二住宅开发模式研究[D].长沙:中南林业科技大学,2009.

[135]文吉.城市星级酒店的发展模式研究[J].特区经济,2005(7):180-181.

[136]孙华贞,张庆.城市星级酒店空间集聚研究的进展[J].四川理工学院学报(社会科学版),2013,28(6):69-73.

[137]于泳.对我国旅游区家庭旅馆发展的探析[D].成都:四川大学,2007.

[138]李建英.美国现代小型旅馆经营与管理[M].广州:广东旅游出版社,1999.

[139]唐岭.我国小型旅馆业发展现状与对策[J].华东经济管理,2006(3):149-151.

[140]刘丽娟.中外汽车旅馆发展对比与启示[J].商业时代,2007(16):44+51.

[141]徐海峰.中国发展汽车旅馆可行性研究[J].北京第二外国语学院学报,2011,33(5):78-84.

[142]殷淋淋.美国汽车旅馆发展研究[D].沈阳:沈阳师范大学,2015.

[143]马桂顺.我国汽车旅馆业的现状、问题及对策研究[J].东北财经大学学报,2006(2):23-26.

[144]王丹阳,邵志伟,韩龙湖.国内外汽车旅馆对比研究[J].华中建筑,2011,29(2):83-85.

[145]伍蕾,伍蓓.论国际青年旅舍在中国的发展方向[J].旅游学刊,2001,(1):33-37.

[146]宋绮辛.浅谈青年旅舍在中国的生存和发展[J].中国市场,2013(45):92-93,95.

[147]曾斌斌.中国国际青年旅社发展研究[D].昆明:云南大学,2010.

[148]滕梅君.国际青年旅舍在中国营销SWOT分析[J].合作经济与科技,

2014（8）：68-69.

［149］李包相，沈济黄，王竹.可持续发展的生态旅游：美国发展生态旅游的经验及其对浙江的启示［J］.规划师，2005，7：87-89.

［150］邹统钎.旅游景区开发与管理［M］.清华大学出版社，2008.

［151］宋红娟.海南生态旅游住宿设计［J］.绿色科技，2014，6：271-273.

［152］江泽慧.中国林业发展理论的一次重大创新［Z］.北京：中国可持续发展林业战略研究专家组，2003.

［153］龚艳，杨芳，陈灿.基于循环经济的生态旅游住宿设施绿色设计探讨［J］.中南林业调查规划，2009，1：33-37.

［154］李文英.浅析生态旅馆［J］.商业经济，2010，3：99-101.

［155］丛丽.生态旅游住宿的研究［D］.哈尔滨：东北林业大学，2006.

［156］吴壮益.大旅游视野中餐饮业与旅游业互动发展研究［D］.长沙：湖南师范大学，2006.

［157］周倩.旅游景区餐饮类型及特点研究［J］.商场现代化，2014，(18)：42.

［158］马继刚.云南民族旅游餐饮开发初步研究［D］.昆明：云南师范大学，2005.

［159］刘宁.餐饮连锁机构选址策略分析［J］.中国科技信息，2009，(4)：190-191.

［160］任秀玉.城市餐饮街区空间布局研究［D］.广州：华南理工大学，2012.

［161］刘晓艳，孙瑞丰.餐饮空间的主题性设计［J］.艺术与设计（理论），2008，(9)：85-87.

［162］张修华.以消费者行为为导向的餐饮空间设计研究［D］.长春：长春工业大学，2014.

［163］徐荣丽.北京地区星级酒店餐饮功能和空间设计研究［D］.北京：北方工业大学，2014.

［164］俞金国，国内外旅游购物研究进展［J］.人文地理，2007（1）.

［165］石美玉，关于旅游购物研究的理论思考［J］.旅游学刊，2004（1）.

［166］陈香姬，旅游动机与旅游者购物行为的关系探析［J］.商业时代，2010.

［167］苗学玲，旅游购物系统研究：以西安为例［D］.西安：陕西师范大学，2002

［168］黄继元，中国旅游商品的开发，设计，营销策略的思考［J］.北京第二外国语学院学报.1995（3）.

［169］黄继元. 开发云南旅游商品的策略探讨［J］. 经济问题探索, 1996.

［170］苗学玲. 旅游购物系统研究［D］. 西安：陕西师范大学, 2002.

［171］张建融. 购物旅游业发展问题研究：以义乌小商品市场为例［J］. 旅游学刊, 2007, 10: 49-54.

［172］金鹏. 顾客选择购物中心的影响因素研究［D］. 厦门：厦门大学, 2008.

［173］俞稚玉. 购物中心：基本配置与类型［J］. 上海商业, 2004, 10: 26-28.

［174］王学军. 西方国家购物中心的类型、管理及启示［J］. 商业经济与管理, 2002, 8: 18-21.

［175］杨晶晶. 购物中心的购物流线与空间建构［D］. 西安：西安建筑科技大学, 2008.

［176］陈珊珊. 购物中心公共空间体验性设计研究［D］. 广州：华南理工大学, 2012.

［177］王大赛. 购物免税与退税政策的国际比较研究［D］. 北京：北京交通大学, 2014.

［178］陆园. 论海南免税购物旅游的问题及对策研究［J］. 中国商贸, 2011, 33: 163-164, 168.

［179］吴承照. 城市旅游的空间单元与空间结构［J］. 城市规划学刊, 2005（3）: 82-87.

［180］张晨. 中国城镇指向性第二住宅研究［M］. 北京理工大学出版社, 2008.

［181］姜若愚. 旅游景区服务与管理［M］. 第三版. 大连：东北财经大学出版社, 2011.

［182］旅游商品发展对策研讨会发言摘要, 中国旅游报, 1990-11-24.

［183］傅慧. 产业集群的集聚效应：基于酒店业的分析［J］. 商业经济与管理, 2007（1）: 76-80.

［184］Urtasun A, Gutierrez I.Hotel location in tourism cities: Madrid 1936-1998［J］.Annals of Tourism Research, 2006, 33（22）: 382-402.

［185］B.Prideaux. The role of the transport system in destination development［J］.Tourism management, 2000（1）.

［186］孙英杰. 北京4A景区餐饮业的先创分析和评价研究［D］. 南宁：广西大学, 2006.

［187］赵建桥, 方旭红, 顾言. 山岳型风景区餐饮设施布局研究：以泉州市清源山风景区为例［J］. 科技广场, 2011（11）: 180-183.

［188］刘蔓．餐饮文化空间设计［M］．重庆：西南师范大学出版社，2004：12-19．

［189］臧良运．旅游学概论［M］．北京：电子工业出版社，2009．

［190］谢彦君．基础旅游学［M］．北京：中国旅游出版社，2004．

［191］龙婷．中国出境旅游的发展现状与发展对策研究［D］．株洲：中南林学院，2004．

［192］马耀峰，李旭．中国入境游客旅游选择模式研究［J］．西北大学学报，2003（33）．

［193］李旭，马耀峰．海外旅游者对旅游目的地和旅游路线的选择研究［J］．陕西师范大学学报，2003（31）．

［194］陶国富．消费行为心理学［M］．上海：立信会计出版社，2005．

［195］肖建成，任江明．中国出境旅游市场发展现状与前景探讨［J］．荆州师范学院学报，2002（1）．

［196］胡爱清．试析澳大利亚对华跨文化国际旅游营销策略［N］．韶关学院学报，2014（35）．

［197］管宁生．关于游线设计若干问题的研究［J］．旅游学刊，1999（3）：32-35．

［198］魏小安．旅游发展与管理［M］．北京：旅游教育出版社，1996．

［199］保继刚，楚义芳．旅游地理学（修订版）［M］．北京：高等教育出版社，1999．

［200］陈青光，周茂权．桂林旅游产品开发和线路设计［J］．旅游学刊，1995（3）：32-35．

［201］冯若梅．中国旅游线路组织因素与空间分析［D］．北京：北京大学，1998．

［202］楚义芳．关于旅游线路设计的初步研究［J］．旅游学刊，1992（2）：9-13．

［203］关发兰．区域旅游系统网络结构分析与网络优化设计：以四川省为例［C］//旅游开发与旅游地理．1989．

［204］黄万华．湖南旅游线路设计与开发中的几个问题［J］．人文地理，1997（1）：74-77．

［205］马勇．区域旅游线路设计初探［C］//旅游开发与旅游地理．1989．

［206］陈俊鸿．论风景名胜区的自助旅游开发［J］．旅游学刊，1995，10（6）：40-43．

［207］吴必虎．区域旅游规划原理［M］．北京：中国旅游出版社，2001．

［208］刘文海．世界旅游业的发展现状、趋势及启迪［J］．中国市场，2012

(33): 62-65.

[209] 余青, 吴必虎, 刘志敏, 等. 风景道研究与规划实践综述 [J]. 地理研究, 2007, 26 (6): 1274-1284.

[210] 董晶晶, 何闽. 美国风景路规划中的资源整合策略 [J]. 国际城市规划, 2010, 25 (4): 117-120.

[211] 吴兴帜. 文化遗产保护的生态学视角 [J]. 西南民族大学学报（人文社科版）, 2012, 33 (1): 30-34.

[212] 汪芳, 廉华. 线型空间研究进展与发展趋势 [J]. 华中建筑, 2007, 25 (7): 88-91.

[213] 魏文静. 世界遗产地的保护与旅游文化的开发 [J]. 世界遗产论坛, 2009.

[214] 唐踔. "文化线路": 文化遗产保护的新理念 [J]. 江海纵横, 2011 (6): 42-45.

[215] 李德楠. 文化线路视野下的大运河文化遗产保护 [J]. 中国名城, 2012 (3): 42-45.

[216] 李伟, 俞孔坚. 世界文化遗产保护的新动向: 文化线路 [J]. 城市问题, 2005 (4): 7-12.

[217] 陈怡. 西班牙圣地亚哥德孔波斯拉朝圣之路: 基督教精神遗产的展示 [J]. 中国文化遗产, 2011 (6): 102-109.

[218] 姜师立, 张益. 基于突出普遍价值的大运河文化遗产保护和利用 [J]. 中国名城, 2014 (4): 50-57.

[219] 张得祖. 古玉石之路与丝绸之路青海道 [J]. 青海师范大学学报, 2008 (05).

[220] 陈克勤. 香料之路沙漠商道, 千年传奇 [J]. 世界遗产, 2014 (4): 48-52.

[221] 熊传刚. 东非野生动物大迁徙: 直播迁徙路上, 我们的故事 [J]. 电视研究, 2013 (7): 46-48.

[222] 贝少军. 京杭大运河: 历史与未来 [J]. 中国海事, 2012 (8): 6-9.

[223] 孙威, 毛凌潇. 国外山岳型遗产地保护发展经验及其对北京市的启示 [J]. 智库理论与实践, 2017, 2 (6): 55-62.

[224] 张全晓. 武当山打造国际旅游目的地的可行性研究 [J/OL]. 郧阳师范高等专科学院学报, 2014.2, 1: 92-98.

[225] 彭劲松, 柯昌波. 国际著名旅游目的地综合评价与提升方略: 以重庆为例 [J]. 城市管理, 2016, 4: 36-43.

[226] 张东祥. 旅游信息服务系统构建研究 [D]. 秦皇岛: 燕山大学, 2014.

［227］徐海军.基于入境旅游视角的国际旅游岛建设标准与评价体系研究：以海南岛为例［D］.南京师范大学，2011，3：1-232.

［228］罗明义.国际旅游发展导论［M］.天津：南开大学出版社，2002：21-25.

［229］吕佳颖，胡亮，黄欢.国际旅游业［M］.北京：清华大学出版社，2017：21-25.

［230］赵磊.国内外旅游国际化研究综述［J］.资源开发与市场，2011，27（08）：35-38.

［231］邹再进，罗光华.旅游公共服务［M］.北京：社会科学文献出版社，2015.

［232］李蕾蕾.旅游目的地形象策划：理论与实务［M］.广州：广东旅游出版社，2008.

［233］吴必虎.区域旅游规划原理［M］.北京：中国旅游出版社，2001.

［234］赵西萍.旅游市场营销学［M］.北京：高等教育出版社，2002.

［235］菲利普·科特勒，等.旅游市场营销［M］.谢彦君，译.北京：旅游教育出版社，2002.

［236］黄安民.旅游目的地管理［M］.武汉：华中科技大学出版社，2016.

［237］张文，李娜.国外游客管理经验及启示［J］.商业时代，2007（27）：89-91，88.

［238］王勇.旅游目的地游客管理案例比较研究［J］.四川旅游学院学报，2015（02）：45-47.

［239］张朋，王波.国外社区参与旅游发展对我国的启示：以英国南彭布鲁克为例［J］.福建地理，2003（04）：38-40+45.

［240］Buckley R.生态旅游案例研究［M］.杨桂华，张志勇，徐永红，译.天津：南开大学出版社，2004：96-99.

［241］邓道理.武陵源大拆迁［J］.风景名胜，2002（3）：15-17.

［242］丁林.旅游学概论［M］.北京：机械工业出版社，2013.

［243］高寿华.非物质文化遗产保护与旅游开发的互动关系研究：以浙江绍兴为例［J］.对外经贸，2013（06）：76-78.

［244］https: //www.sogou.com/link?url=LeoKdSZoUyAcLyjGGSCEP3kS5mQ-10e6sZ78BeBHVZv43X02eCx3Q64to0wa_Tif.

［245］艾静超.欧洲迪士尼乐园经营失败的环境分析［J］.长春理工大学学报（高教版），2007，3（1）.

［246］李铎，贾紫彤.环球影城带来的商业机遇［N］.北京商报，2015-01-07（A03）.

[247] 范安祺，范惠闵. 浅析好莱坞环球影城的成功之道[J]. 现代物业（中旬刊），2012，11（3）：150-152.

[248] 冯炎. 品牌经营模式下的跨文化管理研究：以迪士尼主题公园为例[D]. 上海：上海外国语大学，2012.

[249] 何可可. 上海迪士尼乐园对城市经济发展方式的影响研究[D]. 上海：上海师范大学，2015.

[250] 李天元. 欧洲迪士尼开发的历史教训[J]. 旅游学刊，2004，19（6）：73-76.

[251] 令人神往的世界级游乐园[J]. 发明与创新（B），2013（10）：48-49.

[252] 卢翊鸥，迪士尼乐园的亚洲市场营销战略模式[J]，湖北大学学报（哲学社会科学版），2007，34（7）：108-110.

[253] 王华琳. 新加坡环球影城虚拟体验式场景设计[J]. 艺术百家，2013，29（S2）：153-155.

[254] 王庆生，张丹. 中美城市主题公园营销模式初探：以美国迪士尼乐园和深圳华侨城为例[J]. 中州大学学报，2009，26（5）：13-17.

[255] 张绍娥. 北京环球影城项目的旅游效应影响分析[J]. 北京财贸职业学院学报，2014，30（6）：25-28.

[256] 张亚辉，迪士尼乐园选址参考因素探析：以东京迪士尼乐园为例[J]，文化商业，2010（4）：232.

[257] 张亚辉，国外主题公园客源市场特征分析：以东京迪士尼乐园为例[J]，科技资讯，2009，36（216）：122.

[258] 周景秋. 体验营销视角下影视主题公园营销策略：以新加坡环球影城为例[J]. 环球市场信息导报，2014，33，74-75.

[259] 朱江琼. 主题公园盈利模式研究[D]. 济南：山东大学，2012.

[260] 马琳. 日本环球影城的经营哲学[N]. 中国房地产报，2012-07-19（B05）.

[261] http://www.cnta.gov.cn/xxfb/jdxwnew2/201707/t20170720_832457.shtml.

[262] 李庆雷. 对跨境旅游合作区建设的思考[N]. 中国旅游报，2015-12-14（C02）.

[263] 幸岭. 区域旅游发展创新模式：跨境旅游合作区[J]. 学术探索，2015（9）：70-75.

[264] 李飞. 跨境旅游合作区：探索中的边境旅游发展新模式[J]. 旅游科学，2013，27（5）：10-21，41.

[265] 王爱萍，王连勇. 加、美边界国际和平公园建设对"泛珠三角"经济可持续发展的启示[J]. 特区经济，2007（8）：79-80.

［266］刘思敏.仿效美加尼亚加拉的成功范例中越联手打造德天国际瀑布城［N］.中国旅游报，2005-02-18（006）．

［267］何有良.中越共建跨境旅游区探讨［J］.开放导报，2011（3）：57-59.

［268］新华网http：//www.yn.xinhuanet.com/2016lookyunnan/20160615/3207281_c.html.

［269］罗圣荣.云南省跨境经济合作区建设研究［J］.国际经济合作，2012（6）：81-87.

［270］http：//www.yanbian.gov.cn/tplt/xl2012031611081743.jsp?infoid=57248.

［271］http：//www.yanjinews.com/html/news/yanjinews/2016/0108/79369.html.

［272］齐欢.中国河口：越南老街跨境经济合作区建设的进展、问题及对策［J］.红河探索，2014（6）：19-27.

［273］王灵恩，王芳，葛全胜，等.从欧盟经验看跨境合作背景下中国边境旅游发展［J］.开发研究，2013，167（4）：51-55.

［274］碧琳达.Factors affecting tourism and strategies for the development of the tourism industry in mauritius，brindah veeraragoo［D］.长沙：中南大学，2011.

［275］董建博，陈慧，李黎霞，等.塞舌尔和马尔代夫旅游比较及对我国岛屿开发启示［J］.山东省农业管理干部学院学报，2010，26（1）：75-77.

［276］郭惠丽，陈东景，吴桑云.我国海岛可持续发展评价指标体系的构建［J］.全国商情（理论研究），2009（24）：17-19.

［277］高建.海岛旅游开发模式探讨［D］.浙江：浙江大学，2007.

［278］李燕，黄正多.马尔代夫旅游业的发展及其原因［J］.南亚研究季刊，2009（04）：65，70，113.

［279］SenRamsamy，刘颖.岛屿目的地的旅游发展与环境：毛里求斯的实例［J］.产业与环境（中文版），1993（Z2）：37-41.

［280］邢晓军.马尔代夫海岛开发考察［J］.海洋开发与管理，2005（2）：41-43.

［281］杨洁，李悦铮.国外海岛旅游开发经验对我国海岛旅游开发的启示［J］.海洋开发与管理，2009（1）：38-43.

［282］张雯.济州岛、巴厘岛的发展及其对海南自由岛建设的启示［D］.长春：吉林大学，2012.